Datenrechtsgesetz 1.0

- Schlüsselforschungsprojekt des Schlüssellabors für Big Data-Strategie
- Basierend auf das Big Data Schlüsselforschungsprojekt des Pekinger Schlüssellabors für Stadtforschung
- Publikationsfonds-Projekt des Think Tank-Programms der Beijing Cosmopolis Kulturaustausch-Stiftung

Datenrechtsgesetz 1.0

Die theoretische Basis

Das Schlüssellabor für Big Data-Strategie

Herausgegeben von Lian Yuming

社会科学文献出版社
SOCIAL SCIENCES ACADEMIC PRESS(CHINA)

PETER LANG
Oxford • Bern • Berlin • Bruxelles • New York • Wien

Bibliographic information published by Die Deutsche Bibliothek
Die Deutsche Bibliothek lists this publication in the Deutsche Nationalbibliografie; detailed bibliographic data is available on the Internet at http://dnb.ddb.de.

A catalogue record for this book is available at the British Library.

Library of Congress Cataloging-in-Publication Data: A CIP catalog record for this book has been applied for at the Library of Congress.

LCCN number: 2020905296

Cover design: Brian Melville for Peter Lang

ISBN 978-1-78997-827-8 (print) • ISBN 978-1-78997-831-5 (ePDF)
ISBN 978-1-78997-832-2 (ePub) • ISBN 978-1-78997-833-9 (mobi)

Published by Peter Lang Ltd, International Academic Publishers,
52 St Giles, Oxford, OX1 3LU, United Kingdom
oxford@peterlang.com, www.peterlang.com

Das Datenrechtsgesetz ist die neue Ordnung für die Menschheit, sich der digitalen Zivilisation zuzuwenden und ist das Produkt der zeitlichen Evolution.

— Nationales Komitee Chinas für Terminologie in Wissenschaft und Technik

Institutionsvorstellung

Das Schlüssellabor der Big Data-Strategie wurde im April 2015 gegründet und ist eine interdisziplinäre, professionelle, internationale und offene Forschungsplattform, die von der Volksregierung der Stadt Guiyang und der Stadtkommission für Wissenschaft und Technik Peking mitbegründet wurde. Es ist zudem eine neuartige, hochrangige Denkfabrik, die sich mit der Entwicklung von chinesischem Big Data befasst.

Unter Berufung auf den Rat der Global City Development Corporation in Peking und das Forschungsinstitut für innovationsgetriebene Entwicklungsstrategie in Guiyang richtete das Schlüssellabor für Big-Data-Strategie zwei Forschungszentren in Peking und Guiyang ein. Außerdem werden fünf Forschungsbasen eingerichtet: die Forschungsbasis der zentralen Parteischule, die Forschungsbasis des chinesischen Nationalkomitees für Terminologie in Wissenschaft und Technik, die Forschungsbasis der Zhejiang-Universität, die Forschungsbasis der Chinesischen Universität für Politikwissenschaft und Recht und die Forschungsbasis der chinesischen Wissenschafts- und Technologiestadt Mianyang. In der Provinz Guizhou wurde die Einrichtung von drei Forschungsplattformen genehmigt, nämlich die Plattform für Forschung der Blockdatentheorie und angewandte Innovation, die Plattform für angewandte Big-Data-Innovationsforschung für Stadtraumentscheidungen und die Forschungsplattform für Big Data-Innovation in der Kultur. Die Struktur „zwei Zentren, fünf Forschungsbasen und drei Forschungsplattformen" schafft ein neues Forschungssystem und ein regionales kollaboratives Innovationsmuster.

Das Schlüssellabor für Big Data-Strategie hat folgende wichtige innovative Ergebnisse in Big Data-Entwicklungstheorien und Praxis veröffentlicht: *Blockdaten: Das Signal der Ankunft der Big Data-Zeit, Blockdaten 2.0: Paradigmenrevolution im Zeitalter von Big Data, Blockdaten 3.0: Das Ordnungs-Internet und souveräne Blockchains, Block Daten 4.0: Aktivierungsdaten im Zeitalter der künstlichen Intelligenz, Blockdaten 5.0: Theorien und Methoden der Datensoziologie, Blaubuch Big Data - Jahresbericht zur Entwicklung von Big Data in China (Nr. 1 – Nr. 3)* und hat im In- und Ausland einen erheblichen Einfluss ausgeübt.

Vorstellung des Chefredakteurs

Lian Yuming, Professor und Doktor in Engineering, Mitglied des Nationalkomitees der politischen konsultativen Konferenz des chinesischen Volks, Präsident des Beijing Forschungsinstituts für internationale Stadtentwicklung und Direktor des Forschungszentrums für das Datenrechtsgesetz der China Universität für Politikwissenschaft und Rechte.

Lian Yuming ist ein renommierter Experte für Stadtentwicklung in China. Er ist der stellvertretende Vorsitzende der Pekinger Volkskonsultativkonferenz des Chaoyang-Bezirks, Mitglied des Expertenkonsultativausschusses der Volksregierung von Peking, der stellvertretende Vorsitzende des Pekinger Verbandes der Sozialwissenschaftlichen Kreise, der Hauptexperte in der Forschungsbasis der Peking, Tianjin, Hebei koordinierten Entwicklung sowie der Direktor des Pekinger Schlüssellabors für Stadtforschungsforschung auf der Basis von Big Data. Seine Forschungsschwerpunkte sind Urbanologie, Entscheidungswissenschaft und Soziologie. Zu seinen Hauptwerken gehören die Veröffentlichungen *Entstehung von Städten, Strategische Positionierung Pekings und Wiederentdeckung der Weltstädte.*

Im März 2014 übernahm Prof. Lian eine vorübergehende Position als Assistent des Bürgermeisters der Stadtregierung von Guiyang und wurde zum Präsidenten des Forschungsinstituts für innovationsgetriebene Entwicklungsstrategie in Guiyang und zum Leiter des Schlüssellabors für Big-Data-Strategie ernannt. Fortan forschte er über die Big Data-Strategie und veröffentlichte Bücher wie *Block Data: Das Signal der Ankunft von Big Data Time, Block Data 2.0: Paradigmenrevolution im Zeitalter von Big Data, Block Data 3.0: Ordnungs-Internet und Souveränes Blockchain, Block Data 4.0: Aktivierungsdaten im Zeitalter der künstlichen Intelligenz, Block Data 5.0: Theorien und Methoden der Datensoziologie.*

Redaktionsausschuss

Vorwort

Die Digitalwirtschaft ist weltweit auf dem Vormarsch. Die Entwicklung der digitalen Wirtschaft fördert unweigerlich die Zusammenarbeit aller Länder auf der ganzen Welt beim Aufbau der Schicksalsgemeinschaft des *Cyberspace*.

Im Dezember 2015 hielt Staatspräsident Xi Jinping bei der Eröffnungsfeier der Zweiten Welt-Internet-Konferenz eine Grundsatzrede, in der er betonte, dass das Internet die gemeinsame Heimat der Menschheit sei. Die Länder sollten gemeinsam eine Schicksalsgemeinschaft des Cyberspace aufbauen, um die Vernetzung, die gemeinsame Nutzung und die gemeinsame Regierung des Cyberspace zu fördern und bei der Schaffung einer besseren Zukunft in der menschlichen Entwicklung zu helfen. Im Dezember 2017 betonte Staatspräsident Xi Jinping in seinem Glückwunschschreiben an die Vierte Welt-Internet-Konferenz erneut, dass er die Cyber-Souveränität respektiere und den Geist der Partnerschaft vorantreiben wolle. Er rief dazu auf, gemeinsam einen Expresszug bei der Entwicklung des Internets und der digitalen Wirtschaft zu nehmen. Am 26. Mai wurde in der Stadt Guiyang der Provinz Guizhou die 2018 China Internationale Fachmesse für Big Data eröffnet. Der Staatspräsident Xi Jinping wies in seinem Glückwunschschreiben darauf hin, dass sich die neue Generation der Informationstechnik, die durch das Internet, Big Data und künstliche Intelligenz repräsentiert ist, mit jedem Tag verändern würde, was erhebliche und weitreichende Auswirkungen auf die Entwicklung von Wirtschaft und Gesellschaft, das Staatsregieren, die soziale Governance und das Volksleben in allen Ländern hätte.

Um die wichtigen Chancen der Entwicklung von Big Data zu nutzen, die gesunde Entwicklung der Big Data-Branche zu fördern und die Herausforderungen der Datensicherheit und der Cyberspace-Verwaltung zu bewältigen, müssen die Länder den gegenseitigen Austausch stärken und die Kommunikation und Zusammenarbeit vertiefen.

Seit dem XVIII. nationalen Kongress der Kommunistischen Partei Chinas, auf dem der Sozialismus chinesischer Prägung in ein neues Zeitalter eingetreten ist, hat auch für Chinas Big Data-Entwicklung eine neue Epoche begonnen. Der Generalsekretär Xi Jinping fungierte persönlich als Leiter der Zentralen Leitungsgruppe der Cybersicherheit und Informatisierung und vertrat das strategische Ziel, China zu einer Netzwerkmacht zu machen und es gleichzeitig mit dem *Zwei-Jahrhundertziel* voranzutreiben. Am 9. Oktober 2016 schlug der Generalsekretär Xi Jinping bei der 36. kollektiven Studie zur Umsetzung der Strategie zur Stärkung des Landes mithilfe des Netzes durch das Politbüro des Zentralkomitees der Kommunistischen Partei Chinas des Weiteren die Notwendigkeit für sechs Beschleunigungen vor, darunter die „Beschleunigung der Förderung von Chinas internationalen Rederecht und vom Recht der Regelformulierung für den Cyberspace." Dies gibt eine neue Richtung für den Aufbau von Rechtsstaatlichkeit in China vor und stellt neue Erwartungen an die Forschung in China.

Zudem müssen umfassende theoretische und legislative Untersuchungen in den Bereichen Big Data, Internet usw. durch juristische und gesetzliche Branchen durchgeführt werden, einschließlich der Beachtung und der Untersuchung der juristischen Grundfragen wie Datenrechte, Datensicherheit und Datensouveränität. Die Ausarbeitung der einschlägigen Gesetzgebungspläne, Regelungen für Gesetzgebungsprojekte, die Feststellung von Rechtsgrundsätzen, das Wertegleichgewicht sowie das Entwerfen der Systeme und Mechanismen in der Strafverfolgung im Internetbereich müssen aktiv vorangetrieben werden. Auch an der Formulierung der internationalen Regeln müssen sich die juristischen und gesetzlichen Branchen aktiv beteiligen und die Funktionen des Rechts wie Förderung, Regulierung, Anleitung und Gewährleistung sich voll entfalten, damit die Internet-Rechtsgrundsätze besser zum Aufbau des starken Netzwerkslandes dienen.

Im Mai dieses Jahres hat die Europäische Union die „Datenschutz-Grundverordnung" mit offensichtlichen Eiden verkündet, die zum Anführer bei der Gestaltung der globalen digitalen Wirtschaftsordnung werden. Tatsächlich haben die europäischen und amerikanischen Länder seit den 1980er-Jahren keine Mühen gescheut, um die jeweiligen Richtlinien zum Schutz personenbezogener Daten weltweit zu fördern, und haben begonnen,

Datenschutzregeln zu beeinflussen und zu exportieren. Dies zeigt, dass in der Ära der digitalen Wirtschaft jeder, der zuerst eine effektive Steuerung und Verwaltung der Daten durchsetzt, die Initiative und das Rederecht der Informations-Globalisierung hat. Basierend auf das vorausschauende Denken zur Entwicklung neuer Technik legen die EU-Gesetzgeber neue Regeln auf der Grundlage höherer Zivilisationen fest. Dies ist auch eine Art des Rückwärtsschubs. Wir müssen die Kernpunkte und Hauptaufgaben zur Schaffung von Rechtsstaatlichkeit im Cyberspace so bald wie möglich klären, die Vollständigkeit und Systematik der Rechtsstaatlichkeit des Internets verbessern und ein dominierendes internationales Rederecht in der Datenrechtsregulierung beim Aufbau eines Systems zur Perfektionierung des Datenrechtsgesetzes schaffen.

Die größte internationale politische Veränderung zu Beginn des 21. Jahrhunderts war die anhaltende friedliche Entwicklung Chinas. Für ein Land besteht die wirkliche friedliche Entwicklung darin, der Welt eine Zivilisation zu bieten. Die Reform und Öffnung hat es Chinas umfassender Stärke ermöglicht, rasch zu wachsen und China nach und nach als Großmacht in der internationalen Gemeinschaft zu etablieren. So konnte das Image geschaffen werden, dass China eine Großmacht ist. Allerdings ist China seit Langem der Lerner, der Anhänger, der Adapter und der Verfolger des geltenden Völkerrechts und hat keine gehörige Rolle bei der Formulierung des Völkerrechts gespielt. Gegenwärtig passt China seine Haltung und sein Image an und wechselt vom Teilnehmer der internationalen Ordnung in die Rolle des konstruktiven Führers innerhalb des Systems. Die Stärkung der Gesetzgebung der digitalen Wirtschaft hat eine große Bedeutung für den Aufbau eines perfekten Datenverwaltungssystems, das den nationalen Bedingungen Chinas entspricht, und einen neuen beweglichen Rahmen der Innovation und Entwicklung fördert. In dieser Hinsicht können wir voraussehen, dass wenn Chinas Gesetze in die Welt eingeführt werden sollen, das Gesetz der digitalen Wirtschaft das wahrscheinlichste Gesetz zu diesem Zwecke wäre.

Wir werden uns auf die langfristige Entwicklungsstrategie des Landes stützen und die zukünftigen Probleme mit chinesischer Weisheit lösen, wobei wir uns insbesondere auf die neue Zivilisationsform der digitalen Zivilisation konzentrieren und den Weg des Wiederaufbaus von Wert und

Ordnung in der tief greifenden Transformation der digitalen Wirtschaft suchen.

Gesetzliche Bestimmungen sind das Spiegelbild realer sozialer Beziehungen und sollen stabil und vorhersehbar sein. Im Zeitalter des Internets entwickelte sich die Big Data-Technik rasant, was neue Themen und neue Aufforderungen für juristische Arbeiten und rechtliche Untersuchungen aufwarf.

Nur eine offene und integrative Mentalität kann auf die Bedürfnisse der Realität reagieren. Nur rechtzeitige und wirksame Gesetze, Strafverfolgungs- und Justizmaßnahmen können das Rechtsvakuum füllen. Nur wenn wir ein Gleichgewicht zwischen der Stabilität der Regeln und den ständigen Veränderungen der Gesellschaft herstellen, können wir die neuen Herausforderungen bewältigen, die sich aus den traditionellen rechtlichen Konzepten, Mitteln, Systemen, Technik usw. ergeben.

Aus dieser Perspektive erwarten wir, dass die Erforschung des Datenrechts den Aufbau des digitalen Chinas unterstützt, im Zeitalter der digitalen Zivilisation Stimmen aus China mehr Gehör verschafft und die chinesischen Ansichten wiedergegeben werden können, sowie ein besseres Diskurssystem für die Entwicklung der digitalen Zivilisation in der Welt entsteht.

Dies ist eine bahnbrechende theoretische Untersuchung, die auf der Realität und der Zukunft basiert. Wir gehen davon aus, dass dies beim Aufbau des legalen Reichs in der ganzen Welt zum Grundlagenmaterial in der zukünftigen Ära der digitalen Zivilisation werden kann.

Das ist das Vorwort.
Huang Jin, Rektor und Professor von China University of Political Science and Law
Beijing, den 25. Oktober 2018

Inhaltsverzeichnis

Rede des Chefredakteurs

Seit dem Tag, an dem wir zum ersten Mal etwas über Big Data erfahren haben, betrachten wir dies normalerweise als eine neue Energie, eine neue Technik, eine neue Organisationsform oder als eine neue Kraft, die die Zukunft verändert, und hoffen, durch die Überkreuzung, Fusion, Offenheit und Weitergabe von Daten mehr Werte zu schaffen. Offene Daten und der Datenfluss bringen jedoch häufig auch mehr Risiken mit sich. Die übermäßige Erhebung und der übermäßige Missbrauch personenbezogener Daten stellen große Herausforderungen an die Privatsphäre der Subjekte, die Informationssicherheit von Unternehmen und die Stabilität der Gesellschaft und sogar des Landes dar, was weitverbreitete und tief greifende Bedenken hinsichtlich des Datenaustauschs, des Schutzes der Privatsphäre und der sozialen Gerechtigkeit hervorruft. Dies wird zu einem Hauptproblem der globalen Datenverwaltung, das uns dazu veranlasst, eingehender nachzudenken und zu versuchen, die theoretische Hypothese einer „Datenperson" aufzustellen, um eine Lösung zu finden. Wir bezeichnen die von der „Datenperson" abgeleiteten Rechte als Datenrechte; die auf der Grundlage der Datenrechte erstellten Ordnung als das Datenrechtsystem; die aus dem Datenrechtssystem gebildeten Rechtsnormen das Datenrechtsgesetz, um so einen rechtlichen Rahmen aus „Datenrecht - Datenrechtssystem - Datenrechtsgesetz" zu konstruieren. Dies bildet den Schwerpunkt dieses Buches.

Betrachtet man die Daten als eine Art des Rechts, auf dessen Grundlage eine neue Ordnung und ein neues Gesetz errichtet werden, so wird diese Art der Konstruktion dem zukünftigen Leben der Menschheit eine brandneue und tief greifende Bedeutung verleihen. Der Philosoph Kant sagte, dass alle Gesetze zwei Faktoren beinhalten und das erste die Regel und das zweite die Motivation ist. Die Regel spricht hauptsächlich von der objektiven Unvermeidbarkeit und formt die Verpflichtungen. Die Verpflichtungen bestimmen durch das Verhältnis der Regel die Motivation. Unabhängig von der Art der Gesetzgebung sind schließlich die Rechte, einschließlich der Naturrechte und der erworbenen Rechte, sowie die natürlichen und materiell rechtlichen Rechte das oberste Ziel. Kant sagte auch, dass es auch für ihn schwierig sei, einen Juristen danach zu fragen, was Rechte sind, wie einen Logiker danach zu fragen, was Wahrheit ist. Was sind Daten als ein Zukunftsrecht, woher kommen sie, diese Fragen machen es uns auch schwer. Aber wenn wir Fragen an uns stellen, lohnt es sich vielleicht mehr, über die Frage nachzudenken, als über die Antwort selbst.

I. Menschenrechte, Sachenrechte und Datenrechte sind drei Grundrechte des zukünftigen Lebens der Menschheit.

Der gesetzlich vorgeschriebene Nachweis von „Mein und Dein" ist das Hauptproblem der Rechtsverhältnisse. Dies betrifft unter anderem die Daten- und Menschenrechte. Nach der Entwicklung in den Jahrhunderten tritt die menschliche Gesellschaft in das Zeitalter von Big Data ein, die Datenperson wird von der Hypothese in die Realität übergehen, und die Datenbeziehungen spiegeln sich in allen Aspekten wie dem persönlichen Leben, dem Wirken der Unternehmen und der nationalen Sicherheit wider. Eine neue Sache, die sich von traditionellen Dingen unterscheidet und über die traditionellen Menschen hinausgeht, beginnt in die Sicht der Rechtsbeziehungen zu kommen – es handelt sich dabei um „Daten." Daten werden durch Zeiten erzeugt, Zeiten werden wiederum durch Daten geschaffen.

Sie springen aus den Beziehungen zwischen den Rechten und Pflichten im Sinne der traditionellen Gesetze heraus und spiegeln ein Merkmal von Verschränkung und Verschmelzung wider. Es gilt nicht länger das traditionelle „Recht gegen alle Besitzer, um es zu besitzen." Der Datenfluss und die gemeinsame Nutzung von Daten werden zur Essenz dieser Ära. Noch wichtiger ist, dass das Datenrecht basierend auf dem Prinzip zum Schutz der angeborenen Menschenwürde ein neues Grundrecht auf der Ebene der Menschenrechte darstellt.

Gemäß der Erklärung der Datenschutz-Grundverordnung (GDPR) ist es ein Grundrecht für natürliche Personen, Schutz bei der Verarbeitung personenbezogener Daten zu erhalten. Dieses Konzept ermutigt uns, die theoretischen Grundlagen der Datenrechte im Kontext der „Theorie der Menschenrechte" und der „Theorie der Sachenrechte zu untersuchen und durch die Beobachtung der Menschenrechte und Sachenrechte die Rechtfertigung der Datenrechte in der Rechtsphilosophie aufzudecken, sowie weiterhin die Möglichkeit, Notwendigkeit und Unvermeidlichkeit bei der Schaffung von Datenrechten, eines Datenrechtssystems und eines Datenrechtsgesetzes zu erklären.

Hier durchbrechen die Datenrechte die Grenzen des Datenschutzes durch Theorien zu Persönlichkeit, Intimsphäre, Sachenrechten, Forderungen und geistigen Eigentumsrechten und werden zu einer neuen Art von Rechten und Interessen im Datenkontext. Diese neue Art von Rechten und Interessen umfasst die Datenhoheit, das Recht der persönlichen Daten und Datenteilhaberechte. Die Datenrechte bilden zusammen mit den Menschen- und Sachenrechten die drei Grundrechte des zukünftigen Lebens der Menschheit.

2. Datenrechte sind eine Kombination aus Persönlichkeitsrechten und Eigentumsrechten.

Daten haben Persönlichkeits- und Eigentumsattribute, unterscheiden sich jedoch gleichzeitig von Persönlichkeitsrechten und Eigentumsrechten. Der zentrale Wert der Persönlichkeitsrechte von Daten ist die Wahrung der Würde des Subjekts der Daten, nämlich des Menschen. Im Zeitalter von Big Data hinterlassen Einzelpersonen „Datenfußabdrücke" in einer Vielzahl von Datensystemen und stellen die Eigenschaften einer Person durch Korrelationsanalyse wieder her, um eine „Datenperson" zu bilden. Durch die Anerkennung der Persönlichkeitsrechte von Daten wird hervorgehoben, dass das Subjekt der Daten gesetzesgemäß Rechte besitzt, wie das Recht auf Freiheit, ohne dass diese einem entzogen wird, das

Recht auf Ansehen, ohne beleidigt zu werden, das Recht auf Intimsphäre, ohne ausspioniert zu werden, und das Recht auf Informationen, ohne missbraucht zu werden.

Gleichzeitig ist das Motto „Daten werden hoch geachtet" zum Konsens der gesamten Gesellschaft geworden. Daher ist es notwendig, Daten Eigentumsrechte zu geben und sie gemäß dem Gesetz zu schützen. Als neues Eigentumsobjekt muss das Dateneigentum fünf rechtliche Merkmale aufweisen: Gewissheit, Kontrollierbarkeit, Unabhängigkeit, Wert und Knappheit. Das Persönlichkeitsrecht der Daten und das Dateneigentumsrecht bilden zusammen die beiden Kernrechte der Datenrechte.

3. Das Subjekt des Datenrechts ist ein bestimmter Gläubiger und das Objekt des Datenrechts ein bestimmter Datensatz.

In einem bestimmten Rechtsverhältnis von Datenrechten verweist der Gläubiger auf einen bestimmten Gläubiger. Datenrechte haben unterschiedliche Formen wie etwa das Recht zur Datenerhebung, das Recht zur Datenübertragbarkeit, das Recht zum Datennießbrauch, das Recht zum Erhalt der Erträge durch Daten und das Recht zur Datenänderung. Daher ist es erforderlich, einen bestimmten Gläubiger in Kombination mit bestimmten Formen von Datenrechten und vorgeschriebenen Inhalten zu bestimmen. Für den Gegenstand des Datenrechts haben einzelne und unabhängige Daten keinen Wert. Nur der Datensatz mit einem unabhängigen Wert, der nach bestimmten Regeln kombiniert wird, hat einen bestimmten Wert, und die einzelnen Daten im Datensatz können nicht als separates Objekt des Datenrechts betrachtet werden. Das Objekt der Datenrechte ist daher ein bestimmter Datensatz.

4. Datenrechte durchbrechen die Beschränkungen von „einem Eigentumsrecht an einem Gegenstand“ und „Gegenstände sind greifbar“ und manifestieren sich häufig als „mehrere Rechte für einen Datensatz“.

„Ein Eigentumsrecht an einem Gegenstand“ ist das dominierende wesentliche Merkmal der Verfügbarkeit der Sachenrechte. Die Formen der Gegenstände haben sich allmählich mit dem Fortschritt von Wissenschaft und Technik angereichert. Mit der stetigen Zunahme der Arten von Sachenrechte wird die Trennung von Rechten und Funktionen der Eigentumsrechte immer komplizierter.

„Ein Eigentumsrecht an einem Gegenstand“ wurde in der Realität von „mehrere Eigentumsrechte an einem Gegenstand“ und „ein Eigentumsrecht an mehreren Gegenständen“ beeinflusst. Der Umfang und die Form der Nutzung der Gegenstände ändern sich ständig.

„Mehrere Eigentumsrechte an einem Gegenstand“ und „ein Eigentumsrecht an mehreren Gegenständen“ wurden in der Prozesspraxis auch häufiger in den Gesetzen mittelbar stillschweigend und vage anerkannt. Mit der Entwicklung der Zeit und dem Fortschritt von Wissenschaft und Technik wird die Exklusivität der Gegenstände unnötig, wenn die Kosten der Gegenstände sinken oder sogar gegen Null gehen. Dies gilt insbesondere für Datenressourcen im Überfluss und mit Null-Grenzkosten. Ihre natürliche Objektivität ohne Sachenrechte und die Multisubjektivität bestimmen die Grundprinzipien der „bestmöglichen Nutzung von Daten.“

5. Die Datenrechte haben Attribute des privaten und öffentlichen Rechts sowie souveräne Merkmale.

Die Datenrechte haben ein altruistisches und geteiltes Merkmal, eine Art Existenz in Konflikten und Spielereien zwischen privaten und öffentlichen Rechten. Sobald sich die Datenrechte aus dem Bereich des natürlichen Rechts fortbewegen und sich in eine Art Miteigentum und „Allgemeinwillen" entwickeln, gehen sie definitiv über die eigene Form hinaus und werden zu einem sozialen Recht. Im Zeitalter von Big Data wird diese Gruppe von Souveränen, die sich aus Datenpersonen zusammensetzt, unweigerlich ein System benötigen, um sicherzustellen, dass jeder die verlorenen Dinge in einem Prozess der Wahrung der privaten Rechte mit der Freiheit, „Datenbürger" zu sein, zurückerhalten kann, die durch den Verzicht auf die natürlichen Rechte entstehen, wenn die Menschen als eine Art der Datenpersonen existieren. In der GDPR heißt es auch: „Das Recht auf Schutz personenbezogener Daten ist kein absolutes Recht; es muss in Bezug auf seine Funktion in der Gesellschaft betrachtet und nach dem Grundsatz der Verhältnismäßigkeit mit anderen Grundrechten in Einklang gebracht werden." Mit anderen Worten sollte es gleichzeitig Raum für technologische Innovation und industrielle Entwicklung lassen, was die genaue Essenz der „bestmöglichen Nutzung von allem" im Zivilrecht darstellt, während die Rechte des Subjekts der Daten geschützt werden. Da Daten zu einem wichtigen Produktionsfaktor in der digitalen Wirtschaft geworden sind, müssen wir klären, wie das Eigentum an Daten und das Recht auf Datennutzung voneinander getrennt sind. Datenrechte und Dateneigentum sind die Kernthemen, die wichtiger sind als der Schutz der Datenrechte. Aus dem Blickwinkel des Zivilrechts ist jeder das Land selbst. Dies ist ein sehr wichtiger philosophischer Rahmen für die Definition von Datenrechten. Individuelle Souveränität, soziale Souveränität, die Souveränität von Konzerngiganten in der Internetbranche und die Datenhoheit des Landes sollen die gleiche Art von Gut sein, aber sie kollidieren auch miteinander und werden in der Geschichte der westlichen politischen Gedanken als gleich wichtig angesehen, aber was wichtiger ist, ist die individuelle Souveränität, die die juristische Person verteidigt.

6. Fünf grundlegende Dimensionen im Datenrechtssystem

Das Rechtssystem ist der Koordinator der sozialen Ideale und der sozialen Realität, oder es ist ein Interventionsbereich, der nur schwer klar zwischen Normen und Realität zu definieren ist. Dies gilt insbesondere für das Datenrechtssystem. Dessen Bedeutung liegt nicht nur in der Aufrechterhaltung und Verwirklichung von Gerechtigkeit, sondern auch in der Schaffung von Ordnung, das heißt, durch die Systemanordnung, die durch die Kombination vom Verhältnis und der Regeln von Datenrechten entstand und das Verhältnis der Datenrechte effektiv kombiniert, einstellt und schützt, werden die Kosten für Datentransaktionen wirksam gesenkt und die Effizienz der Allokation von Datenressourcen verbessert.

Dies erfordert, dass wir eine Reihe von Systemen und Betriebsregeln für Datenrechte aufbauen, einschließlich des gesetzlichen Systems der Datenrechte, des Systems der Dateneigentumsrechte, des Systems der Datenrechte für öffentliche Interessen, des Systems der Datennießbrauchrechte und des Systems der gemeinsamen Nutzung. Der Kern dieser fünf Dimensionen ist das System des Schutzes personenbezogener Daten, das auf Werteziele wie Sicherheit und Risikoprävention beruht. Der Schutz personenbezogener Daten kann jedoch nicht auf den Schutz privater Rechte beschränkt werden und soll über das Modell „Einverständnis“ oder „Mitwisserschaft“ hinausgehen, dabei eine offenere, inklusivere und freundschaftlichere Haltung gegenüber der industriellen Entwicklung und der sozialen Gerechtigkeit berücksichtigen, die Dynamik und Flexibilität von Regeln aufrechterhalten, besser (aber nicht mehr) durch von unten nach oben und verteilte Regeln einen Mechanismus generieren, ein unterstützendes System einrichten, das die spezifischen Wertezielen besser widerspiegelt, und eine Datenschutzverordnung und ein Rechtssystem bilden, das den tatsächlichen Bedürfnissen besser entspricht.

7. Das Teilen von Rechten ist der Kern der Datenrechte.

Neumischung ist das Merkmal der Zukunft des menschlichen Lebens. Die Auswirkungen des Neumischens auf die Strukturen von Macht und Rechten haben die Menschen gezwungen, die Gesellschaft neu zu untersuchen und eine neue digitale Ordnung zu konstruieren. Datenrechte sind die Quelle der inneren Vitalität der digitalen Ordnung. Die Behauptung der Datenrechte ist eine wichtige Kraft, um die Umstrukturierung der Ordnung voranzutreiben. Diese Kraft kennzeichnet den Niedergang traditioneller Macht, die Ausweitung neuer Rechte und die Übertragung persönlicher Souveränität. Der Altruismus wird in Zukunft zunehmend zum Konsens der Menschheit. Die „natürlichen Rechte" des Einzelnen sind die Eckpfeiler einer rechtsstaatlichen Gesellschaft. Aber wir werden immer die ultimative Norm des digitalen sozialen Lebens in der Vormachtstellung eines souveränen kollektiven „Allgemeinwillens" erforschen und dabei die unveräußerlichen individuellen Rechte schützen.

Die Datenrechte als das auf der Hypothese der „Datenperson" beruhende Zukunftsrecht haben ebenfalls einen solchen „Allgemeinwillen". Erst wenn die Datenperson den wirtschaftlichen Elfenbeinturm verlässt und das Teilen zum Kern der digitalen Ordnung wird, kann sich das Wesen der Datenrechte manifestieren.

8. Das Datenrechtsgesetz ist die gesetzliche Norm zur Anpassung von Dateneigentum, Datenrechten, Datennutzung und Datenschutz.

Die Bestätigung von Datenrechten ist der logische Ausgangspunkt für den Schutz von Datenrechten und eine Voraussetzung für die Festlegung von Datenregeln. Datenrechte sind ein wichtiger Bestandteil der Datenrechts-Gesetzgebung. Und ein Gesetz ohne Inhalt von

Rechten kann den Wunsch der Menschen danach nicht wecken. In der Gesetzgebung sollten dem Subjekt der Daten entsprechende Rechte eingeräumt werden, wie das Recht auf Mitwisserschaft, das Recht auf Berichtigung, das Recht auf Vergessen, das Recht auf Datenerhebung, das Recht auf Datenübertragbarkeit, das Recht auf Datennutzung, das Recht auf Erhalten der Erträge von den Daten, das Recht, Daten zu teilen, das Recht, Abhilfe zu suchen. Es müssen nicht nur Bestimmungen zu den Rechten des Dateneigentümers zur Kontrolle, Nutzung und zum Gewinn durch Daten enthalten sein, sondern auch Bestimmungen zu den Rechten Dritter zur Nutzung der Daten, wie zum Beispiel Datennießbrauchrechte, Datenrechte für öffentliche Interessen und das Recht zum Teilen von Daten. Der Wert von Daten liegt in ihrer Nutzung. Unter der Voraussetzung, dass der Grundsatz der bestmöglichen Nutzung von Daten eingehalten wird, sollten wir die Werte von Daten für politische, kommerzielle und zivile Zwecke entwickeln und die Entwicklung des Datennutzungsmodells der „Drei-Ketten-Integration" forcieren, die die gesamte Steuerungs-, Industrie-, und Dienstleistungskette abdeckt. Die Verantwortung für den Schutz ist ein unverzichtbarer Bestandteil von Gesetzen, Vorschriften und Regeln. Fehlen einem Gesetz die Bestimmungen über die Schutzverantwortung, so sind die im Gesetz vorgesehenen Rechte und Pflichten unwirksame Regeln. Das Sammeln, Speichern, Übertragen und Verwenden von Daten erfordern ein verstärktes Sicherheitsmanagement, um zu verhindern, dass Daten angegriffen, verraten, gestohlen, gefälscht und illegal verwendet werden. Darüber hinaus hängen Daten mit der nationalen Sicherheit und dem öffentlichen Interesse zusammen, und die Datenhoheit muss auf nationaler Ebene geschützt werden.

9. Das Datenrechtsgesetz konstruiert eine neue Ordnung der digitalen Zivilisation.

Das Zeitalter der digitalen Zivilisation ist ein intelligentes Zeitalter, das auf die Technikerneuerung bei Techniken wie Big Data, dem Internet der Dinge, künstlicher Intelligenz, Quanteninformation und Blockchain basiert. In dieser Ära ist der Trend der Datenrechte beispiellos aktiv, der Echtzeitfluss und die gemeinsame Nutzung von Daten stellen ein datenbasiertes Ökosystem dar, und die gesamte soziale Produktionsbeziehung ist durch die Verbindung der Daten gekennzeichnet. Politik, Wirtschaft, Kultur, Technik usw. können vollständig transformiert werden, was zu beispiellosen Veränderungen und zur Rekonstruktion der Modelle der gesamten sozialen Entwicklung und der Interessenverteilung führen wird.

An der Oberfläche ist der äußere Rahmen des bestehenden Rechtssystems in der Tat hervorragend. Vom Corpus Juris Civilis über das Napoleonische Gesetzbuch bis hin zum Deutschen Bürgerlichen Gesetzbuch und anderen Legislativschöpfungen war das Rechtssystem in den Augen aller Menschen vollständig. Es schien perfekt genug zu sein, um die menschlichen Bedürfnisse nach einem geordneten und organisierten Leben, den menschlichen Wunsch, Erfahrungen zu wiederholen und den Impuls, auf bestimmte Situationen zu reagieren, zu befriedigen. In den so vielen Bereichen wie Zivilrecht, Wirtschaftsrecht, Verwaltungsrecht, Strafrecht, Verfahrensrecht, Völkerrecht usw. ist es im Grunde im Zustand einer Dreifachkreuzung, wie das Datenrechtsgesetz die Grenzen auf der Erde überschreiten wird. In jedem Fall steht das Datenrechtsgesetz jedoch für die ordnungsgemäße Weitergabe von Daten, die Voraussetzung für die Datenwiederverwendung und für das Gleichgewicht zwischen der Privatsphäre und der Datennutzung. Es ist das Grundmaterial der „quadratischen und runden" Welt des Rechtsimperiums, das den Raum der digitalen Welt konstruiert. Das Datenrechtsgesetz wird die neue Koordinate der Regeln im Zeitalter der digitalen Zivilisation, das neue Paradigma der Regierungsführung und der neue Ausgangspunkt der Zivilisation sein und mit Sicherheit eine neue Ordnung der digitalen Zivilisation konstruieren.

10. Das Datenrechtsgesetz ist ein wichtiger Eckpfeiler auf dem Weg von der industriellen Zivilisation zur digitalen Zivilisation.

Von der landwirtschaftlichen Zivilisation zur industriellen Zivilisation und dann zur digitalen Zivilisation wird das Recht den Übergang vom „Recht des Menschen" zum „Recht der Dinge" und zum „Recht der Daten" verwirklichen. Die digitale Zivilisation ist der Ursprung des Wertes und die treibende Kraft der Innovation für die Schaffung des Datenrechtsgesetzes. Das Datenrechtsgesetz bietet auch eine Existenzgrundlage für die Systempflege und Ordnungsförderung der digitalen Zivilisation. Die Bedeutung des Datenrechtsgesetzes verdichtet sich im Ordnungsparadigma der digitalen Zivilisation und wird zur normativen Grundlage für die Aufrechterhaltung und Weiterentwicklung dieser zivilisierten Ordnung. In diesem Sinne ist das Datenrechtsgesetz das Produkt des Übergangs der Zivilisation und wird auch der Eckpfeiler des Wandels der Menschheit von der industriellen Zivilisation zur digitalen Zivilisation sein.

Es wird oft behauptet, Ökonomen seien die am wenigsten konsensbildende Berufsgruppe. In gewissem Sinne kann es für die Rechtswissenschaftler noch schwieriger sein, einen bestimmten Konsens zu erzielen, insbesondere wenn grenzüberschreitende und marginale Probleme wie Datenrechte auftreten. Wenn wir die Denkweise bezüglich des Datenrechtsgesetzes auf die Ebene des rechtsphilosophischen Denkens erweitern, werden wir feststellen, dass die Beziehungen zwischen Menschen, Natur und Gesellschaft im rechtlichen Rahmen in Bezug auf Datenrechte sowie die Beziehung zwischen Menschen oder juristischen Personen und dem Recht und die Legitimität der rechtlichen Autorität noch komplizierter sind. Datenrechte sind in ihrer Art ein relativ eigenständiges Recht. Datenrechte, das Rechtssystem, das Datenrechtsgesetz und damit zusammenhängende Fragen sind zu einem Sachverhalt geworden, der eng mit der Epoche und der Hauptnarrativik verbunden ist. Das Studium des Datenrechtsgesetzes ist eine wegweisende und bahnbrechende Arbeit. Es ist ein wichtiges soziales oder akademisches Problem, das in keiner Weise vermieden werden kann.

Selbst wenn wir es jetzt nicht behandeln, werden zukünftige Generationen es studieren müssen. Daher werden wir unsere anfängliche Absicht und strategische Entschlossenheit beibehalten, mit dem Fokus auf der Zukunft, nicht auf der Gegenwart, und wir gehen mehr von Hypothesen aus, mit mutigen Vorschlägen, sorgfältiger Überprüfung und grenzüberschreitender Integration. Natürlich handelt es sich bei der vorliegenden Arbeit nur um eine theoretische Untersuchung, die den Wissenschaftlern nur einen möglichen Rechtsvorschlag oder die Denkressourcen einiger Forschungen liefert. Genau wie die erste Dampfmaschine der Welt definitiv nicht benutzt werden konnte und das erste Auto nicht auf der Straße fahren konnte, ist alles Neue absolut unvollkommen. Aber ich glaube an folgendes Urteil: „Auf dem Weg in die Welt dürften die Gesetze der digitalen Wirtschaft aller Wahrscheinlichkeit nach der Pionier unter allen chinesischen Gesetzen sein." Diesbezüglich bemühen wir uns zur jetzigen Zeit. Und obwohl es schwierig ist, bin ich überzeugt, dass sich das Licht der wissenschaftlichen Weisheit und der rechtlichen Rationalität im Zeitalter der digitalen Zivilisation widerspiegeln wird.

Lian Yuming
Direktor des Schlüssellabors für Big Data-Strategie
10. August 2018

Einleitung

(1)

Rechte sind die Quelle der Macht. Macht ist laut Max Weber „die Fähigkeit, andere dazu zu zwingen, das zu tun, was der Machtinhaber will. Die Gezwungenen verhalten sich nicht so in der anderen Situation." Der amerikanische Soziologe Parsons glaubt, dass Macht ein Kernbegriff der großen westlichen Tradition ist, wenn es darum geht, politische Phänomene zu denken. Gegenwärtig befasst sich unsere Forschung im Bereich der Rechtswissenschaft mehr mit dem Studium von Rechtsansprüchen. Daher werden von der politischen „Macht" zum rechtlichen „Anspruch" die beiden Grundprobleme hauptsächlich durch die normativen Attribute des Gesetzes geklärt. Eines davon besteht darin, die Macht direkt durch Gesetzgebung oder Vorschriften einzuschränken, damit der Machtinhaber die Grenzen seiner Macht kennt. Das andere besteht darin, die Grenzen der Rechte der Bürger zu definieren, damit deren Rechte, insbesondere die Grundrechte, so verbindlich sind, dass die Machthaber sie nicht überschreiten können. Die kritischste Forschungsmethode der Rechtswissenschaft ist die Bestimmung der Rechtsverhältnisse, und der Inhalt der Rechtsverhältnisse sind die Rechte und Pflichten; die Rechtswissenschaft wird daher das Gesetz der Rechte und Pflichten genannt. Aber wie Foucault glaubt, ist Macht zu einer strategischen Situation geworden, zu einer Situation im sozialen Leben, zu einem Effekt, der im Grunde genommen den Kontrast der sozialen Gewalt bestimmt, zu einer Situation, die nicht länger an das Rechtssystem gebunden ist, sondern das gesamte gesellschaftliche Leben durchdringt. Zu diesem Zeitpunkt sollte der Schutz der Rechte auch an die sich ändernde Situation des sozialen Lebens angepasst und im Vergleich neuer sozialer Kräfte wirksam aufrechterhalten werden, um ein vollständigeres Rechtssystem zu schaffen.

An der Oberfläche ist der äußere Rahmen des bestehenden Rechtssystems in der Tat hervorragend. Vom Corpus Juris Civilis über das Napoleonische Gesetzbuch bis hin zum Deutschen Bürgerlichen Gesetzbuch und anderen Legislativschöpfungen war das Rechtssystem in den Augen aller Menschen vollständig. Es schien perfekt genug zu sein, um die menschlichen Bedürfnisse nach einem geordneten und organisierten Leben, den menschlichen Wunsch, Erfahrungen zu wiederholen und den Impuls, auf bestimmte Situationen zu reagieren, zu befriedigen. Mit dem Eintritt des Menschen in die Ära der digitalen Zivilisation verändern jedoch die Verhältnisse zwischen Macht und Rechten die Situation der sozialen Entwicklung grundlegend. Datenmacht und Datenrechte sind miteinander verflochten, und die Beziehungen von Datenrechten werden zu Hauptaspekten des Widerspruchs zwischen Produktivität und Produktionsverhältnissen. Datenpersonen werden von der Hypothese in die Realität kommen, und Datenbeziehungen spiegeln sich im persönlichen Leben, im Geschäftsbetrieb und in der nationalen Sicherheit wider. Eine neue Sache, die sich von traditionellen Dingen unterscheidet und über die traditionellen Menschen hinausgeht, beginnt in das Feld der Rechtsbeziehungen einzutreten: die „Daten." In den Bereichen des Zivilrechts, des Wirtschaftsrechts, des Verwaltungsrechts, des Strafrechts, des Verfahrensrechts, des Völkerrechts usw., springt die Frage der Datenrechte aus den Beziehungen zwischen gesetzlichen Rechten und Pflichten im traditionellen Sinne heraus, und sie ist nicht mehr die traditionelle „Opposition gegen den Besitz ihrer Rechte durch alle Besitzer." Im Gegenteil, Datenverkehr und die Teilhabe an Daten entwickeln sich zu Eigenschaften einer Ära, und gleichzeitig müssen wir das Verhältnis zwischen dem Schutz personenbezogener Daten und den Daten für die kommerzielle Nutzung bei der Erhebung, Speicherung, Übermittlung und Verarbeitung von Daten dringend ausbalancieren. Es ist genau dieses allgemeine Problem, mit dem die globale Cyberspace-Governance konfrontiert ist.

Der Philosoph Kant sagte, dass alle Gesetze zwei Faktoren beinhalten und das erste die Regel ist und das zweite die Motivation. Die Regel spricht hauptsächlich von der objektiven Unvermeidbarkeit und formt die Verpflichtungen. Die Verpflichtungen bestimmen durch das Verhältnis der Regeln die Motivation. Unabhängig von der Art der Gesetzgebung sind schließlich die Rechte, einschließlich der Naturrechte und der erworbenen Rechte, sowie die natürlichen und materiell rechtlichen Rechte das oberste Ziel. Kant sagte auch, dass es genauso für ihn schwierig sei, einen Juristen danach zu fragen, was Rechte sind, wie einen Logiker danach zu fragen, was Wahrheit ist. Was sind Daten als ein Zukunftsrecht, woher kommen sie, diese Fragen machen es uns auch schwer. Aber wenn wir Fragen an uns stellen, lohnt es sich vielleicht mehr, über die Frage nachzudenken, als über die Antwort selbst.

(2)

Datenrechte, Menschenrechte und Sachenrechte sind der Kern des neuen Rechtesystems. Sie haben in dieser Ära den gleichen Wert. Da sich der Besitz und die Grenzen von Eigentumsrechten der Datenbestände jedoch in einem vagen und kontroversen Zustand befanden, ist es schwierig, die Grenzen der Rechte, Zuständigkeiten und Pflichten von Subjekten der Daten, Datenverarbeitern und den tatsächlichen Datencontrollern getrennt voneinander zu definieren. Das macht die Reglung der Daten zur offensichtlichsten Schwäche der nationalen Governance. Das individuelle Recht „Ich bin der Herr meiner Informationen" lässt sich nur schwer auf wirksame Weise durch das Gesetz stützen, dies führt dazu, dass die Verteilung von Dateninteressen, die durch das Eigentum an Datenressourcen bestimmt werden und die Aufteilung von Datenqualität und Sicherheitsverantwortung nicht umgesetzt werden können, und weiterhin führt es dazu, dass die Interessen an Datenwerten von mächtigen Menschen monopolisiert werden. So kommt es zu einem neuen Ursprung sozialer Ungerechtigkeit.

Individuelle „Naturrechte" sind der Eckpfeiler einer rechtsstaatlichen Gesellschaft. Unter den bisherigen Rechtstheorien ist die Naturrechtstheorie eine langjährige klassische Theorie. Die Theorie besagt, dass jeder Mensch bestimmte Rechte im Sinne des Menschseins hat und diese Rechte inhärent, nicht übertragbar und unveräußerlich sind. Gleichzeitig ist aus Sicht des aktuellen Rechtskreises die Definition der Datenrechte unklar und der damit verbundene Schutz ebenfalls sehr umstritten. Selbst wenn dies vereinbart wurde, ist es illegal, persönliche Informationen online zu kaufen und zu verkaufen. Dies bedeutet, dass selbst wenn der Kontoregistrant (Verkäufer) zustimmt, seine persönlichen Bürgerdaten zu verkaufen, trotzdem eine Straftat wegen der Verletzung persönlicher Daten vom Verkäufer und Käufer begangen wird. Dies liegt daran, dass in der Rechtsprechung die zivilrechtliche Gültigkeit und die strafrechtlichen Verstöße zwei unterschiedliche Bewertungsebenen darstellen. Die personenbezogenen Daten der Bürger sind in erster Linie ein Persönlichkeitsrecht. Persönlichkeit und Identität haben starke persönliche Eigenschaften und können nicht nach Belieben gekauft und verkauft werden. Mit anderen Worten sind Datenrechte oder die Selbstbestimmung von Informationen nur ein Grund für die Unschuld des Verkäufers, sie können jedoch die strafrechtliche Verantwortlichkeit des „Verkäufers" und des Käufers nicht leugnen. Daher kann ein wirksamer Schutz der Datenrechte nur dann erreicht werden, wenn wir die Datenrechte klarer gesetzlich definieren und sie an die gleiche wichtige Stelle wie die Menschenrechte und Sachenrechte stellen. Gleichzeitig werden wir immer die ultimative Norm des digitalen sozialen Lebens in der Vormachtstellung eines souveränen kollektiven „Allgemeinwillens" erforschen und dabei die unveräußerlichen individuellen Rechte schützen. Datenrechte haben natürlicherweise ein altruistisches und mitteilendes Attribut, das eine Art Existenz zwischen Konflikten und Spielen von privaten Rechten und öffentlichen Rechten ist. Sobald die Datenrechte von einem natürlichen Recht zu einem gemeinsamen und „Allgemeinwillen" (general will) aufsteigen, überschreiten sie definitiv ihre eigene Form und werden zu einem sozialen Recht.

In der GDPR heißt es auch: „Das Recht auf Schutz personenbezogener Daten ist kein absolutes Recht; es muss in Bezug auf seine Funktion in der Gesellschaft betrachtet und nach dem Grundsatz der Verhältnismäßigkeit mit anderen Grundrechten in Einklang gebracht werden." Mit anderen Worten, es sollte gleichzeitig Raum für technologische Innovation und industrielle Entwicklung lassen, was die genaue Essenz der „bestmöglichen

Nutzung von allem" im Zivilrecht darstellt, während die Rechte der betroffenen Person geschützt werden.

Das Internet transportiert Datenübertragung, Datenteilhabe, Datenaustausch und Wertschöpfung über Distanzen, steht aber auch vor der grenzenlosen, unbezahlbaren und ungeordneten Herausforderung. Von der Übermittlung von Daten durch jedermann zum Austausch von Werten für jedermann und zum Teilen der Ordnung mit jedermann entwickelt sich das Internet vom *Informations-Internet* zum *Werte-Internet* und zum *Ordnungs-Internet*. Diese Entwicklung von Low-Level zu High-Level und von einfach zu komplex ist ein Zustand, in dem man die Nicht-Kopierbarkeit in Kopierbarkeit verändert, sie ist im Wesentlichen ein Zustand menschenzentrierten Datenverkehrs im virtuellen Raum. Die Nichtbegrenzung eines solchen Zustands macht den Datenverkehr unsicher, preislich nicht bezifferbar, nicht nachvollziehbar und nicht regulierbar. In gewisser Weise bringt uns das Internet Unordnung und Chaos. Der Datenverkehr im Internet ist wie ein wildes Pferd, das grenzenlos in der Wildnis umher galoppiert. Die wilden Pferde, die besser werden, müssen durch Regeln gezügelt werden. Die Festlegung solcher Regeln erfordert sowohl technische Unterstützung als auch institutionelle Garantien. In der Gesetzgebung unseres Landes sind die Stärkung des Schutzes der Rechte des Subjekts der Daten und die rechtliche Festlegung der Pflichten der Datenkontrolleure und der Datenverarbeiter auf der Grundlage eines Gleichgewichts zwischen den Rechten der personenbezogenen Daten und dem freien Datenverkehr, das vorrangige und dringendste Thema, mit dem die Gesetzgebung der Datenrechte konfrontiert ist. Diese Dringlichkeit zeigt nicht nur, wie man neuer Technik, neuen Formaten und Modellen, die sich täglich ändern, begegnet und sie reguliert, sondern auch, wie man technologische Innovation und soziale Entwicklung fördert anstatt sie zu behindern und gleichzeitig personenbezogene Daten schützt. Aber egal was passiert, die Zustimmung der Europäischen Union zur GDPR und die Herausforderungen des grenzüberschreitenden Datenverkehrs und der Cyberspace-Verwaltung werden immer ernster. Für die klare Formulierung und Erkennung des fundamentalen Problems des Datenbesitzes sind Herkunft, Grenzen und Attribute des Rechts, also die Rechtsgrundlage von Datenrechten, noch wichtiger. Es ist für uns auch ein sachdienliches

Thema, um die wichtige Gelegenheit zur Entwicklung von Big Data zu ergreifen und die Modernisierung des nationalen Governance-Systems und der Governance-Fähigkeiten voranzutreiben.

(3)

In seinem Werk „Sapiens: Eine kurze Geschichte der Menschheit“ schrieb Yuval Noah Harari: „Die Erforschung der Merkmale der modernen Gesellschaft ist ebenso schwierig wie die Infragestellung der Farben eines Chamäleons. Das Einzige, bei dem wir uns sicher sind, ist, dass sie sich ständig ändern und eine ewige Revolution sein werden.“ Im Gegensatz zu den ausländischen bekannten Leuten, die in der Vergangenheit nach China kamen, um das Wohlergehen von Wissenschaft und Technik bekannt zu geben, von denen uns Nicholas Negroponte die Fantasie brachte und Kevin Kelly die Inspiration, bringt uns Harari mehr eine Angst davor, dass wir von der Zeit aufgegeben werden. Sie alle haben jedoch ein gemeinsames Merkmal und erzielen einen beispiellosen Konsens in der Frage, dass das Internet die alte Ordnung, die alten Regeln, das alte Muster und die alte Welt zerschlägt. Es gibt jedoch keine Antwort darauf, wie das Internet eine neue Welt konstruiert. Die Einführung des Datenrechtsgesetzes bietet uns eine neue Perspektive, die Welt mit den Kriterien des Rechts zu hinterfragen.

Die Moderne ist kein fester Zustand, sondern ein Kraftfeld, in dem verschiedene Stärken miteinander konkurrieren. Jede hegemoniale Tendenz von Prinzipien, Befugnissen und Elementen verletzt andere Rechtsthemen, und jede Selbstzertifizierung von Ansprüchen und Systemen muss auch mit anderen kommunizieren und einen Dialog führen. Diese „komplexe Moderne“ bestimmt die Bedeutung der Einführung und gesetzgeberischen Praxis von Datenrechten für den Eintritt der Menschen in die digitale Zivilisation. Angesichts der immer komplexer werdenden digitalen Zivilisation und der Transformation ihrer sozialen Ordnung, des enormen Umfangs und des enormen Einflusses der digitalen Wirtschaft müssen wir ein relativ klares Konzept für Datenrechte haben und einen allgemeinen kognitiven Rahmen bilden, der die digitale Ordnung mit komplexen Funktionen inhärent reguliert. Förderung der Datenrechte von der Notwendigkeit zur Kodifizierung und zur Realität - dies ist ein Prozess inklusiver und umsichtiger Rechtspraxis, und der Zusammenhang zwischen nicht anerkannten und gesetzlich anerkannten Datenrechten, den institutionalisierten und verwirklichten Datenrechten ist nicht nur eine Reflexion und ein kritisches Bewusstsein, das auf historischen Erfahrungen beruht, sondern auch ein Konstruktionsbewusstsein basierend auf Normen und Überzeugungen. Nur wenn wir die universellen Normen und Werte der Moderne respektieren, können wir schrittweise aus der Unordnung und dem Chaos der Ära der digitalen Wirtschaft herauskommen. Nur wenn wir wissenschaftliche und vernünftige Regeln für den Datenschutz festlegen, können wir die vollständige Verbreitung und Nutzung von Daten verwirklichen, das Wirtschaftswachstum und den sozialen Fortschritt unter der Voraussetzung fördern, dass die persönliche Würde und Freiheit gewährleistet sind. Dies ist auch die häufigste Frage von Menschen, die sich in Richtung der Gemeinschaft der digitalen Zivilisation bewegen.

Harari sagte in seinem Werk *Homo Deus*: *A Brief History of Tomorrow* das Gesetz der Zukunft voraus. Er glaubt, dass künstliche Intelligenz in Zukunft eine dominierende Position einnehmen wird und unser Gesetz eine digitale Regel wird, die alle menschlichen Verhaltensweisen mit Ausnahme der Gesetze der Physik regelt. In der Vergangenheit war das Recht ein Produkt der Zivilisation. Derzeit ist es ein Instrument zur Aufrechterhaltung der Zivilisation. Für die Zukunft ist das Recht ein Mittel zur Förderung der Zivilisation. Das Datenrechtsgesetz ist die Notwendigkeit für die ordnungsgemäße Weitergabe von Daten, die Voraussetzung für die Datenwiederverwendung, das Gleichgewicht zwischen persönlicher Privatsphäre und Datennutzung. Es ist das Grundmaterial der „quadratischen und runden" Welt des Rechtsimperiums, das den digitalen Raum konstruiert. Das Licht der wissenschaftlichen Weisheit und das Licht der rechtlichen Rationalität werden sich im Zeitalter der digitalen Zivilisation ergänzen.

KAPITEL I

Die Bedeutung von Datenrechten für das gemeinschaftliche Leben der Menschheit

Neuvermischung ist eine Art Symbiose und wechselseitige Transformation der inneren Struktur und des Bewegungsprozesses des Chaos und der Ordnung, die nicht die starre Mischung aus dem alten und neuen Weg ist, sondern die Rekonstruktion der Integration und Anordnung der konstituierenden Elemente. Die Evolution der Welt in Formlosigkeit und Ordnung hat den Menschen die Kraft der Neuvermischung bewusst gemacht, und die Interpretation von Block Data ist eine solche Kraft. Von der Dekonstruktion bis zur Rekonstruktion wird Block Data als Denkmuster für die Neuvermischung verwendet, um für die Menschheit das Gesetz besser zu erfassen und die Zukunft vorherzusagen. Wir Menschen treten in eine Zeit der Neuvermischung und des gemeinsamen Lebens ein. Zusammenlebende Menschen fordern Ordnung von der Natur. Und der aus der Neuvermischung entstehende Schlag zu den Rechtsstrukturen lässt die Menschen die Gesellschaft und den Aufbau einer neuen digitalen Ordnung hinterfragen. Das Datenrecht ist die Quelle der inneren Kraft der digitalen Ordnung, und der Vorschlag von Datenrechten ist eine wichtige Kraft, um die Rekonstruktion der Ordnung voranzutreiben.

Abschnitt 1 Zeit der Neuvermischung

Wir befinden uns in einer Zeit der Neuvermischung und werden uns noch lange dort befinden. Der Fortschritt der menschlichen Gesellschaft wurde vor allem durch Neuvermischung vorangetrieben, beispielsweise das Wachstum der Zivilisation kommt aus der Neuvermischung, das Wachstum der Wirtschaft kommt aus der Neuvermischung und das Wachstum der Daten kommt auch aus der Neuvermischung. „Neuvermischung" ist eine unvermeidliche Veränderungskraft, die beispiellose Auswirkungen auf Rechtsvorschriften und die Rechtsordnung hat.

(1) Neuvermischung und die menschliche Gesellschaft

1. Das Chaos, die Ordnung und die Neuvermischung

Das Universum wurde formlos geboren. Im alten China gab es Legenden über das Chaos, unter denen die Geschichte von Pangu, der den Himmel von der Erde trennte, die berühmteste ist. Das Chaos repräsentiert im Bewusstsein der Menschen im Altertum das vage Bild des Universums, bevor es in Himmel und Erde geteilt wurde. Im Westen glaubten die alten Griechen auch, dass das Chaos das das Universum umspannende Material war, bevor sich die Welt bildete. Im Buch Genesis heißt es: „Die Erde war wüst und leer; und es war finster auf der Tiefe. Die Welt bestand aus Fluten und tiefer Dunkelheit." Das Chaos war in der frühen Wahrnehmung der Menschen im Altertum ein Synonym für Durcheinander und Unordnung.

In den 1970er Jahren erkannten die Menschen mit dem großen Fortschritt der Wissenschaft allmählich das tiefere Wesen des Chaos - die Kombination von Unordnung und Ordnung. Die vage Vorstellung, die die Menschen seit vielen Jahren verwirrt hatte, wurde nach und nach auf wissenschaftliche Weise erläutert. In einem riesigen Land der Wahrheit ist es die Geburtsstunde der Neuvermischung-Theorie und eines komplexen Systems, das die Welt erfrischt. Die Erforschung komplexer Systeme wie der nicht linearen Dynamik, des Schmetterlingseffekts, der Fraktal-Theorie usw. brachte nicht nur neue Ideen und neue Impulse für die Forschung, sondern auch weitreichende Anwendungsperspektiven mit sich und ließ die Menschen erkennen, dass Variabilität, Unsicherheit, Komplexität und Unschärfe die Essenz der Welt sind.

Die Neuvermischung wird oft im selben Atemzug mit „Entropie" genannt. „Es war einmal ein einzelner Punkt, der die Straße entlanglief und plötzlich explodierte." Dies ist die anschauliche Beschreibung des Urknalls in der Physik. In der statistischen Physik ist die Definition von „Entropie" der Anteil des Äquivalenzzustands in allen möglichen Zuständen. Boltzmann definiert „Entropie" als die Anzahl der Äquivalenzzustände unter bestimmten Bedingungen. Tatsächlich wird Entropie nicht zur Messung des Störungsgrades verwendet, sondern zur Messung der Multiplizität eines Zustands, und es ist sehr wahrscheinlich, dass der Zustand mit hohem Entropiewert ungeordnet ist (Hidalgo 2015, S. 18)Bevor der Urknall vor 13,8 Milliarden Jahren begann, war alles geordnet. Nach dem Urknall wurde das Universum jedoch immer chaotischer. Wenn sich alles verteilt, werden die Partikel chaotisch. Was das Universum betrifft, so haben der Grad der Ordnung abgenommen und die Entropie bis heute zugenommen. Bis heute bleibt es immer so.

Als Produkt des Urknalls ist die Zeit der durch das „Gesetz der Entropieerzeugung" gezeichnete Einbahnpfeil, der vom zweiten Gesetz der Thermodynamik bestimmt wird. Die Irreversibilität des „Gesetzes der Entropieerzeugung" bedeutet auch, dass die Zeit irreversibel ist. Die Irreversibilität der Zeit bringt uns im Chaos Ordnung (Hidalgo 2015, S. 29). Ordnung und Chaos stehen im Gegensatz zueinander, können auch in Harmonie nebeneinander existieren. Neuvermischung ist eine Art Symbiose und gegenseitige Transformation der inneren Struktur und des Bewegungsprozesses des Chaos und der Ordnung. Neuvermischung ist nicht die starre Mischung aus dem alten und neuen Weg, sondern die Rekonstruktion der Integration und Anordnung der Bestandteile. Grundsätzlich entstehen neue Werte oft durch die Kombination von Ideen und Elementen aus verschiedenen Quellen wie Arbeit und Kapital, Technik und Marke, Hardware und Software sowie der Welt und der Region.

2. Neuvermischung ist Innovation

Rekombination ist der eigentliche Mechanismus von Neuvermischung und Innovation. Rekombination ist ein grundlegender Weg für die zukünftige Schaffung und Innovation. Jobs sagte einmal: „Innovation besteht darin, verschiedene Dinge zusammenzuführen. Kreative Menschen sehen einige Zusammenhänge, dann können sie immer die Zusammenhänge zwischen verschiedenen Dingen erkennen und die dann integrieren, um neue Dinge zu formen. Das ist Innovation“ Innovation bedeutet also, die stabile Struktur verschiedener Systeme und Prozesse, die bereits aufgebaut wurden, wieder aufzubrechen, sodass sie zu einem chaotischen Zustand umgewandelt werden und die ursprünglichen Elemente neu kombiniert werden. Die sogenannte „Innovation“ besteht darin, das ursprüngliche Modell und die Struktur zu brechen und neu zu kombinieren, anstatt aus dem Nichts zu wachsen. Sogar die Geburt des iPhone und die von WeChat sind Durchbrüche und Rekonstruktionen der ursprünglichen Situation, des Handels, der Praxis, des Modus und des Denkens.

Neuvermischung ist ein notwendiger destruktiver Weg, von dem Innovation ausgeht. Es ist eine leistungsstarke Möglichkeit, durch die Kombination auf neue Art und Weise Werte zu schaffen. Der neue Wert kann durch erneutes Mischen und Zuweisen von Ressourcen erstellt werden. Neuvermischung ist die Essenz von Innovation. In der Natur bestehen der weichste Grafit und der härteste Diamant, die alle aus Kohlenstoffatomen bestehen und der große Unterschied zwischen ihnen besteht in der Art und Weise, wie sie kombiniert sind: Der Mensch muss neu mischen, um die Intelligenz des Individuums freizusetzen, unsere Organisation, unseren Lebensstil und unsere Schöpfungsweise neu zu strukturieren und weiterhin kollektive Weisheit zu erlangen. Beim Neumischen gibt es drei Prinzipien. Das erste besteht darin, die potenziellen gemeinsamen Werte zu identifizieren. Man muss mehr Werte finden, die durch erneutes Mischen von Ressourcen erzeugt werden als Werte, die durch alleiniges Verwenden von Ressourcen erzeugt werden, um eine Wertevorbewertung von „1+1>2“ zu ermitteln. Das zweite Prinzip besteht darin, eine harmonische und einheitliche Beziehung zu erreichen. Die Kombination muss als Ganzes einen Wert schaffen, was oft als kollaborative Innovation bezeichnet wird. Wenn eine Rekombination durchgeführt wird, generiert der gemeinsame Wert nicht automatisch Wertschöpfung und -verteilung, sondern es hängt in der Regel davon ab, wie Einrichtung und Verwaltung nach Abschluss der ursprünglichen Vereinbarung kombiniert werden. Schließlich soll nach dem letzten Prinzip der Wert geteilt werden. Der geteilte Wert ist das ultimative Ziel der Neuvermischung und eines der wichtigsten Prinzipien. Das Ermitteln der Arten der Einkommensverteilung ist ebenso schwierig wie das Schätzen gemeinsamer Werte. Wenn der Wert von Neuvermischung nicht geteilt werden kann, wird der Prozess der Neuvermischung aufgrund der unfairen Verteilungsarten nicht eingehalten.

3. Das Verschwinden der Grenzen und das Neuvermischungs-Zeitalter kommt

Neuvermischung bedeutet das Verschwinden der alten Grenze. Das Internet bringt das Verschwinden viele Grenzen mit sich, z. B. das Verschwinden der Grenze zwischen Unternehmen und Markt, das Verschwinden der Grenzen zwischen verschiedenen Branchen usw. Durch die Neuanordnung der Kombinationen werden die Grenzen zwischen den ursprünglichen Funktionen aufgehoben. Mit dem Verschwinden der alten Grenze geht die Ordnung in die Unordnung über, aber die Neuvermischung ist keine Mischung von Durcheinander, sondern eine geordnete Anordnung der Kombination; so wird die Ordnung in Unordnung ausgeführt. Die Neuvermischung ist daher das Streben nach einem Zustand des Gleichgewichts zwischen Ordnung und Unordnung.

Die reale und die virtuelle Welt werden neu gemischt. Die Entwicklung des Internets hat eine neue räumliche Domäne für die Menschheit geschaffen - die virtuelle Welt. Der reale Raum koexistiert mit dem Mischzustand von virtueller Welt und Realität im Wohnraum. „Die gesamte Weltwirtschaft neigt sich vom Material weg und hin zu einer immateriellen Byte-Welt" (Kelly 2016, S. 242). Die Welt bewegt sich auch von der realen Welt in die virtuelle Welt. Die virtuelle Welt und die reale Welt sind ineinander eingebettet, und die Menschen bilden eine digitale Logik, die Virtualität und Realität übersteigt. Im Vergleich zur realen Welt gibt es in der virtuellen Welt einige wesentliche Änderungen. Erstens die Umkehrbarkeit der Zeit und das Teilen des Raumes; zweitens die Echtzeit der Zeit und die Fließfähigkeit des Raumes; drittens die Elastizität der Zeit und die Kompression des Raumes. Durch das Aufkommen der virtuellen Welt verabschieden sich die Menschen von einer einzigen realistischen physischen Raumstruktur, aber begrüßen den wechselseitigen Raum von Realität und Virtualität. Die virtuelle Welt spiegelt die wesentliche Kraft der menschlichen Offenheit und Teilhabe wider, und die humanistischen

Implikationen, die den virtuellen Raum selbst verkörpert, stehen außer Zweifel. Gleichzeitig befreit sie die Menschen von einer Art Knechtschaft, trennt gewissermaßen auch die Entwicklung von Mensch und Gesellschaft von der realen Welt.

Die Welt bewegt sich von der traditionellen „Ära der Arbeitsteilung" zur „Ära der Arbeitskombination." In einer Neuvermischung-Welt, in der es zu jeder Zeit zu Überkreuzungen kommt, werden die Ressourcen eines Bereichs in Kombination mit den Ressourcen eines anderen neu geordnet, was zu Innovation führen kann. Mit der kontinuierlichen Entwicklung der Zivilisation, dem Fortschritt von Wissenschaft und Technik und der wachsenden Erkenntnis der Welt wird das Bild der Welt vor uns immer deutlicher. Mit dem Aufkommen der Neuvermischung-Ära ist die heutige Welt jedoch immer noch voller Unsicherheit, oft begleitet von unvorhersehbaren Risiken und Veränderungen, in denen die Menschen immer noch allein in der vagen Erkenntnis wandeln. Es gibt Zeiten, in denen wir nicht genau messen, vorhersagen und steuern können. Werte, Gesetze und Regeln sind unsicher, ebenso Rechte. Diese Unsicherheiten implizieren Komplexität und Unordnung, die die menschliche Gesellschaft chaotisch und verwirrend machen und Risiken und Herausforderungen für das gemeinsame Leben der Menschheit mit sich bringen.

(2) Das Wachstum kommt aus der Neuvermischung

1. Das Wachstum der Zivilisation kommt aus der Neuvermischung

Der Entwicklungsprozess der menschlichen Gesellschaft beruht auf wiederholter Neuvermischung. In den letzten Zehntausenden von Jahren hat die Entwicklung der menschlichen Gesellschaft einen Prozess von der Diffusion über die Bildung in verschiedene Gruppen bis zur endgültigen Fusion durchlaufen, aber die Fusion bedeutet nicht, zum ursprünglichen Punkt zurückzukehren. „Als sich die verschiedenen menschlichen Gruppen zu dem globalen Dorf von heute zusammenschlossen, brachte jede ihr einzigartiges Erbe an Gedanken, Werkzeugen und Verhaltensweisen mit, das es auf ihrem Weg sammelte und entwickelte.

Unsere modernen Speisekammern sind jetzt mit nahöstlichem Weizen, mittelamerikanischen Kartoffeln, guineischem Zucker und äthiopischem Kaffee gefüllt. In ähnlicher Weise sind unsere Sprache, Religion, Musik und Politik mit Erbstücken aus aller Welt angefüllt" (Harari 2016, S. 592).

Die Evolution der menschlichen Zivilisation ist lediglich eine wiederholte Vermischung von Gedanken. Um 500 v. Chr. tauchten im goldenen Zeitalter des menschlichen Denkens, auch Achsenzeit genannt, viele große spirituelle Mentoren in verschiedenen Zivilisationen auf - Weise aus dem alten Griechenland, jüdische Propheten Israels, Sakyamuni aus dem alten Indien und Chinas alte Philosophen... Die von ihnen hervorgebrachten Ideen haben unterschiedliche kulturelle Traditionen geprägt und auch das menschliche Leben beeinflusst. In den letzten 2 000 Jahren war jeder soziale Fortschritt nicht die Entdeckung neuer Ideen, sondern die Wiederentdeckung und Praktizierung einiger Gedanken der Achsenzeit, wie die Renaissance, die den Fortschritt nach Europa brachte, die protestantische Ethik, die zum Aufstieg Amerikas beitrug, der Konfuzianismus, Buddhismus und Taoismus, die den Einfluss Chinas durchsetzten.

Die Entwicklung aufstrebender Technik ist nur eine Neuvermischung der frühen primitiven Technik. Das Aufkommen der Technik geht mit der Entwicklung des Menschen einher, die sich auch aus den Bedürfnissen des menschlichen Überlebens ergibt. Larry Downes weist in seinen „Laws of Disruption" darauf hin, dass die wissenschaftliche und technische Entwicklung exponentiell war. Brian Arthur, Ökonom am Santa Fe Institute, sagt: „Alle neue Technik stammt aus einer Kombination bestehender Technik." Moderne Technik ist Kombinationen früherer primitiver Technik, die neu angeordnet und neu gemischt wurden (Kelly 2016, S. 223) Wir können Hunderte einfache Techniken mit Hunderttausende komplexe Techniken kombinieren, aus denen unzählig mögliche neue Techniken entstehen, die alle das Ergebnis von Neuvermischung sind.

Die innovative Entwicklung neuer Medien ist das Vermischen alter Formen. Die historischen Ursprünge des „Neuvermischung" spiegeln sich auch in der Neuschöpfung von Musik wider. Am Ende des neunzehnten Jahrhunderts ermöglichte die Schöpfung des Rekorders den Menschen, die normale Hörreihenfolge neu zu ordnen, was der erste *Remix* von Musik ist.

In den letzten Jahrzehnten wurden Hunderte neuer Medienformen durch alte Formen neu gemischt. Die traditionellen Medien existieren noch, zum Beispiel ein Zeitungsartikel oder eine 30-minütige Fernseh-Sitcom oder ein vierminütiger Popsong. Nachdem neu kombiniert wurde, gibt es jetzt neue und attraktive Formen von Medien wie Weibo, dynamische Bilder, kurze Videos und so weiter. Zukünftig werden Zeitungsartikel, Romane, TV-Sitcoms oder ein vierminütige Popsong in Form von Grundelementen neu gemischt und zu anderen neuen Formen kombiniert werden.

2. Das Wirtschaftswachstum kommt aus der Neuvermischung

Beginnend mit der klassischen Ökonomie war der Impuls des Wirtschaftswachstums immer der Forschungsschwerpunkt der Menschheit. In Bezug auf den entscheidenden Faktor für das Wirtschaftswachstum besteht im theoretischen Kreis kein Konsens. In der Wirtschaft hat es eine lange Tradition, ihre Natur mit Produktionsfaktoren (wie Kapital, Arbeitskräfte) zu beschreiben. Die Erklärungen verschiedener Theorien des Wirtschaftswachstums zu den Impulsen konzentrieren sich hauptsächlich auf die Analyse des Beitrags zu den Produktionsfaktoren, während anderen Faktoren weniger Aufmerksamkeit geschenkt wird. Gleichzeitig sind die von den Forschern ausgewählten Forschungselemente und -objekte aufgrund der unterschiedlichen Eigenschaften der Zeit nicht identisch.

Das Hauptthema von „Der Wohlstand der Nationen," geschrieben vom Begründer der Wirtschaft, Adam Smith, lautet „Was ist die grundlegende Natur des nationalen Reichtums eines Landes und was sind die Gründe für sein Wachstum" (Zhou Yuehui 2015). Das Werk befasst sich also mit dem Thema „Wie erreicht man das wirtschaftliche Wachstum einer Nation?" Adam Smith teilte darin die Wirtschaft in Land, Arbeitskraft und Maschinen auf und setzte Maschinen oder festes Kapital mit dem Wachstum der Produktionskapazität der Menschen gleich. Daher betrachtet er die Akkumulation von physischem Kapital als einen entscheidenden Faktor für das Wirtschaftswachstum und argumentiert, dass „die Absicht des fixen Kapitals darin besteht, die Arbeitsproduktivität zu erhöhen oder der gleichen Anzahl von Arbeitern zu ermöglichen, eine viel größere Menge an

Arbeit zu leisten." Außerdem betrachtet Adam Smith die Verbesserung von Maschinen als Fortschritt der Produktionskapazität der Menschen: „Alle derartigen Verbesserungen in der Mechanik ermöglichen die gleiche Anzahl von Arbeitern, mit billigeren und einfacheren Maschinen als bisher üblich eine gleiche Menge an Arbeit zu verrichten." (Hidalgo 2015, S. 168) Darüber hinaus vertritt Adam Smith in seiner Theorie die Auffassung, dass die Arbeitsteilung das Wirtschaftswachstum fördert. Arbeitsteilung ist der beste Weg, um die wirtschaftliche Effizienz zu verbessern und das Wirtschaftswachstum zu fördern. David Ricardo, ein weiterer klassischer Ökonom, hat in seinem Buch über die Grundsätze der politischen Ökonomie und der Besteuerung darauf hingewiesen, dass die Kapitalakkumulation und die Förderung des Gewinnwachstums günstige Bedingungen für das Wirtschaftswachstum bieten und dass die treibende Kraft für das Wirtschaftswachstum die Steigerung der Arbeitsproduktivität, die Verdichtung notwendiger Arbeitszeit und Senkung der Löhne der Arbeitnehmer usw. umfasst.

Die Theorie des modernen Wirtschaftswachstums besagt, dass das Wirtschaftswachstum nicht nur von Kapital, Arbeitskraft und der relativen Auswirkung von Kapital und Arbeit auf das Produktionswachstum abhängt, sondern auch vom wichtigsten Motor - dem technischen Fortschritt.[1] Joseph Schumpeter, ein österreichischer Ökonom, stellte eine einzigartige Theorie des Wirtschaftswachstums im Buch *Theorie der Wirtschaftsentwicklung* auf. In seiner Theorie heißt es: „Auch das bloße Wirtschaftswachstum, wie es sich aus dem Bevölkerungs- und Wohlstandswachstum ergibt, wird hier nicht als Entwicklungsprozess bezeichnet. Denn es ruft keine im Grund genommene neuen Phänomene hervor, sondern nur Anpassungsprozesse der gleichen Art wie die Veränderungen der natürlichen Daten." (Schumpeter 2012,

1 Alvin Toffler, ein amerikanischer Futurologe, erwähnt in seinem Buch *Der Zukunftsschock* auch, dass hinter diesen verblüffenden wirtschaftlichen Phänomenen ein riesiger Anreiz für Veränderungen steckt: Technik. Das bedeutet aber nicht, dass sie die einzige treibende Kraft für den sozialen Wandel ist. Tatsächlich können Änderungen der chemischen Zusammensetzung der Atmosphäre, des Klimas, der Bodenfruchtbarkeit und anderer Faktoren zu sozialen Unruhen führen, aber es ist nicht zu leugnen, dass die Technik eine wichtige Kraft bei Beschleunigungsschocks bleibt.

S. 67) Schumpeter ist der Ansicht, dass nur innovative Aktivitäten die grundlegende Kraft für die wirtschaftliche Entwicklung sind. Er identifiziert fünf Arten von Innovationen: 1. Das Produzieren eines neuen Produkts; 2. die Anwendung einer neuen Technik; 3. die Öffnung eines neuen Marktes; 4. die Entdeckung und Kontrolle einer neuen Quelle des Rohstoffs; 5. die Schaffung einer neuen Organisationsstruktur in einem Unternehmen. Schumpeter betont ferner, dass die neue Kombination von Innovation und Produktionsfaktoren und die Organisatoren der wirtschaftlichen Entwicklung Unternehmer seien; und es dieser „Unternehmergeist" sei, der sie zu Innovationen anregen würde, die eine „neue Kombination" von Faktoren und Produktionsbedingungen einführen könnten, die noch nie in das Produktionssystem eingebracht wurden, um die „neue Kombination" für die Produktionsfaktoren oder Produktionsbedingungen zu erreichen. In Schumpeters Theorie kommt somit der Impuls für das Wirtschaftswachstum von innovativen Aktivitäten und dem „Unternehmergeist," der solche Aktivitäten fördert.

Im Bereich des Unternehmertums ist Schumpeter der Ansicht, dass der Geschäftsalltag durch eine neue Kombination der Geschäfte umgestürzt werden kann. Unternehmer haben diese neuen Kombinationen – von den bestehenden und neuen Herstellungsverfahren, den Märkten und neuen Bezugsquellen, den neuen Produkten und der neuen Technik und sogar den neuen Unternehmensstrukturen und Strategien - herausgearbeitet, die den Kern der Innovationstheorie von Schumpeter bilden. Schumpeters Schlussfolgerung aus seinen Beobachtungen ist immer noch zutreffend, aber die Kombination ist nicht nur die, die Unternehmer herausgearbeitet haben. Heute fördern die Führungskräfte der Unternehmen diesen Innovationsprozess. In den letzten 10 Jahren wurde die Strategie der Kombination von Vermögenswerten und Ressourcen innerhalb und außerhalb der Unternehmen umfassend umgesetzt und populär gemacht. Die Implementierungsdetails dieser Kombinationen sind unterschiedlich, entweder temporär oder permanent, locker oder streng, exklusiv oder inklusiv. Im Kern geht es jedoch darum, Werte durch neue Kombination oder Recycling von Ressourcen zu schaffen (Gomes-Casseres 2017, S. 7).

Damit übereinstimmend vertritt der Ökonom Paul Romer die Auffassung, dass „ein wirklich nachhaltiges Wirtschaftswachstum nicht auf der Entdeckung und Nutzung neuer Ressourcen beruht, sondern auf der Umstrukturierung vorhandener Ressourcen, um einen höheren Wert zu erzielen." Dies entspricht Schumpeters „Theorie der technischen Innovation," die sich auf „neue Kombination" oder „neue Integration" konzentriert. Kevin Kelly, der Gründungsredakteur vom Magazin Wired, der als Prophet des „spirituellen Paten des Silicon Valley" bekannt ist, erwähnte in seinem Buch „The Inevitable," dass das Wirtschaftswachstum durch Neuvermischung entstehen würde. Zum jetzigen Zeitpunkt dreht sich das Studium des Wirtschaftswachstums allmählich vom Fokus auf die Faktoren selbst zur Reorganisation der Faktoren, was die einzige Kraftquelle für Innovation und Wohlstand in der digitalen Gesellschaft darstellt (Kelly 2015, S. 242).

3. Das Datenwachstum resultiert aus der Neuvermischung

Die bidirektionale Entwicklung von Wissen, Informationen und Daten ist der Verlauf des Fortschritts der menschlichen Zivilisation. Aus der Perspektive des Denkprozesses des menschlichen Denkparadigmas ist das kognitive System auf jeder Stufe anders, ebenso wie die daraus resultierenden Werkzeuge des Denkens. Auf der ersten Stufe ist Wissen Macht; und das Wissen ist das Produkt des menschlichen Denkens. Auf der zweiten Stufe ist Information Energie, und Information ist dabei das Produkt der Computertechnik.

Auf der dritten Stufe sind Daten variabel; und eine grenzenlose Datenaggregation kann nicht durch das Denkmuster des menschlichen Gehirns oder des Computers erreicht werden. Es muss die Integration von Menschen, intelligenten Maschinen und Cloud Computing sein - ein Cloud-Brain-Denken. Mit anderen Worten ist das menschliche Denkmuster in drei Phasen unterteilt, nämlich das Zeitalter des menschlichen Gehirns, das Computerzeitalter und das Zeitalter des Cloud-Gehirns.

Daten sind sowohl eine unabhängige als auch eine abhängige Variable. Zum Zeitpunkt ihrer eigenen Veränderung werden sie die Veränderung der Außenwelt auslösen. Daneben findet der Prozess der Datenänderung von abhängigen und unabhängigen Variablen gleichzeitig statt. Daten sind eine objektive Existenz und eine Widerspiegelung von Daten zur realen Welt. Die Daten selbst sind in Bewegung und verändern sich, und es ist das natürliche Wachstum der Informationskommunikationstechnik, die sich gemäß ihrer eigenen Entwicklungslogik von einer Verbesserung der Produktionseffizienz zu einer fortgeschritteneren Intelligenzstufe entwickelt (Key Laboratory of Big Data Strategy 2016, S. 15). In Bezug auf die Menge ist Big Data nicht nur riesig, sondern ändert sich auch ständig. Der von IDC veröffentlichte Bericht „Digital Universe" bietet eine quantitative Bewertung der globalen Datenbestände und Wachstumstrends. Der Bericht zeigt, dass die globale IP (Protokoll für die Verbindung zwischen Netzwerken) 1EB (AI-Byte) erreicht, dafür man 2001 ein Jahr, 2013 nur einen Tag und 2016 nur einen halben Tag brauchte. Bis 2020 wird das digitale Universum um das zehnfache wachsen; die Datenmenge, die pro Jahr aus den aktuellen 4,4 Billionen GB (Gigabyte) generiert wird, wird auf 44 Billionen GB ansteigen.

Die Grenzüberschreitung von Daten ist eine wichtige Voraussetzung für den Aufbau großer Verbindungen. Alle Menschen, Dinge, Objekte sind in ein riesiges soziales Netzwerk eingebettet. Unsere vernetzte Beziehung ist nicht nur der angeborene, unverzichtbare Teil des Lebens, sondern auch eine ewige Kraft (Christakis 2017). Obwohl Daten in verschiedenen Bereichen und Branchen durch soziale Aufgabenteilung in Streifen unterteilt sind, wird die grenzüberschreitende Nutzung verschiedener Branchen durch die Entwicklung der Internet-Technik erzwungen. Das Grenzüberschreitende baut im Wesentlichen neue Verbindungen auf, insbesondere effektive Verbindungen zwischen redundanten Daten, um neuen Wert zu entdecken. Zum Beispiel haben China Vanke und Taobao eine kooperative Beziehung aufgebaut, um eine große Menge an Kundeninformationen zu erhalten. Alibaba konzentriert sich nicht nur auf E-Commerce, sondern befasst sich auch mit Logistik, Fernsehen, künstlicher Intelligenz und anderen Bereichen. Die Anziehungskraft der grenzüberschreitenden Zusammenarbeit besteht darin, verschiedene Elemente zu kombinieren und zu integrieren, um den potenziellen Wert zu ermitteln.

Die Rekombination von Daten ist entscheidend für das weitere Wachstum des Datenvolumens. In Bezug auf die Natur sind grenzüberschreitende und feldübergreifende Assoziierung und Reorganisation selbst die Natur der eigenen Entwicklung von Daten; sie kann die Grenzen von Zeit und Raum überschreiten, um Daten schnell zu übertragen und zu aggregieren, wodurch die Daten desselben Typs in demselben Feld in Klassen unterteilt werden, wobei eine Interaktion stattfindet und eine übergeordnete, feldübergreifende, kontinuierliche Aggregation entsteht um einen neuen Datensatz unter neuen Bedingungen zu bilden. Mehrere Datenformen, mehrere Quellen und komplexe Verbindungen zwischen Daten machen die Datenwelt mysteriöser und aufregender (Key Laboratory of Big Data Strategy 2016, S. 15–16). Einzelne Daten sind bedeutungslos, während der reale Wert aus riesigen Teilmengen durch Korrelationsanalyse des rekombinierten neuen Datensatzes generiert wird.

Datenwachstum ist das Herzstück des Wachstums der digitalen Gesellschaft. Ma Yun sagte auf der 4. Weltinternetkonferenz: „In den nächsten 30 Jahren werden Daten zum Produktionsmittel, Computer zur Produktivkraft und das Internet zur Produktionsbeziehung. Wenn wir uns nicht für die Digitalisierung einstellen und keine Verbindung zum Internet herstellen, wird dies beängstigender sein, als wenn wir in den letzten 30 Jahren keine Verbindung zum Strom hergestellt hätten." Ein Datensatz, der sich im „Energiesparmodus" befindet, muss erneut mit anderen Datensätzen gemischt werden, um einen neuen Wert zu erstellen. Daher ist die Kombination verschiedener Datensätze immer wertvoller als ein einzelner Datensatz. Die Reorganisation von Daten ist zum Kern des Wachstums geworden.

(3) Die rechtlichen Grundlagen der Neuvermischung

1. Neuvermischung ist ein zweischneidiges Schwert

In Bezug auf die Erstellung unterscheidet sich die Neuvermischungs-Erstellung von den traditionellen Formen, da auf der Grundlage des Originalwerks neue Werke in Form von Audio-Mixing, Mix-and-Match usw. erstellt werden. In Zeiten von Big Data können Menschen durch Mischen und Zusammenarbeiten große Werke erstellen, was in der Vergangenheit undenkbar war.

Wikipedia zum Beispiel vereint die Weisheit der globalen Internetnutzer auf die Art und Weise der Neuvermischung, deren Bandbreite weit über die Schöpfung durch traditionelle Enzyklopädien hinausgeht. Man kann sagen, dass die Neuvermischungs-Erstellung zur Entwicklung der Kultur beiträgt. Außerdem geht es bei der Neuvermischungs-Erstellung um das Recht der Öffentlichkeit auf freie Meinungsäußerung und das Verhältnis zwischen Urheberrecht und Meinungsfreiheit, „das als die beiden Seiten derselben Medaille" betrachtet werden kann, wobei die erstere das Eigentum und die letztere das politische Recht der Gesellschaft ist. Sie sind miteinander verbunden, weil beide den Informationsfluss betreffen, die eine Seite wegen des Profits und die andere wegen der Freiheit. Es ist wie das Kanaltor, das den Informationsfluss erleichtern und auch behindern kann" (Patterson & Lindberg 1991, S. 123–124). Der Inhaber des Urheberrechts bei der Neuvermischung-Erstellung hat das ausschließliche Recht an dem Werk, und die Öffentlichkeit hat das Recht auf freie Meinungsäußerung. Die Öffentlichkeit hat das Recht, Werke zu erwerben und zu nutzen, was natürlich auch die Verwendung von Originalen zur Erstellung von Neuvermischung-Werken einschließt. Die Öffentlichkeit darf jedoch bei der Ausübung des Rechts auf freie Meinungsäußerung nicht gegen die einschlägigen Gesetze verstoßen.

Die Innovationsschwelle im Zeitalter der Neuvermischung ist niedriger. Die technische Innovation hat die Erfindungsmöglichkeiten verändert und die Entwicklung der Digitalisierung und des Internets hat es den Menschen ermöglicht, jederzeit und überall Innovationen vorzunehmen. In der Vergangenheit waren Profis die Hauptstütze der Innovation, aber jetzt hat jeder diese Möglichkeit. In alten Zeiten konnten nur wenige Leute Werke veröffentlichen und berühmt werden. Inzwischen hat jeder die Möglichkeit, berühmt zu werden, solange es Mobiltelefone, Computer und das Internet gibt. Das kreative Umfeld hat sich verändert. Natürlich ist die Art und Weise der Innovation im Zeitalter der Neuvermischung zugänglicher und die Schwelle ist niedriger. Und die Leute entscheiden sich zunehmend für Neuvermischung, um ihre Innovation und ihren Wunsch auszudrücken. Aufgrund der niedrigeren Schwelle bringt die Neuvermischung jedoch sowohl Wert als auch viele rechtliche Risiken für die Menschheit mit sich.

Die „Neuvermischungs-Kultur“ steht vor einem rechtlichen Rätsel. Lawrence Lessig, ein amerikanischer Wissenschaftler, erörtert die rechtlichen Probleme, die durch die „Neuvermischung“ entstehen in dem Buch „Remix: Making Art and Commerce Thrive in the Hybrid Economy“ (2008). Wikimedia-Wirtschaftsphänomene, Datenerfassung und Handel mit Suchmaschinen... die Schwelle für die „Neuvermischungs-Kultur“ ist so niedrig und weit verbreitet, dass sich sowohl Geschäftsmöglichkeiten als auch Streitigkeiten wegen unerlaubter Handlungen ergeben. Wenn mit „Neuvermischung“ kulturelle Phänomene beschrieben werden, verschwimmen die Grenzen von Kreativität und Kopie. Einige der „geremixten“ Werke sind über die Ebene der primären Kreation hinausgegangen, was möglicherweise die Grenze der Urheberrechtsverletzung überschreitet. Beispiele sind die trendigen Werke von Fanartikeln oder Fan-Fictions[2] und „das Transformationsproblem,“ welches in Kevin Kellys Buch „The Inevitable“ erwähnt wurde. Transformation ist ein weiterer Ausdruck für „Formation.“ Die Akzeptanz von „Transformation“ bedeutet, dass die Werke, die wir heute schaffen, in Zukunft etwas anderes hervorbringen werden und sollten. Wie man dann die Grenze zwischen „Transformation“ und „Formation“ definiert und das mit Fan-Fictions verbundene Rechtsverletzungsproblem löst, ist derzeit eine dringende rechtliche Frage.

2. Der Einfluss der Neuvermischung auf die Ordnung

In der Neuvermischungs-Ära erfordern die Koexistenz und das Zusammenleben der Menschen eine rudimentäre soziale Ordnung. Der Kern der sozialen Ordnung muss darin bestehen, dass sich jede soziale Gemeinschaft mit der Frage befasst, wie gemeinsame soziale Ressourcen oder Wohlstand genutzt werden können, um ihre eigene Entwicklung fortzusetzen. Dies erfordert, dass jede Gesellschaft eine Ordnung von Datenrechten wählt und etabliert, die festlegt, von wem (individuellen, kollektiven oder anderen Organisationsformen) und wie (welche Art von

2 In China regelt das Urheberrecht nicht die urheberrechtliche Zuordnung von Fan-Fiction. In Japan hat der ursprüngliche Autor jedoch dieselben Rechte wie der Autor der abgeleiteten Werke (d. h. der Autor der Fan-Fictions).

Rechten usw.) Daten verwendet werden. Diese Ordnung konzentriert sich in der Regel auf die Gestaltung des Rechtesystems, bei dem Datenrechte im Mittelpunkt stehen.

Dieses Rechtesystem umfasst im Wesentlichen: erstens die Verteilung oder Bestätigung des Bereichs digitaler Rechte, die die soziale Subjekte besitzen können, zweitens die Identifizierung der von diesen Subjekten besessenen Rechte und der allgemeinen Regeln für die Ausübung von Rechten; drittens den Schutz der Ausübung der Rechte durch die Subjekte und Verbote oder das Bestrafen von Handlungen, die die Ordnung gefährden. Die Normen dieser drei Arten von Rechten bilden den Grundinhalt des Datenrechtssystems zur Vereinheitlichung der Datenrechte in der Neuvermischungs-Ära. Es ist das Ziel, mit den drei Arten von Normen oder Rechtsvereinbarungen eine gemeinsame und geordnete Nutzung sozialer Ressourcen durch soziale Subjekte zu erreichen.

Datenrechte sind die erste Ordnung der menschlichen Gesellschaft in der Neuvermischungs-Ära, die das Eigentum an Datenressourcen definiert und die Ordnung der Ressourcennutzung der gesamten Gesellschaft festlegt. Datenrechte definieren den Umfang der Datenrechte unter Einzelpersonen, geben Einzelpersonen die Autonomie, selbstständig mit ihren Daten umzugehen, schützen somit Einzelpersonen vor Sklaverei und Ausbeutung durch andere und gewährleisten die Gleichheit und das freie Leben von Einzelpersonen. Datenrechte sind das Bindeglied der sozialen Organisation. Menschen müssen sich immer zu verschiedenen sozialen Organisationen zusammenschließen, um zu überleben, von Familien mit Blutsbeziehungen zu anderen wirtschaftlichen Organisationen wie Partnerschaften und Unternehmen, die durch wirtschaftliche Interessen oder Verträge miteinander verbunden sind. Dies sind soziale Organisationen, die verschiedene Ziele verfolgen und auf klaren Datenrechten basieren. Es ist schwierig für ein einzelnes Subjekt in der Gesellschaft, eine wirtschaftliche Organisation mit einem gemeinsamen Zweck zu werden. Datenrechte erhalten die Überlebensgrenze einer sozialen Gemeinschaft aufrecht, jede Person lebt in einer sozialen Gemeinschaft. Es handelt sich um verschiedene Gemeinschaften auf allen Ebenen des menschlichen Lebens, von natürlichen Dörfern und Städten bis zu Ländern. Die Grenzen einer solchen geografischen Gemeinschaft werden sich in Zukunft erweitern, bis sie durch

Datenrechte definiert werden, da es die Hauptaufgabe der Gesellschaft ist, die Stabilität und Sicherheit der Einzelpersonen, Familien und der Aktivitäten der verschiedenen sozialen Gemeinschaften aufrechtzuerhalten und sich nicht gegenseitig zu verletzen.

3. Die Herausforderung von der Neuvermischung an das Gesetz

Beim Neumischen zwischen der realen und der virtuellen Welt gehen die Rechte der Menschen auf Daten allmählich vom Eigentumsrecht auf das Nutzungsrecht über. Das Recht auf Daten verlagert sich vom Eigentumsrecht hin zum Nutzungsrecht; es bewegt sich auch weg von dem Wiederholungswert und hin zum Wert des Netzes; und gleichzeitig hin zu einer Welt, die sich entwickeln wird, in der es einen immer größer werdenden *Remix* gibt. Obwohl nur langsam, werden die entsprechenden Gesetze schrittweise festgelegt (Kelly 2015, S. 241). Was sollte das neue Gesetz in einer Neuvermischungs-Welt also vertreten? Dies sind eine Kontroverse und ein Rätsel, mit dem die digitale Gesellschaft konfrontiert ist.

Neuvermischung ist die Umlagerung und Wiederverwendung bestehender Dinge, was eine große Herausforderung und Zerstörung für das traditionelle Konzept von Besitz und Eigentumsrecht darstellt. Wenn ein Stück Melodie Ihr Eigentum ist, genau wie Ihr Haus, dann wird das Recht anderer, es zu benutzen, ohne Genehmigung oder Zahlung der entsprechenden Vergütung, stark eingeschränkt. Anfang 1813 erkannte Thomas Jefferson, dass Meinungen nicht als Eigentum angesehen werden konnten, oder dass sie sich, selbst wenn sie Eigentum wären, von Immobilien unterschieden. Er schrieb: „Ein Mann hat einen Standpunkt von mir erhalten; und er hat mir keinen Verlust verursacht, indem er diese Ansicht als Richtschnur angenommen hat; es war, als würde ich meinen Kerzenhalter benutzen, um seine Kerze anzuzünden; und seine Lichtausbeute hat meine nicht gleichzeitig gedimmt." Zum größten Teil befindet sich unser Rechtssystem größtenteils immer noch in den Richtlinien des Agrarzeitalters, nämlich das Eigentum als Entität zu betrachten. Das hinkt der Entwicklung des digitalen Zeitalters hinterher.

Das derzeitige System des Rechts des geistigen Eigentums und das Konzept des Eigentumsrechts hemmen auch die Entwicklung der Neuvermischung. Wie definiert man den Besitz der nicht-physischen Materialien (wie Musik, Text, Ansichten usw.) auf die richtige Weise? Ob es eine Verletzung ist, vollständig zu replizieren, oder es keine vollständige „Replik" ist, solange eine Transformation und Änderung stattgefunden hat – bei all diesen Themen bedarf es noch weiterer Klarstellungen des sozialen Konzepts und Systems. Es ist immer umstritten, ob es legal ist, Musikclips als Sample für einen *Remix* zu verwenden, insbesondere wenn die als Samples verwendeten oder ausgeliehenen Songs ansehnlich profitierten. Es gibt auch eine rechtliche Kontroverse, ob Google die Teile aus Büchern durch das Scannen der Originale benutzen kann. Diese Kontroverse hat Google dazu gezwungen, das „Book Scanning"-Programm einzustellen. Das Recht des Geistigen Eigentums ist solch ein unvorhersehbares Feld.

Die *Remix*-Erstellungen haben zu Streitigkeiten über Urheberrechtsfragen geführt, da sie die Interessen der Urheberrechtsinhaber gefährden könnten, vor allem in Bezug auf die folgenden Aspekte. Erstens kann die *Remix*-Erstellung die Urheberpersönlichkeitsrechte des Autors an Originalwerken untergraben. Die Erstellung der *geremixten* Werke kann die Integrität der Originalwerke durch Löschungen und Änderungen zerstören. Zweitens kann die *Remix*-Erstellung den Eigentumsinteressen des Urheberrechtsinhabers schaden. Einige Autoren der *geremixten* Werke plagiierten eine große Anzahl früherer Werke in ihren Schöpfungen und bildeten so eine Konkurrenzbeziehung zu den früheren Werken. Darüber hinaus ist die *Remix*-Erstellung keine faire Verwendung. Einige Leute glauben, dass die *Remix*-Erstellung eine Verletzung des Urheberrechts beinhaltet, was keine faire Verwendung früherer Werke ist. Aus diesen Gründen fürchten sich eine beträchtliche Anzahl amerikanischer Produzenten von *Remixen*, diese zu veröffentlichen, da sie Rechtsstreitigkeiten befürchten (Hu Kaizhong 2014). Obwohl die *Remix*-Erstellung die kulturelle Entwicklung fördern könnte, gibt es große Widersprüche und Unterschiede in der Legitimität. Wenn dieses Problem nicht richtig gelöst wird, behindert dies die gesunde und geordnete Entwicklung der *Remix*-Erstellung.

Abschnitt 2 Block Data als Paradigma

Neuvermischung bedeutet die Integration interner und externer Ressourcen, um neue Werte zu schaffen. Der Wert von Daten liegt also in der Neuvermischung. Mit einer bestimmten Plattform zur Integration von Datenressourcen spielen Blockdaten eine zentrale Rolle bei der Durchführung mehrerer Integrationen und Korrelationsanalysen, um die Natur und Gesetze der Dinge aufzudecken und neue Werte zu schaffen. In gewisser Weise sind Blockdaten eine Art Paradigma im Neuvermischungs-Bereich. Es muss jedoch darauf hingewiesen werden, dass nach der Aggregation und der erneuten Vermischung von Massendaten Probleme wie Datenunordnung und die Mehrdeutigkeit der Datenrechte immer deutlicher werden, welche eine mehrdimensionale Steuerung von „Technik und System" erfordern.

(1) Neuvermischung: Wertverkörperung von Daten

1. Digitalisierung aller Daten kann digitalisiert werden

Die Entwicklungsgeschichte der menschlichen Zivilisation ist auch der Verlauf einer riesigen Datengenerierung, -iteration und -entwicklung. Wenn die Bedeutung der Welt erfrischend ist, sind dann Daten das grundlegende Attribut und die Existenzform der Erfrischung. Egal ob wir noch die gute Erinnerung an die alten Tage und die Angst vor der neuen Ära in unseren Herzen haben, so hat doch ein Zeitalter der Digitalisierung mit dem Prinzip „alles wird aufgezeichnet und analysiert" begonnen. „Im Zeitalter des Big Data und in der aus Daten bestehenden Welt können alle sozialen Beziehungen in Daten ausgedrückt werden, und Menschen sind die Summe der relevanten Daten" (Li Guojie 2014). In dieser Ära existieren virtueller digitaler Raum und reale Welt parallel, sie sind genau gemappt und tief greifend ineinander verschmolzen. Gary King, Professor für Soziologie an der Harvard University, sagte dazu: „Dies ist eine Revolution. Riesige Datenressourcen haben den Quantifizierungsprozess in verschiedenen Bereichen wie Wissenschaft, Handel und Regierung gestartet, dieser Prozess beginnt in allen Bereichen." Es ist nicht das einzige Merkmal dieser Ära, dass man alles quantifiziert ausdrückt oder Daten als das Wesen der Welt betrachtet. Nur aufgrund der heutigen technischen Entwicklung kommt man diesem Wesen näher.

Daten definieren alles. Wenn alle Beziehungen durch Daten charakterisiert und alle Trends durch Daten vorhergesagt werden können, man dann die Art und Weise der Digitalisierung das menschliche Verhalten und die menschliche Gesellschaft versteht und herausfindet, wie man gemeinsame Merkmale sozialer Makro-Verhalten aus der Regellosigkeit und dem Durcheinander des sozialen Mikroverhaltens herausfiltert, kann sich die Art und Weise, wie Menschen die Welt sehen, Digitalisierung ändern. Die sozialen Ordnungen, sozialen Regeln, sozialen Verhaltensweisen und die soziale Governance werden im Rahmen des natürlichen, wirtschaftlichen und sozialen Wandels erneut konstruiert... Eine neue digitale Gesellschaft wird geboren.

Daten verbinden alles. Die Digitalisierung von allem bedeutet, alles miteinander zu verbinden, und „Verbundenheit" ist das grundlegendste und wichtigste Merkmal des digitalen Zeitalters geworden. Der Entwicklungsprozess der Menschheitsgeschichte ist ein Prozess der ständigen Erweiterung und Vertiefung der Verbindung mit allen Dingen. Mit Hilfe moderner Informationstechnik wie Internet, Big Data und künstlicher Intelligenz kann alles miteinander verbunden werden, Menschen mit Menschen, Menschen mit Dingen, Dinge mit Dingen, was zur Entstehung der Ära der Vernetzung von allem führt. Darüber hinaus ist die Interaktion viel häufiger und effektiver und diese Vernetzung hat Zeit, Raum, Geographie und sogar die Grenzen von Arten überschritten.

Daten quantifizieren alles. Wenn alles in der Welt zu Daten wird, dann ist das die Verwirklichung der „Digitalisierung von allem in der Welt," d. h. die Verwirklichung der „Quantifizierung von allem." Alle Dinge in der Welt können als „Variablen" verwendet werden, Datenanalysen akzeptieren und potenziellen Wert erreichen. Lord Kelvin, ein britischer Physiker, sagte: „Wenn Sie messen können, wovon Sie sprechen, und es in Zahlen ausdrücken können, wissen Sie genau Bescheid. Aber wenn Sie es nicht in Zahlen ausdrücken können, ist Ihr Verstand dann überhaupt nicht in den Stand des wissenschaftlichen Denkens gesprungen" Daten als eine neue Art und Weise, die Welt auszudrücken, verändern grundlegend die Art der Kommunikation, Organisation, Produktion und des Lebens der menschlichen Gesellschaft und führen die Menschheit in eine neue Ära der digitalen Zivilisation.

2. Der Datenwert liegt in der Neuvermischung

Das menschliche Verständnis des Datenwerts kann in drei Phasen unterteilt werden: Erstens das Zeitalter der kleinen Daten, in dem die Daten auf der Basis von Computern verfeinert werden; zweitens das Zeitalter der Big Data, in dem die Datenrelation auf der Grundlage systematischer Datenressourcen eingehend untersucht wird; drittens die durch Datenexplosion symbolisierte Hyperdaten-Ära mit Datenstau. Daten sind überall. Sie verstecken sich im Dunkeln und verspotten Menschen, die sie nicht gut gebrauchen, und die Wahrheit steckt oft in der Anordnung und Kombination von Daten.

Big Data ist nicht nur in seiner Kapazität, sondern auch in seinem Wert groß. Beide basieren auf einer großen Integration. Daten stellen eine neue Produktivität dar, sie sind jedoch fragmentiert und können nur dann von echtem Wert sein, wenn sie aggregiert werden, damit verschiedene Daten einen Aggregationseffekt haben. Der Wert von Daten besteht nicht in der einfachen Sammlung massiver Daten, sondern in der Korrelation zwischen Daten und in den dahinter stehenden Regeln und Prinzipien. Das heißt, der Wert von Daten ist nicht, wie groß die Daten sind, sondern wie hoch ihre Relevanz ist. Das Gesetz und sein Wert konnten durch die Analyse mehrdimensionaler und mehrstufiger Daten und deren Korrelation gefunden werden. Der Wert von Daten existiert nicht in statischen Datenkombinationen, sondern in Datenkollisionen und -aggregationen, die den inneren Wert freisetzen können. Der potenzielle Wert eines ruhenden Datensatzes muss freigegeben werden, indem er mit anderen unterschiedlichen Datensätzen kombiniert wird. Wie Mineralvorkommen können auch die Daten minderwertig oder hochgradig sein. In Bezug auf die verteilten und ungeordneten Daten ist es notwendig, eine organische Kombination und Integration vorzunehmen, um so eine neue analytische

Logik zu erhalten, um die traditionelle Industrie neu zu konstruieren, Innovation für die soziale Verwaltung, die staatliche Aufsicht und das Rechtssystem zu bringen.

Integration ist der Wert von Big Data. Die Zukunft ist eine Ära der grenzüberschreitenden Integration, in der Daten Werte schaffen und Innovationen die Zukunft vorantreiben. Durch grenzüberschreitende Neuvermischung erzeugt Eins Plus Eins einen höheren Wert als Zwei, was die Essenz von Daten darstellt. Nach dem französischen Poststrukturalismus-Philosophen Jacques Derrida manifestiert sich „jede Dekonstruktion als Unterbrechung, Teilung oder Auflösung der Struktur, aber das Ergebnis jeder Dekonstruktion erzeugt eine neue Struktur." Die Dekonstruktion von Daten, Datensätzen und Datenbeziehungen ähnelt der Dekonstruktion des Produkts, d. h. jedes „Original" wird nach seiner Dekonstruktion durch die Bewegung mit neuen Produkten zusammengesetzt, um neue Verwendungen und Werte zu erzielen. Rekonstruktion ist eine Art Gesamttransformation der dekonstruierten Daten und bildet eine neue Menge von Werten, die sich von der Vergangenheit unterscheiden.

3. Die Neuvermischung der Daten: Kombination, Integration und Aggregation

Der Wert der Daten-Neuvermischung ist die Entdeckung neuer Regeln und neuer Werte. Die Art und Weise der Daten-Neuvermischung kann aus der Sicht der Interaktion in drei Ebenen unterteilt werden: Datenkombination, Datenintegration und Datenaggregation. Dabei handelt es sich um die tief greifende Aggregation verteilter und ungeordneter Daten von einer niedrigeren Ebene auf eine höhere Ebene (siehe Abbildung 1-1).

Die Datenkombination wird durch eine einfache Kombination von Daten von allen Seiten gebildet, die die gesamten Eigenschaften von Dingen verkörpern können. Das *Remixing* einer solchen Datenkombination führt zu einer physikalischen Reaktion, die Natur des Datenattributs hat sich dabei nicht geändert. Beispielsweise ist eine Kreditauskunft, die Transaktions-, Kommunikations- und Einkaufsdaten usw. enthält, nur eine einfache Sammlung von Informationen. Die Neuvermischung von Daten

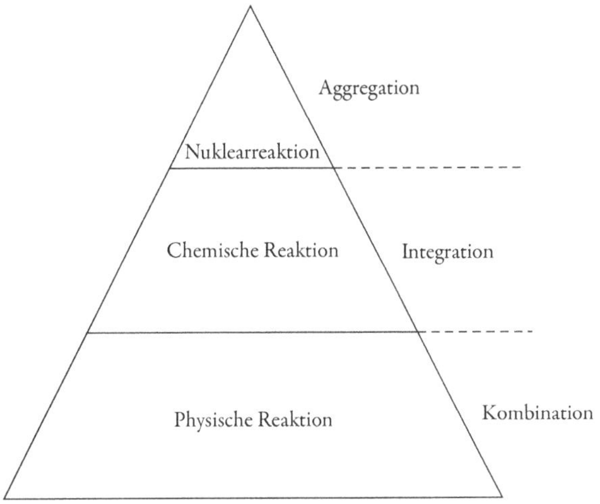

Abbildung 1-1. Drei Möglichkeiten der Daten-Neuvermischung.

kann jedoch nur dann sinnvoll sein, wenn mehrere Daten vorhanden und sich verbinden. Die Neuvermischung einer solchen Datenaggregation ist eine chemische Reaktion, die Wert schafft. Wie zum Beispiel Sperrlisten. Es wird über Finanz- und Kommunikationsdaten verknüpft, um festzustellen, ob bestimmte Daten auf der Sperrliste stehen. Beispielsweise können Benutzer mit ungewöhnlichem finanziellem Verhalten und häufig geänderten Mobiltelefonen sowie Ausfallzeiten als Benutzer auf einer Sperrliste erfasst werden. Die Datenaggregation schafft einen neuen Wert aus der Aggregation und Inkubation auf beiden Seiten, und das Neumischen dieser Art führt zu einer Kernreaktion, wodurch ein neues Muster entsteht. Zum Beispiel reduziert das Ratendarlehen mit der Risikokontrollfähigkeit von Big Data nicht nur den Prüfungsprozess, sondern kann auch die Darlehensüberwachung, das Management nach der Ausgabe der Kredite sowie die Orientierung und das Einfangen des verschwundenen Benutzers durchführen.

Die Neuvermischung von Daten ist keine einfache Sache, die über Nacht realisiert werden kann. Datendiktatur, Datenstandards, Datenbesitz, Datensicherheit und andere Probleme müssen noch gelöst werden. Unter ihnen sind drei Probleme relativ wichtig: erstens das Problem der Datensicherheit. Wie kann die Datensicherheit gewährleistet, die Privatsphäre und das Auskunftsrecht geschützt und wie die den gesetzlichen Vorschriften entsprechenden Realisierungsanforderungen des Subjekts der Daten gewährleistet werden? Zweitens das Problem der Preisauszeichnung der Daten. Die Bewertung von Dateneigentumsrechten und die Preisauszeichnung der Daten haben noch keinen Mechanismus gebildet. Das Problem ist, wie man den Marktpreis bestimmt und wer die endgültigen Preisauszeichnungsrechte hat. Drittens das Problem der Definition des Eigentumsrechtes. Fragen wie die Feststellung des rechtlichen Status von Daten, die Zuweisung von Rechten und die Definition der Verteilung der Interessen sind äußerst wichtige Probleme, die derzeit noch nicht endgültig geklärt sind. Das Problem der Datenordnung ist mit der zunehmenden Anzahl von Streitigkeiten und Fällen mit Daten verbunden. Im Falle eines unvollkommenen Rechtssystems wird das Ökosystem durch die Gewinnung, den Handel und die Anwendung von Daten in das schwarze Loch der Rechtsverletzung, der außer Kontrolle geratenen Handlungen und sogar Straftaten geraten.

(2) Block Data: Denkmuster im Neuvermischungs-Bereich

Big Data hat eine grundlegende Veränderung der Zeit eingeleitet. So wie uns Teleskope dazu bringen, das Universum zu fühlen, und Mikroskope dazu, Mikroben zu beobachten, verändern Big Data unsere Lebensweisen und die Art und Weise, die Welt zu verstehen, was zu einer Quelle neuer Erfindungen und Dienstleistungen wird, und noch viel mehr Veränderungen kommen ins Spiel (Mayer-Schönberger & Cukier 2013).

1. Von Big Data zu Blockdaten

Der Boom von massiven Datenmengen ging mit einer Zunahme der Unsicherheit einher. Die Datenexplosion ist mit dem potenziellen Problem der Überschwemmung der schlechten Daten konfrontiert, das den Menschen beunruhigt und als „Paradox der massiven Daten" bekannt ist, zu dessen Lösung eine neue Methode der Datenwissenschaft erforderlich ist. In einer solchen Situation entstanden Blockdaten. Blockdaten sind ein soziologisches Paradigma von Daten, deren Ursprung der Mensch ist, wobei der Einsatz der Datentechnik zur Analyse des menschlichen Verhaltens, zur Erfassung des menschlichen Gesetzes und zur Vorhersage der menschlichen Zukunft im Vordergrund steht. Die Integration von Streifendaten in Blockdaten und die Bewegung von der Kettenära in die Block-Ära wird zu einer grundlegenden und subversiven Reform des Denkmodus und des Verhaltensparadigmas der gesamten menschlichen Gesellschaft führen.

Punktdaten: isolierte Daten für diskrete Systeme. Durch die Konvergenz und Interaktion von Informationstechnik, menschlicher Produktion und menschlichem Leben sowie die rasche Verbreitung des Internets weisen globale Daten die Merkmale eines explosiven Wachstums und einer massiven Agglomeration auf. Große Datenmengen ohne Verbindungen existieren jedoch unabhängig voneinander und bilden ohne Verbindungsbrücke verschiedene diskrete isolierte Punktdaten. Punktdaten sind eine wichtige Quelle für Big Data, die sich durch große Datenmengen, Dezentralisierung und Unabhängigkeit auszeichnet. Punktdaten stammen aus einem diskreten System von Einzelpersonen, Unternehmen und Regierungen, das alle Bereiche, Aspekte und Glieder der Produktion und des Lebens der Menschen umfasst. Solche Daten wurden identifiziert und in einer Vielzahl von entsprechenden Systemen gespeichert. Da jedoch keine Wertekorrelationen mit anderen Daten vorliegen oder die Wertekorrelationen nicht dargestellt werden, werden sie nicht verwendet, analysiert oder es wird nicht einmal auf sie zugegriffen.

Streifendaten: Datenerfassung unter einer Dimension. Ob es sich um interne Daten handelt, die von traditionellen Branchen gesammelt wurden, oder um Abteilungsdaten zu Gesundheit, Bildung, Verkehr, Finanzen, Sicherheit usw., die von Regierungen auf allen Ebenen gehalten werden, oder um Daten neuer Branchen wie E-Commerce und Internetfinanzierung, die von Internetunternehmen gespeichert werden, sie alle können als Streifendaten definiert werden, die in einer Branche und einem Bereich wie Ketten miteinander verknüpft sind. Gegenwärtig wird die Anwendung von Big Data hauptsächlich mit Streifendaten dargestellt. Streifendaten sind zu einem gewissen Grad orientierte Datensammlung erreicht und erhöhen die Effizienz der Datennutzung, aber schließen Daten in der isolierten Kette ein, wodurch verschiedene „Dateninseln“ und „Datenkamine“ gebildet werden.

Blockdaten: korrelierte Aggregation auf einer bestimmten Plattform. Blockdaten sind die Aggregation verschiedener diskreter Punktdaten und segmentierter Streifendaten auf einer bestimmten Plattform, die dann einen kontinuierlichen Polymerisationseffekt bewirken. Blockdaten enthalten einen stark korrelierten Mechanismus, der die Bedingungen für eine kontinuierliche Aggregation von Daten bietet. Die korrelierte Aggregation von Blockdaten erfolgt auf einer bestimmten Plattform und ist nicht auf irgendwelche Verwaltungsregion oder irgendwelchen physischen Bereich beschränkt. Die korrelierte Aggregation von Blockdaten kann die grenzüberschreitende Agglomeration von Daten in verschiedenen Branchen, Abteilungen und Bereichen realisieren. Die Blockdateneigenschaften von Plattform, Korrelation und Aggregation befördern die Entwicklung von Big Data auf einer neuen Stufe der Blockdatenfusion, überschreitet die Grenze von „Streifen“ und ermöglicht die Realisierung der Integration von Streifendaten auf der „Block“-Plattform. Darüber hinaus können durch die Multiintegration und Korrelationsanalyse der Daten eine schnellere, umfassendere, genauere und effektivere Bewertung und Vorhersage von Dingen, vorgenommen werden, um die Natur und die Gesetze der Dinge aufzudecken und neue Werte zu schaffen.

2. Dekonstruktion und Rekonstruktion von Blockdaten

Die Essenz von Blockdaten ist grenzüberschreitend, integriert, offen und geteilt. Von Daten zu Datenclustern, von Dekonstruktion zu Rekonstruktion, von Multidimensionen zu gemeinsamer Dreieinigkeit fördern sie nicht nur Datenbewegung und stellen eine Datenverbindung her, sondern entdecken und erzeugen auch Datenwerte.

Von Daten zu Daten-Clustering ist der Ausgangspunkt für Blockdaten. Die Bildung von Blockdaten besteht darin, die gesammelten Daten, die üblicherweise in Form von verteilten, isolierten, fragmentierten Punktdaten und Streifendaten vorliegen, auf eine bestimmte Plattform zu bringen, d. h. über „Datenclustering“ werden die Blockdaten gebildet. Blockdaten sind eine mehrdimensionale und unendliche Variable. Multidimension führt die Dialektik in die Analyse und Verwendung von Daten ein, um das dialektische Denken von Blockdaten zu bilden; Unbegrenztheit repräsentiert nicht nur die von Big Data gebrachte enorme Datenmenge, sondern spiegelt auch die dialektische Natur von Daten in Raum und Zeit wider; Variable sind in ihrem Zustand unbekannt. Wenn wir also einige grundlegendere Variablen untersuchen können, die in den Mehrfachvariablen nicht direkt wahrnehmbar sind, und die Störfaktoren der Entwicklung erfassen, kann das Unvorhersehbare das Vorhersehbare werden, und eine frühe Warnung und Planung kann stattfinden.

Der Mechanismus der Blockdaten ist der Weg von der Dekonstruktion zur Rekonstruktion. Offen, geteilt, verbunden sind die Grundmechanismen der Blockdatenbildung. Und die offenen, geteilten, verbundenen Blockdaten erzeugen ein größeres Blockdaten-Netzwerk, was kein einfaches Stapeln ist, sondern offensichtliche Gitter, Knoten, Skelette und ein eigenes internes logisches Gesetz aufweist. Der Grund, warum die vorhandenen Daten dekonstruiert und dann rekonstruiert werden sollten, besteht darin, dass die vorhandenen Daten nach der Dekonstruktion durch Neuvermischung mehr Wert erzeugen können. Vom multidimensionalen zur gemeinsamen Teilhabe ist der Wert von Blockdaten. Im Allgemeinen ist der größte Vorteil des Big-Data-Zeitalters die multidimensionale und gemeinsame Teilhabe, das heißt, jeder Mensch kann im Zeitalter von Big Data schnell an den fortschrittlichsten Errungenschaften der menschlichen Zivilisation gemeinsam teilhaben Diese Art der Multidimensionen und der Teilhabe besteht darin, zu jeder Zeit, an jedem Ort, mit jedem und auf jede Art und Weise Informationen auszutauschen, die den Reiz des Teilens ausmachen. Das Teilen ist der größte Beitrag des Big-Data-Zeitalters für den Menschen, und was wir in der Vergangenheit nicht wussten, können wir jetzt wissen. Die Informationen, die wir in der Vergangenheit nicht hatten, sind jetzt verfügbar. Was in der Vergangenheit nur ein paar Leute hatten, kann jetzt den meisten gehören. Und es ist das Teilen, das zum Markenzeichen einer neuen Ära wird.

3. Blockdaten: die Lösung des Big-Data-Zeitalters

Blockdaten, begleitet von Big Data, sind die Lösung des Big-Data-Zeitalters. Big Data betont die Korrelation, während Blockdaten die Integration betonen. Bei Big Data steht der technische Support im Vordergrund, während bei Blockdaten der Plattform-Support im Vordergrund steht. Big Data betont die Informatisierung, während Blockdaten den eigenständigen Prozess betonen. Bei Big Data liegt der Schwerpunkt auf der Zahlenzentrierung, bei Blockdaten auf der Personenzentrierung. Dies sind die Unterschiede zwischen Blockdaten und Big Data. Blockdaten als Kennwert von Big Data sind die fortschrittliche Form der Big-Data-Entwicklung und zeigen ein hohes Maß an Integration im Zeitalter von Big Data.

Blockdaten sind der Kennwert von Big Data. „Wirtschaft, Politik, Soziologie und viele wissenschaftliche Disziplinen im Zeitalter von Big Data verändern und entwickeln sich grundlegend, um das Werte-, das Wissenssystem und die Lebensweise des Menschen weiter zu beeinflussen" (Mayer-Schönberger & Cukier 2013). Schönberg ist der Ansicht, dass die Entwicklung von Big Data nicht nur dazu dient, den Wert von Daten zu nutzen, sondern vor allem dazu, die Welt zu zersetzen, zu erneuern und erneut zu konstruieren. Blockdaten kombinieren, integrieren und aggregieren alle Arten von Daten, um einen gemeinsamen und offenen „Datenpool" zu bilden, sodass Daten und Personen vollständig interagieren, korrelieren und sich vernetzen können, wodurch die Beziehung zwischen Daten und Personen oder zwischen Dingen dekonstruiert und rekonstruiert wird. Dadurch entstehen entsprechende Lösungen für Wirtschaft, Gesellschaft und sogar Regierungen und für die industrielle Entwicklung, öffentliche Dienstleistung und Regierungsführung wird eine größere Wertesystem-Wertschöpfungskette der Blockdaten bereitgestellt. Die Wertschöpfungskette von Blockdaten kann eine brandneue Kombination von Werten aufdecken, die über die Daten selbst hinausgehen.

Blockdaten sind eine fortschrittliche Form der Big-Data-Entwicklung. Es ist weder ein Zweig von Big Data, noch eine Nachbildung von Big Data, sondern eine fortschrittliche Form der Big Data-Entwicklung. Wenn Big Data aufgrund von „Dingen" entsteht, werden Blockdaten um „Personen oder Organisationen“ erstellt. Big Data beobachtet und interpretiert Daten durch menschliches Denken, während Blockdaten das Datendenken verwenden, um menschliches Verhalten zu beobachten und zu interpretieren. Verglichen mit den „4V“-Funktionen von Big Data wie große Datenkapazität, große Datentypen, hoher kommerzieller Wert und schnelle Verarbeitungsgeschwindigkeit ist der offensichtlichste Unterschied von Blockdaten die Aufrüstung von Big Data von „4V“ auf „5V,“ die die Eigenschaft der mehrdimensionalen Variablen hinzufügte. Mehrdimensionale Datenvariablen veränderten die traditionelle Perspektive der Datennutzung und -analyse, vom ursprünglichen statischen und isolierten Zustand schrittweise zum Bewegungs- und Verbindungszustand. So wie „der Wendepunkt in der Mathematik die Variable von Descartes ist,“ ist der Wendepunkt im Big-Data-Zeitalter die Entstehung mehrdimensionaler Variablen von Blockdaten.

Blockdaten sind eine hochgradige Integration von Big Data. Gegenwärtig sind Big-Data-Anwendungen durch die Menschen eher eine Sammlung der vertikalen und tiefen Daten für eine bestimmte Domäne oder Branche. Eine Reihe einschränkender Faktoren wie hohes Monopol, schlechte Integrationsfähigkeit, Schwierigkeiten beim Teilen, geringer Anwendungswert und hohes Sicherheitsrisiko behindern die Entwicklung von Big Data erheblich. Der Wert der Blockdatenentwicklung besteht darin, die Probleme der Datenmonotonie, der Datenabgeschlossenheit und des Datenmonopols zu lösen. Der offene, teilhabende und verbundene Mechanismus von Blockdaten kann die hochkorrelierte Aggregation von Daten realisieren. Darüber hinaus weisen die Blockdaten selbst die Merkmale einer starken Erfassung, einer hohen Korrelation und einer hohen Wertedichte auf, wodurch festgestellt werden kann, dass Blockdaten die „Dateninsel“ und das „Datenmonopol“ durchbrechen können, um viele schwierige Probleme im Zeitalter von Big Data zu lösen und ein neues Paradigma der Datenphilosophie im Zeitalter der Neuvermischung zu werden.

(3) Daten-Unordnung und Daten-Governance

Der Prozess der Blockdatenaggregation umfasst nicht nur das Füllen des Datenraums, die Rekonstruktion von räumlichen Daten, die Konfiguration des Erfassungsprozesses und die Aggregation im Konfigurationsprozess, sondern auch das Erfassen neuer Daten und der abgeleiteten Daten aus der Kombination der originalen Daten. Durch Aggregieren und Neuvermischung von Blockdaten kann ein höherer und größerer Datenwert ausgenutzt werden. Infolgedessen treten Sicherheits-, Eigentumsrechts-, Ordnungs- und andere Probleme im Zusammenhang mit Daten immer mehr in den Vordergrund, was eine Datenverwaltung erfordert.

Die Datensicherheit ist unvollständig. Während des Prozesses der Datenöffnung, des Datenumlaufes und der Datenanwendung zeichnet sich das Problem des Datenrisikos ab, insbesondere das schwache Bewusstsein für Risiken und Sicherheit, die schlechte Sicherheit und Zuverlässigkeit kritischer Informationsinfrastrukturen, Hackerangriffe, Datenterrorismus, schwache technische Verbindungen und Lücken im Management sowie das Fehlen und die Verzögerung von Gesetzen erhöhen die Risikofrequenz und das Schadensausmaß. Der Kern dieses Risikos und dieser Krise ist die Subversion, deren Essenz die „Zerstörung" ist und die unmittelbar zu einer Änderung der Struktur und Funktion führt und dies verschärft damit die soziale Unsicherheit, die Unvorhersehbarkeit und die Unkontrollierbarkeit. Hinter dem hohen Datenrisiko steht der Verlust der menschlichen Natur, der moralischen Anomalien und Verhaltensunregelmäßigkeiten. Die Stärkung der Steuerung der Datensicherheit und der dringend zu verstärkende Aufbau von externen Bindungsmechanismen, wie z. B. der Datengesetzgebung, müssen ausgehend von einem systematischeren Rahmen auf mehreren Ebenen wie Technik, Ethik und Rechtssystem usw. gelöst werden.

Die Datennutzung ist unausgewogen. Aus der Sicht der Datenkontrolle bezieht sich das auf das Ungleichgewicht der Datenkontrolle. Einige Unternehmen verfügen über große Datenmengen und nehmen auf bestimmten Märkten eine beherrschende Stellung ein, der Missbrauch der beherrschenden Stellung des Markts führt zu dem Ungleichgewicht der Nutzung. Aus der Perspektive des Datenflusses bedeutet dies „nicht gemeinsam genutzte Daten." Der Datenteilhabe ist ein wichtiges Thema, das eine Anpassung an die Interessen mehrerer Seiten beinhaltet. „Nicht gemeinsam genutzte Daten" sind eine wichtige Ursache für Dateninseln und Datenlücken. Aus Sicht des Schutzes personenbezogener Daten bezieht sich dies auf die „Kontrolle personenbezogener Daten." Unternehmen sammeln oder teilen personenbezogene Daten, erfüllen jedoch nicht ihre Informationspflicht oder die Pflicht, eine Genehmigung von Einzelpersonen einzuholen. Unternehmen sind für Einzelpersonen wie Blackboxen, in denen persönliche Informationen kontrolliert und „monopolisiert" werden. Aus Sicht der Datenumsätze geht es um „exklusive Dateneinnahmen." Die Verteilung der Dateneinnahmen ist derzeit ein sehr kontroverses Thema (Yang Jianhui 2017). Unter dem Gesichtspunkt der Datennutzung haben Regierung und Unternehmen eine große Datenmenge gemeistert, aber da die Technik zur Entwicklung und Nutzung von Daten nur schwer den Erfordernissen gerecht wird und ein persönliches Bewusstsein für die Datennutzung fehlt, ist die Datennutzung ungleichmäßig und unzureichend.

Die Datenregeln sind nicht in Ordnung. Mit dem Beginn des Big-Data-Zeitalters wächst der Konsens über den Wert von Daten, und Daten werden in großem Umfang entdeckt, entsiegelt und genutzt. Einerseits freuen sich die Menschen über den Wert von Daten; andererseits werden der Gesellschaft zu viele nutzlose Daten präsentiert. Im Zeitalter von kleinen Daten mit Datenknappheit konnten Menschen aufgrund der Rückständigkeit der Technik bei der Datenerfassung und -suche nur begrenzte Daten erhalten. Es war für den Einzelnen schwierig, genaue Urteile und Vorhersagen über Dinge zu treffen, die Menschen tappten im Dunkeln und waren nicht in der Lage, die Richtung zu bestimmen. In Zeiten von *Hyperdata* wird Datenknappheit zu Datenüberschüssen. Die Explosion von Informationen und Daten verursacht eine enorme Menge an Informationen und Datenmüll, sodass die Menschen von grenzenlosen Daten umgeben sind, die schließlich zu Unkenntnis führen. Wir definieren diese Probleme und dieses Dilemma als „Datenüberlastung." Im Zeitalter von kleinen Daten ist der Wert umso höher, je größer die Daten sind. Im Zeitalter der Hyperdaten ist der Wert umso geringer, je größer die Daten sind. Viktor Mayer-Schönberger zufolge werden Merkmale von Big Data, wie Quantität, Wert, Geschwindigkeit und so weiter, fatale Schwächen sein. Grenzenloser Datenmüll kann zu einer kognitiven Beeinträchtigung des Menschen führen, und der Datenstau wird ein wichtiges Problem für die zukünftige Entwicklung sein. Infolgedessen wird die Steuerung der Datenüberlastung ein Hauptthema im Zeitalter der Hyperdaten sein.

Basierend auf der Datenansicht von Blockdaten wird das neue Paradigma der Datenverwaltung durch die Integration von Daten-, Bio-, Sozial- und Intelligenzwissenschaft untersucht. Diese organische Integration ist keine einfache Integration, sondern eine auf den Menschen bezogene, die darauf abzielt, die Integration von Menschen und Technik, Technik und Institutionen, Regeln und Ordnung zu erreichen und dann eine umfassende Neuvermischung von Menschen, Technik und Gesellschaft zu erreichen, um Lösungen für die menschliche Gesellschaft bei der Beseitigung der kognitiven Barrieren und Ausgleichung der Interessenskonflikte bereitzustellen.

Abschnitt 3 Datenrechte und der Wiederaufbau der Ordnung

Ordnung ist eine Art Bedürfnis, das im Herzen der Menschheit verwurzelt ist, und die Leidenschaft für Ordnung resultiert aus der Abhängigkeit von ihr durch die Menschheit. Es ist eine günstige Gelegenheit, die Ordnung mit dem Aufstieg des Cyberspace wieder aufzubauen, was die Menschheit vor neue Herausforderungen gestellt hat. In der neuen Runde der Ordnungsreform wird die Macht des Internets hervorgehoben. Noch nie haben Datenrechte in der Geschichte des Ordnungsaufbaus eine so wichtige Rolle gespielt wie heute. Das Wesen der menschlichen Zivilisation ist die Schaffung von Ordnung, während die Konstruktion der Cyberspace-Ordnung im digitalen Zeitalter zu einer wichtigen Aufgabe geworden ist; und der Anspruch auf Datenrechte fördert die Rekonstruktion dieser Ordnung.

(1) Ordnung und das Bedürfnis an der Ordnung

1. Das Wesen der menschlichen Zivilisation ist der Aufbau der Ordnung

Der amerikanische Jurist Bodenheimer vertritt aus juristischer Sicht die Ansicht, dass die Ordnung „ein gewisses Maß an Beständigkeit, Kontinuität und Sicherheit im natürlichen und sozialen Prozess bedeutet."[3] Kurz gesagt ist die Ordnung ein Zustand der Assoziation

3 „Ordnung" hat die Aufmerksamkeit der Forscher seit frühester Zeit auf sich gezogen, und seine spezifische Bedeutung variierte aufgrund der unterschiedlichen Perspektiven der Forscher. Bis heute gibt es keine vollständige und genaue Definition ihrer Bedeutung. Laut Commons ist Ordnung „die Regel des kollektiven Handelns (eines seiner speziellen Beispiele ist das „rechtliche Verfahren");" „kollektives Handeln kontrolliert individuelles Handeln"; „manchmal scheint es, als ob man eine Ordnung mit einem Gebäude vergleichen könnte, einer Struktur von Gesetzen und Vorschriften, in denen sich eine Person wie ein Hausbewohner verhält. Manchmal scheint dies die „Handlung" des Bewohners selbst zu implizieren. Solche operativen Institutionen haben operationelle Regeln, die sie am Laufen halten. Solche Organisationen aus Familien, Unternehmen, Gewerkschaften und dem Land selbst werden „Ordnung" genannt. Sie weisen darauf hin, was ein Einzelner tun kann oder nicht kann, tun muss oder nicht tun darf. *Do's and Dont's* können durch kollektives Handeln erreicht werden." Hayek glaubt, dass Ordnung „ein Zustand ist, in dem eine Vielzahl von Elementen verschiedener Art miteinander in Beziehung stehen, sodass wir mit unserer Kenntnis von einem räumlichen oder zeitlichen Teil des Ganzen lernen, richtige Erwartungen in Bezug auf den Rest zu bilden, oder zumindest Erwartungen, die gute Chancen haben, sich als richtig zu erweisen." North definiert Ordnung folgendermaßen: „Institutionen sind die Spielregeln in einer Gesellschaft oder, formeller ausgedrückt, die menschlich erdachten Zwänge, die die menschliche Interaktion prägen. Infolgedessen strukturieren sie Anreize für den Austausch zwischen Menschen, sei es politisch, sozial oder wirtschaftlich." Formale Regeln, informelle Regeln sowie die Formen und die Wirksamkeit der Umsetzung bilden die drei Dimensionen der Ordnung. Ordnung ist in der Philosophie eine systematische Kategorie, die sich auf eine regelmäßige Beziehung bezieht, in der Dinge existieren. In einem System hat jedes Element des zusammengesetzten Systems seine eigenen Existenz- und Betriebseigenschaften. Wenn die Beziehung zwischen Merkmalen immer einen konstanten Grad an Regelung oder Koordination aufweist, d. h. eine Synergie des Systems entsteht, sagen wir, dass das System oder die Sache geordnet ist.

zwischen Dingen. Aristoteles schrieb in der Metaphysik: „Alle Dinge, einschließlich Fische, Vögel und Pflanzen, bilden auf irgendeine Weise, aber nicht auf dieselbe Weise, zusammen die Ordnung; und für das ganze System ist die Situation nicht so, es gibt nicht etwa keine Beziehung zwischen einer Sache und einer anderen; sondern es gibt eine eindeutige Verbindung. Alles bildet für ein Ziel die Ordnung." (Barnard 1972, S. 2). Abstrakt gesagt bedeutet soziale Ordnung, dass es in der Gesellschaft ein gewisses Maß an Stabilität, Prozesskontinuität, Regelmäßigkeit des Verhaltens und Sicherheit von Eigentum und Psychologie gibt (Zhang Wenxian 2011). Maslow betont: „Der durchschnittliche Erwachsene in unserer Gesellschaft im Allgemeinen eine sichere, geordnete, vorhersehbare, legale und organisierte Welt bevorzugt, auf die er sich verlassen kann und in der unerwartete, unüberschaubare oder andere gefährliche Dinge nicht passieren" (Bodenheimer 2004, S. 239).

Ordnung ist eine Art Leim für die menschliche Gesellschaft; die Existenz von Ordnung und deren Verwirklichungsausmaß ist ein wichtiges Wertmaß für die Beurteilung der sozialen Zivilisation. Während des gesamten Entwicklungsprozesses der menschlichen Zivilisation sind der Aufbau und das Streben nach Ordnung die Hauptlinie. Die Ordnung ist das Schlüsselwort der Zivilisation[4]. Die Ordnung funktioniert als die

4 Liu Zhongjing, ein Forscher, ist der Ansicht, dass Zivilisation die Fähigkeit ist, den Export der überschüssigen Ordnung zu produzieren. Die primitiven Stämme waren im Allgemeinen autark und traten mit der Verbesserung der Produktionsordnung in die Zivilisation ein. Das multinationale System ist der Höhepunkt der Expansion der spontanen Ordnung, die der Zeit des Konfuzius und des modernen Westens entspricht. Der Wohlstand der Zivilisation ist das Ergebnis des Verbrauchs der Produktivkräfte der Ordnung. Wenn der Verbrauch die Produktion übersteigt, sinkt er unmittelbar nach seiner Blüte. Der Niedergang bedeutet, dass die Ordnung ein Defizit aufweist und das vereinte Imperium dementsprechend die Ordnung von Barbaren importieren muss, während das frühere multinationale System die Ordnung an die Barbaren exportierte. Barbaren, die Ordnung exportieren, sind normalerweise keine primitiven Stämme, sondern Neuankömmlinge, die gerade in die Zivilisation eingetreten sind. Es gibt eine überschüssige Ordnung, die in die untergehende Zivilisation exportiert werden kann, was an der Oberfläche die Zerstörung der letzteren verzögert, aber dies kann ihre eigenen Möglichkeiten und Ressourcen zur Schaffung einer neuen Zivilisation verschwenden.

Werteleitung und der Zivilisationspegel (Feng Fanyan 2016), Ordnung ist der „Big Dipper" der menschlichen Gesellschaft, der die menschliche Gesellschaft leitet, aber sich nicht explizit in die menschliche Gesellschaft einmischt und auch keine klaren Bestimmungen über die Grundstruktur der menschlichen Gesellschaft trifft. Sie umreißt nur einen möglichen Raum für die menschliche Gesellschaft, nur in dem die Menschen operieren können. In der antiken Gesellschaft beherrschten Hexerei und Religion die gesamte Gesellschaft. So entwickelte sich die geistige Struktur der Menschheit mit der Ehrfurcht vor Göttern und der Konkurrenzlosigkeit, die die Menschen dazu veranlasste, dem göttlichen Wert bei der Verfolgung des Wertes mehr Aufmerksamkeit zu schenken. Das ist ebenfalls ein wichtiger Faktor, um zu erklären, warum die antike Zivilisation trotz ihrer materiellen Knappheit immer noch voller Göttlichkeit und Verzauberung war.

Nach der „Ernüchterung" der modernen Gesellschaft sind Produktion und Wettbewerb zum Kern des menschlichen Lebens geworden, und die Verfolgung von Interessen ist zur Grundlogik geworden. Die vom Menschen entwickelte unabdingbare geistige Struktur und die Bereitschaft zum Wettbewerb lenkt die Aufmerksamkeit der Menschen auf den praktischen Wert beim Streben nach Werten. In gewissem Sinne scheinen die alte und die moderne Zivilisation „lahme" Zivilisationen zu sein, und das voreingenommene Streben nach Werten ist die Hauptursache des Problems. In diesem Sinne ist die Wertordnung ein „Barometer" der sozialen Zivilisation.

Im Gegensatz zur Ordnung gibt es die Ordnungslosigkeit oder Unordnung. „Wenn der Zustand der Unordnung auftritt, verschwindet die Stabilität der Beziehung, wodurch die Ordnung der Struktur irritiert wird, die Verhaltensregeln und die Prozesskontinuität verletzt werden und vereinzelte und unvorhersehbaren Faktoren das soziale Leben der Menschen ständig beeinträchtigen. So nimmt das Vertrauen zwischen Menschen ab, was zu zunehmender Unsicherheit führt. Um die normale Gesellschaftsordnung zu schützen, müssen die Menschen Maßnahmen ergreifen, um die Ordnungslosigkeit zu beseitigen oder deren Auftreten zu verhindern. In einer zivilisierten Gesellschaft ist das Gesetz das erste und häufig wirksamste Mittel, um diesem Zweck zu dienen" (Zhang Wenxian 2011, S. 260–261). Die rechtliche Anpassung hinkt jedoch oft hinterher, was sich hauptsächlich in der verzögerten Bildung der Rechtsziele, der Rechtsnormen und des Anpassungsmechanismus äußert.

2. Klassifizierung der Ordnung

Es gibt verschiedene Strukturen, Anordnungen und Kombinationen in der Natur und in der menschlichen Gesellschaft, die verschiedene Ordnungen bilden, von denen jede ihre eigene spezifische Funktion und ihren Wert hat, die das Leben und die Produktion von Menschen tief greifend beeinflussen. Ordnung ist unterteilt in (Wen Tingxiao & Liu Xuan 2013) natürliche Ordnung und künstliche Ordnung[5], physische Ordnung und virtuelle Ordnung[6], einzelne Ordnung und mehrdimensionale Ordnung[7],

5 Natürliche Ordnung bezieht sich auf das Gesetz des Universums, der Welt, aller Dinge in der Natur und der Entwicklung der menschlichen Gesellschaft. Es ist das Objekt unserer Erkenntnis. Der Mensch erlangt Wissen durch das Verständnis der natürlichen Ordnung. Künstliche Ordnung bezieht sich auf verschiedene Arten von Ordnungen, die von Menschen eingerichtet wurden, um bestimmte spezifische Bedürfnisse zu erfüllen, wie zum Beispiel Regeln und Vorschriften, Verhaltensweisen, Bräuche und so weiter.

6 Physische Ordnung ist eine Art Struktur, die durch die Anordnung der materiellen Welt und der Entität selbst gebildet wird. Beispiele sind die Warenpräsentation, Buchanordnungen in den Bücherregalen, Dokumentenanordnungen, Postklassifizierungen usw. Virtuelle Ordnung, fern von der physischen Welt oder der materiellen Welt, bezieht sich auf die konzeptuelle Ordnung, die in unseren Köpfen existiert, also Klassifizierungssysteme, die durch Sprache, Symbolsysteme wie Regeln, Vorschriften, Verhaltensweisen, Bräuche usw. entworfen wurden.

7 Eine einzelne Ordnung bezieht sich auf eine eindimensionale Ordnung, die aus einer bestimmten Eigenschaft einer Sache gebildet wird und ein bestimmtes Bedürfnis befriedigt. Zum Beispiel die Anordnung von Büchern nach der Klassifizierungsnummer im Bücherregal und die Anordnung der Sitzplätze der Schüler in einer Klasse. Alle Angelegenheiten und Entitäten können nur in einer einzigen Reihenfolge angeordnet und kombiniert werden. Eine mehrdimensionale Ordnung ist eine Ordnung, die aus verschiedenen Merkmalen von Informationen gebildet wird, um bestimmte spezifische Anforderungen zu erfüllen. Zum Beispiel können die Informationen in der rationalen Ordnung in einer begrenzten und mehrdimensionalen Weise nach Klassifikation, Thema, Wortfolge, Zeit, Regionen usw. angeordnet und kombiniert werden; die Informationen in der digitalen Ordnung können auf unbestimmte und mehrdimensionale Weise entsprechend den Erfordernissen angeordnet und kombiniert werden.

einfache Ordnung und gemischte Ordnung[8], explizite Ordnung und implizite Ordnung[9], allgemeine Ordnung und spezifische Ordnung[10], feste Ordnung und variable Ordnung[11], ursprüngliche Ordnung und abgeleitete Ordnung[12], physikalische Ordnung, rationale Ordnung

8 Einfache Ordnung bezieht sich auf die Anordnung und Kombination von jeweils nur einer Ordnung, z. B. einer einfachen numerischen oder alphabetischen Reihenfolge. Die gemischte Ordnung bezieht sich auf die Anordnung und Kombination mehrerer Arten von Ordnung, beispielsweise ist die Buchklassifizierungsnummer eine gemischte Ordnung aus Buchstaben und Zahlen, und das Klassifizierungssystem ist eine gemischte Ordnung aus wesentlichen Merkmalen und einer Reihe von Hilfsmerkmalen. Manchmal kann eine einfache Ordnung die Dinge nicht effektiv unterscheiden, und es muss eine gemischte Ordnung verwendet werden, um die Dinge nach und nach zu gruppieren.

9 Eine explizite Ordnung ist eine Ordnung, die sichtbar und erkennbar ist. Alle Arten von Ordnung, die wir verwenden können, sind explizite Ordnungen. Implizite Ordnung bezieht sich auf die verborgene und schwer zu findende Ordnung. Viele natürliche implizite Ordnungen können aufgrund der Einschränkungen unseres Verständnisses nicht gefunden und aufgedeckt werden.

10 Die allgemeine Ordnung bezieht sich auf die Ordnung, die den gemeinsamen Bedürfnissen aller gerecht werden kann, z. B. die Wortanordnung in der Wissensorganisation, die natürliche Nummernanordnung und die Ordnung der gemeinsamen Nutzung im Leben. Die spezifische Ordnung bezieht sich auf die Ordnung, die einem bestimmten Bedarf entspricht, wie beispielsweise die Einteilung von Zeit, Region oder literarischer Gattung, die sich in der Wissensorganisation befinden.

11 Feste Ordnung bezieht sich auf eine Ordnung, die nicht geändert, modifiziert oder umgekehrt werden kann, und viele natürliche, physische Ordnungen sind fest. Beispiele sind die Bewegung des Universums, die Einteilung der Zeit und der Verlauf des menschlichen Lebens usw. Variable Ordnung ist eine Ordnung, die geändert, modifiziert und umgekehrt werden kann. Viele künstliche und virtuelle Ordnungen sind veränderbar, wie mechanische Bewegungen, Denkbewegungen, Regeländerungen, Systemänderungen usw.

12 Die ursprüngliche Reihenfolge ist die anfängliche und natürliche Reihenfolge, die mit den Dingen einhergeht. Zum Beispiel ist die natürliche und physikalische Ordnung meist die ursprüngliche Ordnung. Abgeleitete Ordnung bezieht sich auf die Ordnung, die aus der ursprünglichen Ordnung abgeleitet wurde. Beispielsweise wird die rationale Ordnung aus der natürlichen Ordnung und der physikalischen Ordnung abgeleitet, und die chinesische Bibliotheksklassifikation ist die Ordnung, die aus der Anordnung des Wissensträgers (Bücher oder Literaturentitäten) abgeleitet wird.

und digitale Ordnung[13]. In verschiedenen historischen Stadien der menschlichen Gesellschaft ist der Bedarf an Ordnung unterschiedlich.

Das Ordnungsmodell der bäuerlichen Gesellschaft ist eine Art natürliche Ordnung, und die Einfachheit der bäuerlichen Zivilisation lässt alle menschlichen Aktivitäten eine hohe Gewissheit haben und kennzeichnet eine Art statisches Merkmal, wobei zu diesem Zeitpunkt die „natürliche Ordnung" auch eine hohe Gewissheit aufweist. Nach dem Eintritt des Menschen in die Industriegesellschaft nahm die soziale Komplexität allmählich zu, und die natürliche Ordnung konnte sich nicht mehr an die Bedürfnisse der menschlichen Produktion und des menschlichen Lebens anpassen. Im späten zwanzigsten Jahrhundert begann die menschliche Gesellschaft in den historischen Prozess der Postindustrialisierung einzutreten, der mit dem raschen Anwachsen der Komplexität und Unsicherheit der menschlichen Gesellschaft einherging, was die Schaffung von Ordnung als Herausforderung stellte. Die Industriegesellschaft brauchte nur Hunderte von Jahren, um die Komplexität der Gesellschaft rasch voranzutreiben und die Gesellschaft in eine äußerst komplexe Ära zu führen. Trotzdem standen die bestehenden Ordnungen und Regeln vor dem Dilemma des Scheiterns. In den historischen Koordinaten können wir deutlich sehen, dass die Entwicklung von der Landwirtschaftsgesellschaft zur Industriegesellschaft einen komplizierten Prozess darstellt, der die natürliche Ordnung der Landwirtschaftsgesellschaft bricht und die Forderung nach einem Umbau der Ordnung aufwirft. Während in der digitalen Gesellschaft die soziale Komplexität exponentiell zunimmt,

13 Die physikalische Ordnung bezieht sich auf die Ordnung der materiellen Welt und der Dinge selbst, wie das Sortieren oder Ordnen von Gegenständen im Familienleben und in der Arbeit, die den Gewohnheiten entsprechen (die Ordnung des Arbeitszimmers, die Ordnung der Küche, die Ordnung des Büros usw.). Rationale Ordnung bezieht sich auf die begriffliche Ordnung, die künstlich ist und die physikalische Ordnung widerspiegelt. Es ist die virtuelle Darstellung der physikalischen Ordnung im menschlichen Gehirn, der physikalischen Ordnung ausgedrückt durch Sprache oder Symbole und der abgeleiteten Ordnung der physikalischen Ordnung. Die digitale Ordnung bezieht sich auf den ungeordneten Zustand digitaler Informationen und auch auf die Vielfalt, den Pluralismus und die mehrdimensionale Ordnung digitaler Informationen, die je nach Bedarf frei angeordnet und kombiniert werden können.

braucht der Mensch unter den Bedingungen hoher Komplexität und Unsicherheit eine neue Ordnung. Eine Änderung ist erforderlich, um eine Ordnung herzustellen, die an sehr komplexe und unsichere Bedingungen angepasst werden kann. Der historische Prozess der menschlichen Entwicklung hat sich seit der Zeit der Trennung vom Leben des Wilden und der Ära des Chaos und der Unwissenheit in geordneter Weise entlang der Spirale von niedrig bis fortgeschritten, von einfach bis komplex, entwickelt, was eine inhärente „progressive" Ordnung widerspiegelt. Die Schaffung von Ordnung ist eng mit der Wahrnehmung von Rechten verbunden. Im Zuge der Industrialisierung wurde das Bewusstsein der Bürger für die Rechte allmählich geweckt, und die Forderung nach der Vermehrung von Eigentumsrechten und allgemeinen Menschenrechten stärkt die Schaffung von Ordnung fortwährend. Das Bestehen einer bestimmten Gesellschaftsordnung ist die Voraussetzung für menschliches Handeln. In gewissem Sinne ist die Schaffung von Regeln die Voraussetzung für alle sozialen Aktivitäten. Wenn die geschöpften Regeln die Gesellschaft unterstützen und das menschliche Verhalten wirksam regulieren können, kann die geschöpfte Ordnung in dieser Gesellschaft gut sein. Wenn das Schaffen von Regeln nicht ausreicht, um die Gesellschaft zu unterstützen und das menschliche Verhalten zu regulieren, würde die Schaffung von Ordnung ernsthaft in Frage gestellt. Die Postindustrialisierung stellt diese Schaffung von Ordnung vor eine Herausforderung, da sie angesichts der grundlegenden Anforderungen des öffentlichen Lebens hilflos und angesichts der sich rasch wandelnden Gesellschaft äußerst starr ist (Zhang Kangzhi & Zhang Qianyou 2010).

3. Der Bedarf an Ordnung ist der ‚Engpass-Bedarf' der Menschheit

Ordnung ist ein Bedarf, der im Herzen der Menschheit verwurzelt ist. Die sozialbiologischen Eigenschaften des Menschen bestimmen, dass das Überleben des Menschen drei grundlegende Anforderungen erfüllen muss, nämlich die materiellen Güter, um den biologischen Instinkt zu erfüllen, die Ordnung und die Regeln, um den sozialen Rahmen aufrechtzuerhalten, und die Bedeutungskonstruktion, um den Wert des Lebens wahrzunehmen.

Unter ihnen ist die Forderung nach den Elementen der sozialen Ordnung der Hauptinhalt der gesamten Forderung nach Ordnung. Die Praxis hat bewiesen, dass „Ordnungslosigkeit das Vorhandensein von Fragmentierung (oder Diskontinuität) und Unregelmäßigkeit bedeutet, d. h. das Fehlen eines Musters, das durch unser Wissen erreicht werden kann und sich in einem unvorhersehbaren plötzlichen Wechsel von einem Zustand in einen anderen manifestiert" (Bodenheimer 2004). So wird Ordnung zur Notwendigkeit. Die natürliche menschliche Sehnsucht nach der Ordnung lässt die Menschen Unordnung instinktiv durch Ordnung ersetzen; und die wichtigsten Formen der Ersetzung umfassen religiöse Lehren, moralische Normen und gesetzliche Regeln. Unter ihnen ist der Zwang zu gesetzlichen Regeln der durchgreifende Ersatz für Unordnung und kann die Bedürfnisse der menschlichen Ordnung am besten befriedigen. Was zum Beispiel die Ordnung im wirtschaftlichen Bereich betrifft, so passt das Wirtschaftsgesetz sie auf der Makroebene an, und das Vertragsrecht und das Handelsrecht regeln die konkreten Transaktionen oder die Marktsubjekte auf der Mikroebene. Sobald eine Ordnungsanomie eintritt, ist das Gesetz zwingend genug, um eine Kontinuität der Ordnung zu gewährleisten.

Die Ordnung ist das Bedürfnis der Menschen, zusammen zu leben. Die Ordnung wird durch verschiedene Prinzipien, Regeln und Normen bestimmt, die von Menschen absichtlich oder unbeabsichtigt in der Praxis der Produktion und des Lebens gebildet werden, und wird sich mit den Änderungen verschiedener Prinzipien, Regeln und Normen ändern. „Daher muss die Ordnung der menschlichen Gesellschaft die soziale und historische Ordnung sein, d. h. die Ordnung im Prozess des Aufbaus, der Instandhaltung, des Abbaus und des Wiederaufbaus" (Zhang Shuguang, et al. 2016, S. 130). Das menschliche Streben nach einer guten Ordnung ist das Streben nach einer „guten" Lebensweise. Menschen suchen Ordnung „nicht um der Ordnung selbst willen, sondern um reibungslos und friedlich zu überleben und sich zu entwickeln. Die Ordnung ist nur ein harmloser Zustand von Regelmäßigkeit, Koordination und Nachhaltigkeit, der sich in der normalen Lebensweise und Entwicklung der Menschen manifestiert. Sie verkörpert somit die Wertvorstellung dafür, ein gutes Leben zu führen. Der Mensch betrachtet deshalb die Ordnung als ein wichtiges Verfolgungsziel und als einen Verhaltensstandard für den Einzelnen und seine gegenseitigen Beziehungen" (Zhang Shuguang, et al. 2016). Die menschliche Forderung nach der Ordnung bildet die Grundvoraussetzung für das Entstehen und die Einhaltung des Gesetzes.

Die Forderung nach der Ordnung ist die innere Motivation für die menschliche Entwicklung. In einer zivilisierten Gesellschaft ist das Gesetz das erste und wirksamste Mittel, um die Ordnungslosigkeit zu beseitigen oder zu verhindern (Zhang Wenxian 2011). Im aktuellen Gesetzgebungssystem Chinas befinden sich Big Data in der Grauzone von Recht und Aufsicht, und es gibt immer mehr Streitigkeiten und Fälle in Bezug auf Daten. Diese Probleme rühren von der Schwäche der Rechtstheorie zu den Datenrechten her, insbesondere dem Fehlen einer dynamischen Interpretation des Hintergrunds, der systematischen Konstruktion des theoretischen Systems und der gesetzlichen Regelung zur Ordnung des Datenschutzes. Insbesondere mit der Entwicklung von Wissenschaft und Technik weist das Datenschutzgesetz in unserem Land zunehmend Mängel auf, es ist rückständig, unvollständig und unvollkommen, sodass es schwierig ist, die Ordnungslosigkeit entsprechend aufzulösen. Heutzutage ist das Grundproblem von Nahrung und Kleidung gelöst. Die materiellen und kulturellen Bedürfnisse sind keine dringenden Dinge mehr, aber das Bedürfnis nach einem besseren Leben muss befriedigt werden, nachdem die Forderung nach Ordnung im Grunde befriedigt wurde. Das Bedürfnis nach der Ordnung ist daher das Engpassbedürfnis und ist das dringendste und knappste Bedürfnis.

(2) Ordnungs-Internet und Internet Governance

Das Internet durchbricht die Begrenzung durch Zeit und Raum. Der virtuelle Raum wird zum neuen Raum und zum neuen Feld des menschlichen Lebens. Die Grenze zwischen Virtualität und Realität wird undeutlich, ebenso die Grenze zwischen Daten und Materie. Die virtuelle Welt ist eine einzigartige „lebende Welt," deren Bedeutung und Ordnung in einem relativ unabhängigen Prozess hergestellt werden und die zusammen mit der realen Gesellschaft eine vollständige menschliche

Gesellschaft darstellt. Das Internet hat einen neuen Lebensraum geschaffen - einen virtuellen Raum, auf dessen Grundlage „Virtualität" zu einer neuen Art der menschlichen Praxis geworden ist, und die virtuelle Ordnung ist eine Art, um zu messen, ob die Praxis in Ordnung ist oder nicht.

Wenn das Internet eine Autobahn in die Zukunft ist, sind Big Data fahrende Autos auf dieser Autobahn, während Blockchains die Regeln und Vorschriften sind, die es den Autos ermöglichen, auf der Autobahn legal und ordnungsgemäß zu fahren. Das Internet hat uns eine unregelmäßige, unsichere und instabile Welt gebracht, während die Anwendung der Blockchain-Technik die Welt geordneter, sicherer und stabiler gemacht hat. Mit der Unterstützung und Förderung von Blockchains wird die Entwicklung des Internets die Entwicklung vom Informations-Internet zum Wertschöpfenden Internet und dann zum Internet der Ordnung vervollständigen. Der Mensch wird in die Phase des Internets- der Ordnung eintreten. Unabhängig davon, um welche Ordnungen es sich handelt, wie die Finanzordnung, die Gesellschaftsordnung und die Ordnung des Lebens der Menschen, das alles erfordert die Bildung dieser Ordnungen und eine weitere Klärung der Datenrechte auf der Grundlage von Vertrauen und Regulierung. Wenn wir annehmen, dass das Internet der Informationen das Problem der Unbegrenztheit löst, das wertschöpfende Internet das Problem der Wertlosigkeit löst, dann löst das Internet der Ordnung das Problem der Datenunordnung.

Informations-Internet. Die Chaostheorie besagt, dass „der ursprüngliche Zustand aller Dinge ein Stapel von scheinbar nicht zusammenhängenden Fragmenten ist, aber wenn dieser Zustand des Chaos vorbei ist, werden diese anorganischen Fragmente organisch zu einem Ganzen aggregiert." Im Zeitalter des Informations-Internets versetzen massive fragmentarische Informationen das Internet in einen Zustand des Chaos. Insbesondere eine Reihe von Problemen wie ungültige Informationen, Informationsüberfluss und Informationsverfälschung, die sich aus dem freien Abrufen der Informationen ergeben, würden den Zugang der Menschen zu wertvollen Informationen beeinträchtigen und die Schwierigkeit der Informationsanalyse und -vorhersage erhöhen. Cyberspace-Ordnung ist die Projektion, Rekonstruktion und Transzendenz der synchronen sozialen Ordnung im realen sozialen Raum. Als unabhängiges soziales System hat der Cyberspace die Funktion, die eigene Ordnung zu regulieren, scheitert jedoch häufig dabei. Da der Cyberspace keine Zentren, keine Grenzen, Streuung, Virtualität und großen Veränderungen aufweist, ist die Ausrichtung des Cyberspace-Ziels unklar und ändert sich mit dem Wechsel von Zeit und Raum. Eine Ordnung, die auf die Freiheit hinweist, ist nicht unbedingt die Heimat der Freiheit, sondern kann zum Gefängnis der Freiheit verfremdet werden (Zheng Yefu 2001). Dies führt zu Unterschieden bei der Regulierung der Cyberspace-Ordnung von der realen Gesellschaft. Gegenwärtig haben sich die Maßnahmen der Regierungen zur Kontrolle des Cyberspace mit den Ordnungsregeln im realen Raum als unwirksam erwiesen. In gewissem Maße war die Raumordnung des Informations-Internets bereits in einem Zustand der Unordnung, was das öffentliche Risiko im Internetraum erhöhte.

Wertschöpfendes Internet. Blockchain ist nicht nur eine Integrationstechnik, eine Datenrevolution, eine Rekonstruktion von Ordnung, sondern auch ein Wendepunkt der Zeit. Blockchain hat von der Natur die Fähigkeit, Vertrauen und Wert zu übertragen, Wertesysteme und Ordnungsregeln zu konstruieren und ist der Eckpfeiler für den Aufbau des wertschöpfenden Internets. Das vom Weltwirtschaftsforum herausgegebene Informationsblatt „Realizing the Potential of Blockchain" weist darauf hin, dass die Blockchain-Technik neue Möglichkeiten schafft, die Schöpfung und den Handel der sozialen Werte fördert und den Wechsel vom Internet der Informationen zum wertschöpfenden Internet führt. Aus der Perspektive der sozialen Strömung wird die gemeinsame Entwicklung des wertschöpfenden Internets offensichtlich vom Werk *Out of Control* beeinflusst, das vom berühmten Soziologen Kevin Kelly verfasst wurde. Kevin Kelly fasst in seinem Buch die Evolution in der Industriegesellschaft als Evolution auf der Basis von Maschinenlogik und die Evolution in der Informationsgesellschaft als Evolution auf der Basis der biologischen Logik zusammen. Die Evolutionstheorie, die auf der biologischen Logik basiert, kann in drei Worten zusammengefasst werden: Verteilung, Dezentralisierung, Selbstorganisation. Blockchain hat gerade also ein solches echtes Teilen gebracht. Teilhabe ist der Verstärker des Netzwerkwerts und die Verkörperung des ultimativen Werts des Internets.

Das Internet der Ordnung. Der auf Vertrauen basierende Vertragsgeist ist die Grundlage des Internets der Ordnung; und das Vertrauen ist der Grundstein und das Schmiermittel für den ordnungsgemäßen Betrieb der Netzwerkgesellschaft. Das Vertrauen und soziale Ordnung können vier Arten von Beziehungen bilden. Die vierte Art „Vertrauen, aber keine Ordnung" existiert in der Realität nicht; der dritte Typ „kein Vertrauen, keine Ordnung" bedeutet die Unordnung des sozialen Lebens; der zweite Typ „Ordnung mit Vertrauen" soll zum Aufbau einer freien und prosperierenden Gesellschaft beitragen; der erste Typ ist die Ordnung, in der Freiheit und Wohlstand der Gesellschaft geopfert werden, um Ordnung zu erlangen (Zheng Yefu 2001). Die Blockchain richtete einen kostengünstigen Kreditmechanismus auf der Grundlage technischer Vorschriften ein, um die Rekonstruktion der Ordnung vom System zur Technik zu realisieren. Eine zentralisierte Ordnung erfordert kein hohes Maß an Vertrauen, aber eine dezentralisierte Ordnung erfordert ein hohes Maß an Vertrauen. Das Vertrauen ist das wichtigste soziale Kapital, das eine langfristige Ansammlung von Ideen, Regeln, Gesetzen, Verwaltung usw. darstellt. Blockchain hilft, personenunabhängiges Vertrauen aufzubauen und bietet die Möglichkeit, eine neue digitale Wirtschaft und Netzwerkordnung zu entwickeln. Vertrauen ist jedoch kein Ersatz für Aufsicht. Die Entwicklung des Internets braucht folgendes: erstens, die Grenzregulierung. Das Internet ist kein Raum außerhalb des rechtlichen Raumes, in dem eine Person tun kann, was sie will. Die gesunde Entwicklung des Internets erfordert eine geordnete Marktumwelt und ausdrückliche Wettbewerbsregeln auf dem Markt als Garantie. Die Freiheit des Wettbewerbs und der Innovation muss so eingeschränkt werden, dass die legitimen Rechte und Interessen anderer nicht verletzt werden. Zweitens, Sicherheitsvorschriften. Aufgrund ihrer Eigenschaften wie Dezentralisierung, Offenheit, Autonomie, Nichtmanipulation von Informationen und Anonymität kann die Blockchain die Netzwerksicherheitsprobleme auf technischer Ebene lösen und die Sicherheit des Netzwerkbetriebs verbessern. Es reicht jedoch bei weitem nicht aus, sich nur auf die technischen Vorschriften zu verlassen. Der Aufbau einer absolut zuverlässigen Netzwerkumgebung erfordert eine Gestaltung auf institutioneller Ebene, insbesondere auf rechtlicher Ebene. Drittens, Schutzverordnung. Wir müssen wirksame technische

Maßnahmen und institutionelle Verfahren ergreifen, um die Vorschriften und die Ordnung zum Schutz personenbezogener Daten zu überprüfen und strenge Gesetze und Vorschriften zum Schutz personenbezogener Daten sowie ein Überwachungssystem für die Sicherheit von Big Data zu formulieren.

Das Informations-Internet zeigt den Menschen den Wert des Internets für die Erleichterung der Kommunikation und die Verringerung der Informationsasymmetrie. Das wertschöpfende Internet zeigt den Menschen das Potenzial der Blockchain bei der Aufwertung der Materialien, Dienstleistungen und des Datenkapitals und bei der erneuten Konstruktion des sozialen Wertesystems. Das Ordnungs-Internet zeigt den Menschen die Aussicht auf die Innovation der sozialen Organisation, des Verwaltungssystems und der Betriebsregeln mithilfe von Technik wie Blockchain. Souveränität und Sicherheit sind das fortgeschrittene Entwicklungsstadium des Internets vom Informations-Internet über das wertschöpfende Internet zum Ordnungs-Internet; sie sind das Endresultat, um die Verwirklichung des Ordnungs-Internets sicherzustellen. Der Kern des Ordnungsinternets besteht darin, die nationale Netzwerksicherheit aufrechtzuerhalten, mit verschiedenen nicht traditionellen Sicherheitsbedrohungen umzugehen und den Schutz komplexerer und sensibler Daten auf der Grundlage der nationalen Souveränität und Sicherheit wirksam umzusetzen. Souveränität ist der Kern und der entscheidende Punkt der Datenrechte. Nur wenn die Datenrechte geklärt sind, kann die Datensouveränität verwirklicht werden. Daher stellt zum Zeitpunkt der Betonung der Datensouveränität ein besserer Schutz der individuellen Datenrechte der Bürger, einschließlich Datenpersönlichkeitsrechte, Dateneigentumsrechte und so weiter, einen

	Ordnung	Unordnung
Ohne Vertrauen	1	3
Vertrauen	2	4

Abbildung 1-2. Kombination zwischen dem Vertrauen und der Ordnung

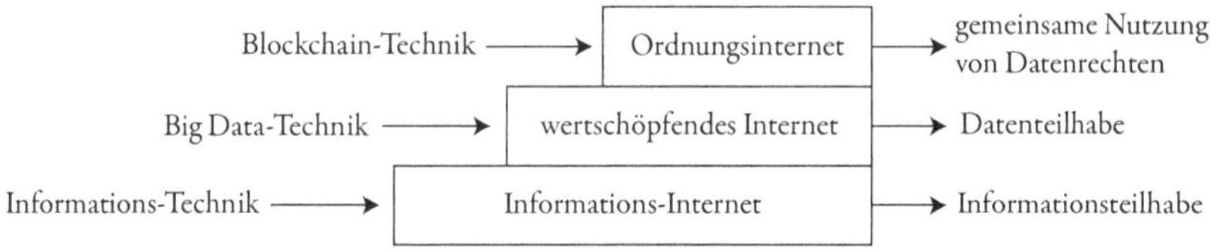

Abbildung 1-3. Steigungs-Sprung-Modell des Informations-Internets, des wertschöpfenden Internets und des Ordnungs-Internets

Meilenstein bei der Ankunft des Ordnungs-Internet-Zeitalters dar (siehe Abbildung 1-3).

(3) Datenrechte und digitale Ordnung

Laos sagte: „Der Mensch folgt der Erde, die Erde folgt dem Himmel, der Himmel folgt dem Weg und der Weg folgt der Natur." Die stoische Philosophie vertrat unter anderem den ethischen Gedanken, „nach der Natur zu leben." Man kann feststellen, dass die Menschen gemeinsame Ideen und Regeln haben. Die künftige Entwicklung der Menschen wird in hohem Maße von der Schaffung und Konvergenz der Ordnungsregeln der Menschheit abhängen. „Ohne Normen und Standards kann nichts erreicht werden." Menzius sagte dies vor mehr als 2.000 Jahren, was später in China zu einer bekannten Maxime wurde. Dies zeigt, dass die Chinesen seit Langem erkannt haben, dass die Regeln, Normen und Gesetze, die absichtlich oder ungewollt im Produktions-, Lebens- und Überlebensprozess aufgebaut wurden, für die Bildung und Aufrechterhaltung der sozialen Ordnung von entscheidender Bedeutung sind.

1. Die Ordnung ist die Grundlage für das gemeinsame Leben der Menschen

Die Ordnung ist die Voraussetzung menschlicher Existenz und sozialer Entwicklung, und der Respekt vor stark reguliertem Verhalten kann Ordnung und Stabilität für das soziale Leben schaffen. „Die

Geschichte zeigt, dass Menschen überall dort, wo sie politische oder soziale Organisationseinheiten eingerichtet haben, versucht haben, ein unkontrolliertes Chaos zu verhindern und irgendeine Art der überlebensfähigen Ordnung zu bestimmen. Diese Tendenz zur Aufforderung, ein geordnetes Modell des gesellschaftlichen Lebens zu etablieren, ist keineswegs eine willkürliche oder von Menschen gemachte Anstrengung gegen die Natur'" (Bodenheimer 2004, S. 228). Das Bedürfnis des Menschen nach Ordnung ist tief in der gesamten natürlichen und sozialen Struktur verwurzelt. Gemeinsames menschliches Leben ist gerade ein wichtiger Teil dieser Struktur.

Hayek glaubt, dass es in der Gesellschaft eine gemachte und eine gewachsene Ordnung gibt: Die gemachte Ordnung, die wir bereits als exogene Ordnung oder Anordnung bezeichnet haben, kann wiederum als eine Konstruktion, oder eine künstliche Ordnung... Die gewachsene Ordnung hingegen, die wir als selbsterzeugende oder endogene Ordnung bezeichnet haben, wird im Englischen am bequemsten als spontane Ordnung bezeichnet (von Hayek 2003, S. 37). Die Bildung und Entwicklung der digitalen räumlichen Ordnung besteht auch in der von Hayek genannten gemachten und gewachsenen Ordnung: „Wie auf dem freien Markt, die ‚unsichtbare Hand', wie Adam Smith sie nennt, ist die sogenannte spontane Ordnung; und die Regierung mischt sich mit der ‚sichtbaren Hand' ein, das ist künstliche Ordnung" (Que Tianshu 2014).

Das digitale Zeitalter ist jedoch mit einem hohen Grad an Unsicherheit behaftet. „Für jeden Moment des Tages gibt es ein aufregendes modernes Drama, und die Netzwerkordnung ist immer von der bewussten oder unbeabsichtigten Zerstörung durch Menschen bedroht." (Wei Guangfeng 2000). Das führt zum Versagen, zur Ungültigkeit und zur Unordnung der spontanen Ordnung des digitalen Raums, während als Abhilfe für das Versagen der spontanen Ordnung die nachfolgende Ordnung noch nicht konstruiert oder relativ chaotisch ist.

Die verschiedenen Stadien der Entwicklung der menschlichen Gesellschaft müssen dementsprechend eine passende Ordnung aufbauen. In seinem Werk „Power of the New Digital Order" bringt David Weinberger auf kreative Weise drei Ordnungsstufen vor. Er ist der Ansicht, dass die Ordnung der ersten Ebene die physische Ordnung ist, unsere konventionelle

Ordnung ist, d. h. die Anordnung der materiellen Welt und der Dinge selbst. Die zweite Ebene ist die rationale Ordnung, die auf dem zuvor von uns entworfenen Ordnungs- oder Klassifikationssystem basiert. Anschließend werden die Informationen über Dinge in passende und feste Positionen gebracht. Dies ist eine künstliche und virtuelle Ordnung, in der wir nach Bedarf Informationen über die physische Welt und die Dinge selbst extrahieren und sie je nach dem vorgefertigten Klassifizierungssystem auf eine spezielle Weise anordnen und kombinieren. Wir verwirklichen die Ordnung der ersten Ebene durch die Ordnung der zweiten Ebene und verknüpfen die beiden Arten der Ordnung effektiv miteinander. Die dritte Ebene ist die digitale Ordnung, eine Art Chaos, also Unordnung. Die nicht vorgefertigte Ordnung geht über die Grenzen des Klassifizierungssystems hinaus und ist eine neue Ordnung, die bei der Verwendung der Daten nach dem Bedarf durch erneute Anordnung und Kombination aufgebaute wurde und sie ist speziell und entspricht den individuellen Anforderungen (Weinberger 2017, S. 4).

2. Datenrechte sind die Kerne des menschlichen Zusammenlebens

Die Herstellung von Ordnung basiert auf Datenrechten. Durch Datenermächtigung wird die Umwandlung von Ordnung gefördert. Darüber hinaus macht die Komplexität der Datenermächtigung die Umwandlung von Ordnung komplexer. Das unvermeidliche Ergebnis der digitalen Zivilisation ist, von Daten zu Datenrechten zu kommen. Die Datenrechte sind der größte gemeinsame Nenner zur Verwirklichung der Werte durch die Datenteilhabe, einschließlich des auf Einzelpersonen bezogenen Datenrechts und der auf Länder bezogenen Datenhoheit. Wir treten in eine neue Ära des Nutzungsrechts ein, die auf Konzepten der Teilhabe basiert. Kevin Kelly, ein Silicon Valley-Denker, schlug mit Entschlossenheit vor: „Ich kann für sie bezahlen (Waren oder Dienstleistungen), aber ich werde sie nicht besitzen. [...] In gewisser Weise ist Nutzungsrecht zu Besitz geworden." Das Gleiche gilt für Daten, aber die unbegrenzte Nutzung oder Verfügung von Datenrechten wird das geordnete gemeinsame Leben der Menschheit zerstören.

Datenrechte sind die Quelle der inneren Vitalität digitaler Ordnung. In der Antike waren individuelle Interessen immer Gegenstand von Ausbeutung und Unterdrückung, und die kleinbäuerliche Wirtschaft konnte nicht das Ordnungskonzept der „umfassenden und freien Entwicklung der Menschen“ hervorbringen. In der Neuzeit begannen sich die Menschen von rückständigen traditionellen Konzepten und starren dogmatischen Fesseln zu befreien, die individuelle Interessen negierten. Aus der Sicht der Systemtheorie werden das Gesamtbewusstsein und die geistige Vitalität des Systems allmählich abnehmen, wenn die Elemente des Systems, d. h. das individuelle Denken, nicht aktiv sind. In den zwei Arten, in denen das Gesetz die sozialen Beziehungen regelt (Rechte und Pflichten), sind Rechte die Bestätigung von Eigeninitiative und Kreativität. Das geordnete Leben geht also von Rechten aus. Nehmen Sie das Phänomen des Schlange Stehens, um Tickets zu kaufen, als Beispiel. Es gibt am meistens drei Arten: Erstens verwendet die Polizei Schlagstöcke, um die Ordnung der Warteschlangen aufrechtzuerhalten. Obwohl die Ordnung gut ist, werden die Persönlichkeit und Würde der Schlange-Steher und der Vordrängler von Stöcken zerschlagen. Zweitens wird eine Atmosphäre und Stärke zwischen den Schlange-Stehern zur Zurückweisung der Vordrängler gebildet. Die Ordnung ist nicht nur gut, die Schlange-Steher sind alle stolz. Drittens ist die Reihenfolge chaotisch. Jeder kämpft mit der Kraft um eine führende Stelle. Frauen, ältere Menschen und Schwache fluchen und seufzen. Es besteht kein Zweifel, dass die zweite Art von Ordnung die idealste ist, und ihre Bildung ist genau auf die Ausweitung der Rechte und das Auftauchen einer konzertierten Kraft zurückzuführen (Xie Pengcheng 1992). Obwohl dies die tägliche Ordnung in der ethischen Kategorie ist, enthält es die Gesetze und Regeln der sozialen Verwaltung und Steuerung, in denen der Anspruch auf Rechte zur Ordnung führen kann. Im digitalen Zeitalter ist die Sorge des Datensubjekts um die Dateninteressen ein ewiges Thema, daher ist das Recht, die Interessen zu vertreten und zu schützen, die Quelle der unerschöpflichen Stärke digitaler Ordnung.

Die Rivalität zwischen Datenrechten und digitaler Ordnung. Erstens, die Mehrdeutigkeit von Rechten gegenüber der Gewissheit von Ordnung. Die Bedeutung der Ordnung liegt in der Beseitigung der Unsicherheit, was darauf hinweist, dass die realistische Datenordnung mit der tatsächlichen

Datenordnung identisch ist. Nur weil die Mehrdeutigkeit der Datenrechte der Gewissheit der digitalen Ordnung entgegensteht, sind die Gesetzgebung und die juristische Arbeit notwendig. Zweitens, der Konflikt zwischen den Rechten und der Kohärenz von Ordnung. Die Vielfalt und der Konflikt der Interessen bestimmen die Vielfalt und den Konflikt der Rechte, welche potenzielle Faktoren für die Zerstörung der Ordnung sind. Wenn der Konflikt zwischen den Rechten die Übereinstimmung zwischen den Rechten übertrifft, verschwindet die Ordnung. Je mehr die menschliche Zivilisation entwickelt ist, desto höher wird die Forderung nach Kohärenz zwischen den Rechten sein. Diese Kohärenz war im Zeitalter der landwirtschaftlichen Zivilisation nur das Recht auf Überleben, und die Kohärenz im Zeitalter der industriellen Zivilisation erstreckte sich auf das Recht auf Freiheit, auf Eigentumsrechte und andere Bereiche. Im Zeitalter der digitalen Zivilisation ist es schwierig, die digitale Ordnung aufzubauen und aufrechtzuerhalten, wenn die von den Zeiten geforderte Kohärenz der Datenrechte nicht aufrechterhalten werden kann. Drittens, das Ungleichgewicht zwischen Rechten und Ordnung. Das Ungleichgewicht der Datenrechte ist im gemeinsamen Leben der Menschen unvermeidlich, und die digitale Ordnung ist im Wesentlichen ein Zeichen dafür, dass das Ungleichgewicht aufrechterhalten werden kann. Durch die Ordnung werden unausgewogene Inhalte (d. h. die Datenrechte) in Form eines Gleichgewichts aufrechterhalten. Wenn es kein Gleichgewicht gibt, gibt es keine Ordnung und es ist dann schwierig, unausgeglichene Dateninteressen aufrechtzuerhalten.

3. Teilhabe ist die Zukunft des menschlichen Zusammenlebens

Neuvermischung ist ein unvermeidlicher Trend. Wie bereits erwähnt, ist die Neuvermischung die Neuordnung und Wiederverwendung bestehender Dinge und die Integration interner und externer Ressourcen, um neue Werte zu schaffen. Die Neuvermischung hat das traditionelle Konzept von Besitz und Eigentum in beispielloser Weise „zerstört." Im Zeitalter der Neuvermischung werden *Big Computing*, Big Data und *Big Intelligence* zum „digitalen Organ" für das menschliche Verständnis der komplexen Welt. Die Strömung, Daten-Berechtigung zu gewähren, ist aktiver denn je. Der Echtzeit-Datenfluss und die Datenteilhabe bilden einen digitalen ökologischen Kreislauf, in dem die Datenkraft und die Datenrelation die sozialen Beziehungen beeinflussen. Infolge der gegenseitigen Beeinflussung dieser Kräfte werden die gesamten sozialen Produktionsbeziehungen mit den Datenbeziehungen gebrandmarkt, was zu einer beispiellosen Transformation und Rekonstruktion des sozialen Entwicklungsmodells, des Musters der Leistungsverteilung und des Musters der Aufrechterhaltung von Ordnung führen wird. Der Anspruch auf Datenrechte macht die Daten im chaotischen Zustand nach und nach deutlich; und es geht dabei um die Bedeutung von Datenrechten.

Die Rekonstruktion von Wert und Ordnung als unumgängliches Erfordernis der sozialen Entwicklung ist von entscheidender Bedeutung für die Festlegung zivilisierter Regeln und Verhaltensregeln in allen Bereichen der gesamten Gesellschaft sowie für die Erweiterung und Förderung der moralischen und spirituellen Welt und hat die doppelten Vorschriften von „menschlichem Wert" und „sozialer Herrschaft." „Jede neue Ordnung fasst alle ursprünglichen zusammen, und nichts wird in der Zusammenfassung ausgelassen. Die neue Ordnung wurde jedoch geschaffen, und die durch die neuen Phänomene hervorgerufenen Verhaltensmuster müssen auf einer neuen Ebene verstanden und erklärt werden" (Russell 2004). Gegenwärtig befinden wir uns in einer beispiellosen Ära großer Veränderungen und großer Transformation. In dieser Zeit ist der Ordnungswechsel wie ein Sturm, der die gesamte alte Ökologie aufräumt und die soziale Existenz und Entwicklung subversiv verändert. Der Anspruch auf Datenrechte ist nicht nur das Ergebnis des Wandels der Zivilisation, sondern eine neue Ordnung für die Reform des Menschen von der industriellen Zivilisation zur digitalen Zivilisation.

Daten sind eine Art der Teilhaberessource, und der Kern der Datenrechte ist das Recht auf Teilhabe. Nach der Zivilisation der Landwirtschaft und der Industrie hat das Datenrecht die Menschen dazu getrieben, eine neue Form der Ordnung zu konstruieren - die digitale Ordnung, eine neue Form der Zivilisation - die digitale Zivilisation. Digitale Ordnung ist eine Teilhabeordnung, und digitale Zivilisation ist eine Teilhabezivilisation. Eine Teilhabezivilisation hat drei grundlegende Eigenschaften: Erstens ist die Teilhabezivilisation eine neue Zivilisationsform, die sich in der Entwicklung der menschlichen Gesellschaft im 21. Jahrhundert entwickelt. Zweitens ist die Teilhabezivilisation die dynamischste und kreativste Zivilisation. Drittens ist die Teilhabezivilisation ein Zustand der modernen sozialen Zivilisation, in dem Informatisierung, Intelligenz und Digitalisierung wichtige Symbole sind und die intelligente Massenproduktion die vorherrschende Produktionsweise darstellt. Die menschliche Zivilisation ist im Wesentlichen ein Integrations- und Entwicklungsprozess, Die Integration ermöglicht es, den Konsens im Integrationsprozess zu verbessern, gemeinsame Werte aus Wertekollisionen zu finden und gemeinsam die Entwicklung und den Fortschritt der Teilhabezivilisation voranzutreiben. Das 21. Jahrhundert wird das Jahrhundert der Teilhabezivilisation sein, und der Trend des Teilhabens ist die gemeinsame Zukunft der Entwicklung der menschlichen Zivilisation.

Literaturverzeichnis

Barnard, C. I. 1997. *The Functions of the Executive*. Trans. Sun Yaojun. Beijing: China Social Science Press.

Bodenheimer, E. 2004. *Jurisprudence: The Philosophy and Method of the Law*. Trans. Deng Zhenglai. Beijing: China University of Political Science and Law Press.

Christakis, Nicholas, and James Fowler. 2013. *Connected: The Surprising Power of Our Social Networds and How They Shape Our Lives*. Trans. Jian Xue. Beijing: China Renmin University Press.

Feng, Fanyan. 2016. „The Order of Value as the Basis of Civilization Order: The Phenom- enological Revelation of Order of Value by Sheller." *Philosophical Trends*, 5th issue.

Gao Fuping. 2004. „Function of Real Right System – Analysis from Social Angle." 26 June. <http://www.jcrb.com>.

Gomez-Caceres, Benjamin. 2017. *Remix Strategy*. Trans. Xu Fei, et al. Beijing: China Renmin University Press.

Harari, Yuval Noah. 2016. *Homo Deus: A Brief History of Tomorrow*. Trans. Lin Junhong. Beijing: The Citic Press.

Hidalgo, Cesar. 2015. *The Essence of Growth*. Trans. FuMU Translation Club. Beijing: The Citic Press.

Hu, Kaizhong. 2014. „On the Legal Regulation of Remixing Creation." *The Law.* The 12th issue.

Kelly, Kevin. 2012. *The Technium.* Trans. Zhang Xingzhou, Yu Qian. Beijing: Publishing House of Electronic Industry.

Kelly, Kevin. 2016. *The Inevitable.* Trans. Zhou Feng, et al. Beijing: The Electronic Industry Press.

Key Laboratory of Big Data Strategy. 2016. *Block Data 2.0: Paradigm Revolution in the Era of Big Data.* Beijing: The Citic Press.

Li, Guojie. 2014. „Data Sharing: The Premise of Modernization of National Governance System in the Age of Big Data." *China Information Weekly*, 25 August.

L. Ray Patterson & Stanley W. Lindberg, „The Nature of Copyright:A Law of Users'Rights." The Library Quarterly: Information Community Policy, 1991.

Mayer-Schönberger, Viktor, and Kenneth Cukier. 2013. *Big Data: A Revolution That Will Transform How We Live, Work, and Think.* Trans. Zhou Tao, et al. Hangzhou: Zhejiang People's Press.

Patterson, L. Ray, and Stanley W. Lindberg. 1991. „The Nature of Copyright: A Law of Users Right." *The Library Quarterly: Information Community Policy.*

Que, Tianshu. 2014. „Between Virtuality and Reality: On Elimination and Control of Public Risks in Cyberspace." *Journal of Tianjin Administration Institute.* 3rd issue.

Russell, Peter. 2004. *The Global Brain Awakens: Our Next Evolutionary Leap.* Trans. Zhang Wenyi et al.. Harbin: Heilongjiang People's Publishing House.

Schumpeter, Joseph. 1991. *The Theory of Economic Development.* Trans. He Wei, et al. Beijing: The Commercial Press.

Von Hayek, Friedrich. 2000. *Law, Legislation and Liberty* (Vol. 1). Trans. Zhang Shoule, Li Jingbing. Beijing: Encyclopedia of China Publishing House.

Wei, Guangfeng. 2000. „On Network Order." *Journal of Henan University* (Social Science Edition). 6th issue.

Wen, Tingxiao, Liu Xuan. 2013. „David Weinberg's heory of New Order and Its Enlight- enment to Knowledge Organization," Library, 3rd issue.

Weinberger, David. 2017. *Everything is Miscellaneous: The Power of the New Digital Disorder.* Trans. Li Yangming. Taiyuan: Shanxi People's Publishing House.

Xie, Pengcheng. 1992. „On Rights and Order." *Political Science and Law.* 6th issue.

Yang, Jianhui. 2017. „Thoughts on 'Data Monopoly,'" 20 June. <http://www.Ftchinese.com>.

Zhang, Kangzhi, Zhang Qianyou. 2010. „On the Order of Complex Society," *Academia Bimestrie*, 1st issue.

Zhang, Shuguang, et al. 2016. *Reconstruction of value and order.* Beijing: People's Pub- lishing House.

Zhang, Wenxian. 2011. *Jurisprudence*, 4th edition, Beijing: Higher Education Press, Peking University Press.
Zheng, Yefu. 2001. „Trust and Social Order." *Academics*, 4th issue.
Zhou, Yuehui. 2015. „The Essence of the New Economic Normal is the Transformation of the Growth Force," *Administration Reform*, 8th issue.

KAPITEL 2

Menschenrechte, Sachenrechte und Datenrechte

Der Mensch erlebt einen „dreifachen Übergang" von der Ressourcenwirtschaft zur digitalen Wirtschaft, von der zentralisierten Regierungsführung zur Multi-Regierungsführung und von der industriellen Zivilisation zur digitalen Zivilisation. Das im Hintergrund in den Zeiten des Umbruchs entstehende System, nämlich das System der Datenrechte, impliziert die Rekonstruktion des Systems der Rechte und Interessen. Datenrechte sind die grundlegenden Menschenrechte, die wir in den Zeiten der digitalen Zivilisation genießen und die bei der Auslösung der Datenwerte die Grundrechte des Menschen in der digitalen Welt gewährleisten. Zusätzlich zu den traditionellen Ressourcen wie Land, Kapital und Energie entwickelten sich Daten zu einer neuen Art von Ressourcen, einer neuen Technik und repräsentieren ein neues System und ein neues Recht. Datenrechte unterscheiden sich im Wesentlichen von Menschenrechten und Sachenrechten. Die Unterschiede zwischen den Subjekten, Objekten und Inhalten der Rechte bestimmen, dass der Inhalt von Datenrechten nicht einfach durch Sachenrechte geregelt werden kann. Die Ausgestaltung der Datenrechte dient nicht nur der Verbesserung der Menschenrechte, sondern auch der Entwicklung der Sachenrechte. Es wird das wichtigste Recht und die wichtigste Ordnung in der zukünftigen digitalen Zivilisation sein.

Abschnitt 1 Menschen und Menschenrechte

Menschenrechte sind das Produkt der langfristigen Entwicklung des Menschen und beruhen auf der Natur, der Persönlichkeit, der Würde und dem Wert des Menschen. Die Entwicklung der Menschenrechte ist ein schrittweiser Prozess, und die Menschenrechte sind ein offenes und sich weiterentwickelndes Konzept. Daher kann jedes starre oder geschlossene Verständnis der Menschenrechte zu einer Stagnation der Menschenrechtsentwicklung führen. Im Zeitalter von Big Data ist alles „online“ und kann quantifiziert werden, und alle Menschen, Maschinen und Dinge existieren als eine Art „Datenperson.“ Die Vorlegung der „Datenperson“ bietet einen neuen rechtlichen Ansatz für die Erweiterung der Diversifizierung und die universelle Entwicklung der Menschenrechte, bringt jedoch auch neue Probleme und Herausforderungen für den Schutz der Menschenrechte mit sich.

(1) Die philosophische Grundlage der Menschenrechte

Das Menschenrecht ist zu einem weitverbreiteten Begriff geworden, der auf der ganzen Welt für Besorgnis sorgt. Menschenrechte sind die Rechte, die Menschen genießen sollen, um ihre Überlebens- und Entwicklungsbedürfnisse zu befriedigen. Menschenrechte sind universell und alle Menschen haben ein Recht auf Menschenrechte.[1]

Als eine der wichtigsten Errungenschaften der modernen und zeitgenössischen Philosophie haben die Menschenrechte eine Geschichte von Tausenden von Jahren von der Entstehung dieser Idee bis zur Entstehung des Konzepts durchlaufen. Man kann sagen, dass die Geschichte der menschlichen Zivilisation die Geschichte der Entwicklung der Menschenrechte ist. Die Menschenrechte lassen sich auf die politischen und rechtlichen Überlegungen im antiken Griechenland und im antiken Rom sowie auf die Entwicklung der Renaissance, der Reformation, der Naturrechtstheorie und der bürgerlichen Revolution zurückführen. Unter ihnen bilden fünf grundlegende Theorien wie die Theorie der Naturrechte, die Theorie der gesetzlichen Rechte, die Theorie der sozialen Rechte, die

1 Artikel 2 der Allgemeinen Erklärung der Menschenrechte sieht vor: „Jeder Mensch hat Anspruch auf die in dieser Erklärung verkündeten Rechte und Freiheiten ohne irgendeinen Unterschied, etwa aufgrund rassistischer Zuschreibungen, nach Hautfarbe, Geschlecht, Sprache, Religion, politischer oder sonstiger Überzeugung, nationaler oder sozialer Herkunft, Vermögen, Geburt oder sonstigem Stand.“

Theorie der menschlichen Abstammung und die Theorie der moralischen Rechte die philosophischen Grundlagen der Menschenrechte.

1. Theorie der Naturrechte

Die Theorie der Naturrechte ist eine transzendentale Vorannahme der Menschenrechte, die aus der französischen Erklärung der Menschenrechte hervorgeht. Sie stellt eine klassische Theorie zur Quelle der Menschenrechte dar.[2] Sie dominiert unter den fünf Theorien und hat einen erheblichen Einfluss. Die Naturrechtstheorie entstand im Niedergang des antiken griechischen Stadtstaates und entwickelte sich durch das Erbe und die Entwicklung während der Renaissance und der Reformation allmählich zur modernen Naturrechtstheorie. Grotius, Hobbes, Locke und Rousseau haben einen großen Beitrag zur Naturrechtstheorie geleistet, wobei Locke den größten Einfluss auf zukünftige Generationen hatte. In seinen berühmten „Zwei Abhandlungen über die Regierung“[3] wies Locke darauf hin, dass die Menschen, bevor sie in die zivilisierte Gesellschaft eintraten, in einem Zustand der Natur lebten und an Naturgesetze gebunden waren, die den Menschen Kausalität zeigten. Naturgesetze verliehen

2 Transzendentalismus ist eine philosophische Denkrichtung. Sie glaubt, dass die Ideen und Konzepte, die der menschliche Verstand formt, die Natur der Autonomie haben, und bestreitet, dass diese Ideen und Konzepte nur die Reflexion der sich verändernden und entwickelnden Erfahrungen des Menschen sind. Es stärkt die Intelligenz des Menschen mit großer Kraft und Stärke und besagt, dass Erfahrung durch die Konzepte gebildet wird, die in hohem Maße von den Gedanken des Menschen aufgebaut oder produziert werden. Ihre extreme Manifestation ist, dass das menschliche Denken die einzige Grundlage des Universums darstellt.

3 Nach der „Glorreichen Revolution“ in England im Jahr 1688 veröffentlichte Locke die berühmten „Zwei Abhandlungen über die Regierung.“ Sie widerlegen hauptsächlich die Theorie von Hobbes und Filmer über den absoluten Despotismus. Es wird argumentiert, dass die natürlichen Rechte des Menschen auf Freiheit und Eigentum beim Übergang vom Naturzustand zur zivilisierten Gesellschaft nicht beeinträchtigt werden.

Länder seien auf der Basis gegenseitiger Verträge der Menschen aufgebaut worden, daher müssten die Menschen selbst der Verwaltung der Länder gehorchen. Die Macht der Herrscher der Bürger sei nicht absolut, sondern abhängig. Würden die Machthaber ihre moralische Glaubwürdigkeit verlieren, hätten die Menschen das Recht, sie zu stürzen und eine neue Regierung zu gründen, die sich an den Vertrag hält.

Menschen universelle Naturrechte, nämlich „die von Gott verliehenen Rechte," einschließlich Persönlichkeitsrecht, Eigentumsrecht, Recht auf Gleichheit, Recht auf Freiheit, Recht auf Selbstverteidigung, Recht auf Selbstjustiz und so weiter (Bai 2015, S. 6).

Die Menschen hatten das Recht, auf die nach ihrer Meinung geeignete Art und Weise zu handeln und ihre eigenen Körper und Eigentümer zu behandeln, und niemand musste die Befehle anderer annehmen. Dieser Naturzustand hatte jedoch den großen Nachteil, dass die natürlichen Rechte der Menschen nicht garantiert wurden und sie sich häufig in Angst und Gefahr befanden. Um den Naturzustand loszuwerden, gründeten die Menschen politische Gesellschaften, indem sie Verträge abschlossen, die Gesellschaft als Schiedsrichter fungieren lassen und Gesetze anwandten, um mit Streitigkeiten umzugehen und Verbrechen zu bestrafen. In der Folge entstanden Staaten, Regierungen und Gesetze (Bai 2015, S. 6). Das Ziel und der Zweck der Staaten waren es, die Rechte der Bürger auf Leben, Sicherheit, Freiheit, Gleichheit, Eigentum und Streben nach Glück zu gewährleisten. Diese Rechte der Bürger sind keine Geschenke der Welt, sondern natürliche Rechte, die die Bürger genießen sollen, und die von Gott bereitgestellten Rechten, nämlich die von Gott verliehenen Menschenrechte. Locke schlug auch eine Reihe von Grundsätzen für den Schutz der Menschenrechte vor, darunter die Grundsätze der Volkssouveränität, der Rechtsstaatlichkeit und der Gewaltenteilung. Er analysierte und verifizierte zudem den Zustand der Natur, der Naturgesetze und der Naturrechte, sodass die Entwicklung der Naturgesetze und Naturrechte einen Höhepunkt erreichte, und diese Theorien wurden auch zur Hauptgedankenquelle für einige Erklärungen von Rechten und Verfassungen.[4]

4 Zum Beispiel sieht die Unabhängigkeitserklärung der Vereinigten Staaten von Amerika von 1776 vor: „Wir halten diese Wahrheiten für ausgemacht, dass alle Menschen gleich erschaffen worden, dass sie von ihrem Schöpfer mit gewissen unveräußerlichen Rechten begabt worden, worunter sind Leben, Freiheit und das Bestreben nach Glückseligkeit." Die 1789 verabschiedete Erklärung der Menschen- und Bürgerrechte besagt: „Der Zweck jeder politischen Vereinigung ist die Erhaltung der natürlichen und unantastbaren Menschenrechte. Diese sind das Recht auf Freiheit, das Recht auf Eigentum, das Recht auf Sicherheit und das Recht auf Widerstand gegen Unterdrückung."

2. Theorie der gesetzlichen Rechte

In der Entwicklungsgeschichte der westlichen Menschenrechtsgedanken ist das Gegenteil der Naturrechtstheorie die Rechtstheorie, die auch als Theorie der „gesetzlich verankerten Rechte" bezeichnet wird (Li B. 2004, S. 12). An die Stelle der Naturrechtstheorie getreten, war die Theorie der gesetzlichen Rechte seit dem 19. Jahrhundert bis zum Ende des Zweiten Weltkriegs die wichtigste ideologische Grundlage der Menschenrechtstheorien. Vertreter dieser Theorie schließen Bentham, Hart, Dicey, Mill, Austin, Raz, Kelsen, McCormick und so weiter ein. Sie gehören in der Geschichte der Rechtsprechung zur Präskriptivitätsschule. Die Theorie der gesetzlichen Rechte besagt, dass formelle oder informelle gesetzliche Regeln und Vorschriften Menschenrechte hervorbringen, wobei betont wird, dass Menschenrechte nicht angeboren, sondern gesetzlich verankert sind. Sie bestreitet die Ethik des Rechts und der Menschenrechte und nimmt an, dass Ethik subjektiv ist. Jeder Mensch habe seine eigene Auffassung von Ethik, daher sei es schwierig, objektive und genaue Urteile zu fällen. Außerdem kritisiert die Theorie, dass „der Naturzustand" der von Gott verliehenen Menschenrechte in den Naturrechten fiktiv sei und „Naturgesetze" unergründlich und damit unwissenschaftlich seien (Li B. 2004, S. 12). Wie Bentham glaubt, die Theorien wie Naturgesetze, Naturzustand, ursprünglicher Vertrag und andere verwandte Theorien basieren auf „Einbildung" und „Fiktion" und sind die Theorien, die die historischen Realitäten verletze und „nicht authentisch" seien.

Nach Ansicht von Bentham gibt es keine natürlichen Rechte. Stattdessen wären alle Rechte gesetzlich verankert (Bai 2015, S. 7). Gesetze seien die Gesamtsumme der Befehle der Souveräne oder der von den Souveränen angenommenen Befehle (Wang G. 2015, S. 42). „Rechte sind Produkte von Gesetzen und nur Produkte von Gesetzen. Es gibt kein Recht ohne Gesetze" (Shen & Huang 1994, S. 122). Definiert man die Aufgaben und Pflichten der Gesellschaftsmitglieder, verleihen Gesetze den Menschen auch entsprechende Rechte. Basierend auf dem Prinzip des Utilitarismus wird in Benthams Theorie der gesetzlichen Rechte angenommen, dass die Menschenrechte von Interessen bestimmt werden.

Um die Menschenrechtsgrundsätze „Freiheit, Eigentum, Sicherheit und Widerstand gegen Unterdrückung“ in der Erklärung der Menschenrechte zu ersetzen, hat Bentham gezielt die Menschenrechtsgrundsätze „Sicherheit, Überleben, Wohlstand und Gleichheit“ aufgestellt, die auf „gesetzlichen Rechten“ basieren. Er glaubte, das Ziel der Gesellschaft sei es, das größte Glück der Mehrheit zu fördern; und das Glück schließe Sicherheit, Überleben, Wohlstand und Gleichheit ein. Je vollständiger die vier Ziele erreicht würden, desto schneller steige das soziale Glück insgesamt (Bai 2015, S. 7).

3. Theorie der sozialen Rechte

Die Theorie der sozialen Rechte ist neben der Theorie der natürlichen Rechte und der Theorie der gesetzlichen Rechte eine weitere Hauptströmung. Zu den wichtigsten Vertretern zählen die frühen sozialistischen Denker Saint-Simon, Fourier und Owen, rechtssoziologische Denker wie Marx und Weber sowie soziologische Rechtswissenschaftler wie Duguit und Pound (Wang G. 2015, S. 46). Die Grundidee der Sozialrechtstheorie besteht darin, das Recht als eine Art der sozialen Norm zu betrachten, und sie ergibt sich aus einer bestimmten sozialen Kultur und sozialen Struktur. Nach der Theorie der sozialen Rechte sind Menschen sowohl „soziale Wesen“ als auch „politische Wesen“ und können nicht unabhängig von der Gesellschaft leben, und sie leben in verschiedenen sozialen Netzwerken mit unterschiedlichen Bindungen zwischen ihnen. Daher können die Interessen jedes Einzelnen von anderen Personen oder sozialen Organisationen verletzt werden; und jeder kann die Interessen anderer oder die Interessen sozialer Organisationen verletzen. In solchen Fällen brauchen wir Gesetze, um Anpassungen vorzunehmen; dementsprechend sind die Menschenrechte entstanden. Die Theorie der sozialen Rechte negiert den rationalen Kern der „Theorie über die von Gott verliehenen Menschenrechte“ und bestreitet, dass Menschen „gleich und frei geboren“ sind und dass sich die Menschenrechte aus der „menschlichen Natur“ und der „Persönlichkeit und Würde des Menschen“ ableiten (Li B. 2004, S. 13).

Nach dem Zweiten Weltkrieg erlangte die Theorie der sozialen Rechte auf der ganzen Welt breite Anerkennung und Konsens. Mit der Entstehung von Wohlfahrtsstaaten, dem Streben nach sozialer Gerechtigkeit, der Bestätigung der Menschenwürde, der Herausforderung sozialer Spaltung und dem umfassenden Eingreifen der Regierungen in die wirtschaftliche und soziale Entwicklung wird das soziale Recht zu einem geeigneten Rechtsbegriff, der die berechtigten Ansprüche aller Menschen symbolisiert, insbesondere der schutzbedürftigen Gruppen (Wang G. 2015, S. 51). Soziale Menschenrechte sind keine Art von Wohltätigkeit oder Menschlichkeit, sondern eine Grundauslegung der sozialen Struktur der Menschenrechte. Menschen werden mit einigen Menschenrechten wie dem Recht auf Leben, Sicherheit, Freiheit und Gleichheit geboren, während einige Menschenrechte wie das aktive und passive Wahlrecht und das Streikrecht unter bestimmten historischen Bedingungen geschaffen wurden. Die früheren Menschenrechte implizieren den Soll-Zustand der Menschenrechte, und die späteren bedeuten den Ist-Zustand der Menschenrechte. Der Soll- und Ist-Zustand der Menschenrechte sollten unterschieden werden. Inzwischen sollten sie auch vereinheitlicht werden. Nach der Theorie der sozialen Rechte müssen die Menschenrechte an die Veränderungen der sozialen Kultur und der sozialen Struktur angepasst werden. Soziale Rechte sind die Grundlage für die Stärkung der sozialen Solidarität und der sozialen Harmonie und die Erfordernisse für die Wahrung der sozialen Würde der Menschen. Die Rechtsordnung der menschlichen Gesellschaft ist immer in ständiger Entwicklung und Veränderung, ebenso die Erforschung der Menschenrechte. Das Recht muss unter Verwendung der Forschungsmethoden und -ergebnisse anderer Disziplinen als Referenz entwickelt werden, damit das Konzept der Menschenrechte ständig ergänzt und verbessert werden kann, um bestimmten historischen Bedingungen zu entsprechen und die Interessenskonflikte in sozialen Bereichen zu koordinieren.

4. Theorie über die Abstammung der Menschlichkeit

Die Theorie über die Abstammung der Menschlichkeit ist eine weitere einflussreiche Theorie zur Abstammung der Menschenrechte. In den letzten Jahren haben zahlreiche Wissenschaftler im In- und Ausland detaillierte Forschungen zur Theorie über die Abstammung der Menschlichkeit durchgeführt und Nachweise erbracht, darunter der chinesische Wissenschaftler Li Buyun, einer der Hauptvertreter dieser Theorie. Li glaubt, dass „Menschenrechte von der Natur des Menschen herrühren und dass die Natur zwei Aspekte umfasst, nämlich das soziale Attribut und das natürliche Attribut des Menschen." Das soziale Attribut bedeutet, dass Menschen in verschiedenen sozialen Beziehungen leben und die Moral, Gedanken, Interessen und Verhaltensweisen des Menschen durch die Natur und Eigenschaften verschiedener sozialer Beziehungen beeinflusst und eingeschränkt werden. Gerade meinte Marx: „der Mensch im wahrsten Sinne des Wortes ein Zoon politikon [politisches Wesen]: Er ist nicht nur ein soziales Wesen, sondern ein Wesen, das nur innerhalb der Gesellschaft individualisiert werden kann" (1975). Das Menschenrecht ist eine Art soziale Beziehung und ist das Verhältnis von Interessen und das von der Moral zwischen Menschen in der sozialen Beziehung. Es bezieht sich auf die Verteilung, Verfolgung und Teilhabe menschlicher Interessen, die von einer Reihe ethischer Konzepte unterstützt und anerkannt werden, die sich auf Gerechtigkeit im sozialen Leben konzentrieren (Li B. 2004, S. 14). Das natürliche Attribut des Menschen ist die menschliche Natur, einschließlich solcher drei Grundelemente wie natürliche Instinkte, Moral und Rationalität. Zu den natürlichen Instinkten zählen Leben, Wohlergehen und Freiheit. Sie betonen den Schutz des menschlichen Lebens vor willkürlicher Benachteiligung, der persönlichen Sicherheit vor Verletzungen, der Freiheit vor Übergriffen und das Recht auf freie Gedanken, dass diese nicht ‚inhaftiert' werden. Sie betonen auch die Garantie des grundlegenden Lebensstandards des Menschen und das Recht der Menschen, nach Glück zu streben.

Moral bezieht sich hauptsächlich auf Gleichheit, universelle Brüderlichkeit und Gerechtigkeit und betont, dass Menschen fortschrittliche Tiere mit ethischen Bestrebungen sind. Rationalität umfasst rationale kognitive Fähigkeiten, Philosophie und Vernunft und betont, dass Menschen durch Rationalität die Gesetzmäßigkeiten von allem verstehen können und die Welt durch Rationalität weiter transformieren. Kurz gesagt ist das natürliche Attribut des Menschen die innere Grundlage für die

Geburt der Menschenrechte, während das soziale Attribut des Menschen die äußeren Bedingungen für die Geburt der Menschenrechte darstellt und die historische Natur der Menschenrechte bestimmt (Bai 2015, S. 7–8).

5. Theorie der moralischen Rechte

„Menschenrechte werden im Allgemeinen als moralische Rechte angesehen" (Donnelly 2001, S. 13). Professor Shen Zongling glaubt, dass Menschenrechte moralische Rechte und Pflichten sind, da sie sich ursprünglich auf bestimmte Werte und moralische Konzepte beziehen (Shen 1991, S. 22). Nach der Ansicht von Professor Xia Yong ist die menschliche Gesellschaft eine moralische Gesellschaft und die Menschen sind moralische Tiere. Das Menschenrecht ist das Recht, das jeder Mensch genießen sollte, und es ist im Wesentlichen weder ein natürliches noch ein juristisches Recht, sondern ein moralisches Recht. Menschenrechte fallen in das moralische System und werden durch moralische Prinzipien aufrechterhalten. Es gibt drei miteinander verbundene Prinzipien, die eine Schlüsselrolle bei der Bildung der ethischen Grundlage der Menschenrechte spielen: Erstens sollen und können die Menschen das Recht genießen, das existiert und vom positiven Recht unabhängig ist und die gesetzlichen Rechte überschreitet; zweitens sollte diese Art von Recht von jedem in Übereinstimmung mit der Regel, dass jeder gleich ist und alle Menschen in Würde und Werten gleich sind, genossen werden; drittens sollte und kann dieses Recht in einem bestimmten sozialen System als kodifiziertes Recht gelten. Diese drei Prinzipien stellen den Kern der Menschenrechte dar und bilden den Rahmen des Menschenrechtsprinzips (Xia 2001, S. 232).

Der historische Fortschritt des Konzepts der Menschenrechte kann durch seine einzigartige moralische Konnotation erklärt werden: Erstens zeigt das Konzept der Menschenrechte eine große Gleichheit zwischen den Menschen; zweitens beinhaltet das Konzept der Menschenrechte einen tief greifenden kritischen Geist; drittens werden durch das Konzept der Menschenrechte die Anforderungen des Menschen an die Gruppenidentität und die Kritik an der Realität in das Recht umgewandelt, das jeder mittels eines institutionalisierten Verfahrens geltend machen kann, was auf eine neue Form der sozialen Integration hinweist (Xia 2001, S. 222–223). Als moralisches Recht hat das Menschenrecht seine Richtigkeit weder vom Staat, von der Regierung oder vom Gesetz verliehen, noch von der Natur gewährt, sondern von der Moral der Menschen abgeleitet. „Menschlichkeit" als Grundlage der Menschenrechte ist nur eine moralische Annahme. Wie Maine im Buch *Ancient Law* vorschlug, impliziert der Begriff „Naturgesetz," dass der materiellen Welt eine moralische Welt hinzugefügt wird. Der Unterschied zwischen dem Menschen als Ganzem und den anderen Kategorien besteht wahrscheinlich darin, dass der Mensch neben der materiellen Welt eine Welt des Geistes, der Moral, der Ethik, des Bewusstseins und der Ideen hat (Bai 2015, S. 8).

Das Gewissen als Quelle der Menschenrechte zu betrachten, ist eine weiterentwickelte Sichtweise. Dieser Ansicht nach beruhen die Menschenrechte auf der Ähnlichkeit der Menschen und ihrem Mitgefühl und ihrer Liebe zueinander. Das Mitgefühl ist eines der primitivsten moralischen Gefühle. „Bevor die Menschen keine klaren moralischen Normen oder kein Konzept und Gefühl moralischer Verpflichtung bildeten, war bei den primitiven Menschen ein Gefühl des Mitgefühls mit anderen in derselben Gruppe oder Familie gewachsen und hatte sich ausgebreitet. Dieses Mitgefühl spielt eine Rolle bei der Aufrechterhaltung der Gruppe, was heute als soziale Moral bezeichnet wird" (He 2014). Mit Mitgefühl können Menschen den Schmerz anderer verstehen und fühlen und hoffen, ihn zu lindern und zu beseitigen, während Menschen mit Liebe das Glück anderer erleben und fühlen, und hoffen, das Glück zu stärken (Zhang H. 1997). Basierend auf dem Identitätsgefühl innerhalb derselben Gruppe oder Familie entwickeln die Menschen ein Gefühl von Mitgefühl und gegenseitiger Liebe und bilden einfache Gedanken wie „für andere fühlen" und „was du nicht willst, dass man dir tu,' das füg auch keinem andern zu." Das Gewissen, insbesondere das Mitgefühl, ist die ultimative Quelle der Menschenrechte (Bai 2015, S. 8–9).

(2) Das Konzept der Menschenrechte

1979 schlug Professor Karel Vasak, ein französischer Menschenrechtswissenschaftler und ehemaliger Rechtsberater der UNESCO, bei seiner Antrittsrede auf der 10. Konferenz der Internationalen Gesellschaft für Menschenrechtsstudien erstmals die „Drei Generationen von Menschenrechten"[5] (siehe Tabelle 2-1) vor. Laut Professor Vasak haben die drei großen Revolutionen, die die Welt seit der Neuzeit erlebt hat, drei Generationen von Menschenrechten hervorgebracht (Qi 2015, S. 64), nämlich das Recht auf Freiheit der ersten Generation, die sozialen Rechte der zweiten Generation und die kollektiven Menschenrechte der dritten Generation. Diese drei Generationen von Menschenrechten spiegelten die drei in der Französischen Revolution vertretenen Parolen „Freiheit," „Gleichheit" und „Brüderlichkeit" und die Anforderungen des Menschen an die Menschenrechte zu verschiedenen Zeiten wider, sodass einige Wissenschaftler sie auch als „Menschenrechte der Ersten Welt," „Menschenrechte der Zweiten Welt" und „Menschenrechte der Dritten Welt" bezeichnen.

1. das Konzept über Menschenrechte der ersten Generation

Die Menschenrechte der ersten Generation werden nach der Gewohnheit als „Recht auf Freiheit" bezeichnet. Einerseits wurde „Freiheit" als Hauptinhalt und „persönliche Autonomie" als Hauptzweck verwendet. Ihre ideologische Grundlage war andererseits der klassische Liberalismus (Wang G. 2015, S. 121). Die Menschenrechte der ersten Generation wurden in der Französischen Revolution von 1789 geboren. Deren Konzept der Menschenrechte war hauptsächlich die Fortsetzung der revolutionären Forderungen der Menschenrechtsgeschichte und des Fortschritts in den Vereinigten Staaten, Großbritannien und Frankreich.

5 Die „Drei Generationen der Menschenrechte" wurden in drei internationalen Menschenrechtsdokumenten reflektiert und von diesen unterstützt: dem Internationalen Pakt über bürgerliche und politische Rechte von 1966, dem Internationalen Pakt über wirtschaftliche, soziale und kulturelle Rechte von 1966 und der Erklärung von 1986 über das Recht auf Entwicklung.

Gleichzeitig verband es die liberalistische Philosophie des Individualismus und neigte zur Laisse-faire-Wirtschafts- und Sozialtheorie (Wang G. 2015, S. 123). Aus der Sicht der ideologischen Strömung umfassten die Menschenrechte der ersten Generation hauptsächlich das Konzept der von Gott verliehenen Menschenrechte - inhärenter Rechte,[6] das Konzept natürlicher Menschenrechte,[7] das Konzept der willensbasierten Menschenrechte,[8] das Konzept der motivierte Menschenrechte, das Konzept der interessenorientierten Menschenrechte[9] und das Konzept der Religionsmenschenrechte.[10]

6 Die Theorie der angeborenen Menschenrechte ist eine einflussreiche Menschenrechtstheorie, die von vielen Ideologen im Osten und Westen seit der Antike behauptet wird. Dies spiegelt sich in den Rechtsdokumenten wie der Unabhängigkeitserklärung und der Erklärung der Rechte des Menschen und des Bürgers wider.

7 Die Theorie der natürlichen Menschenrechte wird auch als Theorie der natürlichen Rechte oder als Theorie der instinktiven Menschenrechte bezeichnet. Die Theorie besagt, dass das Menschenrecht das natürliche Recht des Menschen ist und aufgrund des Instinkts des Menschen im Zustand der Natur selbstverständlich ist. Die Hauptvertreter sind Aristoteles und Cicero.

8 Die Entscheidungstheorie der Menschenrechte wird auch als Menschenrecht mit innerer Motivation bezeichnet. Sie befürwortet, dass Menschen einen inneren Wert haben, das heißt, die persönliche Würde des Menschen beruht auf seinem freien Willen und seiner Vernunft. Die Vertreter sind Hegel, Fichte und so weiter.

9 Die Interessenstheorie der Menschenrechte wird auch als interessengetriebene Theorie der Menschenrechte bezeichnet. Es wird angenommen, dass Menschen Rechte aufgrund ihrer Interessen haben und Menschenrechte von Interessen bestimmt werden. Die Theorie wird systematisch in der Theorie von Bentham, dem Begründer der utilitaristischen Theorie, ausgearbeitet. Die Interessentheorie der Menschenrechte wird jedoch von den Anhängern der Entscheidungstheorie der Menschenrechte abgelehnt. Einer von ihnen ist Hegel, der nicht damit einverstanden war, die Natur der Rechte aus der Perspektive menschlicher Interessen zu untersuchen.

10 Die religiöse Theorie der Menschenrechte ist seit der Römerzeit die Theorie der Menschenrechte des Christentums, des Katholizismus und anderer wichtiger Religionen. Die religiöse Theorie der Menschenrechte glaubt grundsätzlich, dass Menschen Rechte haben, da sie Kinder Gottes sind. Aurelius und Ratzinger sind die Hauptvertreter dieser Theorie.

Tabelle 2-1. Skizze der Drei Generationen der Menschenrechte

Entwicklungsphasen der Menschenrechte	**Überblick**	**Hauptpunkte**
Die Menschenrechte der ersten Generation	Diese Generation trat 1789 in der Französischen Revolution auf und konzentrierte sich auf die Wahrung der individuellen Freiheit durch das Gesetz.	Die Generation betonte den Widerstand des Einzelnen gegen staatliche Intervention und forderte, dass der Staat die Pflicht ‚negativer Untätigkeit' ausübt.
	Sie spiegelte den im 17. und 18. Jahrhundert vorherrschenden persönlichen Liberalismus wider und legte den Grundstein für die Entstehung bürgerlicher und politischer Rechte.	Die Menschenrechte dieser Generation wurden „negative Menschenrechte" genannt, die Persönlichkeitsrechte, Eigentumsrechte usw. umfassten.
Die Menschenrechte der zweiten Generation	Nach der Oktoberrevolution in Russland im frühen 20. Jahrhundert entstanden, konzentrierte sich diese Generation auf das Erfordernis, dass der	Es wurde betont, dass der Staat eine positive Verpflichtung zur Verwirklichung der Menschenrechte habe.
	Staat ein grundlegendes soziales und wirtschaftliches Umfeld schaffen muss, um die Verwirklichung der individuellen Freiheit zu fördern.	Die Menschenrechte wurden als „positive Menschenrechte" bezeichnet, die hauptsächlich wirtschaftliche, soziale und kulturelle Rechte umfassten.

Tabelle 2-1. continued

Entwicklungsphasen der Menschenrechte	**Überblick**	**Hauptpunkte**
	Sie spiegelt vor allem die Idee des Sozialismus und das Konzept des westlichen „Wohlfahrtsstaates“ seit dem 19. Jahrhundert wider. Der Inhalt der Menschenrechte legte den Schwerpunkt auf wirtschaftliche, soziale und kulturelle Rechte.	
Die Menschenrechte der dritten Generation	Diese Generation entstand mit der Befreiungsbewegung der Kolonien und Unterdrückten in den 1950er- und 1960er-Jahren und zielte darauf ab, das Land und die Nation zu erwecken und zu entwickeln.	Die Generation der Menschenrechte betonte die Solidarität und wurde als „Solidaritätsrecht“ bezeichnet, das kollektive
	Sie spiegelte die Anforderungen der Nachkriegsländer der Dritten Welt an die Umverteilung der globalen Ressourcen und die Reaktion auf wichtige Probleme wider, die das Überleben der Menschheit bedrohen.	Rechte wie das Recht auf Selbstbestimmung, das Recht auf Entwicklung, das Recht auf Frieden und das Recht auf eine saubere Umwelt umfasste.

In Bezug auf die soziale Grundlage ihrer Entstehung sind die Menschenrechte der ersten Generation das Ergebnis verschiedener Faktoren. Es handelt sich um eine Menschenrechtstheorie, die in der Konfrontation mit autokratischen Staaten formuliert wurde und darauf abzielt, der unzulässigen Einmischung des Staates in die individuellen Freiheiten und Rechte im Namen der politischen Rechte entgegenzuwirken, sowie behauptet, der Staat sei zu negativer Untätigkeit verpflichtet. Sie werden daher als „negative Menschenrechte“ bezeichnet. Mit anderen Worten werden Menschenrechte werden nur hergestellt, um das grundlegendste Funktionieren der Gesellschaft aufrechtzuerhalten. Durch die Befürwortung individueller Rechte wurden der Umfang und die Verfahren der staatlichen Rechte begrenzt. Die Hauptaufgabe des Staates besteht darin, Recht und Ordnung zu wahren und ein lockeres Umfeld für den freien Wettbewerb zu schaffen und nicht in das soziale und wirtschaftliche Leben einzugreifen. Das Sprichwort „Die beste Regierung ist die, die am wenigsten regiert“ ist ein anschauliches Beispiel für diese Theorie.

Zu den Ansprüchen der Menschenrechte der ersten Generation zählen vor allem das Recht auf das Leben, die persönliche Freiheit, die Religionsfreiheit, die Meinungs- und Pressefreiheit, die Versammlungs- und Vereinigungsfreiheit, die Freizügigkeit und die Aufenthaltsfreiheit, das Recht, nicht willkürlich festgenommen zu werden, und das Recht, bei der Kommunikation nicht gestört zu werden, sowie politische Rechte wie das Wahlrecht. Betont wurde insbesondere, dass die Eigentumsrechte nicht verletzt werden sollen (Wang G. 2015, S. 123). Die Menschenrechte der ersten Generation konzentrierten sich darauf, die individuelle Freiheit gesetzlich zu gewährleisten. Dies spiegelte den im 17. und 18. Jahrhundert vorherrschenden individuellen Liberalismus wider und legte den Grundstein für die Entstehung bürgerlicher und politischer Rechte (Qi 2015, S. 64). Durch das negative Konzept der Rechte haben sich die Funktionen der Regierung und die Erwartungen der Menschen an die Regierung mit der historischen Veränderung, insbesondere mit dem starken Einfluss des Kapitalismus auf allen Bereichen des Einzelnen und der Gesellschaft, dramatisch geändert. Der moderne Menschenrechtsbegriff erhält dadurch eine neue Konnotation und Bedeutung (Wang G. 2015, S. 123).

2. Das Konzept über die Menschenrechte der zweiten Generation

Die Menschenrechte der zweiten Generation wurden nach der Oktoberrevolution in Russland im frühen 20. Jahrhundert geboren und werden gewöhnlich als „soziale Rechte“ bezeichnet. Soziale Rechte bedeuteten, dass die Rechte der Menschen im sozialen oder wirtschaftlichen Leben durch das aktive Eingreifen des Staates in Wirtschaft und Gesellschaft garantiert werden (Xu C. 2009, S. 196). Soziale Rechte als Menschenrechte der zweiten Generation entstehen aus der Revision des Kapitalismus durch den Sozialismus. Nach über 200 Jahren der Entwicklung der Freiheitsrechte der ersten Generation eroberte der Kapitalismus mit der Kraft der industriellen Revolution die ganze Welt und veränderte die Zivilisation und den Lebensstil der Menschen in der zweiten Hälfte des 19. Jahrhunderts, insbesondere im späten 19. und frühen 20. Jahrhundert. Mit der hohen Entwicklung des Kapitalismus und der kontinuierlichen Entwicklung von Monopolunternehmen traten die Mängel des Kapitalismus wie Armut, Arbeitslosigkeit, Nahrungsmittelkrise und Inflation auf und überschatteten die Gesellschaft enorm. Eigentumsrechte und Vertragsfreiheit, die als die Grundlage des Rechts der kapitalistischen Gesellschaft dient und die Grundlage aller Freiheitsrechte bilden, wirkten sich überwältigend positiv auf die Bourgeoisien aus und waren für die Proletarier völlig nachteilig (Wang G. 2015) S. 124).

In diesem Fall können alle Rechte und Freiheiten für deren Existenz tatsächlich bedeutungslos werden. Armut und Arbeitslosigkeit waren nicht auf die Trägheit des Einzelnen zurückzuführen, sondern auf die Notwendigkeit der wirtschaftlichen Struktur der kapitalistischen Gesellschaft. Probleme mit Armut und Arbeitslosigkeit können nur von der Gesellschaft oder sogar vom Staat gelöst werden (Oosuka 2000, S. 12–13). Infolgedessen entstand in einem historischen Moment ein sozialistischer Trend, die Mängel des Kapitalismus zu korrigieren und die Ungerechtigkeiten in der aktuellen Gesellschaft zu bekämpfen. Bezüglich der Rechte verlangte diese Strömung, dass der Staat in die Aktivitäten der Kapitalisten eingreift und das Leben der Arbeitnehmer gewährleistet und verbessert, um Fairness in Produktion und Vertrieb sicherzustellen (Wang G. 2015, S. 124).

Die Menschenrechte der zweiten Generation fokussierten sich auf die Forderung, dass der Staat ein grundlegendes soziales und wirtschaftliches Umfeld schaffen sollte, um die Verwirklichung der individuellen Freiheit zu fördern, und es sollte betont werden, dass der Staat eine aktive Verpflichtung zur Verwirklichung der Menschenrechte haben sollte, so wurden sie „positive Menschenrechte“ genannt (Qi 2015, S. 64). Die Menschenrechte der zweiten Generation sind theoretische Behauptungen mit dem Kernpunkt in sozialen Rechten, wie das Recht auf Arbeit und das Recht auf Leben und waren dadurch gekennzeichnet, dass sie von der Verfolgung individueller Rechte zur Geltendmachung kollektiver Rechte und der Rechte der Klassen übergingen. Inhaltlich konzentrierten sie sich mehr auf wirtschaftliche, soziale und kulturelle Rechte. Neben den von den Menschenrechten der ersten Generation beanspruchten Rechten wurden auch die Rechte auf Arbeit, Erholung, Gesundheitsversorgung, Bildung, Aufrechterhaltung eines moderaten Lebensstandards und Arbeitersolidarität vorgeschlagen (Wang G. 2015, S. 124).

3. Das Konzept über die Menschenrechte der dritten Generation

Die Menschenrechte der dritten Generation, üblicherweise als „Solidaritätsrechte" bekannt, entstanden mit den Befreiungsbewegungen der Kolonien und der unterdrückten Bevölkerung in den 1950er und 1960er Jahren. Sie entwickeln sich zum Hauptmerkmal der zeitgenössischen Menschenrechte, wobei der Schwerpunkt auf der Selbstbestimmung und der Entwicklung von Ländern und Nationen liegt. Dies spiegelt die Anforderungen der Länder der Dritten Welt wider, die globalen Ressourcen in der Nachkriegszeit neu zuzuteilen, sowie die Entscheidungen, die sie im Angesicht großer Probleme, die das menschliche Überleben gefährden, treffen müssen. (Qi 2015, S. 64). Die Menschenrechte der dritten Generation untersuchten die kollektiven „Solidaritätsrechte" in Bezug auf die menschlichen Lebensbedingungen, insbesondere die Rechte auf Frieden, Entwicklung, Umwelt, nationale Selbstbestimmung und das gemeinsame Erbe der Menschen. Diese Menschenrechte werden als kollektive Menschenrechte angesehen, weil sie „nur durch gemeinsame Anstrengungen aller gesellschaftlichen Akteure, einschließlich Einzelpersonen, Staaten, öffentlicher Institutionen und des Privatsektors sowie der gesamten internationalen Gemeinschaft, verwirklicht werden können" (Wang G. 2010, S. 1). 89).

Die Menschenrechte der dritten Generation unterscheiden sich erheblich von denen der ersten und zweiten Generation in Bezug auf das Fachspektrum. Handelt es sich bei der ersten und zweiten Generation um inländische Forderungen nach Rechten, die auf dem Verhältnis zwischen Einzelnen und Staat sowie zwischen Gruppen und Staat in einem Land beruhen, haben die Menschenrechte der dritten Generation die Richtung der Forderungen nach Rechten grundlegend geändert. Es ist nicht mehr die Anforderung von Einzelpersonen an den Staat, sondern von einer Nation an eine andere, von einem Land an ein anderes oder sogar von einem Land an alle anderen Länder oder an die internationale Gemeinschaft (Wang G. 2015, S. 131). Die Menschenrechte der dritten Generation konzentrierten sich auf Solidarität und können als „Solidaritätsrechte" mit kollektivem Charakter bezeichnet werden. Sie gehen über das frühere Konzept der „persönlichen Menschenrechte" hinaus und sind als kollektive und sogar soziale Gerechtigkeit anerkannt. Die Menschenrechte der dritten Generation umfassen hauptsächlich das Konzept der kritischen multikulturellen Menschenrechte,[11] das Konzept der asiatischen Werte der Menschenrechte,[12] das Konzept der konfuzianistischen Menschenrechte,[13] das Konzept der liberalistischen Menschenrechte,[14] das Konzept der kollektivistischen Menschenrechte,[15]

11 Die kritische multikulturelle Sichtweise der Menschenrechte wurde auf der Grundlage des in den 1970er-Jahren entstandenen Konzepts des „Multikulturalismus" formuliert, das sich auf die Nutzung kultureller Ressourcen in der Menschenrechtsforschung, die Wertvoraussetzung der Menschenrechte, die inhaltlichen und verfahrenstechnischen Grundlagen von Menschenrechte usw. konzentriert. Zu den Vertretern gehören Suppio, Habermas, Yasuaki Oonuma und Shikihara.

12 Die asiatischen Werte der Menschenrechte betonen die Bedeutung des Menschenrechtswerts der traditionellen asiatischen Kultur für die Entwicklung der Menschenrechte. Sie basieren auf der Reflexion des Monopols der westlichen Kultur in Bezug auf das Rederecht auf dem Gebiet der Menschenrechte und dem Versuch, Erklärungen aus der traditionellen asiatischen Kultur zu finden. Vertreter sind der Singapurer Lee Kuan Yew, der Malaysier Mahathir, der Südkoreaner Cui Zhongku, die Japaner Kochu Nobuo, Nobuyuki Yasuda und Keifu Suzuki.

13 Die konfuzianische Sicht der Menschenrechte ist eine Menschenrechtstheorie, die auf der traditionellen konfuzianischen Philosophie und Moral basiert. Vertreter sind die chinesischen Gelehrten Cheng Zhongying und Du Gangjian.

14 Die liberalistische Sichtweise der Menschenrechte basiert auf individuellen Rechten. Zu ihren Vertretern zählen Rawls, Dworkin und Nosyk.

15 Die kollektivistische Auffassung der Menschenrechte steht im Widerspruch zur liberalistischen Auffassung der Menschenrechte. Dabei wird auf den kollektiven Charakter der Menschenrechte geachtet. Sie ist der Ansicht, dass der kollektive Charakter der Menschenrechte wichtiger ist als die Individualität. Zu den Vertretern dieser Auffassung zählen McIntyre, Walsh, Ethioni, Zernike, Granton, Bailey usw.

das Konzept des Absolutismus der Menschenrechte,[16] das Konzept des Relativismus der Menschenrechte,[17] usw.

Darüber hinaus betonten die Menschenrechte der dritten Generation auch die mögliche unterschiedliche Konnotation von Menschenrechten in verschiedenen traditionellen Kulturen. In den 1980er Jahren beispielsweise vertraten Lee Kuan Yew und Mahathir die Menschenrechtsauffassung von „asiatischem Wert," d. h. nicht-westlichen Auffassungen zu Menschenrechten. Gleichzeitig wurde betont, dass das Konzept der Menschenrechte unter verschiedenen sozialen und wirtschaftlichen Bedingungen unterschiedliche Schwerpunkte hat. Es wird in Ländern der Dritten Welt allgemein angenommen, dass die Entwicklung die wesentliche Grundlage für verschiedene Menschenrechte ist und ohne Entwicklung keine Rede von Menschenrechten ist. Obwohl auf theoretischer Ebene die Länder der Dritten Welt die gleiche Bedeutung der bürgerlichen politischen Rechte sowie wirtschaftlichen und sozialen Rechte nicht negieren, können diese Länder auf praktischer Ebene, eingeschränkt durch die tatsächlichen Faktoren wie die begrenzten Ressourcen, die medizinische Rückständigkeit, die nicht popularisierte Bildung und dem Leiden unter der kolonialen Ausbeutung in der Vergangenheit, nur den wirtschaftlichen und sozialen Rechten der Menschen vor ihren politischen Rechten Vorrang einräumen. Für diejenigen, die grundlegende Lebensbedürfnisse nicht befriedigen können, wären jegliche politischen Rechte, die sie hätten, nutzlos (Wang G. 2015, S. 131).

(3) Entwicklung der Menschenrechte

„In einem bestimmten Stadium der menschlichen Gedankenentwicklung muss es ein Grundelement geben, das als Material für die ideologische

16 Der Absolutismus der Menschenrechte befürwortet, dass Menschenrechte angeboren, natürlich, nicht übertragbar, bedingungslos und unveränderlich sind. Vertreter sind Breck, Douglas, McClelling, Rostow, Black und so weiter.

17 Der Relativismus der Menschenrechte besagt, dass die Menschenrechte sozial, moralisch, übertragbar, bedingt und variabel sind. Vertreter sind Brandeis, Dewey und Hook, Bodenheimer und Schwarz.

Spaltung und Fusion dient. Menschenrechte sind die Grundelemente für die Erweiterung und Förderung des menschlichen Denkens in der Neuzeit“ (Qi 2015, S. 160). Das in diesem Element reflektierte Konzeptsystem, die eingeleiteten sozialen Bräuche und das standardisierte System haben die geistige Heimat der Menschheit erneut gestaltet, die soziale Existenz der Menschheit aufgebaut und den dynamischen Mechanismus und die grundlegende Richtung nach vorwärts der menschlichen Zivilisation angepasst. Aus der Perspektive der historischen Zeit und des Raums mit großer Spannweite ist die Entwicklung der Menschenrechte ein schrittweiser Prozess. Ein starres und geschlossenes Verständnis der Menschenrechte kann zu einer Stagnation der Menschenrechtsentwicklung führen, da die Menschenrechte ein offenes und sich weiterentwickelndes Konzept sind. Im Gegenteil, es ist wissenschaftlich und praktikabel, die Entwicklung und Evolution der Menschenrechte mit einer integrativen, aufgeschlossenen Perspektive zu betrachten und zu behandeln.

1. Einschränkung der Menschenrechte

Die drei Generationen der Menschenrechte wurden iterativ entlang der historischen Themen einer bestimmten Ära ersetzt. Sie haben nacheinander drei Meilensteine des Rechtskonzepts in der Geschichte der menschlichen Zivilisation festgelegt: „Freiheit,“ „Gleichheit“ und „Entwicklung.“ Während der Entwicklung des Menschenrechtskonzepts und -systems wurden große Fortschritte in Bezug auf die Freiheit und Würde des Menschen sowie in Bezug auf die menschliche materielle und geistige Zivilisation erzielt. Die drei Generationen der Menschenrechte haben jedoch gemeinsame historische und epochale Grenzen. Die erste ist Einseitigkeit. Die drei Generationen der Menschenrechte werden durch den spezifischen historischen Hintergrund, die historische Mission und die historische Struktur der Menschenrechtsbewegungen bestimmt. Die Menschenrechte streben nach verschiedenen Anforderungen und Prioritäten in verschiedenen Zeiträumen; und verschiedene Länder haben unterschiedliche Schwerpunkte, aber die Ganzeinheitlichkeit und die Gesamtlage werden immer vernachlässigt und begraben. Die zweite ist die restaurative Natur. In Bezug auf den Ursprung der Rechte folgt das traditionelle Argument für die Theorie der Menschenrechte hauptsächlich der Logik, dass „Rechte inhärent sind, aber eine Wiederbelebung erfordern." Die letzte ist die Konfrontation. In der theoretischen Argumentation basieren die drei Generationen auf der Konfrontation zwischen Menschen und dem Staat sowie der Gesellschaft. Das Recht auf Freiheit entsteht zwischen den Unterdrückern und den Unterdrückten, das Recht auf Leben zwischen den sozial starken und schutzbedürftigen Gruppen und das Recht auf Entwicklung zwischen den unterdrückten Nationen und den Kolonisatoren sowie den weniger entwickelten Ländern und den entwickelten Ländern. In der Praxis haben die drei Generationen der Menschenrechte ihren Weg in dem Blut- und Feuerkampf gefunden. Kurz gesagt, „Die drei Generationen der Menschenrechte konzentrieren sich auf einen Teil der Menschheit und nicht auf die gesamte Menschheit; auf die Überarbeitung, nicht die Innovation; auf den Konflikt, nicht die Harmonie" (Xu X. 2006).

2. Der Sieg der Menschenrechte

Als Kombination von Theorie, System und Praxis (Qi 2002) haben die Menschenrechte einen Prozess von der Geburt über die Entfremdung bis zur Umkehrung erlebt. Die Geschichte, Kultur und andere Umgebungen, die eng mit den Menschenrechten verbunden sind, sind vielfältig, und das Konzept der Menschenrechte selbst ist wegen der Unterschiedlichkeit in den Werten und den akademischen Positionen variabel. Daher sind Theorie und Praxis der Menschenrechte äußerst kompliziert (Zhao 2008). Der einfachste Weg, Menschenrechte wahrzunehmen, besteht darin, sie unter drei Gesichtspunkten zu analysieren und zu beobachten: Denken, Normen und Praxis. Der Gedanke der Menschenrechte zielt darauf ab, eine Reihe von Grundsätzen für die Verwirklichung der Menschenrechte zu liefern, z. B. den Grund für die Gleichstellung der Menschen (die von Gott verliehenen Menschenrechte), die Beziehung zwischen Menschen und Regierungen (beschränkte Regierung), die Grenze der Rechte zwischen Gesellschaft und Individuen (das Prinzip der Freiheit), die Art und Weise, wie Menschen Missregieren verhindern (Gewaltenteilung), das Ziel der Wirtschaft (Existenzialismus), moderne Staatsfunktionen (soziale Sicherheit) und so weiter (Xu X. 2000). Menschenrechte als Normen beziehen sich auf Menschenrechtsnormen, die durch die Gestaltung des Gesetzgebers von Menschenrechten als Gedanken umgewandelt wurden.[18] Menschenrechte als Praxis beziehen sich auf den Zustand, in dem Menschenrechte als Gedanken und Menschenrechte als statische Systeme von Menschen im realen Leben genossen und ausgeübt werden. Aus historischer Sicht haben die Menschenrechte in den drei Aspekten des Denkens, der Normen und der Praxis große Erfolge erzielt, und der Schutz der Menschenrechte wurde von der ganzen Welt allgemein anerkannt und geschätzt (siehe Tabelle 2-2).

3. Die Ausweitung der Menschenrechte

Die Entwicklung und Popularisierung von IT der neuen Generation wie Internet, Cloud Computing, künstliche Intelligenz, Blockchain und Quantenkommunikation hat es der menschlichen Gesellschaft ermöglicht, mit Daten als Schlüsselelement in eine Ära der Big Data einzutreten. Daten haben den Produktions- und den Lebensstil in der menschlichen Gesellschaft tiefgreifend verändert und einen „Datenraum" geschaffen, der unbegrenzt erweitert werden kann, was zu einer starken Ausweitung des Bereichs menschlicher Aktivitäten führt. In Zeiten von Big Data hat die Fähigkeit des Menschen, Daten zu sammeln, zu speichern und zu analysieren, ein beispielloses Ausmaß erreicht. Der Aufstieg von Big Data hat auch eine Reihe von ethischen und rechtlichen Fragen aufgeworfen. Es hat das in den tausenden Jahren gebildete Rechtssystem umgestaltet, das Rechtsverhältnis zwischen den Bürgern verändert und viele Wege der sozialen Kontrolle ohne die Hilfe des Gesetzes geschaffen (Zheng 2016). Für den Schutz der Menschenrechte bietet hinsichtlich der Menschenrechte Big Data neue Methoden und neue Wege, bringt jedoch auch neue Herausforderungen und Schwierigkeiten für den Schutz der Menschenrechte mit sich.

18 Funktional umfassen die Normen der Menschenrechte die Erklärung der Menschenrechte und die Erleichterung der Menschenrechte.

Tabelle 2-2. Einige Mechanismen zum Schutz der Menschenrechte

Zeit	Name	Hauptinhalt	Bedeutung
1215	Magna Charta	Sie garantierte die Freiheit der Kirche, Fakultätsmitglieder zu wählen; schützte die territorialen Erbrechte des Adels und der Ritter, dass der König nicht illegal eine Steuer für territoriale Vererbung erheben soll; ohne die Zustimmung des aus Adligen, Priestern und Rittern bestehenden	Sie symbolisierte den Beginn der Institutionalisierung der Menschenrechte
		„Rat des Königreichs“ darf der König den unmittelbaren Vasallen keine Subventionen und Schildkosten auferlegen oder gewähren; das Recht des Königs, sich in das Gerichtsurteil des Feudalgerichts einzumischen, wurde aufgehoben; ohne das Urteil des Adels in demselben Rang darf der König keine freie Person willkürlich verhaften oder inhaftieren oder ihr Vermögen beschlagnahmen.	
1628	Petition of Right	Der König war verpflichtet, ohne Zustimmung des Parlaments keine Schulden oder Steuern vom Volk einzutreiben; Menschen nur in Übereinstimmung mit den nationalen Gesetzen oder Gerichtsentscheidungen festzunehmen oder ihnen ihr Eigentum zu entziehen. Der König durfte Bürger nach dem Kriegsrecht nicht nach Belieben verhaften und keine Soldaten zwangsweise in Bürgerhäusern einquartieren.	Konsolidierung der Grundlage der Institutionalisierung der Menschenrechte

(continued on next page)

Tabelle 2-2. continued

Zeit	Name	Hauptinhalt	Bedeutung
1679	Habeas Corpus	Die inhaftierte Person sollte zum Gericht geschickt werden, um festzustellen, ob ihre Inhaftierung legal ist. Jede Person, die inhaftiert ist, kann die Rechtmäßigkeit des Gerichts von sich aus oder von anderen anfechten und in kurzer Zeit eine Entscheidung erwirken.	
1689	Bill of Rights (England)	Sie beschränkte die Macht des Königs, beschränkte die tatsächliche Herrschaft des Königs und garantierte die gesetzgeberischen, steuerlichen, justiziellen und militärischen Befugnisse des Parlaments.	
1776	Unabhängigkeitserklärung	Sie erklärte die Ideologie des politischen Systems, d. h. die Theorie der Naturrechte und die Idee des Volkssouveräns; erfasste die Verbrechen durch Großbritannien, die während der Unterdrückung der Kolonialbevölkerung in	Das Menschenrechtssystem erhielt beispiellose Chancen und Entwicklungsimpulse
		Nordamerika stattfanden, was darauf hinweist, dass die Kolonialbevölkerung unter den unerträglichen Umständen gezwungen war, die Waffen zu ergreifen, und strebte nach Legitimität und Gerechtigkeit der Unabhängigkeit. Die Vereinigten Staaten erklärten ihre Unabhängigkeit.	

Zeit	Name	Hauptinhalt	Bedeutung
1789	Bill of Rights (Vereinigte Staaten)	Sie listete die Freiheiten und Rechte auf, die in der Verfassung nicht eindeutig verankert sind, wie zum Beispiel die Religions-, Rede-, Presse- und Versammlungsfreiheit, das Recht, Waffen zu besitzen und zu tragen, sowie das Recht, nicht grundlos durchsucht und inhaftiert zu werden, die Durchsuchung und Beschlagnahme von persönlichen Gegenständen zu verweigern, wenn Durchsuchungsbefehle oder	Ein Modell der modernen Menschenrechts-gesetzgebung
		Pfändungsbescheide nicht angemessen ausgestellt wurden, und das Privileg der Staatsanwaltschaft, eine Todesstrafe oder eine andere Anklage wegen „ehrenwidriger Straftaten" gegen Personen erheben zu können. Es garantierte eine zeitnahe und offene Verhandlung durch eine faire Jury und verbot Doppelprozesse.	
1945	Charta der Vereinten Nationen	Sie drückte die Entschlossenheit aus, die Geißel des Krieges, unter denen die Menschheit litt, zu besiegen und legte die Ziele, Grundsätze, Rechte, Pflichten, den Umfang der Befugnisse des Hauptorgans usw. fest.	Der Aufbau der Menschenrechtsnormen verfügte über die Ganzeinheitlichkeit der Welt.

(continued on next page)

Tabelle 2-2. continued

Zeit	Name	Hauptinhalt	Bedeutung
		Die Charta erklärte, dass das Ziel der Vereinten Nationen (UN) sei, „internationalen Frieden und internationale Sicherheit zu wahren," „Aggressionsakte zu stoppen," „freundschaftliche Beziehungen zwischen Nationen zu entwickeln, die auf der Achtung des Grundsatzes der Gleichberechtigung und der Selbstbestimmung der Völker beruhen" und „die internationale Zusammenarbeit zu fördern."	
		Die Charta forderte auch, dass die Vereinten Nationen und ihre Mitgliedstaaten sich an die souveräne Gleichheit aller Länder sowie die friedliche Beilegung internationaler Streitigkeiten aller Länder halten sollten, außerdem an die Nichtanwendung von Gewalt oder der Androhung von Gewalt in den internationalen Beziehungen und an den Grundsatz, dass die UN sich nicht in die inneren Angelegenheiten der Staaten einmischen darf.	
1948	Allgemeine Erklärung der Menschenrechte	Sie erbte und absorbierte die allgemeinen Konzepte von Freiheit, Gleichheit und Menschenrechten im kulturellen Erbe der Menschheit, insbesondere die Gesetzgebung und Umsetzungserfahrung der Menschenrechte in modernen westlichen Ländern.	

Zeit	Name	Hauptinhalt	Bedeutung
		Sie spiegelte im Wesentlichen den starken Wunsch der Menschen auf der ganzen Welt nach dem Kampf um die Menschenrechte und dem Schutz der Menschenrechte nach dem Ende des Zweiten Weltkriegs wieder, sowie die Ebene des damaligen Verständnisses der Mehrheit.	
		Verglichen mit dem Menschenrechtskonzept, das zu dieser Zeit in der Menschenrechtsgesetzgebung der europäischen und amerikanischen Länder verankert war, wurden die spezifischen Bestimmungen angereichert und erweitert und wesentliche Beiträge zur Theorie und Praxis der Menschenrechte geleistet.	
1966	Internationaler Pakt über wirtschaftliche, soziale und kulturelle Rechte	Es begründete die wirtschaftlichen, sozialen und kulturellen Menschenrechte, einschließlich der Rechte auf Arbeit, Organisation und Teilnahme an Gewerkschaften, Ruhezeiten, gleiches Entgelt für gleiche Arbeit, Zugang zu	
		Sozialversicherung, zu einem ansehnlichen Lebensstandard, die Befreiung vom Hunger, körperliche und geistige Gesundheit, Bildung, Teilnahme am kulturellem Leben und das Recht auf besonderen Schutz für Frauen und Kinder.	

Was die Auswirkungen auf die Menschenrechte angeht, so sind die Verstöße gegen die Menschenrechte bei Big Data hauptsächlich in folgenden Aspekten zu verzeichnen: Erstens hat die außergewöhnliche Fähigkeit zur Datenerfassung im Zeitalter von Big Data die Wahrscheinlichkeit von Menschenrechtsverletzungen erhöht. Jede Spur menschlicher Aktivitäten kann in digitale Zahlen gespeichert werden, um eine „Datenperson" zu bilden. Dies beeinträchtigt die digitale Persönlichkeit der Bürger und erweitert die Fähigkeit, Menschenrechte zu verletzen. Zweitens hängt Big Data nicht von der Kausalität ab, sondern von der Relevanz für Vorhersage und Inferenz. Menschen können aus bekannten Daten auf bewusst verdeckte, empfindliche Informationen schließen, und durch Korrelationsanalyse genügend Daten ausgraben, um die Persönlichkeit einer Person herauszufinden. Auf diese Weise können die nicht empfindlichen Daten in empfindliche und nicht vertrauliche Daten in vertrauliche umgewandelt werden, wodurch neu entdeckte Informationen intuitiv und unvorhersehbar werden und die Wahrscheinlichkeit von Menschenrechtsverletzungen erhöht wird. Drittens entwickelt sich die Technik zur Förderung der menschlichen Sinne im Zeitalter von Big Data ständig weiter. Mithilfe der sensorischen Verbesserungstechnik können Benutzer Informationen von „jenseits der Mauer" abrufen, die ursprünglich durch physisches Eindringen in Privathäuser abgerufen werden mussten. Der Effekt ist gleichbedeutend mit dem physischen Eindringen in ein Haus, wodurch die Persönlichkeitsrechte der Betreffenden in hohem Maße verletzt werden. Schließlich haben sich auch die Folgen von Menschenrechtsverletzungen in der Big Data-Ära geändert. Die dauerhafte Speicherung, die einfache Verbreitung und die Suchfunktion von Daten im Datenraum führen dazu, dass die Hoffnung enttäuscht wird, Daten würden mit der Zeit verblassen, was zu einer langfristigen Verletzung der Menschenrechte führt und den Schaden verschlimmert.

Aus der Rechtsperspektive konzentrieren sich die Herausforderungen, die Big Data für die Menschenrechte mit sich bringt, hauptsächlich auf folgende Aspekte. Erstens ist es schwierig, das Subjekt der Menschenrechtsverletzungen zu bestimmen. Aufgrund der Diversifizierung der Subjekte bei der Datenerhebung, der Diversifizierung der Methoden zur Nutzung von Metadaten und der Geheimhaltung sowie der Art und

Weise der Rechtsverletzung könnten die Subjekte der Rechtsverletzung leicht davonkommen. Zweitens macht es der Wert von Daten für die Aufstellung von Menschenrechtsnormen erforderlich, die Interessen vieler Aspekte zu berücksichtigen, und der Ausgleich ist nicht einfach. Drittens ist die Beziehung zwischen Menschenrechten und Daten schwerer zu fassen und erschwert die Gesetzgebung der Menschenrechte. Viertens zeigen die Folgen von Menschenrechtsverletzungen einen diversifizierten Trend und beschränken sich nicht mehr auf spirituelle Verletzungen wie Reputationsschäden. Manchmal kommt es auch zu wirtschaftlichem Schaden, unfairer Behandlung und Körperverletzung, und die Intensität der spirituellen Verletzung ist stark erhöht. Fünftens ist der direkte Kausalzusammenhang zwischen Schadensfolgen und Verhalten oft unklar. All diese Faktoren haben die Wahrscheinlichkeit von Menschenrechtsverletzungen erhöht und den Schutz der Menschenrechte in Zeiten von Big Data erschwert.

Abschnitt 2 Sachen und Sachenrecht

Die industrielle Zivilisation schuf ein gerechteres, wirksameres und vollständigeres System als die landwirtschaftliche Zivilisation, und mit der Entstehung der industriellen Zivilisation entstanden rechtsstaatliche Länder. Das Sachenrecht steht dafür ein, dass das private Subjekt das absolute Eigentumsrecht an res corporales hat, und das ist die Antwort des Sachensystems auf die industrielle Zivilisation. Das Sachenrecht ist ein wichtiges Produkt im Hintergrund der industriellen Zivilisation.

(1) Wert der Dinge

1. Menschliche Werte und die Werte der Dinge

Es ist allgemein bekannt, dass die Idee und das Konzept des Wertes zuerst in der Kategorie der Ökonomie aufgegriffen wurden. Der „Nutzwert" bezieht sich auf den Nutzen, der den materiellen Bedürfnissen der Menschen entspricht. Mit der Entwicklung der Produktivität in der späteren Zeit der primitiven Gesellschaft verbesserte sich auch das Verständnis der Menschen. Wenn Menschen die Kategorie „Wert" auf das Thema Mensch ausweiten, erscheint die Kategorie „menschlicher Wert." Wenn eine Person als Objekt die Bedürfnisse des Subjekts befriedigen kann, können wir sagen, dass sie für die Menschen wertvoll ist, und diese Nützlichkeit wird als „menschlicher Wert" bezeichnet (Miao 2016, S. 56).

Marx wies in seinen Werken auch darauf hin, dass sich „menschlicher Wert" auf den Wert der Arbeiter bezieht, genauer gesagt auf den „Wert der Arbeitskraft," denn die Arbeiter verkörpern genauso eine Ware wie andere Waren. Deshalb glaubte Marx auch, dass Menschen auch Wertobjekte sind und für die Menschen von Bedeutung und Wert sein können. Das Überleben und die Entwicklung der Menschen müssen selbst durch menschliche Arbeit geschaffen und aufrechterhalten werden. Dies sind die Anforderung und das Bedürfnis der Menschen selbst, was auch der Wert des Menschen für sich selbst ist (Miao 2016, S. 56). Gleichzeitig liegt die Befriedigung der vielen Bedürfnisse der Menschen auch in der Arbeit und Schöpfung der anderen Menschen, was bedeutet, dass andere Menschen, die unsere Bedürfnisse befriedigen, Werte für uns schaffen. Insgesamt ist der menschliche Wert eine Kategorie von Beziehungen, in denen die Menschen gegenseitig als Subjekt und Objekt dienen.

Im Allgemeinen werden Dinge für Menschen als wertvoll angesehen, wenn sie als Objekte die Bedürfnisse menschlicher Subjekte befriedigen können. Der Wert von Dingen ist eine besondere Beziehung zwischen menschlichen Subjekten und den Gegenständen, die die Bedürfnisse der Menschen befriedigen, d. h. die Nützlichkeit bestimmter Dinge oder Phänomene für die Menschen. Interessanterweise glaubte Marx auch, dass „der allgemeine Wertbegriff vom Verhalten der Menschen gegenüber den

Dingen in der Außenwelt herrührt, die ihre Bedürfnisse befriedigen." Somit bezieht sich „der Wert der Dinge" in der Philosophie im Wesentlichen auf die Nützlichkeit der Dinge für den Menschen und basiert auf den menschlichen Bedürfnissen. Daher können alle Dinge oder Phänomene nur dann von Wert sein, wenn sie die Bedürfnisse der Menschen befriedigen können. Da die Dinge jedoch unsere Bedürfnisse nicht aktiv befriedigen können, sollen sie ihre Werte und Bedeutung nur mit Hilfe des Menschen oder durch menschliches Handeln erhalten und verwirklichen. Dinge können nur als Objekte dienen und die Bedürfnisse menschlicher Subjekte befriedigen, während Menschen entweder Subjekt oder Objekt sein können. In diesem Zusammenhang spiegelt der menschliche Wert die Beziehung wider, in der menschliche Objekte den Bedürfnissen menschlicher Subjekte entsprechen.

Aus den obigen Argumenten geht hervor, dass die Werte der Menschen die Werte und die Bedeutung von Mensch zu Mensch sind, ebenso wie die Bedürfnisse von Mensch zu Mensch, während der Wert der Dinge vom Menschen verliehen wird und potenziell und passiv ist. Daher sind der menschliche Wert und der Wert der Dinge eng miteinander verbunden. Der menschliche Wert ist höher als der Wert der Dinge, hängt jedoch auch vom Wert der Dinge ab. In der Beziehung zwischen menschlichen Aktivitäten und menschlichen eignen Werten ist der Mensch sowohl Zweck als auch Mittel. Wenn Menschen überleben, Werte schaffen und verwirklichen wollen, müssen sie sich einer bestimmten materiellen Substanz erfreuen und einen bestimmten materiellen Wert erwerben und genießen. Im tieferen Sinne ist der materielle Wert nicht nur die Grundlage des menschlichen Überlebens und der menschlichen Entwicklung, sondern auch die Manifestation der Erschaffung und Verwirklichung menschlicher Werte durch die Menschen. „Ohne bestimmte materielle Werterfolge ist die Schaffung und Verwirklichung menschlicher Werte nur ein leeres Gerede" (Wang Y. 2009, S. 28). Es ist anzumerken, dass die ökonomische Kategorie nur die Möglichkeit bietet, „die Wertschöpfung von Dingen in direktem Verhältnis zur Wertminderung in der menschlichen Welt zu setzen." Um diese Möglichkeit zu verwirklichen, müssen entsprechende institutionelle Bedingungen gegeben sein (Zhu & Lv 2005, S. 9).

2. Ursprünge des Sachenrechts

Bereits im 17. Jahrhundert begannen deutsche Juristen, die Unterschiede zwischen Dingen und Eigentum zu untersuchen, wobei sie sich auf Rechte von Dingen konzentrierten. Marx glaubte, dass „die eigentliche Grundlage des Privateigentums, der Besitz, ein Faktum ist." Vor der Gründung der Länder lebten die Menschen ursprünglich in einem Naturzustand[19] und diese Zeit war für die Menschen wie die Zeit einer Utopie. In dieser Zeit genossen die Menschen aufgrund ihrer reichlichen Ressourcen und begrenzten Wünsche Freiheit und Gleichheit, und jedermanns Anliegen, sich selbst zu schützen, bestand darin, anderen nicht zu schaden. Mit der Weiterentwicklung der menschlichen Gesellschaften und der Ansammlung von Erfahrungen haben die Menschen aus Gründen der eigenen Existenzinteressen und der Sicherheit aufgehört, als unabhängige Einzelne im natürlichen Zustand zu leben, und mussten temporäre Gruppen bilden, wodurch sich unbewusst vage Konzepte der gegenseitigen Verpflichtung und der Vorteile durch die Erfüllung dieser Verpflichtung herausbildeten. Mit der Entwicklung menschlicher Gesellschaften in der Frühzeit gaben die Menschen das Leben auf Bäumen oder in Höhlen auf und begannen Häuser zu bauen, was zur

19 Der Naturzustand bezieht sich auf den Zustand, in dem Menschen vor der Existenz organisierter Gesellschaften gelebt haben. Im 18. Jahrhundert gab es in Europa und Amerika zwei Strömungen des politischen Denkens. Eine war der auf Empirismus beruhende Liberalismus, der von den schottischen Aufklärungsphilosophen David Hume, Adam Smith, Adam Ferguson und David Baker begründet und durch John Locke vertreten wurde. Die andere ist die Demokratie, die auf Descartes Rationalismus basiert und von Jean-Jacques Rousseau vertreten wurde. Ausgehend vom Naturzustand analysierte Locke dessen Mängel und formulierte die Theorie des Liberalismus, in dem Privateigentum unantastbar ist und die natürlichen Rechte des Einzelnen die staatliche Macht kontrollieren sollten. In ähnlicher Weise hat Rousseau auf der Grundlage des Naturzustands den Menschen im wahren Naturzustand und in den Phasen dargestellt, die der Mensch vom natürlichen Zustand zu einer zivilisierten Gesellschaft durchlaufen hat. Er stellte die Theorie der Demokratie auf, in der die Bürger Autoritäten haben. Die Unterschiede in den politischen Überlegungen von Locke und Rousseau sind auf ihre unterschiedlichen Hypothesen zurückzuführen, das heißt, es besteht ein großer Unterschied zwischen ihren Theorien über den Naturzustand.

Bildung von Familien und zum Entstehen vom Privateigentum führte. Es kann argumentiert werden, dass das Entstehen von Privateigentum für Familien das unvermeidbare Ergebnis der Entwicklung sozialer Produktivität ist. „Privat" war zu dieser Zeit nur eine instabile und gesetzlose Realität, aber es begann, den Gegenstand in Besitz zu nehmen, um den Familien zentriert sind.

Besitz von Dingen war in der Anfangsphase der Menschheit jedoch nicht gleichzusetzen mit Eigentum an Dingen. Wenn irgendwelche Person daran festhielt, etwas „sein Eigenes" zu nennen, musste diese Person dieses Ding als ein Gegenstand von ihm besitzen. Andernfalls konnte er res corporales nicht als „seins" bezeichnen, es sei denn, er konnte sicher sein, dass er die res corporales, falls er sie physisch nicht besaß, in einem anderen Sinne besaß. Anfangs konnte der Besitz die Bedürfnisse der Menschen nach Materialien befriedigen, aber mit der ständigen Weiterentwicklung der Produktionstechnologie begannen die Menschen zu erkennen, dass der Besitz Unsicherheiten aufwies, die sich nachteilig auf die nachhaltige Entwicklung der Produktion auswirkten. Die kontinuierliche Produktion erforderte den ständigen Besitz von Produktionswerkzeugen und Grundstücken und dieser Besitz braucht die Unterstützung durch andere. Daher entstand allmählich das System des Eigentums. Es ist erwähnenswert, dass mit der Entwicklung der Arbeitsproduktivität eine umfassende soziale Arbeitsteilung und das System des Privateigentums auf der Welt entstanden, was zu erheblichen sozialen Veränderungen und massiv zu materiellem Überfluss führte. Zusammenfassend war die Entstehung des Eigentumssystems für die Entwicklung der menschlichen Gesellschaft von großer Bedeutung.

Mit der Entwicklung der sozialen Produktivität begannen die Menschen in der Einheit von Ländern zusammenzuleben. Dies war die Entstehung von Ländern. Die Entstehung von Ländern und Gesetzen sind zwei miteinander verbundene Aspekte in derselben historischen Periode und gehen einher (Chen 2002). Es kann argumentiert werden, dass, wenn Menschen de facto im Besitz von Dingen waren, das heißt, nachdem eine private und ausschließliche Besitzbeziehung durch Gesetze geschützt war, eine solche Beziehung den Charakter eines Rechts hatte. Das heißt, der Besitz der Dinge durch die Besitzer wurde zu einer Art gesetzlich geschütztem Recht, aus dem das anfängliche Sachenrechtsverhältnis im rechtlichen Sinne hervorging. Gleichzeitig konnte der konsequente Besitz von Waren mit dem Fortschritt der Menschheit und der Entwicklung der Wirtschaft sowie dem allmählichen Aufkommen des Handels den Erfordernissen der sozialen Entwicklung nicht mehr gerecht werden. Waren müssen fließen, um einen größeren Wert zu entfalten. Daher wurde der Begriff des Sachenrechts weiterentwickelt und es entstanden Sachenrechte für Sicherheits- und Nießbrauchrechte.

3. Rechtliche Merkmale und Bedeutung von Res

„Res" im rechtlichen Sinne bezieht sich auf materielle Objekte, die außerhalb des menschlichen Körpers existieren und die sozialen Bedürfnisse von Menschen befriedigen und von Menschen tatsächlich kontrolliert und beherrscht werden können (Wei 2016, S. 122). Diese Definition zeigt, dass Res in Zivilrechten physikalische Eigenschaften hat und auch eine philosophische Substanz ist. Aber nicht alle Dinge und Substanzen im physischen und philosophischen Sinne können im rechtlichen Sinne als Res behandelt werden. Zum Beispiel sind die Sonne, der Mond und die Sterne nicht Teil des gesetzlich festgelegten Res. In einer anderen Perspektive verfügt Res als eins der Objekte in der zivilrechtlichen Beziehung über eine umfassende Bedeutung. Alle natürlichen Objekte oder menschlichen Kreationen außer menschlichen Körpern, die bestimmte soziale Bedürfnisse von Menschen befriedigen und von Menschen tatsächlich kontrolliert und beherrscht werden können, können Res im gesetzlichen Sinne werden (Wei 2016, S. 122). Aus dieser Perspektive erweitert sich der Umfang der Res im gesetzlichen Sinne mit der Erweiterung der menschlichen Fähigkeiten, die Natur zu transformieren und zu erobern. Daher kann die Res im Zivilrecht nur die außerhalb des menschlichen Körpers existierende Res sein und kann kein menschlicher Körper sein. Res muss über Benutzbarkeit verfügen und von Wert und Gebrauchswert sein, da nur die Res, die die Bedürfnisse der Menschen im Leben oder in der Produktion befriedigen kann, von Subjekten besessen und ausgetauscht werden kann.

Die Res im Zivilrecht hat nicht nur natürliche, sondern auch rechtliche Eigenschaften und weist die folgenden rechtlichen Merkmale auf. Erstens müssen sie res corporales sein, d. h. körperliche oder materielle Dinge oder solche, die für die Sinne wahrnehmbar sind. Mit der Ausweitung der Fähigkeit des Menschen, die Natur zu beherrschen, erweitert sich auch der Umfang von res corporales. Zum Beispiel haben wir Naturkräfte wie Strom, Schall, Licht oder Wärme nicht als res corporales betrachtet, aber heutzutage wurde ihre Materialität von Menschen erkannt. Res in Zivilgesetzen sollten res corporales sein, nur physikalische Materialien können Res im gesetzlichen Sinne sein. In einigen Fällen können aber Rechte auch als res angesehen werden. Wenn beispielsweise das Landnutzungsrecht verpfändet wird, gilt das Hypothekenrecht des Landnutzungsrechts als eine Art Sachenrecht.

Zweitens muss Res außerhalb des menschlichen Körpers existieren. Res im Gesetz verfügt über Nichtpersönlichkeit. Der Mensch wird nach der Abschaffung der Sklaverei nicht mehr als Objekt von Rechten behandelt. Im modernen Zivilrecht sind Menschen Subjekte von Rechten, können aber keine Objekte von Rechten sein. Daher kann der Körper des Menschen nicht die Res im gesetzlichen Sinne sein. Weder Menschenkörper noch irgendwelche Körperteile (sofern sie nicht von Menschen getrennt sind) können als res im Gesetz angesehen werden. Der Handel mit menschlichen Organen ist gesetzlich nicht geschützt und das Gericht kann sie nicht mit Zwang durchsetzen.

Drittens kann res die sozialen Bedürfnisse der Menschen befriedigen. Res in Zivilgesetzen muss einen bestimmten Gebrauchswert haben, um die sozialen Bedürfnisse der Menschen zu befriedigen. Sachen ohne Gebrauchswert können im Rechtssinne nicht als res angesehen werden. Soziale Bedürfnisse werden nach materiellen und spirituellen Bedürfnissen unterteilt. Dinge, die über wirtschaftliche Werte und Zwecke verfügen und die materiellen Lebensbedürfnisse erfüllen können, können als Res in Zivilgesetzen angesehen werden, und Dinge mit emotionalen Werten, wie Gefühlswerte oder kulturelle Werte können die spirituellen Bedürfnisse der Menschen befriedigen und können auch als Res in Zivilgesetzen angesehen werden.

Viertens kann res tatsächlich von menschlicher Kraft kontrolliert oder beherrscht werden. Res in Zivilgesetzen ist eine Sache, die von Subjekten besessen und zum Austausch benutzt werden kann. Wenn eine Sache nicht von menschlicher Kraft kontrolliert oder beherrscht werden kann, kann sie keinem bestimmten Subjekt gehören und sie kann auch nicht zum Handel verwendet werden. Selbst wenn es sich bei bestimmten Dingen um physikalische Fragen handelt, können sie nicht als zivilrechtlich verankert angesehen werden, wenn sie nicht tatsächlich von menschlicher Kraft kontrolliert oder beherrscht werden können. Beispielsweise werden Strom, Wärme, Licht und Gas erst dann als res behandelt, wenn sie vom Menschen kontrolliert und beherrscht werden können, während sie nicht als Res behandelt werden, wenn sie nicht von Menschen beherrscht werden können. Daher erweitert sich der Bereich der Res im Zivilrecht ständig, wenn der mehr Kontrolle über die Natur erlangt.

Es ist erwähnenswert, dass die Res sich im Allgemeinen auf res corporales wie Grundstücke, Gebäude und andere Arten von Gegenständen bezieht. In den letzten Jahren wurde die theoretische Erklärung von res corporales schrittweise erweitert. Es wird angenommen, dass res corporales keine physischen Formen oder ein festes Volumen haben muss und dass Feststoffe, Flüssigkeiten und Gase alle als res corporales gelten (Wei 2016, S. 122). Ressourcen wie Licht, Wärme, Elektronen, Elektrizität und Fluglinien werden auch in Zivilgesetzen als res angesehen, da wir sie technisch kontrollieren können und wir sie oft in Industrie und Handel sowie in unserem täglichen Leben verwenden. Res sollten objektive Realitäten haben, die sich von virtuellem Eigentum unterscheiden. Virtuelles Eigentum kann als Objekt in Zivilgesetzen dienen und gesetzlich geschützt sein, ist jedoch virtuell und hat keine objektive Realität. Zweitens muss die Res unabhängig sein. Das Sachenrechtsgesetz folgt dem Grundsatz „ein Eigentum pro Ding." Daher muss die Res im rechtlichen Sinne unabhängig sein. Die im Handel nicht unabhängigen Lebens- und Produktionsmittel der Menschen können nicht als Res im rechtlichen Sinne angesehen werden.

Res spielt eine wichtige Rolle im Zivilrecht, da es Objekte der meisten Rechtsbeziehungen sind. Einige Rechtsverhältnisse, wie das Verhältnis des Eigentumsrechts, nehmen Res direkt als Objekte an; obwohl einige Rechtsverhältnisse das Verhalten als Objekt betrachten, stehen sie in engem Zusammenhang mit Res, z. B. das Forderungsverhältnis an Liefergegenständen. Res ist in hohem Maße für die Gültigkeit zivilrechtlicher Beziehungen von entscheidender Bedeutung. Neben den Subjekten und Inhalten der gesetzlichen Beziehungen soll noch gesehen werden, ob der Gegenstand eines Rechtsverhältnisses den gesetzlichen Vorschriften entspricht wenn es sich um die Gültigkeit der gesetzlichen Beziehungen handelt. (Wei 2016, S. 124). Zum Beispiel können Grundstücke in China keine Objekte des einzelnen Eigentumsrechts sein. Dinge, deren Verbreitung gesetzlich verboten ist, können keine Objekte des Handels sein; Verbrauchsmaterialien können kein Gegenstand von Leihgaben zur Nutzung und zum Leasing sein. Darüber hinaus hat Res im gesetzlichen Verfahren Bedeutung und kann unter bestimmten Umständen die Zuständigkeit von Fällen beeinflussen.

(2) Natur des Sachenrechts

1. Definition und Klassifizierung des Sachenrechts

Das Sachenrecht ist die Beherrschung der Dinge, spiegelt eigentlich die Beziehung zwischen verschiedenen Menschen wider. Absatz 3, Artikel 2 des 2007 verkündeten Gesetzes über das Sachenrecht der VR China sieht ausdrücklich vor, dass „der Begriff ‚Sachenrecht,' wie in diesem Gesetz erwähnt, das vom Rechteinhaber nach dem Gesetz besessene direkte Beherrschungsrecht und das ausschließliche Recht auf bestimmte Sachen bezeichnet." Dies definiert klar das Konzept des Sachenrechts im Gesetz, das angeblich die Dominanz des Menschen über die Dinge, tatsächlich aber das Verhältnis von Mensch zu Mensch widerspiegelt. Erstens geht es im Grunde nicht um die Beziehung zwischen Menschen und Dingen, sondern um die Beziehung zwischen verschiedenen Menschen, auch wenn das Sachenrecht das Recht des Gläubigers ist, über „bestimmte Dinge" direkt zu verfügen. Zweitens ist das Sachenrecht das Eigentumsrecht, das der Gläubiger an „bestimmten Dingen" genießt. Es ist eine Art der Eigentumsrechte, aber nur eins der Eigentumsrechte und es ist das Recht an Dingen in den Eigentumsrechten, im Gegensatz zum Recht an die Personen, nämlich die Forderung.

Drittens ist das Sachenrecht in erster Linie das Recht, über res corporales zu verfügen, was bedeutet, dass der Inhaber des Sachenrechts seine eigenen Rechte selbstständig ohne die Intervention oder Hilfe anderer Personen verwirklichen kann. Gemessen am Umfang der Änderungen im Sachenrechtsgesetz betreffen wesentliche Anpassungen die Zugehörigkeit und die Nutzung des Eigentums von res corporales.

Nach dem Sachenrechtsgesetz gibt es drei Arten von Sachenrechten - Eigentumsrechte, Nießbrauchrechte und Sachenrechte für Sicherheit. Erstens bezieht sich das Eigentumsrecht auf das Recht des Gläubigers, sein reales oder persönliches Eigentum in Übereinstimmung mit den Gesetzen zu besitzen, zu nutzen, davon zu profitieren und es zu behandeln.[20] Das Eigentumsrecht ist die Grundlage des Sachenrechts und das System des Eigentumsrechts ist die Seele des Sachenrechts. Der Eigentümer kann das Eigentum, das er besitzt, besitzen, nutzen, davon profitieren und behandeln und kann Eingriffe anderer gegen seinen Willen ausschließen. Das Eigentumsrecht ist das vollständigste und umfänglichste Sachenrecht. Zweitens ist das Eigentumsrecht jus in re propria (d. h. das Recht, das Eigentum auf irgendeine rechtliche Weise zu nutzen), während das Nießbrauchrecht jus in re aliena (d. h. das Recht über Eigentum über ein anderes Eigentum - beschränktes Sachenrecht) ist. Das sogenannte Nießbrauchrecht bezieht sich auf das Recht eines Nicht-Eigentümers, fremdes Eigentum zu besitzen, zu nutzen und davon zu profitieren (Wang L. 2014, S. 154). Das Nießbrauchrecht, wie es im Sachenrechtsgesetz vorgesehen ist, umfasst das Recht zur vertraglichen Grundstücksverwaltung, das Recht zur Nutzung des Baulandes, das Recht zur Nutzung des Gehöftgrundstücks und das Nutzungsrecht. Drittens beziehen sich Sachenrechte für Sicherheit auf das Recht des Inhabers eines Sachenrechts für Sicherheit, bei der Erfüllung seiner oder ihrer Forderung gemäß dem Gesetz Vorrang bei der Entschädigung zu haben, wenn ein Schuldner seinen fälligen Schulden nicht nachkommt oder wenn die Bedingungen bei der Realisierung des Sachenrechts für Sicherheit

20 Siehe die Bestimmungen von Artikel 39 im *Sachenrecht der Volksrepublik China*.

von den Parteien festgelegt wurden.[21] Der Zweck der Bestimmung von Sachenrechten für Sicherheit besteht darin, die Verwirklichung der Forderungen des Gläubigers, einschließlich Hypothek, Verpfändung und Grundpfandrecht, sicherzustellen.

2. Grundlegende Merkmale des Sachenrechts

Jean-Jacques Rousseau wies in „Vom Gesellschaftsvertrag oder Prinzipien des Staatsrechtes" darauf hin, dass „Sein [des Menschen] erstes Gesetz darin besteht, für seine eigene Erhaltung zu sorgen. Seine ersten Sorgen sind die, die er sich selbst schuldet." Die ersten Bedürfnisse des Menschen sind Überlebensbedürfnisse, die sich als erstes in seiner Sorge um sein Eigentum manifestieren. Sachenrechte und Eigentumsrechte sind jedoch zwei unterschiedliche Konzepte und haben ihre eigene Konnotation und Denotation. Es wird allgemein davon ausgegangen, dass Eigentumsrechte Rechte sind, deren Ziele einen Wert für das Eigentum haben, einschließlich Sachenrechte, Forderungen, Rechte des geistigen Eigentums und Erbrecht. Sachenrecht ist nur eine Art von Eigentumsrechten. Sachenrecht bezieht sich auf das Recht, das dem Subjekt des Rechts auf direkte Kontrolle über ein bestimmtes Eigentum zusteht, das den Inhalt der direkten Kontrolle des Menschen über eine Sache sowie die Wirkung des Handelns gegen einen anderen Dritten zum Subjekt des Rechts hat (Xie 2011, S. 8).

Aus der Perspektive der Abstammung des Sachenrechts und des Wesens des Rechts kann das Sachenrecht als eins der Rechte ein echtes „privates Recht" angesehen werden, und sein Wesen ist privat und unabhängig. „Privat" bedeutet, dass das Subjekt der Sachenrechte eine bestimmte Person oder einige Personen ist und es anderen nichts bedeutet. Daher kann das Subjekt der res die Dinge kontrollieren, auf der Grundlage seines eigenen freien Willens und frei von Eingriffen anderer Menschen alle gebührenden Gewinne erzielen und genießen. Das Sachenrecht ist jedoch nicht völlig frei von Zwängen, da der Hauptzweck der Sachenrechte darin besteht, Probleme zu lösen, die durch die Knappheit der Ressourcen und den unvermeidlichen

21 Siehe die Bestimmungen von Artikel 170 im *Sachenrecht der Volksrepublik China*.

Interessenkonflikt verursacht werden, der sich aus endlosen menschlichen Wünschen ergibt.

Als ein Rechtsverhältnis unterscheidet sich das Verhältnis der Sachenrechte in vielerlei Hinsicht von dem der Eigentumsrechte. Erstens ist das Subjekt des Sachenrechts ein besonderer Gläubiger. Da sich in westlichen Ländern das Sachenrecht um Privateigentum herum etabliert, besteht kein Problem Subjekte des Staatseigentums und des kollektiven Eigentums zu definieren, und das Subjekt des Sachenrechts kann mit einfachen Konzepten wie natürlichen oder juristischen Personen definiert werden. In China umfasst das Eigentumsrecht sowohl das staatliche Eigentumsrecht als auch das kollektive und individuelle Eigentum. Daher wird im Sachenrechtsgesetz der Volksrepublik China das Subjekt des Sachenrechts als „Gläubiger" bezeichnet. Der Gläubiger im Sachenrecht ist eindeutig bestimmt. Zweitens sind Objekte des Sachenrechts bestimmte res corporales. Anders als bei Rechten an geistigem Eigentum handelt es sich bei Objekten des Sachenrechts um res corporales anstelle von immateriellem Eigentum oder geistiger Leistung. Drittens ist die Natur des Sachenrechts ein Verfügungsrecht. Das Subjekt des Sachenrechts hat das Recht, direkt über Dinge zu verfügen und das Eingreifen durch andere auszuschließen. Direkt verfügen bedeutet hier, dass der Gläubiger ohne fremde Hilfe sein eigenes Recht erlangen kann (Wang L. 2014, S. 152). Ein Gläubiger des Sachenrechts kann Dinge legal besitzen und verwenden, ohne dass andere eingreifen. Viertens ist Sachenrecht exklusiv. Solange bestimmte Voraussetzungen für das Inkrafttreten des Sachenrechts erfüllt sind, kann ein Sachenrecht gültig hergestellt und verändert werden. Auch wenn der Gläubiger bestimmte Dinge nicht tatsächlich besaß oder kontrollierte, sollte er dennoch die erforderlichen Rechte und das Eigentum an diesen Dingen genießen.

3. Auswirkungen der Sachenrechte

Das Konzept der Auswirkungen der Sachenrechte geht auf das römische Recht zurück. Es wurde entwickelt, um sicherzustellen, dass der Gläubiger des Sachenrechts direkt über das Gegenstand verfügt und den aus dem Gegenstand erwachsenden Gewinn unbeeinträchtigt genießen kann. Die Auswirkungen von Sachenrechten beziehen sich auf die Fähigkeit des Gläubigers, über den Gegenstand zu verfügen, und auf die ausschließliche Wirkung von Sachenrecht (Cui 2017, S. 6). Die meisten Veröffentlichungen über Kontinentalgesetze in China schlagen vor, dass die Auswirkungen des Sachenrechts als die Auswirkung auf den Ausschluss, die bevorzugte Auswirkung und die rückwirkende Auswirkung dargestellt werden. Erstens die ausschließliche Wirkung des Sachenrechts. Gemäß Artikel 2 des Sachenrechtsgesetzes in China ist das Sachenrecht eine Art ausschließliches Recht, das frei von Eingriffen anderer Personen ist. Einfach ausgedrückt können nicht zwei oder mehr als zwei inkompatible Sachenrechte für denselben Gegenstand vorhanden sein. Es wird allgemein angenommen, dass sich die ausschließliche Wirkung in zwei Aspekten zeigt, und zwar der Ausschluss der Einmischung der öffentlichen Gewalt und der privaten Rechte. Öffentliche Gewalten können nicht grenzüberschreitend die privaten Rechte, einschließlich der Sachenrechte, verletzen. Ebenso können die Subjekte mit privaten Rechten auch kein Sachenrecht verletzen. Der Gläubiger hat das Recht, seine eigenen gesetzlichen Rechte und Interessen zu schützen, indem er durch sein eigenes Verhalten rechtswidrige Verstöße stoppt. Gewalt wird von juristischen Personen des öffentlichen Rechts ausgeübt, um öffentliche Interessen im Einklang mit rechtlichen Berechtigungen und Verfahren zu schützen. Exklusivität ist keine natürliche Eigenschaft eines Sachenrechts, sondern etwas, das in Gesetzen vorgeschrieben und mit gesetzlichem Zwang aufrechterhalten wird und die Grenze für die Aufteilung der öffentlichen Gewalt und der privaten Rechte ist. (Cui 2017, S. 6). Im Übrigen ist das Sachenrecht ein Verfügungsrecht und hat unmittelbare Verfügbarkeit, sodass das Sachenrecht sein Recht nur dann in vollem Umfang wahrnehmen kann, wenn Eingriffe anderer ausgeschlossen sind.

Zweitens, der Prioritätseffekt von Sachenrecht. Es wird allgemein angenommen, dass sich der Prioritätseffekt des Sachenrechts nicht nur auf die Priorität des Sachenrechts gegenüber den Forderungen bezieht, sondern auch auf die Priorität zwischen verschiedenen Sachenrechten (Liang 1998, S. 78). Das Sachenrecht hat Vorrang, weil es ein absolutes Recht, ein Recht in rem ist und der Gläubiger das Recht hat, über eine bestimmte

Sache direkt zu verfügen, ohne dass ein anderer eingreift. Zum selben Gegenstand können nicht mehrere Sachenrechte mit demselben Inhalt existieren. Die Priorität richtet sich nach dem Zeitpunkt der Ereignisse. Was das Eigentumsrecht und andere Sachenrechte anbelangt, so werden letztere unter eingeschränkten Bedingungen ausgeübt und das Sachenrecht hat Priorität. Im Übrigen sind Forderungen ein Anspruchsrecht, ein persönliches Recht. Hierbei besteht zwischen Forderungen keine Priorität, da sie alle gleich sind.

Wenn also zu einem Gegenstand sowohl Sachenrechte als auch Forderungen bestehen, haben Sachenrechte Vorrang vor Forderungen, also Eigentumsrechte, Nießbrauchrechte und Sachenrechte für Sicherheit. Es gibt auch Ausnahmen der allgemeinen Grundsätze für den Vorrang der Sachenrechte vor Forderungen. Zum Beispiel haben in der folgenden Situation Forderungen Vorrang vor Sachenrechten, wenn eine Änderung des Eigentums an dem Leasinggegenstand keine Auswirkungen auf die Gültigkeit des Leasingvertrags hat; und die Forderungen in der Vorabregistrierung enthalten sind.

Drittens gibt es eine rückwirkende Wirkung des Sachenrechts. Rückwirkende Wirkung bedeutet, dass der Gläubiger nach Feststellung der Sachenrechte, unabhängig davon, in wessen Händen sich der Gegenstand befindet, das Recht hat, über den Gegenstand direkt zu verfügen.[22] Jeder andere als der Gläubiger eines Sachenrechts ist verpflichtet, den Gläubiger nicht an der Ausübung seiner Rechte zu hindern. Jeder, der rechtswidrig Immobilien erworben hat, ist verpflichtet, diese an den Eigentümer zurückzugeben, und der Eigentümer hat das Recht, den jeweils aktuellen Inhaber vom Gegenstand aufzufordern, es zurückzugeben. Zum Beispiel

22 Einige glauben, dass die Rückwirkung von Sachenrechten auch eine Art Prioritätseffekt ist (Zheng Yubo: Real Right in Civil Laws, S. 31). Siehe die „Yuan"-Interpretation des Gerichts-Yuan Nr. 1771: „Das Hypothekenrecht sollte nicht beeinträchtigt werden, selbst wenn der Eigentümer das Eigentum an andere überträgt. Wird das Pfand vom Gericht versteigert, sollte das Hypothekenrecht dennoch nicht anders ausgeübt werden. Wenn der Gläubiger das Gericht daher auffordern würde, die Sicherheiten auf einer Auktion zu verkaufen, aber keine Entschädigung aus dem Erlös fordert, würde er nur eine Chance auf Entschädigung verlieren. Das Recht des Gläubigers wird nicht aufgehoben, und der Gläubiger kann das Rückwirkungsrecht weiterhin auf den Auktionsgewinner ausüben."

sieht Artikel 867 des Bürgerlichen Gesetzbuchs in Taiwan eindeutig vor: „Nach der Erstellung einer Hypothek kann der Eigentümer der Immobilie diese auf eine andere Person übertragen, die Hypothek wird davon nicht beeinträchtigt." Wird eine Schuld nicht rechtzeitig beglichen, kann der Hypothekar die Immobilie zurückholen und die gerichtliche Versteigerung der Hypothek beantragen. Es ist jedoch zu beachten, dass die rückwirkende Wirkung des Sachenrechts nicht absolut ist. Das Bonitätserfassungssystem begrenzt die Rückwirkung des Sachenrechts.

(3) Eigentumsrechte und industrielle Zivilisation

1. Evolution der menschlichen Zivilisation

Die Zivilisation spiegelt die soziale Produktivität wider. „Zivilisation ist die Anhäufung von positiven Ergebnissen, wenn die Menschheit durch die Transformation der Natur, der Gesellschaft und von sich selbst einen bestimmten Fortschritt erzielt" (Sun & Gan 2007, S. 12). Einige Wissenschaftler glauben, dass „die Zivilisation die Zusammenfassung des materiellen und geistigen Reichtums der Menschheit aus der Transformation der Welt ist und die Zivilisation der Menschen und den Fortschritt unserer Gesellschaft symbolisiert" (Li X. 2002, S. 12).

Andere glauben, dass das Wesen der Zivilisation die Entwicklung der eigenen Fähigkeiten der Menschheit ist. Allmählich „wurden wir alle Spontaneität los" und wurden „ein vollständiger Mensch," was bedeutet, dass wir uns allmählich vom Tier zum Menschen entwickelten und zu einer völlig menschlichen Gesellschaft ohne Tiernatur (Wu Y. 2009, S. 50). Die Geschichte sagt uns, dass Zivilisationen von Menschen geschaffen werden, wo die Menschheit ist, dort existiert die Zivilisation. Die stärkste treibende Kraft der Zivilisation sind die Menschen. Im Allgemeinen entwickelte sich die Zivilisation der Menschheit von einer niedrigeren zu einer höheren Ebene und von Einheitlichkeit zur Vielfalt. Blickt man auf die menschlichen Gesellschaften zurück, lassen sich menschliche Zivilisationen basierend auf verschiedenen Produktionsweisen in drei Level einteilen: Jagd, Landwirtschaft und Industrie. „Zivilisation" bezieht sich hier auf ein kulturelles Muster, das die materielle, institutionelle sowie ideologische Kultur umfasst. Sie sind miteinander verbunden, gegenseitig beschränkt und doch in ihrer Entwicklung vereinheitlicht. Die unterschiedliche Entwicklung dieser Kulturen führt zu unterschiedlichen Zivilisationen (siehe Tabelle 2-3).

Nach der Mitte des 18. Jahrhunderts begannen westliche Länder wie Großbritannien, nicht erneuerbare Ressourcen wie Kohle und Erdöl zu nutzen. Die industrielle Revolution zeichnet sich durch den weit verbreiteten Einsatz von Dampfmaschinen aus, die die menschliche Gesellschaft in die florierende industrielle Zivilisation trieben. Wenn wir auf die Entwicklung der industriellen Zivilisation der Welt zurückblicken, können wir klar erkennen, dass drei industrielle Revolutionen in der menschlichen Geschichte nacheinander passiert sind. Die erste markiert den Beginn des „Zeitalters der Dampfmaschinen" und symbolisiert den Übergang von der landwirtschaftlichen zur industriellen Zivilisation. Die zweite symbolisiert den Beginn des „Zeitalters der Elektrizität," als Schwerindustrien wie Elektrizität, Eisenbahnen, Chemieingenieurwesen und Automobile entstanden und Erdöl die neue Ressource wurde. Mit der dritten industriellen Revolution nach dem Zweiten Weltkrieg begann das „Zeitalter der Information," in dem sich Informationen und Ressourcen auf der ganzen Welt schneller zu fließen begannen. Die ersten drei industriellen Revolutionen haben nicht nur die Revolution in Wirtschaft, Politik und Kultur in der menschlichen Gesellschaft erheblich vorangetrieben, sondern auch die menschliche Lebens- und Denkweise beeinflusst. Jetzt liegt die vierte industrielle Revolution in der Luft und die Entwicklung neuer Energie ist deren Kernaufgabe. Die vierte ist eine technische Revolution, die durch verschiedene technische Fortschritte wie Internet, Internet der Dinge, Big Data, Cloud Computing, KI, VR und Biotechnik gekennzeichnet ist. Es kann gefolgert werden, dass die vierte Revolution der menschlichen Gesellschaft einen tieferen Einfluss und eine umfassendere Bedeutung haben wird als die vorherigen.

Tabelle 2-3. Entwicklung der Produktionsweise und der dominierenden Ressourcen

Arten	Ära der Jagd	Landwirtschaftliche Ära	Industrielle Ära
Hauptmerkmale	Obstsammeln, Fischen und Jagen	Pflanzen von Getreide und Tierhaltung	Bergbau und Maschinenbau
Produktionsweisen	Objekte der Arbeit: wilde Tiere und Pflanzen	Objekte der Arbeit: Land und Prärie	Objekte der Arbeit: natürliche Minen
	Arbeitsweise: Sammeln, Fischen und Jagen	Arbeitsweise: Plantage, Tierzucht und Handwerk	Arbeitsweise: Ausgrabung, Schmelzen, Bauen Produkte: natürliche chemische
	Produkte: Früchte und Beute	Produkte: Getreide, Vieh und Handarbeiten	Materialien, Energie, Produkte aus Bearbeitung und Herstellung, physikalische Energie, Raumbasis
Werkzeuge und Ressourcen	Steinzeug, Knochenwerkzeuge; Arbeitskraft	Metallwerkzeuge; Brennholz, Tierkraft	intelligente Maschinen; mineralische Ressourcen

2. Die Ordnung der Zugehörigkeit der Sachenrechte

Die Ordnung spielt eine wichtige Rolle in unserem sozialen Leben. Es ist eine Voraussetzung für menschliches normales Handeln, ein Grundbedürfnis menschlicher Gemeinschaften zu jeder Zeit sowie einer der Grundwerte, die von Gesetzen unter allen politischen und sozialen Mechanismen gefordert werden. Die Geschichte lehrt uns, dass die Lebensweise in Ordnung im Allgemeinen vorteilhafter ist als die im Chaos (Sun Y. 2011, S. 11). Aufgrund der wesentlichen Merkmale der Universalität und der kontinuierlichen Kohärenz von Gesetzen und Regeln macht das Rechtssystem menschliche Aktivitäten in gewissem Maße vorhersehbarer und ist daher für eine geordnete Gesellschaft zur Beseitigung von Willkür erforderlich. Die Ordnungsfaktoren der Gesetze konzentrieren sich auf die Annahme bestimmter Organisationsregeln und Verhaltensstandards durch eine Gruppe oder eine politische Gesellschaft. Solche Regeln und Standards sollen das Ziel haben, einen Rahmen oder eine Struktur für zahlreiche, jedoch ungeordnete menschliche Aktivitäten zu bieten, damit sie nicht außer Kontrolle geraten. Ordnungen sind also eher formrelevant als die Natur des gesellschaftlichen Lebens (Bodenheimer 2004). Ordnungen spielen daher eine grundlegende Rolle für den Schutz der Sicherheit und der sozialen Stabilität der Menschen. Mit der Entwicklung der Fähigkeit der Menschen, Ressourcen zu nutzen, werden Ressourcen entsprechend immer knapper. Unter der Begrenzung aus den knappen Ressourcen sind verschiedene Konflikte und Streitigkeiten zwischen Menschen unvermeidlich, die aus begrenzten materiellen Gütern entstanden. Dies lässt erkennen, dass politische Staaten es auf die Art und Weise der Rechtssysteme bestätigen und den Schutz gewähren.

Die Externalisierung der Abhängigkeit der Menschen von materiellen Gütern führt zu dem Bedürfnis, materielle Güter zu erwerben und aufzubewahren, während die Knappheit der materiellen Güter entscheidet, dass die Menschen im Rahmen der politischen und gesetzlichen Staaten in rechtlicher Form Schutz von politischen Staaten für ihre materiellen Güter zu suchen brauchen (Sun Y. 2011, S. 11). Materielle Güter werden unter dem Schutz des Gesetzes das Eigentum. Es ist also ein Eigentumsrecht oder ein Sachenrecht entstanden.[23] Das bedeutet, dass ein stabiler Besitz aus triftigen Gründen die Akzeptanz anderer voraussetzt. Rechte sind nicht die Beziehung zwischen Menschen und Dingen, sondern zwischen verschiedenen Menschen. Die Natur der Rechte ist eine Art soziale Beziehung und sollte von anderen als wirksamer Anspruch akzeptiert und respektiert werden. Indem sie autoritativen Ordnungen folgten, hielten sich die Menschen zurück und respektierten die Eigentumsrechte des jeweils anderen, und so entstand die Eingrenzung über das Konzept von Gerechtigkeit und Rechten.

Alles in allem sind Gesetze wichtig für den Schutz sozialer Ordnungen, was hauptsächlich durch die Eingrenzung der Eigentümer erreicht wird. Das Sachenrecht ist das Ergebnis der Veränderungen des Besitzes von Dingen nach dem Sachenrechtsgesetz. Ordnungen sind daher die grundlegendsten instrumentellen Werte und Konzepte, denen das Sachenrechtsgesetz folgt. Das Sachenrechtsgesetz sollte nicht nur die Erfordernisse der Aufrechterhaltung politischer und sozialer Ordnungen und der Gewährleistung der ordnungsgemäßen Nutzung von Ressourcen erfüllen, sondern sich auch zusammen mit der Komplikation sozialer Ordnungen der Menschheit entwickeln, um den sozialen Anforderungen gerecht zu werden (Sun Y. 2011, S. 11). Das Ziel des Sachenrechtsgesetzes ist es, gesetzliche Normen und Ordnungen für die res und anderen begrenzten Ressourcen

23 Laut Professor Zhang Wenxians Interpretation des Entwurfs des Sachenrechtsgesetzes „umfasst res ‚bewegliche' und ‚unbewegliche Güter'. Res bezieht sich auf ‚Besitztümer' und das sogenannte ‚Sachenrecht' ist tatsächlich ein Eigentumsrecht, einschließlich beweglicher und unbeweglicher Besitztümer. In diesem Sinne ist Sachenrecht gleich Eigentumsrecht." Wie Professor Zhang sagte: „Seit dem 20. Jahrhundert, insbesondere nach den 1950er-Jahren, definierte die Eigentumsrechtsökonomie ‚Sachenrecht' und ‚Eigentumsrecht' neu. Die meisten Eigentumsrechtsökonomen definierten Eigentumsrechte auf der Grundlage der Tatsache, dass das Recht aus Streitigkeiten resultierte, die durch knappe Ressourcen verursacht wurden. Res sind nicht nur Dinge, sondern ökonomische Materialien, produktive Faktoren und materielle Güter." Zitiert nach der Rede von Professor Zhang Wenxian von China University of Political Science and Law am 25. April 2006 mit dem Titel „Welche Art von Sachenrecht brauchen wir - Überlegungen zum Sachenrechtsgesetz aus der Perspektive der Rechtsphilosophie."

zu etablieren (Wang Z. 2001, S. 14). Für den Einzelnen ist der Schutz seines Eigentums der direkteste und wichtigste Wert des Sachenrechts.

3. Industrielle Zivilisation und „eigentumsorientierte Gesetze"

Zivilisation ist die aggregierte physische und spirituelle Leistung der Menschen bei ihrer Transformation der Welt. Es ist das Symbol für die Entwicklung und den Fortschritt der menschlichen Gesellschaft, während das Recht wie der Zwilling der Zivilisation ist. Diachronisch entwickelte sich die menschliche Zivilisation von der pastoralen Gesellschaft zur Agrargesellschaft, zur Industriegesellschaft und schließlich zur gegenwärtigen Informationsgesellschaft. In der industriellen Zivilisation gab es einen faireren, effektiveren und umfassenderen Mechanismus als in der Agrarzivilisation. Mit der Entstehung der industriellen Zivilisation entstanden Rechtsstaaten. „Menschenorientierte Gesetze" in der landwirtschaftlichen Zivilisation wurden schrittweise durch „eigentumsorientierte Gesetze," deren Kern die Gewährleistung der privaten Rechte war, in der industriellen Zivilisation ersetzt. Gesetze durchliefen einen Wandel vom „Status" zum „Vertrag." 2007 trat das Sachenrechtsgesetz offiziell in Kraft, das die Rechte und Interessen aller chinesischen Bürger berührt, was den Eintritt Chinas in das Zeitalter des Sachenrechts symbolisiert. In Chinas Rechtssystem ist das Sachenrechtsgesetz der Volksrepublik China als ein grundlegendes zivilrechtliches Gesetz in den Bestimmungen der Verfassung die Konkretisierung des grundlegenden Eigentumssystems. Aus der Analyse der juristischen Theorie ist es das Ziel des Rechtssystems, Rechte zu spezifizieren und zu schützen. Im Allgemeinen bezieht sich „res" auf das Eigentum des Eigentümers und „Recht" auf das Recht des Eigentümers, über sein Eigentum frei zu verfügen und das Eingreifen durch andere auszuschließen. Das Sachenrechtsgesetz der Volksrepublik China sieht vor, dass das private Subjekt das absolute Eigentumsrecht an res corporales hat, dies ist die Manifestation des Sachenrechtssystems an die industrielle Zivilisation. Das Sachenrechtsgesetz der Volksrepublik China ist eine wesentliche Errungenschaft im Kontext der industriellen Zivilisation.

Es ist ein langer und komplizierter Prozess, sich von einer Zivilisation zur nächsten zu entwickeln, währenddessen befindet sich die Keimzelle der neuen Zivilisation in der alten (Li Z. 2012, S. 4). Derzeit durchläuft die menschliche Gesellschaft eine weitere seltene große Veränderung, in der sich Wissenschaft, Produktionskraft, Politik, Wirtschaft und Gesellschaft verändern. Unter dem starken Einfluss der Informationsrevolution gehen die reale Gesellschaft und die Internet-Gesellschaft Seite an Seite, interagieren und koppeln sich gegenseitig. Durch das Internet bauen die Menschen eine neue Ordnung, die digitale Ordnung auf und eine neue Zivilisation wird entstehen, die digitale Zivilisation. Die aktuellen Regeln für Sachenrechte versuchen, durch die Einschränkung der Rechte oder das Verbot des Missbrauchs der Rechte, was zur Beschädigung der Datenrechte oder Einschränkung der Befugnisse führt, den Wunsch des Gläubigers nach Datenrechten zu befriedigen. Ein solcher Mechanismus kann schwer die Begrenzung des Sachenrechtssystems durchbrechen; und kann nicht von der Trägheit der traditionellen Routine des Sachenrechts befreit werden. In der Zwischenzeit zeigte der Schutz der Sachenrechte aufgrund der unvereinbaren Konflikte und Widersprüche zwischen den Merkmalen von Datenrechten, wie öffentlich-rechtliche Merkmale, privatrechtliche Merkmale, Teilbarkeit, und der Ausschließlichkeit von Sachenrechten die Unausgewogenheit und die Konservativität, und es wäre nicht möglich, die Bedürfnisse der Menschen nach Datenrechten zu erfüllen. Daher müssen wir die Interessensituation gegenüber res corporales dringend verändern. Da das Sachenrechtsgesetz im Datenschutz Einschränkungen unterliegt, sind die Reformen der traditionellen Gesetze und die Erneuerung der Gedanken in der Gegenwart bei der Betonung der digitalen Zivilisation unvermeidlich.

Abschnitt 3 Daten und Datenrechte

In der Ära der digitalen Zivilisation beginnen die Menschen, die Beziehung zwischen Daten und Menschen erneut zu erkennen und das Problem über das Recht einer „Datenperson" zu überdenken. Im Zeitalter von Big Data stellen Daten einen Produktionsfaktor dar, eine neue Innovationsressource, eine Organisationsmethode und eine neue Art des Rechts. Die Nutzung von Daten ist zu einer wichtigen Methode für die Gewinnvermehrung geworden. Der Schutz von Datenrechten wird zu einem wichtigen Symbol der digitalen Zivilisation. Wir genießen Datenrechte, genau wie Menschenrechte und Sachenrechte. Der Vorschlag für digitale Rechte wird eine wesentliche treibende Kraft und rechtliche Grundlage für die Förderung der Umgestaltung der Ordnungen in der Ära der digitalen Zivilisation. Das Datenrecht bricht die Beschränkungen des Datenschutzes von den traditionellen Theorien der Persönlichkeitsrechte, der Privatsphäre, der Sachenrechte, der Forderungen und des geistigen Eigentums. Es wird eine neue Art von Rechten und Interessen im Zeitalter des Big Data, die zumindest die Datenhoheit, die Rechte personenbezogener Daten und die Teilhaberechte umfassen.

(1) Hypothese der „Datenperson"

1. Homo oeconomicus, Homo sociologicus und Datenperson

Homo oeconomicus. „Homo oeconomicus" ist eine fundamentale Hypothese der westlichen Ökonomie über das wirtschaftliche Verhalten des Menschen. Sie kommt ursprünglich von einer Aussage des britischen Ökonomen Adam Smith in The Wealth of Nations 1776. Adam Smith glaubt, dass menschliches Verhalten von wirtschaftlichen Anreizen getrieben wird und dass alle menschlichen Verhaltensweisen darauf abzielen, die eigenen Interessen in größtmöglichem Maße zu befriedigen. Jeder verfolgt seine eigenen Interessen und vermehrt dazu die sozialen

Interessen. In der „natürlichen Ordnung“ strebt jede Person nach eigenen Interessen und kann oft die Steigerung der sozialen Interessen effektiver fördern, wenn er seinem eigenen Willen folgt (Zang 2009, S. 12). Der sogenannte „Homo oeconomicus“ ist nicht nur „eigennützig.“ Die Maximierung persönlicher Interessen ist das Ziel des „Homo oeconomicus,“ schließlich kann die Maximierung der Interessen der gesamten Gesellschaft verwirklicht werden (Yang 2006, S. 83). Die Natur des „Homo oeconomicus“ ist es, sich für sich selbst zu interessieren, und Eigeninteressen sind das Grundmotiv für die Menschen, sich an der Produktion zu beteiligen. In der Hypothese des „Homo oeconomicus“ wurden zum ersten Mal die Motivation und das Verhalten einer Person, die ihren eigenen Interessen nachging, systematisch und klar in den ökonomischen Analyserahmen einbezogen und die ursprünglich aus moralischen und philosophischen Perspektiven durchgeführte Erklärung der Beziehung zwischen persönlichen Interessen und sozialen Interessen wurde als eine systematische und klare ökonomische Argumentation zusammengefasst (Zang 2009, S. 12).

Homo sociologicus. Einige Behavioristen weisen darauf hin, dass Menschen neben wirtschaftlichen Verhalten, die sich aus der Verfolgung persönlicher Interessen ergeben, auch an Verhalten teilnehmen, die sich aus Verantwortung, Eitelkeit, Ehrgefühl, Mitgefühl, Liebe zu Familie und Freunden sowie Bräuchen per se ergeben (Zhang & Mao 2009, S. 127).

Die Verhaltenssubjekte handeln nicht nur aufgrund von Interessen oder dem Prinzip der Maximierung. Es gibt auch altruistisches Verhalten in unserer Gesellschaft, die nicht allein mit der Hypothese des „Homo oeconomicus“ erklärt werden können. „Homo sociologicus“ ist eine der Hypothesen über die menschliche Natur im westlichen modernen Management, die am frühesten aus dem von Mayo durchgeführten Hawthorne-Experiment hervorgegangen ist. Die Hypothese ist, dass Menschen „Homo sociologicus“ sind, die nicht allein sind, sondern in bestimmten sozialen Beziehungen sind, die von der Gemeinschaft umgrenzt werden. Neben materiellen Dingen streben die Menschen auch nach Liebe und Freundschaft zwischen verschiedenen Menschen, Moral, Zugehörigkeit und Ehre. Die Hypothese des „Homo sociologicus“ kann verwendet werden, um menschliche Merkmale zu erklären, die vom „Homo oeconomicus“

abstrakt nicht reflektiert werden, und jene Mechanismen, die nicht mit der Maximierung von Effizienz oder Interessen im Einklang stehen (Zhang & Mao 2009, S. 127). Mit der Hypothese des „Homo sociologicus" können wir viele sich altruistisch verhaltender Verhaltenssubjekte verstehen, die sich aus Verantwortung oder Moral ergeben, sowie die Existenz von Steuer- und Umverteilungsstrategien unter Berücksichtigung sozialer Gerechtigkeit. Der Übergang vom „Homo oeconomicus" zum „Homo sociologicus" ist nicht nur in den Wirtschafts-, sondern auch in den ganzen Sozialwissenschaften ein Durchbruch, der die umfangreiche Ausweitung der Wirtschaft auf andere Bereiche wie die Sozialwissenschaften erheblich fördert.

Datenperson. Für Gesetze in der Ära der digitalen Zivilisation unterscheidet sich die Hypothese der menschlichen Natur von der in der Ära der industriellen Zivilisation. Der in der Hypothese des „Homo oeconomicus" gepriesene Individualismus und der eigennützige Trend der menschlichen Natur sind zweifellos am besten für das Zeitalter der industriellen Revolution geeignet (Wu X. 2015, S. 72). Die digitale Zivilisation ist das Spiegelbild und die Antwort auf die industrielle Zivilisation und ist weiter fortgeschritten als die industrielle Zivilisation. Vor mehr als 2.500 Jahren schlug der antike griechische Philosoph Pythagoras vor, dass „die Zahl das Wesen aller Dinge ist," meinte, dass die Zahl die Natur der Welt ist und die menschlichen Gesellschaften und sogar die ganze Natur beherrscht. Heutzutage messen und zeichnen Mikrocomputer wie Smartphones und tragbare Geräte die physische Welt 24 Stunden am Tag in Bytes auf. Der Mensch tritt jetzt wirklich in das Zeitalter von Big Data ein, in dem „alles Zahl ist und Zahl alles ist." Die „Datenperson" ist nicht nur die Digitalisierung des Menschen, alle Objekte und Teile werden auch als eine digitalisierte Einzelheit existieren, interagieren und sich gegenseitig beeinflussen. Die „Datenperson" als neuartige Rechtspersönlichkeit existiert auf der Basis der digitalen Zivilisation. Die gesetzlichen Ordnungen, die auf der digitalen Zivilisation und der „Datenperson basieren, überschreiten die traditionelle Grenze zwischen Gut und Böse und brechen die traditionelle Barriere, die die Gültigkeit der Organisation begrenzt. Wir können so sagen, dass die „Datenperson" im Vergleich zu den Hypothesen der menschlichen

Natur im traditionellen Gesetz besser für Theorien und die Praxis in der digitalen Zivilisation geeignet ist.

2. Der Kern der „Datenperson"-Hypothese ist der Altruismus

„Altruismus" ist eine menschliche Tugend. Es ist eine ethische Lehre, die sich auf Lebenseinstellungen und Verhaltensprinzipien bezieht, bei denen soziale Interessen an erster Stelle stehen und das Opfer persönlicher Interessen für soziale Interessen befürwortet wird. Im 19. Jahrhundert brachte der französische Philosoph Comte, der die Disziplin der Praxeologie begründete, den Begriff des „Altruismus" hervor und erklärte mit ihm das selbstlose Verhalten in der Gesellschaft. Er beschrieb Altruismus als unsere „moralische Verpflichtung, auf Eigennutz zu verzichten und für andere zu leben und es ist ein Trend im Gegenteil zum Egoismus." Daher betont der Altruismus die Interessen anderer und tritt für die völlige Hingabe ein, dafür, sich für die Vorteile anderer zu opfern. Derzeit wird allgemein angenommen, dass Altruismus dadurch gekennzeichnet ist, dass man anderen bereitwillig hilft, ohne auf eine Gegenleistung in der Zukunft zu hoffen (Han K. 2017, S. 8). Interdisziplinäre Studien zur Spieltheorie und zum biologischen Evolutionismus zeigen, dass Gemeinschaften mit dem Charakter des Altruismus im Vergleich mit den egoistischen Gemeinschaften in ökologischen Wettbewerben evolutionäre Vorteile haben.

Digitale Zivilisation und umfassende Entwicklung des Menschen. Die altruistische Datenkultur ist eine Mainstream-Kultur, die die ganze Gesellschaft in der Ära der digitalen Zivilisation beeinflusst und bietet der sozialen Entwicklung stetige Kraft und Energie. Die „Datenperson" betont den Altruismus im menschlichen Verhalten und in der Existenz. Die Funktion der „Datenperson" besteht darin, den Menschen dabei zu helfen, ein öffentliches Big Data-Feld zu schaffen, das gemeinsam genutzt werden kann. Sein Wert als Hilfsmittel entscheidet, dass die „Datenperson" altruistischer Natur ist. Wenn der Altruismus der „Datenperson" dem Menschen mehr Nutzen und Bequemlichkeit bringen kann, werden aufgrund der Verfolgung von Interessen mehr altruistische Verhalten erzeugt. Sobald das originale Subjekt der Datenrechte im gesetzlichen

Bereich die notwendige Rechtsgrundlage erlangt, wird durch altruistisches Verhalten eine andere Ära beginnen, in der die Menschheit die Datenwerte ausnutzt. Das altruistische Merkmal der „Datenperson“ wird dazu beitragen, die Entwicklung von Big Data während ihrer Anwendung und Förderung voranzutreiben.

Darwin schrieb in „Die Abstammung des Menschen," dass „ein Stamm, zu dem viele Mitglieder gehören, die immer bereit sind, sich gegenseitig zu helfen und sich für das Gemeinwohl zu opfern, siegreich über die meisten anderen Stämme wäre (Darwin 1871, S. 159–160). Das altruistische Merkmal der „Datenperson“ kann auch dazu beitragen, die Zusammenarbeit zwischen verschiedenen Menschen zu fördern. Zu Beginn würde basierend auf dem altruistischen Merkmal der „Datenperson nur eine kleine Gruppe von Menschen von der Kooperation profitieren, aber mit der Einbeziehung von mehr Menschen werden solche altruistischen Verhalten von einer zufälligen Kooperation zu einer stabilen Rechtsbeziehung, um sicherzustellen, dass der Mensch weiterhin Interesse an altruistischen Verhaltensweisen hat. Ausgehend von der Notwendigkeit, die Sozialleistungen zu verbessern und den gemeinsamen Fortschritt zu fördern, sollten die Staaten daher einen Schutzmechanismus für „altruistisches Verhalten“ einrichten, d. h. altruistische Rechte. Ein solches Recht entspricht nicht nur den Erfordernissen der sozialen Entwicklung, sondern ist auch ein gesetzlicher Ausdruck der altruistischen Funktionen der „Datenperson."

3. Der Schutz der Rechte der Datenperson

Es scheint, dass Gesetze und Entwicklung immer gegensätzlich sind (Long 2016, S. 2). Gesetze sind das Ergebnis der Zusammenfassung vergangener Erfahrungen und können den Entwicklungstrend der Zukunft schwer vorhersagen. Eingeschränkt durch das philosophische Verständnis im 19. Jahrhundert wurde die Qualifizierung für Rechte nur der natürlichen Person und der juristischen Person verliehen, während die Qualifizierung für Rechte der anderen Personen und Organisationen ignoriert wurde (Liu 2015, S. 121). Die „Datenperson“ ist ein neues Thema in der Big Data-Ära, und um die „Datenperson“ werden entsprechende gesetzliche Rechte und Beziehungen geschaffen, wie z. B. Datenrechte, Datenmacht und Datenhoheit usw. Hier ist das Datenrecht kein eigenständiges Rechtssystem, sondern ein intendiertes Recht, das auf der Grundlage des Datenraums entsteht und das das geltende Rechtssystem nicht einstellen kann. Nachdem dieses intendierte Recht sich von dem bestehenden Rechtsschutzsystem befreit, mangelt den entstehenden Datenkonflikten der gesetzliche Anschluss, der den neuen Datenbehandlungsverhalten entspricht, und die Konflikte sind neue Konflikte geworden. Wenn ein neues Rechtsverhältnis entsteht und das traditionelle Rechtsverhältnis zu einem Systemhindernis wird, das nicht überwunden werden kann, muss ein neues Rechtssystem eingerichtet werden.

Das originale Rechtssubjekt der Daten hat vollständige Rechte an seinen Daten, bevor Daten gesammelt werden und diese Teil von Big Data werden. Aber wenn die Daten das Zusammensetzungsteil von Big Data werden, besteht für diese Daten sowohl das Recht des ursprünglichen Rechteinhabers der Daten als auch das Recht des Big-Data-Controllers, sodass der ursprüngliche Rechteinhaber der Daten nur eingeschränkte Rechte für diesen Teil der Daten in den Big-Data-Daten hat. Der amerikanische Wissenschaftler Neil M. Richards schlug die „Drei Paradoxien von Big Data" vor, von denen eines das Macht-Paradox ist. Es bedeutet, dass Big Data eine große Macht hat, um die Gesellschaft zu transformieren, aber auch die Machtwirkungen, die großen Machtinhaber wie Dienstleister und Regierungen auf Kosten der Einzelnen privilegieren. Institutionen, die die Kontrolle über personenbezogene Daten haben, dürften davon profitieren. Daher ist es notwendig, ein neues Rechtssystem für Datenrechte zu schaffen, das sich von dem bestehenden unterscheidet, um das Recht des ursprünglichen Rechtssubjekts der Daten zu schützen.

Die Menschen haben lange Zeit Daten gesammelt, analysiert und verwendet, aber traditionelle Datenaktivitäten haben unsere Gesellschaft und unser Leben nicht so stark verändert und instabil gemacht. Basierend auf dem Internet und den modernen technischen Methoden wie Cloud Computing verbessert Big Data das Selbstmanagement unserer Gesellschaft und stellt gleichzeitig eine beispiellose Bedrohung für unsere Gesellschaft und unser Leben dar. Das bestehende Rechtssystem, die Ethik und die sozialen Normen sind nicht stark genug, um unsere sozialen Werte wie Sicherheit und Privatsphäre zu schützen. Und ein tiefes Ungleichgewicht besteht zwischen der Kontrolle des Datencontrollers über Big Data und der Unfähigkeit der normalen Einzelperson, ihre eigenen Daten zu kontrollieren (Xiao & Wen 2015, S. 74). Laut Michael Mann „bemühen sich die Menschen rastlos, zweckorientiert und rational um mehr Freude an den guten Dingen des Lebens und sind in der Lage, geeignete Mittel dafür zu wählen und zu verfolgen" (Mann 2012, S. 4). Zweifellos ist die überlegte Errichtung von Rechten / Befugnissen auch ein „angemessenes Mittel," das die Menschen wählen und verfolgen, damit sie die guten Dinge des Lebens" genießen können. Daher sollten wir jetzt, da die Nutzung von Big Data sehr beliebt ist, um alle Vorteile von Big Data nutzen zu können, bewusst relevante Rechte im Big Data-Ökosystem festlegen und einen Mechanismus für Datenrechte auf der Grundlage von Datenrechten und Datenmacht bilden.

(2) Ermächtigung von Daten

Die rechtliche Natur von Daten ist der logische Ausgangspunkt für die Entscheidung über die Zugehörigkeit der Daten, während die Entscheidung über die Zugehörigkeit der Daten sowohl für den Aufbau und die Anpassung von entsprechenden Rechtsbeziehungen als auch für die Nutzung und Kommunikation von Daten von entscheidender Bedeutung ist (Ji 2008, S. 54). Im Zeitalter von Big Data sind Daten eine Art Kapital, eine Produktivkraft und eine unverzichtbare wichtige Ressource. Durch die Ermächtigung von Daten werden soziale Kräfte aus Gewalt, Wohlstand und Wissen zu sozialen Kräften aus Daten und Daten werden zu einem neuen Rechtsobjekt.

1. Daten sind ein neues Rechtsobjekt

Da WeChat, Weibo, We-Media, soziale Netzwerke und Shopping-Websites die neuen sozialen Schwerpunkte bilden, hat die Datenexplosion den Aufbau neuer Machtverhältnisse vorangetrieben. Dies ist ein Zeitalter mit Daten als Schlüsselfaktoren, und Daten haben die Art und Weise verändert, wie Menschen erkannt, koordiniert und kommuniziert werden. In der zukünftigen Datengesellschaft wird alles „online" sein und messbar. Alle Menschen, Dingen und Maschinen werden als Daten existieren, interagieren, Werte schaffen und zukünftige Entwicklungen vorantreiben. Mit der Entwicklung von Zeit, und dem wissenschaftlichen und technischen Fortschritt werden Daten neue Konnotationen und Denotationen gegeben.

Daten sind ein neues Rechtsobjekt. Daten sind nicht das neue Rohöl, aber ein komplett neuer Typ von Ressourcen. Die sich rasch entwickelnden Internet-Technik macht unsere Welt, in der wir Produkte erzeugen und leben, noch transparenter, online und digitalisierter. Besonders mit der Hilfe von Big Data und dem Internet der Dinge kann jeder eine „Datenperson" werden, alle menschlichen Aktivitäten sind dann freigelegt und die zukünftigen Verhalten sind wahrscheinlich mittels Datenanalyse genau vorhersagbar, sodass es überhaupt keine Privatsphäre mehr geben wird. Durch gesetzliche Regulierungen können wir selbst einen nicht erfassten grünen persönlichen Bereich in der transparenten digitalisierten Welt sichern.

Menschen sind mit dem Internet als Objekte verbunden und sind zu Knoten geworden, die unablässig Daten sammeln und Daten in die Cloud hochladen, was den Beginn der Digitalisierung der Menschheit bedeutet. Unsere Gedanken und unser Bewusstsein, die Lebensgewohnheiten, Existenz, Verhalten und Aktivitäten können alle digitalisiert werden und sich mit anderen Leuten, Dingen und Maschinen durch das Offenlegen von Informationen, Datenteilhabe und Handel in Daten integrieren und mit Daten zum Ausdruck kommen. Die im Zeitalter der „Datenperson" reichlichen und gründlichen Datenressourcen verbessern ständig die Art und Weise und die Methoden der Kommunikation und des gegenseitigen Verstehens. Dinge sind mit Dingen verbunden und Menschen sind mit Menschen verbunden, sie veranlassen alle Menschen, Dinge und Maschinen in Form von Daten zu existieren, sich zu interagieren und Wert zu generieren. Egal ob wir Menschen als Natur oder als Produkt von Sozialisierung betrachten, wir sind unser Leben lang immer Datenproduzenten und -Kontrolleure. Regierungen haben die Macht unter der Bedingung, dass sie die Rechte ihrer Bürger schützen. Um die faire Verwendung der Daten der „Datenperson" zu garantieren, sollte die Regierung die „Datenperson" ermächtigen, seine eigene Datensicherheit und Privatsphäre zu schützen, um den unsicheren oder ineffizienten Datenfluss und die Datenverwendung zu vermeiden, der durch „natürliche Machtausdehnung“ verursacht wird.

2. Der Rechtscharakter von Daten

Datenrechte sind noch ein Luftschloss, weil ihr Rechtscharakter unsicher ist, was die Daten-Entwicklung und ihre Nutzung beschränkt, wie auch die gesunde und nachhalte Entwicklung der Datenindustrie (Ji 2008, S. 54). Als „Daten“ können nach ISO alle codierten Informationen der Zahlen, Texte, Geräusche, Bilder und Graphen im allgemeinen Sinne über menschliche Verhalten und Aktivitäten definiert werden. Als ein neuer Typ von Kapital können Daten als Gegenstand nach gewissen Regeln für Transaktionen in allen Datenzentren oder auf Datenplattformen gehandelt werden, was offensichtlich ihren Charakter als Eigentum zeigt. „Daten stammen von der Ansammlung persönlicher Informationen, die Persönlichkeits-Merkmale haben“ (Ji 2008, S. 56). Deshalb wird auch angenommen, dass Daten Persönlichkeitsmerkmale haben.

Nach verschiedenen Quellen können Daten in Derivatdaten und aufgezeichnete Daten unterteilt werden. Derivatdaten stammen hauptsächlich aus persönlichen Informationen und ihre Herstellung ist von der Ansammlung persönlicher Information nicht trennbar. Persönliche Information ist eine Kombination aller Informationen, die im Laufe der menschlichen Entwicklung geformt werden und die genutzt werden können, um eine Person zu identifizieren, womit die Persönlichkeitsinteressen des Informationssubjektes involviert werden. Der 109. Artikel der Allgemeinen Vorgaben des Bürgerlichen Gesetzbuches der Volksrepublik China sagt, dass „die persönliche Freiheit und menschliche Würde einer natürlichen Person vom Gesetz geschützt sind.“ Gerade wird die juristische Grundlage präsentiert. Persönliche Information sollte wegen des Rechts auf Selbstbestimmung bezüglich persönlicher Information vom Gesetz geschützt werden. Dessen juristische Grundlage kann in den Gesetzen über persönliche Freiheit und menschliche Würde gefunden werden (Ji 2008, S. 56). Uns macht als Menschen aus, dass wir das exklusive Recht haben, unsere eigene Persönlichkeits-Formierung und -entwicklung zu bestimmen.

Sammlung, Verarbeitung und Nutzen unserer persönlichen Informationen sind direkt mit der persönlichen Freiheit und der menschlichen Würde verbunden. Wie das Eigentumsrecht, haben auch Derivatdaten Exklusivität und Unabhängigkeit und Individuen sollten alle Vorteile genießen, die durch ihre eigenen Daten erbracht werden.

Aufgezeichnete Daten werden durch Werkzeuge wie Cookies von Netzwerkbetreibern aufgezeichnet, während die Datensubjekte das Internet nutzen. Die bestimmte Identität der Subjekte solcher Daten ist nicht identifizierbar und solche Daten haben damit keine Persönlichkeitsattribute und sind nicht privat. Die Verwendung dieser aufgezeichneten Daten durch die Datenindustrie verursacht keine Probleme der Privatsphäre für Datensubjekte. Während die Datensubjekte die Bequemlichkeit genießt, die Daten mit sich bringen, sind Datensubjekte auch dafür empfänglich, die Verwendung von Daten bis zu einem gewissen Grad zu tolerieren (Tao 2016, S. 158). In mancherlei Hinsicht vertieft die Abwesenheit von Persönlichkeits-Charakteristik von aufgezeichneten Daten den Eigentums-Charakter von Daten. Kurz gesagt, der Rechtscharakter von Derivatdaten sind Persönlichkeitsinteressen und der von aufgezeichneten Daten ist der Eigentumscharakter.

3. Die Macht und das Recht von Daten

„Macht" ist ein Konzept, das vorwiegend in der Politik verwendet wird und „Recht" in der Juristerei. Macht existiert auf der Basis von gesetzlichen Rechten und zielt darauf, gesetzliche Rechte zu verwirklichen. Rechte, qualifiziert in Gesetzen, beschränken die Form, den Prozess, den Inhalt und die Verfahrensabläufe von Macht. Darüber hinaus können bestimmte Rechte nur durch die Ausübung von Macht erreicht werden" (Chang 2014, S. 110). Basierend auf der dialektischen Philosophie sind Daten nicht nur eine Erzählweise von Macht, sondern auch ein Paradigma von Macht und folgen der Logik und der Methodik von Macht und Recht, unablässig neue politische, wirtschaftliche und soziale Beziehungen zu produzieren, umzuformen und zu dominieren.

Datenmacht ist eine moderne Macht, die binär ist. Sie dominiert Rationalität und ist dominiert von Rationalität. Zunächst sind Daten die

Integration der Informationen moderner Mächte und der Informatisierung moderner Mächte. Es ist allgemein anerkannt, dass Information Macht ist. Nach Brynjolfsson bedeutet Datenmacht, dass Information zum Kern von Macht wird und das Machtsubjekt wird, Ressourcen aufzuteilen (Brynjolfsson & McAfee 2014). Dies bedeutet eine Revolution im Bewusstseinssystem der menschlichen Macht und eine Invasion von unbewussten (oder sub-ideologischen) Daten in bestehende soziale Macht. Zweitens ist Datenmacht die Rekonstruktion moderner Macht in Werten. Wenn wir sagen, dass die Inkorporierung von Daten in moderne Macht messbar und handelbar gemacht hat, als wenn es das Ergebnis einer Kapitalisierung von Macht ist, bedeutet die Rekonstruktion der Werte die Digitalisierung von Umtauschlogik zwischen Macht und Kapital. Mit anderen Worten sind Daten als Big Data im Machtsystem inkorporiert und wie Ethan Zuckerman sagte, werden die Arbeits- und Austauschlogik modernen Kapitals neu definiert (Zuckerman 2013). Schließlich ist Datenmacht die Evolution moderner Macht in der Theorie. Datenmacht ist der Auslöser der Wissens-Revolution und die Kernsprache, die modernen Zivilisationen, Bedeutungen und Systemen anhaftet. Das Lesen und Erkennen solcher Daten wird den Trend zu moderner Macht anführen, es wird Änderungen der modernen Macht erklären und vorhersagen sowie Einheiten in modernen Mächten dekonstruieren und kombinieren (Lin & He 2016, S. 486).

„Bürgerrechte repräsentieren Möglichkeiten einer Art nationalen Schutzes, gemäß derer der Rechteinhaber bestimmte Verhaltensweisen ausführen kann oder andere veranlassen kann, bestimmte Verhaltensweisen zu seinem oder ihrem Vorteil auszuführen" (Tong 1990, S. 66). Die Natur von Rechten ist der freie Wille von Subjekten und das Objekt ist die externe Existenz von Recht, was das Recht in einer relevant bestimmten Art bestätigt. Datenrechte determinieren die Teilhabe von Datenwerten und -interessen wie die Demarkation der Datenqualität und die Verantwortung für Datensicherheit. Wir können die Diskussion von Datenrechten vom Standpunkt des Rechteobjekts beginnen. Es ist in China generell akzeptiert, dass bürgerliche Rechte Sachenrecht, Forderungen, geistiges Eigentumsrecht und Persönlichkeitsrecht mit einschließt, und dass ihre Objekte res sind, Verhalten, intellektuelle Errungenschaften und

Persönlichkeits-Interessen (Wen 2016, S. 15). Das Zeitalter von Big Data ist multidimensional und dynamisch, deshalb sollten nicht nur die eindirektionale Teilhabe des Eigentumsrechts von Original-Daten, sondern auch die dynamische Struktur und die Rechte mehrerer Subjekte gleichzeitig repräsentiert werden. Deshalb involvieren die Informationen und Werte von Daten nicht nur die Interessen in Persönlichkeitsrechte, sondern auch in Eigentumsrechte. Kurz gesagt ist das Datenrecht die Kombination verschiedener Rechte und involviert sowohl Persönlichkeitsrechte als auch Eigentumsrechte der Daten. In einer zukünftigen digitalen Zivilisation entsteht ein neuer Typ von Rechten: Datenrechte. Diese enthalten alle Datenformen, verbinden Persönlichkeitsrechte und Eigentumsrechte und werden aktiv Daten nutzen und anderen die Nutzung von Daten gestatten.

(3) Das dritte Recht

1. Die Datenrechte sind die Kombination von Persönlichkeitsrecht und Eigentumsrecht

Die digitale Ordnung wird die 1. Ordnung in der zukünftigen Gesellschaft sein. Datenrechte zu etablieren, entspricht dem Willen des Volkes. Die Institutionalisierung von Datenrechten repräsentiert einen allgemeinen Trend. Und der Schutz von Datenrechten durch die Verfassung ist in diesem Zeitalter unausweichlich. Datenrechte haben vier „neue" Charakteristika: Erstens sind Datenrechte ein neues Rechtsobjekt. Zweitens sind sie ein neuer Typ Recht. Drittens repräsentieren Datenrechte einen neuen Rechtscharakter. Viertens haben Datenrechte neue Rechtsmacht und Rechtsfunktionen. Datenrecht sind sie unter verschiedenen Zugehörigkeiten mit verschiedenem Inhalt und Charakter, deshalb benötigen sie verschiedene Schutzmechanismen (siehe Tabelle 2-4 für mehr Details).

Tabelle 2-4. Charakteristika von Datenrechten

Charakteristika	Zusammenfassung
Rechtsobjekte	Daten sind nicht „res," wie sie im Zivilrecht definiert sind (sie sind keine Objekte des Sachenrechts). Sie sind weder ein physikalisches Objekt noch res incorporales, wie sie bei Urheberrechten definiert sind. Daten existieren unabhängig und objektiv in der digitalen Welt, außerhalb der physischen und der spirituellen Welt.
	Die Subjekte von Datenrechten sind bestimmte Gläubiger, die die bestimmte Person einschließen, auf die die Daten zeigen, und jene, die die Daten sammeln, speichern, übertragen und verarbeiten (einschließlich natürlicher Personen, Rechtspersonen, Organisationen, die keine juristische Personen sind etc.) Verschiedene Subjekte haben verschiedene Rechte. Das Objekt der Datenrechte ist ein bestimmter Datensatz.
	Daten bestehen aus einer Serie von Zahlen, Codes, Bildern, Texten und so weiter. Eine einzelne Zahl oder ein einzelner Code hat keinen Wert. Erst ein Datensatz nach einer Kombination, Integration oder Aggregation von Daten hat Wert. Deshalb sollte das Objekt von Datenrechten ein bestimmter Datensatz sein, der bestimmte Muster und Werte hat.
Rechtsarten	Nach traditioneller Gesetzesauffassung haben Menschen zwei Arten von Rechten – Persönlichkeitsrechte und Eigentumsrechte. Im Datenzeitalter hinterlassen Menschen „Datenfußabdrücke" in verschiedenen Daten-Ökosystemen.
	Daten sind Fragmente menschlichen Verhaltens, ein wichtiger Träger für Teilnahme an sozialen Aktivitäten durch Einzelpersonen und ein essentieller Weg für Erweiterung der Persönlichkeit. Wir sollten die Würde des Datensubjekts als Mensch schützen, er sollte nicht seiner Freiheit beraubt werden, sein Ruf nicht geschädigt, in seine Privatsphäre sollte nicht eingedrungen werden und seine Informationen nicht gestohlen.

Tabelle 2-4. continued

Charakteristika	**Zusammenfassung**
	Darüber hinaus sind solche Daten wichtige soziale Ressourcen und können preislich beziffert werden, sie besitzen Wert und können dem Datensubjekt wirtschaftliche Vorteile bringen. Deshalb sollte den Daten das Eigentumsrecht gegeben werden. Somit wird das Datenrecht ein umfassendes Recht, das sowohl Persönlichkeitsrechte wie Eigentumsrechte umfasst.
Rechtscharakter	Datenrecht ist die Kombination aus öffentlichem Recht und Privatrecht. Es enthält sowohl Datenhoheit, die landeszentriert ist und die Würde eines Landes zeigt, als auch Datenrechte, die Individuen zentriert sind und die Würde persönlicher Interessen betonen.
	Die gesetzlichen Charakteristika von Datenrechten sollten aus der Perspektive des Privatrechts wie dem Persönlichkeitsrecht analysiert werden und aus der Höhe des öffentlichen Rechts wie der nationalen Sicherheit. Das bedeutet, dass Datenrechte die Autonomie von Privatrechten benötigen wie die Intervention öffentlicher Rechte.
Macht und Funktionen	Sachenrechte verfügen über die die Exklusivität von Eigentumsrechten. Es kann keine zwei Eigentumsrechte an derselben Sache geben und jeder hat die Verpflichtung, sich nicht in die absolute Kontrolle des Gläubigers über seine Sachen einzumischen.
	Datenrechte, auf der anderen Seite, sind nicht länger ein exklusives Recht, sondern ein gemeinsam geteiltes Recht ohne Exklusivität. „Es kann mehrfache Besitzer derselben Daten geben" ist der Kern und das Wesen von Datenrechten. Der Vorschlag der wichtigen Rechtstheorie – „Die Natur von Datenrechten ist ein gemeinsam geteiltes Recht" – wird ein symbolisches historisches Ereignis für die Umschreibung der Zivilisationsregeln sein.

4. Unterscheidung zwischen Menschenrecht, Sachenrecht und Datenrecht

Menschenrechte sind das einzige Symbol, das von allen Menschen geteilt wird und es ist der größte gemeinsame Nenner für die Menschen auf der Welt. Die sogenannten Menschenrechte sind „Rechte, die von Menschen basierend auf der Natur und der sozialen Essenz von Menschen genossen werden und genossen werden sollen" (Li B. 2003, S. 169). Der Mensch in den Menschenrechten bezieht sich nicht auf den Homo Oeconomicus, den moralischen Menschen oder den politischen Menschen, sondern auf natürliche Personen mit biologischen Charakteristika und ohne jede weitere Faktoren. Wir sollten fähig sein, Menschenrechte zu genießen, nur weil wir Menschen sind. Die Etablierung von Menschenrechten ist mit der philosophischen Grundlegung der Menschenrechte verbunden. Es gibt viele Theorien über den Ursprung der Menschenrechte, wie die Theorie über Gewohnheitsrechte, Naturrechte, gesetzliche Rechte und utilitaristische Menschenrechte, die Abstammung der Menschenrechte und moralische Rechte usw. Menschenrechte sind Rechte in der Natur, „Rechte – Menschenrechte – gesetzliche Rechte – Grundrechte von Bürgern sind Konzepte, die einander einschließen und über Zugehörigkeit verfügen" (Lin Z. 2004). Das Konzept und die Konnotation von Menschenrechten sind recht breit und der Schutz von Menschenrechten umfasst viel mehr, als was gesetzliche Rechte und Grundrechte tun. Mit der tiefen Entwicklung unserer Wirtschaftsgesellschaft weiten sich die Dimension und Art von Menschenrechten sowie seine Konnotationen und Denotationen aus.

Der Vorschlag von Sachenrechten ist der neue Ausgangspunkt der sozialen Zivilisation. Das System der Sachenrechte wird mit dem Kern von Eigentumsrechten und von den Sachenrechten für Sicherheit und Nießbrauch als beide Flügel gebildet. Das Sachenrecht ist das Recht, res corporales zu kontrollieren, was bedeutet, dass der Gläubiger das Recht hat, sein Eigentum zu besitzen, zu benutzen, Gewinne daraus zu erzielen und es zu behandeln, gemäß seinem freien Willen und frei von Störungen anderer. Die Akzeptanz von Sachenrechten ist letztendlich die Akzeptanz von Werten, die von Individuen geschaffen wurden und das Recht auf individuelle Autonomie. Deshalb ist das Sachenrecht ein besonderes, grundlegendes Menschenrecht bezogen auf Dinge. Die Akzeptanz und der Schutz von Sachenrechten bedeuten, dass man mit dem Menschen als neuem Ausgangspunkt beginnt, neue Koordinaten für die soziale Zivilisation zu etablieren. Unter diesem neuen Zivilisationssystem haben wir die Idee, dass Sachenrecht nicht nur ein wichtiger Teil von sondern ein essentieller Schutz für Menschenrechte ist. Nur wenn wir die Rechte jedes Einzelnen in unserer Gesellschaft voll schützen, können wir die gute Entwicklung von der Gesamtheit und den ganzen Interessen fördern. Das Sachenrecht ist für Chinesen nicht nur ein Gesetz, um Eigentum und Rechte zu schützen, sondern auch ein Gesetz für Politik und Zivilisation, das soziale Konzepte ändert und unsere kulturellen Psychologie neu formt (Gao 2007) (siehe Tabelle 2-5).

Daten unterscheiden sich von „res," wie es in der Vergangenheit im Zivilrecht erwähnt wurde. Während die Kontrolle von Res exklusiv ist, ist die Datenkontrolle objektiv nicht exklusiv, was durch die immaterielle Form der Daten bestimmt wird. In diesem Fall sind Daten ähnlich den intellektuellen Errungenschaften. Aber Daten sind keine „res" (bewegliche oder unbewegliche Besitztümer) und auch keine intellektuellen Errungenschaften oder Rechte. Daten sind eine Art von Objekt, das sich von „res" durch seine immaterielle Form unterscheidet, und die Datenkontrolle ist weder exklusiv noch verzehrbar (Li A. 2018, S. 72). Die Zugehörigkeit und Kontrolle der konkreten Rechte der durch Daten getragenen Eigentumsrechten unterscheidet sich von Mustern des Besitzes und der Kontrolle von res corporals, deshalb ist das für res corporals geeignete Sachenrechtssystem auf Daten nicht anwendbar. Man kann sagen, dass das Datenrecht sich von jedem traditionellen Recht unterscheidet, auch wenn es manche Charakteristika teilen mag. Wir sollten nicht versuchen, Daten aufzunehmen, indem wir die Gesetze des Sachenrechts oder des geistigen Eigentumsrechts ausdehnen, wir sollten besser unserer langjährigen Gewohnheit bei der Gesetzgebung folgen, spezielle Gesetzgebung für Daten zu etablieren. Deshalb sollten wir, neben dem derzeitigen System der Eigentumsrechte eine neue Art von Recht für res incorporales aufstellen, Datenhoheit und ein relevantes Rechtssystem für Datenrechte etablieren. Damit schaffen wir ein eigenständiges System der Eigentumsrechte, das sich von dem Schutz für res corporales unterscheidet.

Tabelle 2-5. Unterschiede zwischen Menschenrechten, Sachenrechten und Datenrechten

Typ	Menschenrechte	Sachenrechte	Datenrechte
Subjekt	Individuen, Gemeinschaft	Bestimmte Personen	Bestimmte Gläubiger, einschließlich der bestimmten Person, auf die Daten zeigen und solche, die die Daten sammeln, speichern, übertragen und verarbeiten
			(einschließlich der natürlichen Personen, juristische Personen, nicht als Körperschaft eingetragene Organisationen etc.)
Objekt	Rechte an Sachen, Verhalten, geistigen Produkten, Information und so weiter	Bestimmte Dinge, die von Menschen kontrolliert werden; Rechte, die von Gesetzen zur Verfügung gestellt werden	Datensätze mit bestimmten Regeln und Werten; mit der Ausnahme von denen, die von Gesetzen bestimmt sind.
Inhalt	Persönlichkeitsrechte; politische Rechte und Freiheit; wirtschaftliche, soziale und kulturelle Rechte;	Eigentumsrecht; Rechte über Besitz von anderen Gegenständen	Eigentum; Nießbrauchrechte; Datenrechte für öffentliche
	Rechte verletzlicher Gruppen und besonderer Gruppen; Rechte internationaler Gemeinschaften (oder Gruppen) und so weiter	(Sachenrechte für Sicherheits- und Nießbrauch-Rechte)	Interessen; Datenteilhaberechte

Literaturverzeichnis

Bai, Guimei. 2015. *Law of Human Rights (2. edition)*. Beijing: Peking University Press.

Bodenheimer, E. 2004. *Jurisprudence: The Philosophy and Method of the Law*. Beijing: China University of Political Science and Law (CUPL) Press.

Brynjolfsson, Eric, McAfee, Andrew. 2014. *The second machine age: Work, progress, and prosperity in a time of brilliant technologies*. New York: W. W. Norton & Company.

Central Compilation & Translation Bureau 2012. *Marx Engels Selected Works (Volume II)*. Beijing: People's Publishing House.

Chang, Haitao. 2014. „On the Relationship between Power and Right," *Young Society*. The 22th issue.

Chen, Huabin. „*Origins of Real Right & Concepts of Real Right in Roman Laws and Germanic Laws*," retrieved May 6, 2004, from <http://www.iolaw.org.cn/>.

Cui, Wenxing. 2017. *On Real Right in Civil Laws*. Beijing: China Legal Publishing House.

Darwin, Charles. 1991. The Origin of Humanity. Trans. Pan Guangdan, et. Al. Commercial Press.

Donnelly, J. 2001. *Universal Human Rights in heory and Practice*, Trans. Wang Puqu. Beijing: China Social Sciences Press.

Gao, Xiang. 2007. „Real Right, the New Starting Point of Our Social Civilization," *People's Daily*.

Han, Kai. 2017. *Study on Egoism, Altruism and the Relationship with Well-being*. Wuhan: Wuhan University.

Han, Minqing. 2005. „New Industrialization: A New Civilization and A New Outlook on Development," *Philosophical Researches*. The 8th issue.

He, Huaihong. 2014. „On Sense of Compassion," August 14. Retrieved from *Chinese Social Sciences Net*.

Ji, Leilei. 2008. „Research on the Protection of the Property Industry by Empowering Data," *Library Development*.

Li, Aijun. 2018. „Data: Its Rights Attribute and Legal Nature," *Oriental Law*.

Li, Buyun. 2003. *Exploration into Theories of Law* (169th edn). Changsha: Hunan People's Publishing House.

Li, Buyun. 2004. „On the Origin of Human Rights," *Political and Legal Forum*.

Li, Xinshi. 2002. „Marxism on Civilization," Journal of Kaifeng University.

Li, Zhongyuan. 2012. „Surpassing Industrial Civilization, Creating A New Era in Human Civi- lization," *On Economic Problems*.

Liang, Huixing. 1998. *Research on Chinese Real Right Law*. Beijing: Law Press China.

Lin, Qifu, He, Jingchao. 2016. „Power of Big Data: One Logic of Modern Power and Practical Relection," *Journal of Northeastern University (Social Science).*
Lin, Zhe. 2004. „What is Human Rights?," *Study Times.*
Liu, Zhaocheng. 2015. „Establishment of Mechanism for Partial Capacity for Rights," *Chinese Journal of Law.*
Long, Weiqiu. 2016. „Study on Legal Challenges to China's Intelligent Manufacturing and Basic Strategies," *Law Review.*
Mann, Michael. 2012. The sources of social power. Trans: Liu Beicheng et al. Shanghai Renmin Press
Marx, K. & Engels, F. 1975. *Collected works, Vol. 19, Marx and Engels.* London: Lawrence & Wishart.
Miao, Yaohui. 2016. *Research on Marx's Thought of Human Values.* Shenyang: Liaoning University.
Oosuka, Akir. 2000. *The Right to Life.* Trans. Lin Hao. Beijing: Law Press.
Qi, Yanping. 2002. „On Universal Human Rights," Legal Forum.
Qi, Yanping. 2015. *Evolution of the Concept of Human Rights.* Jinan: Shandong University Press.
Shen, Zongling. 1991. „The Nature of human rights," *China Legal Science.*
Shen, Zongling, Huang, Nansen, 1994. *Theory of Western Human Rights (Volume II).* Chengdu: Sichuan People's Publishing House.
Sun, Jinyi, Gan, Zhigeng. 2007. *On Civilization: Formation, Development and Prospects of Human Civilizations.* Harbin: Heilongjiang People's Publishing House.
Sun, Yan. 2011. *Relection on the Basic Issues of Contemporary Property Law of China,* Changchun: Jilin University.
Tao, Ying. 2016. „Rational Utilization and Legal Regulation of New Type Personal Informa- tion in the Process of Network Informatization," *Journal of Shandong University (Philosophy and Social Sciences).*
Tong, Rou. 1990. *Study of the Civil Law in China: The General Provisions,* Beijing: People's Public Security University of China Press.
Wang, Guanghui. 2010. *Comparative Constitution.* Wuhan: Wuhan University Press.
Wang, Guanghui. 2015. Human Rights Law. Beijing: Tsinghua University Press.
Wang, Liming. 2014. *Civil Law (Sixth Edition).* Beijing: China Renmin University Press.
Wang, Yuliang. 2009. „On Human Values," *Journal of Socialist Theory Guide.*
Wang, Zejian. 2001. *Real Right in Civil Laws (I).* Beijing: China University of Political Science and Law (CUPL) Press.
Wei, Zhenying. 2016, *Civil Law (Sixth Edition).* Beijing: Peking University Press, Higher Education Press.

Wen, Shiyang. 2016. „Legislative Considerations over the Objects of Rights in General Provisions of the Civil Law – with Emphasis on Special Res," *Law Science.*

Wu, Xianjing. 2015. „On Legal Expression of Ecological Civilization," *Journal of Nanjing Tech University (Social Science Edition).*

Wu, Ying. 2009. „Marx's Theories on Civilization," *Shandong Social Sciences.*

Xia, Yong. 2001. *The Origin of the Concept of Human Rights (revised edition).* Beijing: China University of Political Science and Law Press.

Xiao, Dongmei, Wen, Yuheng. 2015. „An Outline of Right and Power to Data Pedigree," *Journal of Xiangtan University (Philosophy and Social Sciences).*

Xie, Zaiquan. 2011. *On Property Rights in Civil Law (I).* Beijing: China University of Political Science and Law (CUPL) Press.

Xu, Chongde. 2009. *Constitution.* Beijing: China Renmin University Press.

Xu, Xianming. 2000. „The System and Classiication of Human Rights," *Social Sciences in China.*

Xu, Xianming. 2006. „Right to Harmony: The Fourth Generation of Human Right," *Human Rights.*

Xu, Ming. 2017. „The privacy crisis in the era of big data and its response to tort law" *Chinese Journal of Law.*

Yang, Jing. 2006. „Relections and Critiques on the Hypothesis of 'Economic Man'," Shanghai Economic Review.

Zang, Deshun. 2009. „Backwash and Beyond: the Assumption of 'Social Man' vs 'Economic man': From Karl Polanyi to Mark Granovetter – The Latest Developments of the New Economic Sociology," *Journal of Gansu Institute of Public Administration.*

Zhang, Hengshan. 1997. „On the Moral Basis of Human Rights," *Chinese Journal of Law.*

Zhang, Jianyun, Mao, Wwenlong. 2009. „Logic between 'Economic Man' and 'Social Man' and their Contemporary Signiicance," *Economic Research Guide.*

Zhao, Zongliang. 2008. „On the Relationship between Human Rights and Sovereignty and Its Solution," *Journal of Inner Mongolia Agricultural University (Social Science Edition).*

Zheng, Ge. 2016. „Between Encouraging Innovation and Protecting Human Rights: How the Law Responds to the Challenges of Big Data Technology Innovation," *Exploration and Free Views.*

Zhu, Zhiyong, Lv, Huiping. 2005. „Synced Increase in Human Values and the Value of hings: Thoughts on How 'Human-orientation' Can Be Possible," *Social Science Front.*

Zuckerman, E. 2013. *Rewire: Digital Cosmopolitans in the Age of Connection.* New York: W. W. Norton & Company.

KAPITEL 3

Das Konzept der Datenrechte

Daten sind eine grundlegende Ressource in der modernen Gesellschaft. Ihr Wert ist weitläufig anerkannt. Inzwischen hat das digitale Zeitalter auch das Zivilrecht, das Sachenrecht und andere traditionelle Gesetze vor beispiellose Herausforderungen gestellt. Die Persönlichkeit und das Eigentum der Daten sind zu unvermeidlichen rechtlichen Fragen geworden. In der juristischen Branche wird seit Langem über Datenrechte und deren Zugehörigkeit debattiert. Hinsichtlich der Theorie über neue Persönlichkeitsrechte, Rechte an geistigem Eigentum, Rechte an Dateneigentum usw. wurden dabei einige Überlegungen angestellt. Diese Theorien und Ideen können nicht alle Merkmale von Datenrechten abdecken, obwohl sie gut etabliert sind. Unsere Forschung hat ergeben, dass Datenrechte eine umfassende Kombination aus Datenpersönlichkeitsrechten und Dateneigentumsrechten sind. Das Besitzrecht ist das Wesen der Sachenrechte, während das Recht zum Teilen das Wesen der Datenrechte ist. Mit der tiefen Entwicklung von Big Data sind Datenrechte und deren Zugehörigkeit zu globalen Themen geworden. Die Einführung des Datenschutzrechts wird ein wichtiger Eckpfeiler für den Eintritt der Menschheit in die Ära der Datenrechte aus der Ära der Sachenrechte heraus sein.

Abschnitt 1 Theorien der Datenrechte

Weil sich Datenrechte von idealistischen zu tatsächlichen Rechten entwickeln, ist eine Diskussion über sie unvermeidlich. Angesichts der tatsächlichen Bedrohung durch die rasche Entwicklung des Internets und von Big Data ist es für uns besonders wichtig und dringend, den

Schutz der Datenrechte durch die Gesetzgebung der Datenrechte zu stärken. In der Rechtswissenschaft wurden heftige Diskussionen über Datenrechte und deren Zugehörigkeit geführt. Obwohl bisher noch kein Konsens erzielt wurde, lassen sich aus der Perspektive der Ganzheit die Mainstream-Ansichten in der Regel in vier Kategorien einteilen: Theorie eines neuen Typs von Persönlichkeitsrechten, Theorie des geistigen Eigentumsrechts, Theorie der Geschäftsgeheimnisse und Theorie der Rechte des Dateneigentums.

(1) Theorie einer neuen Art von Persönlichkeitsrecht

Das traditionelle Persönlichkeitsrecht bezieht sich auf ein Recht mit den gesetzmäßigen inhärenten Persönlichkeitsinteressen des Subjekts als Gegenstand zur Wahrung und Verwirklichung der Gleichheit von Persönlichkeit, persönlicher Würde und persönlicher Freiheit. Es ist ein traditionelles Bürgerrecht (Hu 2011). „Das Persönlichkeitsrecht ist das Recht auf die Persönlichkeit des Rechteinhabers selbst, d. h. die Rechte und die sozialen Interessen einer Person in der Gesellschaft sind gesetzlich geschützt, da die Persönlichkeit ein zentraler Bestandteil einer Person ist, einschließlich der Rechte des Lebens, des Körpers, der Freiheit, von Keuschheit, Ansehen, Porträt, Name, Glaubwürdigkeit usw." (Zheng 1988). Es gibt relevante Bestimmungen über den Schutz des Persönlichkeitsrechts in der Verfassung und in den allgemeinen Grundsätzen des Zivilrechts in China. Gemäß Artikel 38 der Verfassung der Volksrepublik China ist „die persönliche Würde der Bürger der Volksrepublik China unantastbar. Beleidigung, Verleumdung, falsche Anschuldigung oder falsche Beschuldigung, die in irgendeiner Weise gegen die Bürger gerichtet sind, sind verboten." Die Allgemeinen Grundsätze des Zivilrechts der Volksrepublik China legen den Schutz der Persönlichkeitsrechte fest, einschließlich der Rechte auf Namen, Bild, Ansehen und Privatsphäre.

Die Persönlichkeitsrechte sind ein unbeschränktes System privater Rechte (Wang 2015). Mit der Verbesserung von Wissenschaft, Technik und der sozialen Entwicklung entwickeln sich auch der Umfang und Inhalt der

Persönlichkeitsrechte ständig. Big Data ist allumfassend und wird intensiv in verschiedenen Aspekten wie dem wirtschaftlichen Funktionsmechanismus, dem sozialen Lebensstil, der Fähigkeit zur nationalen Governance, der Landesverteidigung und dem Armeeaufbau genutzt. Daten gewinnen zunehmend an Bedeutung und stellen den Datenschutz vor neue Herausforderungen. Während des Datenverarbeitungsprozesses können einige Informationen extrahiert werden, von denen nicht erwartet wird, dass sie vom Datensubjekt preisgegeben werden, und ein „Datenbild" des Subjekts kann durch Datenfusion und Assoziationsanalyse erhalten werden. Je mehr Daten bereitgestellt werden, desto spezifischer wird dieses Bild. In Wirklichkeit kann das illegale Aussortieren fragmentierter Daten wie Videos, Social-Media-Inhalte, persönlicher Kontoinformationen, Standortinformationen und Online-Verbrauchsinformationen die persönlichen Interessen wie das Recht auf Leben, den Namen usw. untergraben, die als Teil der Persönlichkeitsrechte ein integrales Element bilden.

Der Schutz personenbezogener Daten geht weit über die traditionellen Persönlichkeitsrechte hinaus. Der traditionelle Schutz personenbezogener Daten wird hauptsächlich durch das Datenschutzsystem geregelt. Trotz inhaltlicher Überschneidungen (zum Beispiel sollen sowohl Datenrechte als auch Datenschutz die persönliche Würde des Dateninhabers schützen) unterscheiden sich die beiden Rechte grundlegend: Erstens sollte das Recht auf Privatsphäre der absolute Schutz privater Information vor Offenlegung sein, während sich Datenrechte auf den gewährten Schutz der Daten während des Prozesses der Kontrolle, Nutzung, Profiterzielung und Teilhabe von Daten beziehen. Zweitens betont das Recht auf Privatsphäre den passiven Schutz der Privatsphäre des Einzelnen, während die Datenrechte die Nutzung personenbezogener Daten für soziale Aktivitäten aktiv steuern. Drittens hat die vom Objekt des einzelnen Datenrechts gezeigte Subjekt Unsicherheit. Bei der Veränderung der Handynummer, Familienadresse usw. kann immer noch mit dem Verweis auf andere Daten ein irgendwelches Subjekt gezeigt werden, es ist anders als beim Objekt der Privatsphäre, bei dem bestimmte Persönlichkeitsrechte auf Namen und Bild usw. bestehen. Wang Liming und andere Wissenschaftler sind der Ansicht, dass persönliche Informationen, die für öffentliche Interessen und andere

Zwecke, die nicht mit dem Eigentum zusammenhängen, identifizierbar sind und manchmal gesammelt werden, nicht einfach als ein Eigentumsrecht deklariert werden sollten (Wang 2012). In Anbetracht des Inhalts und der Merkmale des Rechts auf personenbezogene Daten sollte es als eine neue Art von selbstständigem Persönlichkeitsrecht angesehen werden. Seine Idee wurde aus den folgenden Gründen entwickelt.

Erstens ist die Kommerzialisierung von Persönlichkeitsrechten weit verbreitet. Die traditionellen Persönlichkeitsrechte konzentrieren sich auf den Schutz der geistigen Interessen und vernachlässigen den Wert des Eigentums. Im Zuge der Entwicklung der Marktwirtschaft werden einige Rechte in den Persönlichkeitsrechten allmählich kommerzialisiert. Mit der Verbesserung des Bewertungsmechanismus des Eigentumswerts der Persönlichkeitsrechte erhöht sich der Nutzungswert der Persönlichkeitsrechte, die mit res incorporales gekennzeichnet sind. Namen und Bilder namhafter Persönlichkeiten dürfen beispielsweise für kommerzielle Zwecke verwendet werden, um einen Prominenteneffekt zu erzielen. Gleichzeitig sind die Speicherung, Verbreitung und Nutzung personenbezogener Daten im Cyberspace offen, unmittelbar und normal. Fragmentierte Daten können durch Assoziationsanalyse und Datenfusion zu einer „Datenperson" zusammengefügt werden und anschließend können die Analyseergebnisse der „Datenpersonen" für kommerzielle Zwecke verwendet werden. Die Vermarktung von Persönlichkeitsrechten hat sich in der modernen Gesellschaft der Marktwirtschaft durchgesetzt (Wang 2013), was eine Überarbeitung der traditionellen Persönlichkeitsrechte erforderlich machte.

Zweitens sind die bestehenden Schutzsysteme für personenbezogene Daten für deren Schutz nicht ausreichend. Persönliche Informationen waren ursprünglich Teil des Schutzbereiches des Rechts auf Privatsphäre, aber mit der Entwicklung der Informationstechnik wurde persönlichen Informationen ein persönlicher Wert verliehen. Das Datenschutzsystem durch das Recht auf Privatsphäre ist daher anscheinend unzureichend, um personenbezogene Daten zu schützen. Die Bestimmung der Rechtsnatur von Rechten an personenbezogenen Daten betrifft die Zusammensetzung des Schutzmechanismus für personenbezogene Daten, insbesondere das Bürgerrechtssystem. Am 15. November 2017 hat das Zivilrechtbüro des

Komitees für rechtliche Angelegenheiten der Kommunistischen Partei Chinas das Kapitel des Persönlichkeitsrechts der Bürgerrechte der Volksrepublik China (Entwurf) (Innenraumentwurf) herausgegeben, in dem die Bestimmungen zu personenbezogenen Daten zur Verbesserung des Rechtssystems und der Rechtspraxis in der Anpassung an die Entwicklung durch staatliche gesetzliche Systeme von großer Bedeutung sind.

Drittens ist die Gesetzgebung zum Schutz personenbezogener Daten von großer Bedeutung. Im traditionellen Bürgerrechtssystem sind Eigentumsrechte der Kern der Bürgerrechte. Im Zeitalter von Big Data hat das Recht auf Persönlichkeit jedoch immer mehr Beachtung gefunden. Es ist daher notwendig, im modernen Zivilrecht ein neues Persönlichkeitsrechtssystem einzuführen, um sich an die Entwicklung des Informationszeitalters anzupassen. Das Recht auf personenbezogene Daten sollte den Schutz sowohl der geistigen Interessen als auch der Eigentumsinteressen der Persönlichkeit umfassen, d. h. Das Datensubjekt kann ihre personenbezogenen Daten zu kommerziellen Zwecken auf dem Markt für Datenprodukte handeln, solange dies nicht ihre Persönlichkeit verletzt. Im Falle einer Verletzung von Eigentumsinteressen können die Verluste des Datensubjekts in Marktpreise umgerechnet werden (Wu 2016).

(2) Die Theorie der Rechte des geistigen Eigentums

Einige Rechtswissenschaftler stellten fest, dass Daten untrennbar mit dem Schutz geistigen Eigentums verbunden sind, da sie reproduzierbar (gemeinsam teilbar) und wiederverwendbar sind und legten dann die Theorie der Rechte des geistigen Eigentums vor. Die Theorie der Rechte des geistigen Eigentums kann aufgrund der Beschränkung der Theorie der immateriellen Objekte keinen vollständigen Schutz der Daten bieten, sondern bei der technischen Entwicklung oder intellektueller Schöpfung und Verarbeitung durch betroffene Datensubjekte, wie z. B. Assoziationsanalyse, Datenfusion und Data Mining, entstehen ein neuer Datensatz oder eine persönliche Datenbank, die bis zu einem gewissen Grad eine Originalität aufweist. Sie sollte daher in einiger Maßen als geistiges Eigentum betrachtet werden.

Dateneigentumsrechte ähneln Informationseigentumsrechten, wohingegen Informationseigentumsrechte die Erweiterung der Rechte an geistigem Eigentum darstellen (Zheng & Zhu 2006). Mit der Entwicklung und umfassenden Benutzung der Informationstechnik sind viele Gesetze zum Schutz der Informationsbehandlungs- und Informationsübertragungstechnik erlassen worden, dem Schutz der Information selbst wurde jedoch wenig Beachtung geschenkt. In der 2002 in Japan verkündeten Strategie für geistiges Eigentumsrecht galten Informationseigentum und geistiges Eigentum als die wichtigsten Güter des 21. Jahrhunderts. „Informationsrechte" und „Rechte des geistigen Eigentums" haben die gleiche Bedeutung (ebenda). Die dritte Welle der technischen Revolution hat einen revolutionären Wandel bewirkt. Informationen sind zum wichtigsten Eigentum geworden und ersetzen damit sogar Grundstücke, Maschinen und andere materielle Güter. Die Rechte des Informationseigentums sind jedoch hauptsächlich nach dem traditionellen Recht des geistigen Eigentums geschützt.

Im Internetbereich kommt es häufig zu Patentverletzungen oder zur Missachtung von Rechten an der Verbreitung von Informationsnetzen, Geschäftsmodellen, Quellcodes usw. Der vom Obersten Gerichtshof im September 2017 herausgegebene Big Data-Sonderbericht zu Verstößen gegen geistige Eigentumsrechte (im Folgenden als „Sonderbericht" bezeichnet) hat gezeigt, dass Urheberrechtsfälle in den Jahren 2015 und 2016 50,2 Prozent der die geistigen Eigentumsrechte betreffenden Fälle in China ausmachten. Drei Viertel von ihnen betrafen Fälle, in denen das Recht auf Verbreitung von Informationen oder das Recht auf Anzeige verletzt wurde. Aus den Statistiken im Sonderbericht geht hervor, dass die Zeit, die das Gericht für die Bearbeitung von Fällen wie der Erteilung von Patentanmeldungen, die Verletzung von Erfindungspatenten und die Verletzung von Urheberrechten für Software aufgewendet hat, die durchschnittliche Bearbeitungszeit übersteigt. Die Rechtsstreitigkeiten im Zusammenhang mit Schutzrechtsverletzungen wurden hauptsächlich durch die Rücknahme von Beschwerden beigelegt. In den vom Gericht verhandelten Big Data- Klagen ging es um die Unklarheit der ursprünglichen betroffenen Datengrundlagen, die Unbestimmtheit der Rechtsnatur von Datenrechten, die Unklarheit der Gründe für Maßnahmen zum Schutz ihrer Rechte usw. In derzeitigen rechtlichen Rahmenbedingungen haben weder theoretischen Diskussionen noch gerichtlichen Praktiken definitive Antworten auf diese Fragen geliefert.

Zusammengefasst soll das, was das Gesetz schützt, in einem bestimmten Medium und in einer bestimmten äußeren Form festgelegt werden (Li 2013). Der Schutz von Datenrechten und -interessen im Zusammenhang mit Big Data umfasst Urheberrechte, Geschäftsmodi und die durch die Benutzung der analysierten Daten gewonnenen Patentrechte, Warenzeichen von Datenprodukten, Geschäftsgeheimnisse usw. Verschiedene Rechte und Interessen der Datenressourcen können durch unterschiedliche Kompetenzen in Urheberrechtsschutz-Systemen geschützt werden.

Es besteht das Schutzmodell von Produkten mit Originalität. Während des gesamten Prozesses von der Erstellung bis zur Nutzung der Daten sind vier Arten des Schutzes von Rechten und Interessen betroffen. Erstens sind Daten, die in der Datenbank gesammelt, übertragen und gespeichert werden, urheberrechtlich geschützt. Zweitens maximieren Daten durch Assoziierung, Fusion und Mining-Analyse ihren Wert und die Daten mit kommerziellen Werten können durch das System der Geschäftsgeheimnisse geschützt werden. Drittens sind alle anderen kreativen Techniken und Methoden, die bei der Datenverarbeitung entstehen, sind patentrechtlich geschützt. Viertens sind Datenprodukte, die in Software enthalten sind, für den urheberrechtlichen Schutz von Computersoftware geeignet.

Es besteht das Schutzmodell von Produkten ohne Originalität. Auch Daten ohne Originalität werden zu erheblichen Kosten erhoben und verarbeitet. Wissenschaftler der traditionellen Originalitätstheorie schlagen vor, gesammelte und geordnete Daten mit hoher Wertedichte aber ohne Originalität, vom Urheberschutz auszuschließen. Der Schutz benachbarter Schutzrechte kann auf Objekte ausgedehnt werden, die nicht urheberrechtlich geschützt sind, sodass Datensammlern oder -besitzern benachbarte Rechte gewährt werden. Die Ära der Big Data ist die Ära der Datenexplosion. Die Kosten für das Finden effektiver Daten im Datenstrom überwiegt allmählich die Wichtigkeit der Kreativität des Ausdrucks. Die meisten Datensätze, die für die Sammlung und Verbreitung von effektiven Inhalten erstellt wurden, haben keine Kreativität. Durch die rasante Entwicklung und den breiten Einsatz von Data Mining-Technik, intelligenter Technik und Geschäftsmodi bekommen Daten mittlerweile in allen Bereichen der wirtschaftlichen und sozialen Entwicklung eine zunehmende Bedeutung. Datensätze können als besondere Objekte, die unmittelbar auf das Urheberrecht und das Gesetz zur Bekämpfung des unlauteren Wettbewerbs fußen oder dem Schutz des Urheberrechts und dem Gesetz zur Bekämpfung des unlauteren Wettbewerbs unterliegen, aufgrund ihrer Nicht-Originalität und hohen Wertedichte durch benachbarte Rechte geschützt werden.

(3) Theorie der Geschäftsgeheimnisse

In Zeiten von Big Data explodieren die globalen Datenmengen täglich. Daten sind aufgrund ihrer einfachen Verbreitung leicht zu beschaffen. Heute manifestieren sich mit der rasanten Entwicklung der Digitalisierung Geschäftsgeheimnisse hauptsächlich in Form von Daten. Im Gegensatz zur herkömmlichen Netzwerkumgebung werden Geschäftsgeheimnisse im Zeitalter von Big Data leichter preisgegeben. Und unter den traditionellen rechtlichen Rahmenbedingungen ist die Sicherheit von Geschäftsgeheimnissen zu einem herausragenden und heiklen Thema geworden, das hauptsächlich auf die Umstände zurückzuführen ist, wie zum Beispiel fehlende rechtliche Beschränkungen bei Datentransaktionen, insbesondere bei solchen, die Geschäftsgeheimnisse betreffen. Eine große Anzahl von Geschäftsgeheimnisdaten wird auf einem einheitlichen Server gespeichert und ist anfällig für Angriffe. Die vollständigen Geschäftsgeheimnisse können mithilfe der Big Data-Mining-Technik aus gestreuten Unternehmensdaten abgerufen werden. Mitarbeiter von Unternehmen sind anfällig dafür, wichtige Unternehmensinformationen offenzulegen, da sie kein starkes Bewusstsein für Datensicherheit haben. Datenspeicherung und -übertragung sind aufgrund ihrer einfach zu speichernden und zu verbreitenden Funktionen, die dem Schutz von Geschäftsgeheimnissen und Unternehmensrechten zuwiderlaufen, schwer zu kontrollieren. Hoch-Technik im Zeitalter von Big Data macht Verstöße schwerer fassbar, ihre Auswirkungen sind komplizierter und schwerwiegender, und der Schutz von Geschäftsgeheimnissen ist schwieriger. All diese Probleme haben die bestehenden Gesetze und Vorschriften vor weitere Herausforderungen gestellt.

Das Gesetz gegen unlauteren Wettbewerb der Volksrepublik China sorgt für den Schutz des Geschäftsgeheimnisses, lässt aber das „Recht auf das Geschäftsgeheimnis" außer Acht. In der Zwischenzeit haben die Allgemeinen Bestimmungen des Zivilrechts das Geschäftsgeheimnis in das geistige Eigentumsrecht aufgenommen und es präzisiert. Ein Geschäftsgeheimnis hat Handelswert. Es ist vertraulich und nicht exklusiv. Zum einen soll ein Geschäftsgeheimnis der Öffentlichkeit nicht bekannt sein. Sobald ein Geschäftsgeheimnis gemeinfrei oder offen gelegt wird, geht sein Handelswert verloren. Seine Charakteristik unterscheidet es offensichtlich vom traditionellen geistigen Eigentumsrecht. Andererseits ist das Geschäftsgeheimnis relativ und nicht exklusiv. Sobald eine dritte Person mit geeigneten Mitteln ein Geschäftsgeheimnis erlangt, hat sie das gleiche Recht wie der erste Besitzer. Daten haben auch wirtschaftlichen Wert. Sie sind ebenso nicht offen und nicht exklusiv. Unter bestimmten Umständen können Daten als Geschäftsgeheimnis betrachtet werden. Ein Geschäftsgeheimnis besteht aus drei Elementen: Wert, Vertraulichkeit und Verwaltbarkeit. Im Zeitalter von Big Data stellten jedoch viele neue Umstände die Anforderungen in Bezug auf die folgenden Aspekte vor Herausforderungen, hauptsächlich in 3 Punkten:

Erstens: Konflikt bei der Identifizierung der Vertraulichkeit. Der Begriff des Konflikts in der Vertraulichkeitsidentifikation bezieht sich hauptsächlich auf den Konflikt zwischen der Privatsphäre und der Erreichbarkeit. Anders als im traditionellen Netzwerkumfeld hat die Ära der Big Data neue Veränderungen mit sich gebracht: Es entstehen sehr viele neue Arten von Medien, der Informationszugriffskanal ist vielfältiger und umfangreicher, und die Datenerfassung ist extrem einfach geworden. Heutzutage ist die Frage, ob bestimmte Daten vertraulich sind, umstritten, was es schwierig macht, die Vertraulichkeit von Geschäftsgeheimnissen festzustellen. Im Produktionsmanagement von Unternehmen ist die Netzwerkinformationstechnik weit verbreitet. Social Network Software, WeChat, QQ, E-Mail und andere Verbreitungsmethoden für Geschäftsinformationen, Datenverarbeitungsmethoden für Online-Cloud-Dienste und die Kommunikation der Mitarbeiter über die sozialen

Netzwerke zu geschäftskritischen Informationen usw. bergen das Risiko einer erhöhten Offenlegung von Geschäftsgeheimnissen in unterschiedlichem Ausmaß. Diese Arten von geschäftskritischen Daten werden bei der täglichen Arbeit versehentlich in Netzwerkdaten umgewandelt. Der einfache Zugriff auf Netzwerkdaten untergräbt die Vertraulichkeit von Geschäftsgeheimnissen.

Zweitens: Konflikt zwischen Vertraulichkeit und Transparenz. Alle in der Cloud gespeicherten Daten sind für Cloud-Dienstanbieter vollständig transparent. Das Kontokennwort des Unternehmensbenutzers ist für den Cloud-Dienstanbieter irrelevant. Daten, die von Unternehmensbenutzern in der Cloud gespeichert werden, werden aktiv und freiwillig hochgeladen. Im Allgemeinen ist eine solche freiwillige Offenlegung von Geschäftsgeheimnissen nicht rechtlich geschützt. Wenn Unternehmen dieses Transparenzmerkmal von Big Data nicht beachten, ist es wahrscheinlich, dass Geschäftsgeheimnisse potenziellen rechtlichen Risiken ausgesetzt sind. Ebenso stellt die Weitergabe von Geschäftsgeheimnissen an Dritte keine freiwillige Offenlegung der Geheimnisse dar. Es bedeutet auch nicht, dass das Unternehmen die Vertraulichkeit der Geschäftsgeheimnisse aufgibt. Solange die Daten nicht von Dritten offengelegt oder genutzt werden und der Rechteinhaber andere Schutzmaßnahmen zur vertraulichen Behandlung ergriffen hat, unterliegen die Geschäftsgeheimnisdaten weiterhin dem Schutz des Geschäftsgeheimnisgesetzes. Aus diesem Grund ist eine ausdrückliche Vertraulichkeitsvereinbarung zum Schutz von Geschäftsgeheimnissen für die Speicherung und Übermittlung von Geschäftsgeheimnisdaten von entscheidender Bedeutung.

Zweitens ist es schwierig, „angemessene Vertraulichkeitsmaßnahmen" zu identifizieren. Verwaltbarkeit ist ein unverzichtbares Element des Geschäftsgeheimnisses. Das Gesetz verpflichtet die Rechteinhaber, angemessene Maßnahmen zum Schutz von Geschäftsgeheimnissen zu ergreifen. In Big Data-Anwendungen ist es jedoch schwierig zu erkennen, ob bestimmte Handlungen unter die Kategorie „angemessene Vertraulichkeitsmaßnahmen" fallen. Wenn beispielsweise ein Rechteinhaber Geschäftsgeheimnisdaten in eine kennwortgeschützte Cloud hochlädt, beeinträchtigt dies den Schutzstatus der Geschäftsgeheimnisse? Einige Wissenschaftler sind der Ansicht, dass „angemessene

Vertraulichkeitsmaßnahmen" ergriffen wurden, wenn die Daten in einer privaten Cloud gespeichert wurden, und dass „angemessene Vertraulichkeitsmaßnahmen" nicht ergriffen wurden, wenn die Daten in einer öffentlichen Cloud gespeichert wurden. Es macht keinen Unterschied, ob es sich um ein gewöhnliches Kennwort handelt oder nicht, da die private Cloud im Gegensatz zur öffentlichen Cloud selbst den Ausschluss anderer Benutzer beinhaltet. Einige andere Wissenschaftler behaupten jedoch, dass öffentliche Cloud-Dienstanbieter einen gewöhnlichen Passwortschutz (der nur über einen Benutzernamen und ein Passwort zugänglich ist) bereitstellen, während sie den Kunden Dienste anbieten. Daher gibt es „angemessene Vertraulichkeitsmaßnahmen," solange andere Personen über diese Vertraulichkeitsmaßnahmen informiert sind, kann sichergestellt werden, dass die Geschäftsgeheimnisdaten des Benutzers nicht einfach von einer Suchmaschine abgerufen werden können. Zudem kann das technische Niveau von Cloud-Dienstanbietern auch die Identifizierung von „vernünftigen Maßnahmen" beeinflussen. Die Merkmale des dynamischen Austauschs von Cloud-Dienstdaten machen das Datenmanagement zu einer großen Herausforderung. Wenn das technische Niveau der Cloud-Dienstanbieter zu niedrig ist, gefährden unbefugte Datenzugriffe und Netzwerkangriffe die Datensicherheit der Benutzer und führen dazu, dass Benutzerdaten leicht gestohlen werden können, was sich direkt auf die Identifizierung von „angemessenen Maßnahmen" auswirkt.

Darüber hinaus ist es schwierig, den Umfang der Objekte zu bestimmen. Mit dem Aufkommen von mobilen Kommunikationsgeräten wie Smartphones hat sich das mobile Internet rasant entwickelt und seine leistungsstarken Datenerzeugungsfunktionen sind zu einer der Haupttriebkräfte für die Entwicklung von Big Data in der Welt geworden. Heutzutage sind das Erhalten und Teilen von Daten ein wichtiger Bestandteil des menschlichen sozialen Lebens geworden. Laut Statistik gibt es weltweit rund 5 Milliarden Mobilfunknutzer. Diese Benutzer sind potenzielle Informationsempfänger und Verbraucher. Eine so große Nutzergruppe bedeutet einen unvorstellbaren Geschäftswert. Über soziale Netzwerkplattformen (wie Weibo und WeChat Public Account) können Unternehmen Geschäfte fördern und Geschäftsgewinn erzielen. Außerdem wird der Online-Beziehungskreis der Konten mit der Verbesserung der

Kontenverwaltung immer größer und ausgefeilter, und folglich wird der Einfluss der Unternehmen weiter zunehmen. Darüber hinaus sind diese sozialen Netzwerkkonten als Vertreter des Unternehmens im Netzwerk ein integraler Bestandteil des Unternehmens und daher unersetzbar. Daher ist der Schutz von Unternehmenskonten in sozialen Netzwerken durch das Betriebsgeheimnisgesetz eine Forderung vieler Firmen. Infolgedessen erstreckt sich der Objektbereich des Geschäftsgeheimnisses von Unternehmen auf ihre Konten in sozialen Netzwerken, was das Problem der Erweiterung des Objektbereichs aufwirft. Gemessen an den behandelten Fällen wurde diese Praxis vom Gericht noch nicht unterstützt. Mit der Entwicklung von Big Data ist es jedoch wahrscheinlich, dass die Daten, die in der Vergangenheit nicht als Geschäftsgeheimnis eingestuft wurden, in den Objektumfang des Schutzes von Geschäftsgeheimnissen aufgenommen werden.

(4) Theorie der Dateneigentumsrechte

Gemäß der Theorie der Dateneigentumsrechte sind Daten von Natur aus Eigentum. Es ist eine neue Art von Eigentum. Angesichts der Tatsache, dass die derzeitigen Rechtssysteme für Persönlichkeitsrechte, Rechte des geistigen Eigentums und Geschäftsgeheimnisse nicht ausreichen, um einen angemessenen Schutz für Daten zu gewährleisten, ist es von großer praktischer Bedeutung, Dateneigentumsrechte durch Rechtsvorschriften festzulegen. Die bereits 2008 erschienenen „Data Banking“ und „Data Conventions“ zeigen, dass sich der globale Markt für Big Data mit Daten als Transaktionsobjekt gebildet hat, und es ist allgemein anerkannt, dass es sich bei Daten um eine neue Art von Eigentum handelt.

Daten sind im Sachenrechtsgesetz keine „Res.“ Daher sind Dateneigentumsrecht und Sachenrecht nicht identisch. Dateneigentumsrechte können nicht mit dem Ausgangspunkt von Sachenrechtssystem geregelt werden. In der zweiten Hälfte des 19. Jahrhunderts wurden im Bürgerlichen Gesetzbuch die Begriffe „Res“ und „Sachenrecht“ vorgeschlagen, in denen „Res“ als greifbares Objekt und „Sachenrecht“ als Verfügungsrecht über ein greifbares Objekt festgelegt ist. Diese Definitionen basieren auf dem Gedanken, dass das Eigentum an Interessen an Res durch das Eigentum an Res bestimmt wird. Das Recht auf wirtschaftliche Interessen an Res und an der Res selbst gehört zum selben Subjekt Das Eigentum an „Res" stellt vollständige Sachenrechte dar, während die Sache das Objekt ist, an das die Sachenrechte geknüpft sind. Nach der allgemeinen Rechtslehre Chinas zeichnet sich die „Res" durch Exklusivität und Verfügbarkeit aus. Die Exklusivität des Sachenrechts wird durch die physische Form der Res bestimmt. Gleichzeitig ist der Besitzer der Res einzigartig und die Res kann nicht von zwei Besitzern besessen werden. Die Kontrolle eines Besitzes über die Res stellt den Ausschluss anderer über die Res dar. Die Exklusivität des Sachenrechts wird folgenden beiden Faktoren zugeschrieben: 1. Die physische Form der Res bestimmt objektiv das tatsächliche Monopol im Besitz der Res. Die Res heißt, sie kann nur einer Person und nicht zwei Personen gleichzeitig gehören; 2. Während des Nutzungsprozesses werden der Wert der Res selbst und seine Nutzung im Laufe der Zeit gemindert. Wenn man aus der Res Gewinne erzielt, werden andere gleichzeitig davon ausgeschlossen, Gewinne daraus zu erzielen.

Im Gegensatz zu der Res, die physische Form hat, ist das auffälligste Merkmal von Daten ihre nicht-physische Form. Daten unterscheiden sich in der Natur von Elektrizität, Wärme oder anderen „nicht physischen" Objekten gemäß dem Sachenrecht. Jede Einheit Strom oder Wärme, kann jeweils von einem Subjekt zu einer Zeit besessen werden. Und Strom oder Wärme als Res kann von seinem Subjekt verbraucht werden. Die nicht-physischen Daten dagegen können nahezu ohne Kosten und ohne Verlust uneingeschränkt kopiert werden. Der Wert von Daten liegt nicht in den Daten selbst, sondern in deren Inhalten. Daher sind Daten theoretisch nicht exklusiv in Bezug auf Besitz und Verfügbarkeit. In der Entwicklung der Datenindustrie ist es zu einer internen Forderung der Datenindustrie geworden, Daten so effizient und häufig wie möglich zu verwenden, da Daten ohne Verluste unbegrenzt kopiert werden können.

Die nicht-physische Form unterscheidet die Kontrollierbarkeit von Daten von der Exklusivität der Res. Obwohl Daten uneingeschränkt kopiert und verwendet werden können, bedeutet dies nicht, dass Daten nicht kontrollierbar sind. Ein Rechtssubjekt kann die in seinem Besitz befindlichen Daten gemäß den gesetzlichen Bestimmungen kontrollieren.

Andere Subjekte können rechtlich autorisiert sein, die Daten in einem bestimmten Umfang zu verwenden. Daher sind der Besitz und die Kontrolle von Daten kein physisches Monopol. Im Gegensatz zu dem Rechtssubjekt der Res können Daten von zwei oder mehr Subjekten gleichzeitig besessen werden.

Mit einem Wort sind Daten ein neuer Objekttyp, der keine physische Form hat und nicht exklusiv und nicht erschöpfend ist. Nehmen Sie z. B. persönliche Daten: Einzelpersonen, Unternehmen und Regierungsbehörden können die gleichen persönlichen Daten zur gleichen Zeit verwenden. Obwohl personenbezogene Daten auf Einzelpersonen abzielen, stehen die drei Subjekte bei der Verfügung über dieselben Daten nicht in Konflikt miteinander und sie schließen sich nicht aus. Selbstverständlich müssen Unternehmen bestimmte Anforderungen erfüllen, bevor sie die Daten verwenden. Regierungsbehörden können es für die Zwecke der nationalen Sicherheit, des Sozialmanagements und der Erbringung öffentlicher Dienstleistungen verwenden. Darüber hinaus werden der Wert und der Verwendungswert der Daten bei ihrer Verwendung nicht verringert. Aus diesem Grund sind Daten und die „Res" im Sachenrecht von Natur aus unterschiedlich. Dateneigentumsrechte sind im Übrigen nicht als Erweiterung von wirklichen Rechten zu verstehen. Der Begriff des Eigentums leitet sich aus der Integration einer Person und der „Res" ab. Sein Wert liegt darin, herauszufinden, wem die „Res" gehört, und den vollständigen Besitz und die Kontrolle über die „Res" durch das Subjekt zu erlangen. Es ist ersichtlich, dass materielle Objekte die Grundlage des Systems der Sachenrechte und der Theorien über das System der Sachenrechte sind. Es ist jedoch offensichtlich unangemessen, Sachenrechtstheorien auf Dateneigentumsrechte anzuwenden. Die Anwendung der Theorien der Res und des Eigentums auf andere Res Incorporales wird unweigerlich ein theoretisches Dilemma verursachen. Die Übertragung von Rechten ist Ausdruck der Übertragung von Eigentum aller Art in einem zivilrechtlichen Verhältnis. Sofern das Eigentum gesetzlich verankert ist, kann Res Incorporales unabhängig vom Rahmen der Gegenstände und des Eigentums unter dem Gesichtspunkt des Eigentums und der Eigentumsübertragung verstanden werden. Dateneigentum und materielles Eigentum sind Eigentum und werden auf unterschiedliche

Weise entsorgt. Aus diesem Grund kann das Sachenrechts-System, das auf Sachwerte anwendbar ist, nicht auf Daten angewendet werden (siehe Tabelle 3-1).

Abschnitt 2 Definition von Datenrechten

Die oben genannten Theorien einer neuen Art von Persönlichkeitsrechten, Rechten des geistigen Eigentums, Geschäftsgeheimnissen und Rechten des Dateneigentums schöpfen, obwohl sie bis zu einem gewissen Grad vernünftig sind, nicht alle Umstände aus, die vom Datenrechtssystem abgedeckt werden sollten. Datenrechte werden nicht aus der Perspektive eines bestimmten Rechts betrachtet. Stattdessen sollen auch andere Perspektiven berücksichtigt werden. In der Zwischenzeit sollen Datenrechte auch in den Bereichen Subjekt, Objekt, Bürgerrechte, staatliche Souveränität, Teilhaberecht usw. klar gefasst werden.

(1) Das Subjekt und Objekt der Datenrechte

1. das Subjekt des Sachenrechts vs. das Subjekt des Datenrechts

Sowohl das römische Recht als auch das germanische Recht haben den Geltungsbereich des Sachenrechts eingeschränkt. In der Zeit des römischen Rechts bezog sich der Begriff des Sachenrechts auf eine natürliche Person, die die gesamte oder einen Teil der Persönlichkeit besaß. Nur wer eine vollständige Persönlichkeit hatte, konnte die vollen wirklichen Sachenrechte ausüben. Ein Sklave als Objekt des Sachenrechts kann nicht Subjekt des Sachenrechts sein. In der Zeit des germanischen Rechts wird das Thema des Sachenrechts entsprechend seiner hierarchischen Identität in einen Top-down-Ansatz unterteilt. Obwohl Menschen mit unterschiedlichen Identitäten unterschiedliche Sachenrechte haben, wurden Könige, Lords, freie Menschen und Leibeigene als Subjekte des Sachenrechts angesehen. In

Tabelle 3-1 Theorien der Datenrechte

Theorien	Hauptideen, Gründe und Nachteile
Theorie einer neuen Art von Persönlichkeitsrechten	Hauptgedanken: Persönlichkeitsrechte fallen in die Kategorie der Persönlichkeitsrechte. Es ist eine bestimmte neue Art von Persönlichkeitsrecht.
	Gründe: Erstens schützt das Recht auf personenbezogene Daten im Sinne der Konnotation des Rechts die persönlichen Interessen. Der Betroffene hat das Recht, über seine personenbezogenen Daten zu verfügen. Dies ist die besondere Konnotation des Rechts. Zweitens umfassen die personenbezogenen Daten des Bürgers im Hinblick auf den Reichtum des Rechtsgegenstands im Allgemeinen personenbezogene allgemeine Daten, personenbezogene private Daten und personenbezogene sensible Daten, von denen einige, wie Name, Porträt, Datenschutz, zu besonderen Persönlichkeitsrechten geworden sind.
	Im Gegensatz zu anderen Daten ist ein Schutzmechanismus für personenbezogene Datenrechte nicht erforderlich. Im Hinblick auf die Wirksamkeit des Schutzmechanismus ist es nicht erforderlich, ein Recht auf personenbezogene Daten vor Verstößen gegen personenbezogene Daten von Personen zu schützen, wenn es als Eigentumsrecht eingestuft wird. Wenn es als Persönlichkeitsrecht anders angesehen wird, ist zum einen der Schutz erforderlich, um zu verhindern, dass auf dem
	Weg der Berechnung aufgrund der unterschiedlichen Identität der Menschen Unterscheidungen getroffen werden, was dem Grundsatz der Gleichheit der Persönlichkeit entspricht; andererseits können die Bürger nach Artikel 22 des Deliktshaftungsgesetzes eine Entschädigung für geistigen Schaden verlangen. Schließlich zielen aus vergleichender Sicht Gesetze zum Schutz personenbezogener Daten in der ganzen Welt hauptsächlich darauf ab, die persönlichen Interessen der Bürger zu schützen.

Tabelle 3-1. continued

Theorien	Hauptideen, Gründe und Nachteile
	Nachteile: Die Persönlichkeitsrechte einer natürlichen Person sind ausschließlich und unverkäuflich. Ein daraus entstehender wirtschaftlicher Wert kann nicht als Eigentum angesehen werden; andernfalls wird der Wert der Identität als natürliche Person beeinträchtigt.
Die Theorie der Rechte des geistigen Eigentums	Hauptgedanken: Rechte an personenbezogenen Daten fallen in die Kategorie der Rechte an geistigem Eigentum und können daher durch Urheberrechte und das System der benachbarten Schutzrechte geschützt werden.
	Gründe: Erstens können Datenbanken oder Datensätze mit Originalität in Auswahl und Anordnung als urheberrechtlich geschützte Zusammenstellung angesehen werden. Gemäß Artikel 14 des Urheberrechtsgesetzes der Volksrepublik China gehört das Urheberrecht an einer Sammlung mit Originalität bei der Auswahl und Anordnung der Inhalte von Werken, Auszügen von Werken, Daten, die kein Werk darstellen, oder anderen Materialien der Person, die das Werk zusammenstellt.
	Die darin enthaltene „Originalität" bezieht sich nicht auf den Inhalt, sondern auf die Auswahl und Anordnung des Inhalts. Zweitens können Datenbanken und Datensätze ohne Originalität im Rahmen des Systems der verwandten Schutzrechte geschützt werden, die den Personen gewährt werden, die Werke verbreiten. Nach deutschem Recht gilt für den Schutz von Datenbanken ausdrücklich das System der benachbarten Schutzrechte.
	Der Inhaber einer Datenbank, der substanzielle Investitionen in die Erhebung und Einrichtung der Datenbank getätigt hat, hat das benachbarte Recht auf die Erhebung als Ausgleich für die Arbeit und das Geld, das der Inhaber für die Erhebung und Einrichtung der Daten ausgegeben hat.

(continued on next page)

Tabelle 3-1. continued

Theorien	Hauptideen, Gründe und Nachteile
	Nachteile: Die niedrige Erkennungsrate von Daten und die einzigartigen Möglichkeiten, deren Wert zu erkennen, machen es schwierig, Daten zu einem Objekt mit Rechten an geistigem Eigentum zu machen. Erstens ist die Identifizierungsrate von Daten in Bezug auf Kreativität und Neuheit allen Objekten mit geistigem Eigentumsrecht unterlegen. Sobald die Daten mit niedriger Identifizierungsrate illegal verwendet werden, ist es schwierig, sie rechtzeitig und effektiv zu erkennen und zu beseitigen.
	„Hier gibt es kein Recht ohne Erleichterung." Mangelnde Erleichterungen machen einen wirksamen Schutz der Daten unmöglich, auch wenn Rechte eingeräumt werden. Zweitens liegt der Wert des geistigen Eigentums in den Vorteilen, die durch das Monopol der wirtschaftlichen Nutzung oder Verbreitung erzielt werden.
	Der Wert von Daten manifestiert sich eher in der Gewinnung potenzieller Informationen. Der Wert des geistigen Eigentums liegt in den „Ergebnissen" der geistigen Schöpfung, die selbst wertvoll sind, während der Wert von Daten, die an sich keinen Wert haben, in der instrumentellen „Nutzung," d.h. in der Steuerung der Handhabung und der Auswertung der Inhalte liegt.
Die Theorie der Geschäftsgeheimnisse	Grundgedanken: Personenbezogene Daten sind analog zu Geschäftsgeheimnissen und können unter Umständen als Geschäftsgeheimnisse angesehen werden.
	Gründe: Erstens können kommerzielle Gewinne durch Aneignung kommerziell wertvoller Geschäftsgeheimnisse erzielt werden. Gleichzeitig sind Geschäftsgeheimnisse aufgrund ihres nicht ausschließlichen Besitzes und ihrer nicht ausschließlichen Kontrolle nicht öffentlich und nicht exklusiv. Aus diesem Grund wird der kommerzielle Wert für den ursprünglichen Rechteinhaber gemindert, sobald er von einer dritten Person offenbart und bekannt ist. Zweitens können durch die Gewinnung und Analyse von Daten auch entsprechende wirtschaftliche Vorteile erzielt werden, und daher haben Daten einen wirtschaftlichen Wert.

Tabelle 3-1. continued

Theorien	Hauptideen, Gründe und Nachteile
	Die Aneignung von Daten durch eine dritte Person bedeutet, dass die Daten außerhalb der Kontrolle des ursprünglichen Inhabers liegen und folglich die dritte Person die gleichen Rechte an den Daten hat. Daher sind Daten nicht öffentlich und nicht exklusiv. Mit Hilfe der Big Data-Technik können außerdem vollständige Geschäftsgeheimnisse durch Analyse fragmentierter Geschäftsdaten erlangt werden, was zur Offenlegung von Geschäftsgeheimnissen führt.
	Nachteile: Geschäftsgeheimnisse sind dadurch gekennzeichnet, dass sie der Öffentlichkeit unbekannt sind und den Rechteinhabern wirtschaftliche Vorteile bringen, während Daten im Cyberspace für die Öffentlichkeit zugänglich sind, d. h. die meisten Daten sind keine Geschäftsgeheimnisse.
	Darüber hinaus wird die bloße Aufnahme von Daten in Geschäftsgeheimnisse die Verbreitung und Anwendung von Daten erheblich behindern, was die Realisierung des Datenwertes verunmöglicht.
Die Theorie der Dateneigentumsrechte	Hauptidee: „Dateneigentumsrecht" ist eine neue Art von Eigentumsrecht. Dies bedeutet, dass jeder Bürger das Recht auf den kommerziellen Wert seiner persönlichen Daten hat.
	Gründe: Mit dem Aufkommen des digitalen Zeitalters haben personenbezogene Daten tatsächlich die Funktion, das Eigentumsinteresse des Subjekts zu wahren. Zu diesem Zeitpunkt sollte nach geltendem Recht und in der Theorie anerkannt werden, dass der Betroffene Eigentumsrechte an seinen personenbezogenen Daten hat.
	Einige Wissenschaftler betrachten die personenbezogenen Daten der Bürger als eine Art Eigentum, d.h. die Bürger haben das Recht, ihre eigenen Daten zu besitzen, zu nutzen, und darüber zu verfügen.

(continued on next page)

Tabelle 3-1. continued

Theorien	Hauptideen, Gründe und Nachteile
	Nachteile: Wenn ein Recht auf personenbezogene Daten als Eigentumsrecht eingestuft wird, wird sein wirtschaftlicher Wert überbewertet und der Schutz der personenbezogenen Daten der Bürger könnte ignoriert werden. Das letztere ist eigentlich das Hauptziel des Rechtssystems für personenbezogene Daten und die realistischste Forderung der Bürger.
	Wenn die „Person" in den „persönlichen Daten" vernachlässigt wird, wird die Gleichheit der Persönlichkeit unvermeidlich beeinträchtigt, da „Geschäft ist Geschäft" die gängige Leitlinie wird. „Die Informationen der Menschen sind aufgrund ihrer unterschiedlichen wirtschaftlichen Bedingungen unterschiedlich wertvoll, aber ihre Persönlichkeit sollte gleichermaßen geschützt sein."

China heißt es im Buch der Lieder: „Von allem, was unter dem Himmel ist, ist kein Ort das Land des Königs und bis zu den äußersten Ufern des Landes ist niemand dem König unterstellt." In der Feudaldynastie vor der Republik China bezog sich das Thema des Sachenrechts auf die herrschende Klasse, die vom König oder vom Kaiser vertreten wurde. Später, unter dem Einfluss des Konfuzianismus, wurden Eltern und Patriarchen zu Vertretern des wirklichen Sachenrechtssubjekts, wurden aber auch stark eingeschränkt. Seit der Neuzeit unter dem Einfluss des sozialen Fortschritts unterliegt das Thema des Sachenrechts keinen Einschränkungen in Bezug auf die soziale Hierarchie. Das Sachenrechtsgesetz schreibt das Subjekt des Sachenrechts als Rechteinhaber vor und schränkt das Subjekt des Sachenrechts nicht ein. In China bezieht sich das Subjekt des Sachenrechts auf den Staat, kollektive, juristische Personen, nicht rechtsfähige Organisationen und Einzelpersonen.

Datenrechte beziehen sich darauf, dass das Subjekt den Besitz von Daten durch den Rechtegeltendmacher aus irgendwelchen berechtigten und legalen Gründen, die Rückgabe von Daten oder das Erkennen bestimmter Tatsachen (Verhalten) von Daten anfordert oder beansprucht.

Das Subjekt der Datenrechte ist eine bestimmte Person des Rechts, d. h. eine bestimmte Person oder eine Person, die für die Erhebung, Verarbeitung, Übermittlung und Speicherung der Daten verantwortlich ist. Es wurde gesagt, „Person" schließt natürliche Personen, juristische Personen, nicht als Körperschaft registrierte Organisationen usw. ein. Die Rechte verschiedener Rechtssubjekte sollten jedoch unterschiedlich sein. Zum Beispiel hat der Inhaber des Urheberrechts im Urheberrechtsgesetz das Urheberrecht und alle persönlichen und Eigentumsrechte an dem Werk. Wer ein Werk durch Verarbeiten, Übersetzen, Kommentieren und Anordnen bestehender Werke erstellt, hat auch das Urheberrecht unter der Voraussetzung, dass das Urheberrecht früherer Werke nicht verletzt wird. Der ausübende Künstler und Produzent von Audio- und Videoaufzeichnungen muss die doppelte Erlaubnis des Inhabers des Urheberrechts für die Aufführung und Aufnahme der adaptierten Werke einholen und verfügt außerdem über bestimmte Rechte der ausübenden Künstler und Produzenten von Audio- und Videoaufzeichnungen. Für das Subjekt der Datenrechte können daher die Verwendungen der Daten klassifiziert und bestimmte Rechte eingeräumt oder Rechtebeschränkungen auferlegt werden.

2. Das Objekt der Sachenrechte vs. das Objekt der Datenrechte

Das Objekt von Rechten ist der Gegenstand, auf den durch den Inhalt von Rechten hingewiesen wird, oder der Gegenstand, an dem die Rechte ausgeübt werden. Es gibt die Umstände an, unter denen das Rechtssubjekt auf ein externes Objekt (materielles Objekt oder geistiges Objekt) einwirken kann oder nicht. Seine Art von Objekt existiert immer zusammen mit den Rechten selbst. Das Objekt des Sachenrechts ist der Gegenstand des Sachenrechts, über das der wirkliche Rechteinhaber verfügt. Das Objekt des Sachenrechts hat die folgenden Eigenschaften:

Erstens ist das Objekt des Sachenrechts die Res. Die sogenannte Res bezieht sich nur auf materielle Sachwerte. Die Elemente sind wie folgt: Die Res ist physisch; sie existiert unabhängig vom menschlichen Körper, sofern gesetzlich nichts anderes vorgesehen ist. Sie kann vom Menschen kontrolliert werden. Sie hat Gebrauchswert und Umtauschwert und kann somit die geistigen und materiellen Bedürfnisse der Menschen befriedigen.

Res ist physisch und wird daher auch als materielles Eigentum oder res corporales bezeichnet. Nichts von nicht-physischem Eigentum kann als Res Incorporales bezeichnet werden. Einiges davon kann nur als immaterielles Eigentum und nicht als res incorporales bezeichnet werden. Schall, Licht, Elektrizität und Wärme haben keine physische Form, sind aber immer noch physisch und fallen unter die Kategorie der physischen Eigenschaften. Diese, als besondere Manifestation von physischem Eigentum, sind Erweiterungen von materiellem Eigentum. Es ist verständlich, sie aus der Sicht des menschlichen Sinnes als immaterielles Eigentum zu betrachten, aber das Buch möchte betonen, dass es kein res incorporales gibt, das im Sachenrecht inkorporiert ist. Die Theorie des res incorporales widerspricht nicht nur den semantischen Regeln, sondern führt wahrscheinlich auch zu einer Verwirrung der Grundprinzipien des Zivilrechts.

Zweitens muss das Objekt des Sachenrechts spezifisch sein. Eine bestimmte Sache bezieht sich auf eine einzigartige Sache, die besondere Merkmale aufweist und nicht durch andere Dinge ersetzt werden kann. Sachenrechte sind die Rechte, die ein bestimmter Rechteinhaber hat, um eine Sache zu kontrollieren, und die kontrollierte Sache muss spezifisch oder definitiv sein. Nicht spezifische Dinge sind für einen bestimmten Rechtsinhaber nicht steuerbar. Sachenrechte könnten hier also nicht greifen. Daher müssen sich die tatsächlichen Rechte eines Rechteinhabers auf die Rechte und Interessen an einem bestimmten physischen Objekt wie Grundstücken, Häusern, Kühlschränken und Farbfernsehgeräten beziehen. In der Zwischenzeit ist jede Übertragung von Sachenrechten durch Registrierung oder Lieferung nachzuweisen. Wenn der Gegenstand der tatsächlichen Rechte nicht spezifisch ist, kann keine Registrierung oder Lieferung erfolgen. Es kann daher der Schluss gezogen werden, dass das Rechtsverhältnis des Sachenrechts des Sachenrechts eine natürliche und logische Voraussetzung dafür ist, dass das Objekt des Sachenrechts spezifisch sein muss. Eine Spezies entspricht der bestimmten Sache und kann kein Objekt des Sachenrechts sein. Aber wenn dies zum Beispiel durch Auswahl oder Lieferung spezifiziert wird, wird es zum Objekt des Sachenrechts.

Drittens ist das Objekt des Sachenrechts kontrollierbar. Das Sachenrecht liegt darin, das Eigentum zu kontrollieren und die Interessen daran zu genießen. Dieses Konzept weicht offensichtlich von den Forderungen ab.

Die Sachenrechte beziehen sich auf die Kontrolle einer Person über Res, während sich die Forderungen auf das Recht einer Person beziehen, einen Anspruch auf eine andere Person zu erheben. Die Kontrolle eines Subjekts über Res bedeutet, dass das Subjekt durch keine Medien einem Objekt seinen Willen aufzwingen kann, das heißt, der Rechteinhaber ist in der Lage, Res zu kontrollieren, ohne dass andere Einfluss nehmen.

Viertens ist das Objekt der Sachenrechte exklusiv. Die Sachenrechte können nur dann vollständig erlangt werden, wenn andere von Eingriffen ausgeschlossen werden, einschließlich illegaler Eingriffe in öffentliche und private Rechte. Ein Rechteinhaber kann seine Sachenrechte nach eigenem Ermessen ausüben. Er kann über sein Eigentum frei verfügen. Eine vorherige Zustimmung oder Einmischung Dritter ist nicht erforderlich. Bei Vorliegen einer Zuwiderhandlung kann der Rechteinhaber Schadensersatzansprüche geltend machen, einschließlich Unterlassung, Rückstellung und Schadensersatz.

Im Vergleich zu Sachenrechten gehören Datenrechte zu einer neuen Art der Rechtsbeziehung, wobei der Schwerpunkt auf den Rechten und Pflichten eines Subjekts liegt, das solche Datenrechte an den Daten hat. Bei Daten sind die Anforderungen an die Spezifität, die Kontrollierbarkeit und die Exklusivität von Sachenrechten nur schwer zu erfüllen, sodass Daten nicht die „Res" als Objekt von Sachenrechten sein können. Darüber hinaus sind Daten im Gegensatz zu geistigem Eigentum schwer zu identifizieren, und die Methoden zur Verbildlichung ihres Wertes sind vergleichsweise einzigartig. All diese Faktoren verhindern, dass Daten ein Gegenstand von Rechten des geistigen Eigentums werden. Daher sollte eine neue Art der Rechtsbeziehung zwischen Menschen und Daten unabhängig von den Sachenrecht und dem Recht an geistigem Eigentum hergestellt werden.

Das Objekt der Datenrechte sind bestimmte Daten, insbesondere Datensätze. In der Datengesellschaft ist eine einzelne Datei nur ein bedeutungsloses digitales Symbol. Nur ein bestimmter Datensatz ist wertvoll. Daten unterscheiden sich von dem, was im Zivilrecht festgelegt ist. Im Allgemeinen bezieht sich die sogenannte Res auf die res corporales und auf natürliche Kräfte, die unabhängig vom menschlichen Körper existieren und vom Menschen gesteuert werden können, um die Bedürfnisse der menschlichen Gesellschaft zu befriedigen. Da Daten nicht greifbar sind, ist es für das Zivilsubjekt schwierig, die vollständige Kontrolle darüber zu erlangen. Die Kontrolle ist tatsächlich sehr begrenzt. Darüber hinaus können Daten nicht vollständig geliefert werden. Daten können aufgrund ihrer Reproduzierbarkeit, die es schwierig macht, absolut exklusiv zu sein, leicht im Transaktionsprozess aufbewahrt werden. Obwohl das Speichern und Übertragen von Daten Speicherplatz beansprucht, ist dieser Speicherplatz eher virtuell als physisch. Daher unterscheiden sich Daten von Res und fallen nicht unter die Kategorie der „Res," aber diese Funktion hindert Daten nicht daran, bestimmte soziale Bedürfnisse zu erfüllen. Die Rechtssubjekte haben das Recht, die Verwendung von Datensätzen in der gleichen Weise zu kontrollieren, wie sie sie verwenden.

(2) Datenrechte: Eine neue Art von Bürgerrechten

1. Die Konnotation der Datenrechte

Mit dem Beginn des Big-Data-Zeitalters sind Daten zu einer objektiven und unabhängigen Realität geworden. Daten sind keine greifbare, sondern digitalisierte Symbole. Hinsichtlich des Einstellungsumfangs vom Sachenrechtsgesetz wird hauptsächlich das Verhältnis zwischen Eigentumszugehörigkeit und der Anwendung von res incorporales eingestellt. Daten sind nicht die Res im Sinne des Zivilgesetzes, nämlich kein Objekt des Sachenrechts und das Sachenrechtsgesetz kann nicht für den Schutz der Daten verwendet werden. In heutigen Zeiten von Big Data genießen die Bürger ein neues Recht, das heißt, Datenrechte. Datenrechte umfassen eine Reihe von Rechten in Bezug auf Daten, wie das Recht, Daten zu besitzen, zu sammeln, zu speichern und zu nutzen, das Recht auf Datenschutz und das Recht, informiert zu werden. Jemand, der Datenrechte besitzt, d. h. Bürger, können automatisch eine breite Palette von Rechten genießen, die Persönlichkeitsrechte und Eigentumsrechte umfassen (siehe Abbildung 3-1).

Datenrechte verkörpern die Persönlichkeitsrechte der Bürger. In den meisten traditionellen zivilrechtlichen Theorien sind Persönlichkeitsrechte inhärente, unveräußerliche und unbeschreibliche Rechte des Subjekts,

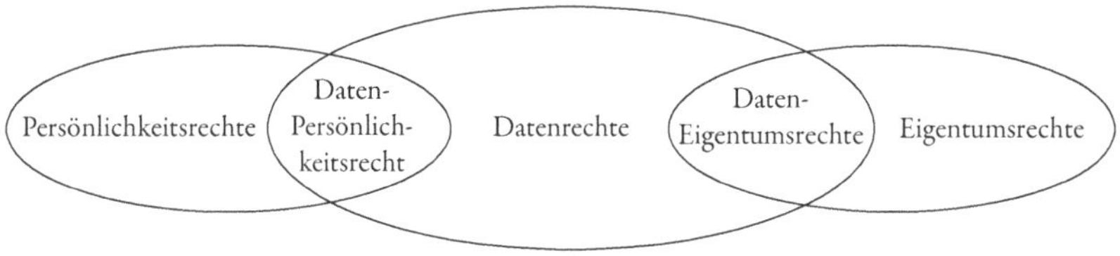

Abbildung 3-1: Die Beziehungen der Datenrechte

die ihrer Natur nach passiv und defensiv sind und Eigentumsattribute ausschließen. Die Objekte der Persönlichkeitsrechte sind Elemente, die die Persönlichkeit eines Individuums ausmachen. Persönlichkeitsrechte stehen ausschließlich dem Subjekt zu und haben keine direkten Eigentumsmerkmale. Persönliche Daten spielen als inhärentes Element, das die Persönlichkeit eines Menschen ausmacht, die entscheidende Rolle für die Wahrung seiner persönlichen Würde. Erstens sind personenbezogene Daten eines Bürgers eine Art ebensolcher Daten, die ausschließlich einer bestimmten natürlichen Person gehören und auf eine bestimmte natürliche Person zurückzuführen sind. Die personenbezogenen Daten eines Bürgers können zur Identifizierung der Person verwendet werden. Die unabhängige Kontrolle eines Bürgers über seine persönlichen Daten hängt auch von der persönlichen Würde des Einzelnen ab. Inhaltlich könnte das Datenrecht auch als Persönlichkeitsrecht deklariert werden. Zweitens sind im Gegensatz zu den traditionellen Persönlichkeitsrechten die Datenrechte jedoch von anderer Natur. Datenrechte leiten sich aus traditionellen Persönlichkeitsrechten ab. Das Objekt und der Inhalt der Datenrechte unterscheiden sich auch von denen des traditionellen Rechts auf Privatsphäre. Datenrechte stellen daher nicht nur eine neue und eigenständige Kategorie von Rechten dar, sondern sind auch hinsichtlich ihrer Funktionen durch traditionelle Persönlichkeitsrechte und das Recht auf Privatsphäre unersetzbar. Da personenbezogene Daten die Interessen der Persönlichkeit enthalten, müssen personenbezogene Daten als das Objekt des Persönlichkeitsrechts geschützt und gesichert werden.

Datenrechte beinhalten auch wichtige Eigentumsinteressen. Personenbezogene Daten enthalten viel Wert. Personenbezogene Daten können in der Benutzung durch andere Personen Werte erzielen und gleichzeitig auch einen bestimmten wirtschaftlichen Nutzen für das Datensubjekt bringen. In der Vergangenheit wurden personenbezogene Daten aufgrund begrenzter wirtschaftlicher und technologischer Ressourcen nicht kommerzialisiert und ihr potenzieller wirtschaftlicher Wert unterschätzt. Mit der Entwicklung der Informationstechnik wird der potenzielle wirtschaftliche Wert personenbezogener Daten erkannt, genutzt und erschlossen. Daten sind nach und nach zu einer Kategorie von Ressourcen geworden. Da jede Ressource ihre Eigenschaftsattribute hat, sollten Datenrechten die Eigentumsrechte gewährt und daher geschützt werden.

Datenrechte sind unabhängig von anderen Arten von Rechten. Datenrechte werden nicht einfach mit Persönlichkeitsrechten oder Eigentumsrechten gleichgesetzt, sondern sind eher eine Integration der beiden unter Wahrung der Unabhängigkeit. Tatsächlich könnten sowohl das Gesetz der Persönlichkeitsrechte als auch das Gesetz der Eigentumsrechte für den Schutz der personenbezogenen Daten verwendet werden. Diese beiden Arten von Gesetzen haben unterschiedliche Mittel und Schwerpunkte und können einander nicht vollständig ersetzen. Die Gesetze der Eigentums- und Persönlichkeitsrechte sind in Bezug auf die Datenrechte nicht „entweder oder," sondern „sowohl-als auch" und können koexistieren. Die personenbezogenen Daten der Bürger sind als Objekte der Datenrechte Inbegriff der Persönlichkeits- und Eigentumsmerkmale der Datenrechte. Das Objekt der Dateneigentumsrechte ist nicht nur die personenbezogenen. Andere Daten mit wirtschaftlichem Wert können auch als Objekte von Dateneigentumsrechten betrachtet werden. In diesem Sinne können personenbezogene Daten gleichzeitig die Persönlichkeitsrechte und Eigentumsrechte haben und die Persönlichkeitsrechte der Daten bestehen nicht in anderen Daten mit wirtschaftlichem Wert und diese Daten haben nur Dateneigentumsrechte.

2. Spiel zwischen Datenrechten

Datenrechte werden in der Regel zusammen mit der Produktion von Daten anerkannt und haben mit der Realität von Big Data eine größere Aufmerksamkeit erregt. Im Zuge der Entwicklung von Big Data entstehen neue Arten von Datenrechten, darunter nicht nur konventionelle Rechte wie Informations-Eigentumsrechte und das Recht auf Privatsphäre. Auch für jede Art von Rechten sind die Informationen und die Rechtssubjekte unterschiedlich. Unterschiedliche Rechte sind miteinander verbunden, verflochten und voneinander abhängig. Ein solches Spiel zwischen diesen Rechten führt zu einem neuen Rechtssystem, das enorme Auswirkungen auf verschiedene Aspekte unseres sozialen Lebens haben kann.

Darüber hinaus hat sich mit der Entwicklung der neuen Generation von Informations-Technik wie Big Data und mobiles Internet die Digitalisierung unserer Gesellschaft verbessert und die Kosten für die Erfassung, Speicherung und Nutzung von Daten werden kontinuierlich gesenkt. Als Hauptdatenquelle produzieren Menschen während ihres gesamten Lebens in jeder Minute Daten. Daten sind in großer Menge und Vielfalt vorhanden. Mithilfe der leistungsstarken Rechenkapazität von Maschinen können Datennutzer auf einfache Weise die Korrelationen verschiedener Daten sortieren und jede einzelne Spur des Lebens einer bestimmten Person oder der Leben einer Gruppe von Personen identifizieren. Daher ist es notwendig, die Datenrechte ausreichend vor der illegalen Erhebung und Nutzung personenbezogener Daten zu schützen.

Weiterhin geben Massendaten Massenwerte an. Personenbezogene Daten in großer Menge und unterschiedlicher Form können sowohl in strategischer als auch in wirtschaftlicher Hinsicht von großem Wert sein. Ohne eine effektive Erfassung, Speicherung, Bereinigung und Suche können Datenprodukte schwer entwickelt werden und die Datentechnik kann nur geringere Fortschritte erzielen. Datenrechte beziehen sich daher nicht nur auf die Persönlichkeitsrechte und Eigentumsrechte des Einzelnen, sondern beeinflussen auch die Entwicklung der digitalen Wirtschaft einer Nation. Insbesondere für Datenunternehmen, die eine dringende Nachfrage nach dem Umgang mit personenbezogenen Daten haben, ist es von entscheidender Bedeutung, anzugeben, ob sie zur Erlangung personenbezogener Daten berechtigt sind, ob die Daten auf legitimen Wegen erlangt werden und welche Art von Rechten sie haben. In gewissem Maße kann die geltende Ordnung der Datenrechte der Bürger eine entscheidende Rolle für den Datenverkehr und die Entwicklung der gesamten Datenbranche spielen.

3. Das Dilemma zum Schutz der Datenrechte

Das bestehende System der Rechtsordnung wird durch den tatsächlichen Raum aufgebaut. Dieses System der Rechte und Interessen ist auf den Menschen ausgerichtet und entwickelt sich ständig mit der Außenwelt weiter. Neue Rechtsbeziehungen werden Gestalt annehmen, wenn Veränderungen in der Außenwelt eintreten. In Zeiten von Big Data könnten Datenrechte als solche neu entstehenden Rechtsbeziehungen wahrgenommen werden. Datenrechte sind keine unabhängigen Rechte, sondern die aus der virtuellen Welt abgeleiteten Rechte, die innerhalb des bestehenden konkreten Rechtsrahmens kaum gehandhabt werden könnten.

Schauen Sie sich zunächst die Grenzen der Persönlichkeitsrechtstheorie an. Das Persönlichkeitsrecht, wie das Recht auf Namen, Bild und Ansehen, spielt beim Schutz personenbezogener Daten eine sehr begrenzte Rolle. Die Verarbeitung personenbezogener Daten wie Namen und Bilder von Personen stellt nicht immer eine Verletzung der Persönlichkeitsrechte dar. Nach den traditionellen zivilrechtlichen Theorien handelt es sich bei dem Persönlichkeitsrecht lediglich um ein Recht mit geistiger Verzweigung. Mit der Ausweitung der Kommerzialisierung beginnen Persönlichkeitsrechte, Eigenschaften von Besitz anzunehmen. Die Menschen fangen damit an, Eigentumsrechte zu erkennen und aufzudecken, die in den Rechten auf Namen und Bild verankert waren. Die Schlüsselfunktion der Persönlichkeitsrechte bleibt jedoch erhalten. Datenrechte umfassen sowohl Persönlichkeitsrechte als auch Eigentumsrechte, und sowohl geistige Rechte als auch Eigentumsrechte des Einzelnen unterliegen dem Schutz. In einer solchen Kategorie von Rechten sind die Beziehungen zwischen Eigentümer, Verarbeiter und Nutzer von Daten auszugleichen. Datenrechte sollten daher nicht nur die geistigen Rechte und Eigentumsrechte und -interessen von Datenbesitzern abdecken, sondern auch die Eigentumsrechte und -interessen von Datenverarbeitern und -nutzern.

Untersuchen wir nun die Grenzen der Theorie der Rechte auf Privatsphäre. Personenbezogene Daten sind nicht gleichbedeutend mit der Privatsphäre, da dieser die erweiterte Bedeutung von Datenrechten nicht abdeckt. Privatsphäre bezieht sich auf das Recht des Einzelnen, Informationen über sich selbst, seine persönlichen Aktivitäten und seinen persönlichen Bereich vorzuenthalten. Diese Informationen sind nicht von öffentlichem Interesse und werden nicht veröffentlicht. Personenbezogene Daten können bereits der Öffentlichkeit zugänglich gemacht werden oder in den Bereich der öffentlichen Ordnung fallen, während der Schutz ihrer Privatsphäre möglicherweise durch öffentliche Interessen eingeschränkt wird. Ein sehr kleiner Teil der personenbezogenen Daten wird vertraulich behandelt, doch die Mehrheit ist nicht vertraulich. „Genetische Informationen, Krankenakten, Dokumente zur Gesundheitskontrolle, Strafregister, Privatadressen, private Aktivitäten" und andere sensible Informationen sind durch das Recht auf Privatsphäre geschützt. Personenbezogene Daten, wie Name, Telefonnummer und Adresse, die vom Einzelnen bekannt gegeben wurden, sind möglicherweise nicht durch das Recht auf Privatsphäre geschützt, unabhängig davon, wie sie von Dritten verwendet werden. Die technische Desensibilisierung personenbezogener Daten, die der Öffentlichkeit zugänglich gemacht werden, erhöht die Komplexität der Rechte und Interessen der Privatsphäre. In diesem Fall ist es für eine Person schwierig, auf das Recht auf Privatsphäre zurückzugreifen und anderen Personen die Verwendung ihrer persönlichen Daten als Informationsträger zu untersagen. Infolgedessen würden personenbezogene Daten nicht geschützt, indem eine Befreiung vom Eigentumsrecht angestrebt würde. Kurz gesagt können im Hinblick auf die Verarbeitung personenbezogener Daten die bestehenden Rechte und Interessen der Privatsphäre nur einen sehr begrenzten Schutzmechanismus für personenbezogene Daten bieten.

Die Einschränkungen der Sachenrechtstheorie werden im folgenden Absatz behandelt. Wenn es um Zugehörigkeit der Datenrechte geht, betont die Theorie der Sachenrechte hauptsächlich das Recht, Daten zu kontrollieren, und das Nutzungsrecht ist untergeordnet. Den Daten fehlt die Unabhängigkeit eines zivilen Objekts. Es widerspricht somit dem Grundsatz „eine Eigentümerschaft an einem Objekt" (d. h. für ein unabhängiges Objekt kann wirklich nur eine Eigentümerschaft festgelegt werden). Der Einzelne ist der ursprüngliche Produzent und die Quelle der persönlichen Daten. Wenn diese Daten von anderen Parteien gesammelt, verarbeitet und analysiert werden, sind Einzelpersonen nicht mehr die alleinigen Mitwirkenden, nicht mehr die tatsächlichen Eigentümer oder Verantwortlichen der Daten. Mit anderen Worten sind Einzelpersonen nur Anbieter von Daten. Ohne die Netzwerkdienste und den technischen Support der Datensammler können keine Daten generiert werden, und die darin enthaltenen Informationen existieren nicht. „Alle Rechteentwürfe und Interessenzuweisungen in Datenordnung durch alle Gesetze, erfordern zur Verwirklichung geeignete Codes" (Mei 2016). Dies bedeutet, dass Einzelpersonen keine vollständigen Sachenrechte an ihren personenbezogenen Daten haben. Sie können auch keine Datentransaktionen durchführen oder Datenrechte in Übereinstimmung mit den Sachenrechten ausüben. Alles in allem weist die Sachenrechtstheorie offensichtliche Einschränkungen beim Schutz von Datenrechten auf.

Was ist mit Einschränkungen in der Theorie der Forderungen? Die Theorie der Forderungen befürwortet den Schutz von virtuellem Eigentum unter Anwendung des Vertragsrechts und betont die vertraglichen Beziehungen zwischen Netzdienstanbietern und ihren Abonnenten. In Bezug auf die Daten zwischen Forderungen und Verbindlichkeiten können das Datensubjekt und der Datenerhebende vertragliche Beziehungen unterhalten. Aufgrund der Komplexität und Dynamik der Datenrechte können das Datensubjekt und andere Datennutzer keinen Vertrag zugunsten Dritter abschließen. Auch wenn ein solcher Vertrag aus Interessengründen zustande kommt, schließen Datennutzer als Vertragsanbieter bei Vertragsabwicklung die gesetzlichen Rechte des Datensubjekts aus. Ohne vertragliche Bestimmungen zu den Datenrechten fehlt dem Subjekt der Datenrechte die Rechtsgrundlage, um die Aufhebung der Ausschlussklausel zu beantragen. In den Augen der Vertragsparteien werden Daten nicht als ein bestimmtes Objekt angesehen, sondern berücksichtigt. In der Identifizierung der Daten wird der rechtliche Status der Daten nicht eindeutig geregelt, eine Reihe von Problemen wird beim Schutz der Datenrechte durch Vertragsklauseln über Forderungen und Verbindlichkeiten nicht gelöst.

Schließlich werden hier Einschränkungen der Theorie der Rechte des geistigen Eigentums erörtert. Geistiges Eigentum umfasst nicht den Schutz personenbezogener Daten. Bisher gibt es kein Land auf der Welt, das geistige Eigentumsrechte nutzt, um den Schutz personenbezogener Daten zu regeln. Wissenschaftler, die die Einbeziehung personenbezogener

Daten in das System des Schutzes des geistigen Eigentums vorgeschlagen haben, haben lediglich die relevanten Rechte der Datennutzer, nicht jedoch die des Datensubjekts, geschützt. Da zwischen Daten und Wissen ein enger Zusammenhang besteht, haben Daten- und geistige Eigentumsrechte viele Gemeinsamkeiten. In der Zwischenzeit soll der Datenschutz die Datennutzung erleichtern und gleichzeitig den offenen Zugang zu Daten gewährleisten. Es ist daher gerechtfertigt zu sagen, dass das Gesetz des geistigen Eigentumsrechts die engmaschigste Rechtschutzordnung in Bezug auf den Schutz von Datenrechten ist. Grundsätzlich ist es hier jedoch nicht möglich, Daten in das gesetzliche System zum Schutz des geistigen Eigentumsrechts aufzunehmen. In erster Linie erfüllen die Daten nicht die Originalitätsanforderungen zum Schutz der geistigen Eigentumsrechte. Zweitens kann der Schutzmechanismus des geistigen Eigentums nicht die monopolisierte kommerzielle Nutzung von Daten für Gläubiger sicherstellen. Das Recht des geistigen Eigentums folgt außerdem dem Prinzip der Ausschöpfung von Rechten, was bedeutet, dass der Inhaber eines Urheberrechts keine absolute Kontrolle über seine oder ihre patentierten Produkte hat. Datenrechte sind jedoch reproduzierbar und nicht erschöpfend. In der Summe wäre der Schutzmechanismus für geistiges Eigentum nicht der gleiche wie der Schutzmechanismus von Datenrechten.

(3) Datenhoheit: Eine neue Art der nationalen Souveränität

Der Cyberspace steht auch unter dem Einfluss des Gesetzes. Auch er besitzt Souveränität. Auf der „Third World Internet Conference" schlug Staatspräsident Xi Jinping das Konzept der Cybersouveränität vor. Das Cybersicherheitsgesetz der Volksrepublik China sieht auch das Prinzip der Cyberspace-Souveränität vor. Die Befürwortung der souveränen Gleichheit ist das Grundprinzip der UN-Charta im physischen internationalen Raum. Die Wahrung der Souveränität des Cyberspace ist die Ausweitung und Weiterentwicklung dieses Prinzips im virtuellen Cyberspace. Daten sind die Kernexistenz des Cyberspace, deren Sicherheit über den traditionellen Sicherheitsbereich hinausgeht und das Niveau der nationalen Sicherheit erreicht. Heutzutage haben viele Länder und Regionen, einschließlich China, Anforderungen an die Lokalisierung der Datenspeicherung gestellt. Wie die Cyberspace-Souveränität ist auch die Datenhoheit zu einer neuen Art nationaler Souveränität geworden. Die Verteidigung der nationalen Datenhoheit im globalen Datenstrom ist im Zeitalter von Big Data ein unumgängliches Schlüsselproblem.

1. Konnotation der Datenhoheit

Datenhoheit bezieht sich auf die höchste Gerichtsbarkeit eines Landes bei der Erzeugung, Erhebung, Übermittlung, Speicherung, Analyse und Verwendung aller Daten in Form von Text, Bildern, Audio, Video, Codierung, Programmen usw., die von Einzelpersonen oder Unternehmen erstellt wurden und von verwandten Organisationen innerhalb des Zuständigkeitsbereichs eines Landes. Die Konnotation der Datenhoheit hängt hauptsächlich mit den drei Aspekten Datenkontrollrechte, unabhängige Entwicklungsrechte der Datenindustrie und der Datentechnik sowie Datengesetzgebungsrechte zusammen.

Erstens: die Datenkontrollrechte. Der Cyberspace besteht aus Daten. Man kann sagen, dass die Datenhoheit der Kern der Cyberspace-Souveränität ist. Mit der Entwicklung der menschlichen Gesellschaft ist der Cyberspace nach Land, Meer, Luft und Weltraum allmählich zu einem neuen Territorium für die Fortentwicklung aller Länder geworden. Wer die Daten kontrollieren kann, kann im Cyberspace die Initiative ergreifen. In Zeiten von Big Data wird der Besitz von Daten zu einem Schlüsselfaktor für souveräne Länder, um auf internationaler Ebene mitreden zu können. In einem Land ohne Datenhoheit wird es in Zukunft schwierig sein, die Datenressourcen der heimischen Gesellschaft zu kontrollieren, und es wird extrem anfällig für Verstöße, Kontrollen oder Angriffe anderer Länder mit Datengewalt sein. Das Problem der Datensicherheit kann daher sogar die Sicherheit der nationalen Souveränität gefährden.

Zweitens: die unabhängigen Entwicklungsrechte der Datenindustrie und der Datentechnik. Mit der Entwicklung von Big Data wird sehr wahrscheinlich ein neuer Hegemonismus entstehen, nämlich die Datenhegemonie. Die Industrieländer haben immer die

High-End-Informationstechnik (einschließlich Softwareprodukte, Chips usw.) kontrolliert, von der die Entwicklungsländer mehr oder weniger abhängig sind. Zum Beispiel lässt der Handelskrieg zwischen China und den USA die Abhängigkeit Chinas von der US-Chip-Technik erkennen. In Zeiten von Big Data sind Datenentwicklungsländern wahrscheinlich auch auf Datenprodukte aus entwickelten Datenländern angewiesen. Und die entwickelten Datenländer werden diese Abhängigkeit weiter stärken, wodurch die Daten-Entwicklungsländer zu Datenkolonien werden und die Datenhegemonie implementiert wird. Die Befugnis zur selbstständigen Entwicklung in der Datentechnik und Datenindustrie ist daher der Ausdruck einer nationalen Datenhoheit, die zu den inneren Angelegenheiten eines Landes gehört.

Drittens: Daten-Gesetzgebungsrechte. Der Staat muss beim Besitz der Kontrollrechte der Daten die Datensicherheit des Landes schützen, indem er entsprechende Gesetze und Vorschriften im Datenfeld formuliert. Diese datengesetzgebende Gewalt sind die Daten-Gesetzgebungsrechte, die das unabhängige Datenmanagement eines Landes repräsentieren. Dies bedeutet, dass ein Land ohne Einmischung externer Macht seine eigene Datenentwicklungsstrategie und Datenregelungen und -systeme formulieren und relevante Angelegenheiten in einem souveränen Datenbereich verwalten kann. Im zulässigen Rahmen der völkerrechtlichen Verträge haben die Rechte frei von jeglichen Beschränkungen und Eingriffen anderer Staaten zu sein und die vollständige und selbstständige Auswahl des inländischen Datenmanagements zu garantieren - ein wichtiger Ausdruck der nationalen Souveränität im Zeitalter von Big Data.

2. Datenhoheit und nationale Sicherheit

Der Mensch betritt ein digitales Zeitalter. In den Bereichen der wirtschaftlichen Entwicklung des Menschen, des sozialen Lebens, der wissenschaftlichen Forschung, sogar der nationalen Verteidigung und des Militärs usw. wird die Informationstechnik der neuen Generation wie Big Data, Cloud Computing und künstliche Intelligenz in großem Umfang eingesetzt. Daten sind genau wie natürliche Ressourcen wie Strom und Land zum Schlüsselfaktor geworden und stellen allmählich eine wichtige strategische Ressource eines Landes dar. Der Fokus des nationalen Wettbewerbs geht auch vom traditionellen Ressourcenwettbewerb zum Datenressourcenwettbewerb. Das Datenvolumen und die Anwendungsmöglichkeiten werden in Zukunft ein wichtiger Beweis für die Wettbewerbsfähigkeit eines Landes sein. „Die neue Runde des Wettbewerbs um eine Weltmacht zu werden besteht hauptsächlich darin, den Einfluss und die Beherrschung der Weltlage durch Big Data zu verbessern" (Miao 2015).

Mit der Entwicklung von Big Data wird das Spiel zwischen den Ländern um Datenkontrolle und -nutzung immer enger. Viele Länder und Regionen haben die Entwicklung und Anwendung von Big Data als nationale Strategie festgelegt und strategische Pläne für die Entwicklung von Big Data gestartet, um Datenressourcen zu besitzen, z. B. der US-amerikanische Plan für Forschung und Entwicklung im Bereich Big Data, die EU Open Data-Strategie, die japanische Erklärung zum Aufbau des fortschrittlichsten IT-Landes und die australische Big Data-Strategie im Dienste für die Öffentlichkeit. Darüber hinaus haben viele Länder und Regionen Richtlinien zur Datenlokalisierung implementiert und einen Datenverteidigungskrieg gestartet. Zum Beispiel verlangen Länder wie Indien und Iran, dass inländische Daten innerhalb des Landes gespeichert werden und nicht die Grenze überschreiten dürfen. Russland verlangt die Lokalisierung der elektronischen Kommunikation und der sozialen Netzwerkdaten seiner Bürger. In den einschlägigen Datenschutzgesetzen und -bestimmungen der EU ist festgelegt, dass Daten in Länder oder Regionen außerhalb der EU gesendet werden können, nur wenn sie durch lokale Gesetze oder Verträge geschützt sind.

Da die Datenhoheit ein neues Element der nationalen Souveränität wird, ist die Datensicherheit zu einem neuen Schwerpunkt der nationalen Sicherheit geworden. Insbesondere im Kontext eines zunehmend verschärften Datenwettbewerbs zwischen Ländern sind die Wahrung der Datenhoheit und der Schutz der Datensicherheit für die nationale Sicherheit äußerst wichtige Inhalte. Der Vorfall „Prism Gate" enthüllte die Tatsache, dass die USA Kerntechnik verwendeten, um Cyber-Diebstahl zu implementieren. Mit Hilfe von Big Data und anderen Mitteln haben die Vereinigten Staaten ihre Überwachungsfähigkeiten für globale Daten verbessert. Andere Länder sind einer Sicherheitsbedrohung für nationale Informationsinfrastrukturen und wichtige Institutionen ausgesetzt, die eine große Menge an Daten enthalten, wie z. B. Wasser, Strom, Transport, Bankwesen, Finanzen, Gesundheit, Handel und Militär.

Angesichts der Bedrohungen für die Datensicherheit, die durch fehlende Datenkontrollrechte verursacht werden, haben viele Länder und Regionen ihre Datensicherheitsfunktionen durch verschiedene Maßnahmen kontinuierlich verbessert. Gleichzeitig ist die Festlegung der Datenhoheit der grundlegende Weg zur Verbesserung der Datensicherheits-Fähigkeiten und die grundlegende Garantie für die Verhinderung und Reduzierung des Angriffs auf nationale Geheimnisse, Geschäftsgeheimnisse und die Privatsphäre der Bürger durch externe Kräfte. Die Sicherheit ist das Fundament der nationalen Souveränität. In Zeiten von Big Data ist die Souveränität der Daten von grundlegender Bedeutung für die nationale Sicherheit, die wirtschaftliche Entwicklung und die soziale Stabilität. In der nationalen Souveränität sollte die Datenhoheit eine wichtige strategische Position einnehmen. Daher sollten souveräne Staaten ihre Datenkontroll-Fähigkeiten so schnell wie möglich verbessern und nationale Sicherheit im Zeitalter von Big Data gewährleisten.

3. Nachdenken über das System der Datenhoheit

Die nationale Datenhoheit ist ein umfassendes System, das sich durch multilaterale Beziehungen, Demokratie und Vielfalt auszeichnet. Es gibt mehrere Interessenssubjekte gleichzeitig, was ein wesentliches Merkmal der Digitalisierung ist. Aus Sicht der digitalen Funktionen ist die durch die Digitalisierung erzielte Effizienzsteigerung für alle Aspekte der menschlichen Gesellschaft wirksam und dringend erforderlich, weshalb ihre Funktion diversifiziert werden muss. Aus diesem Grund sollten wir bei der Formulierung des Systems der Datenhoheit einen umfassenden Ansatz in Bezug auf Fragen der Datensicherheit verfolgen und diese aus einer mehrdimensionalen Perspektive analysieren.

Konflikte, insbesondere zwischen „Freiem Datenfluss“ und „Datenlokalisierung,“ bestehen in der Datenhoheit unter dem Aspekt des grenzüberschreitenden Datenflusses. Beispielsweise haben die EU und die

Vereinigten Staaten im Juli 2016 die Streitigkeiten in Bezug auf die Regelung der grenzüberschreitenden Datenübertragung durch das Privacy-Shield-Abkommen beigelegt. Letztendlich wurde das Problem jedoch nur durch vorübergehende Aussöhnung gelöst, aber nicht grundlegend beigelegt. Im folgenden Jahr veröffentlichte die Europäische Kommission einen Vorschlag für eine neue Verordnung (Entwurf) über den freien Verkehr nicht personenbezogener Daten, wonach die am Handel beteiligten Länder angemessene Schutzstandards für Privatsphäre vorschreiben müssen. Im Mai 2018 ist die Datenschutz Grundverordnung (GDPR) der Europäischen Union offiziell in Kraft getreten. Das Gesetz enthält strenge Vorschriften für die grenzüberschreitende Datenübertragung. In verschiedenen Ländern gibt es unterschiedliche Richtlinien für die grenzüberschreitende Datenübertragung. Verglichen mit der Tendenz der Vereinigten Staaten und der Europäischen Union zu „freiem Datenfluss" neigen Länder wie Indien, Iran, Russland und Australien eher zur „Datenlokalisierung." Daher sollten wir auch bei der Formulierung des Systems der Datenhoheit in vollem Umfang die in dem aktuellen grenzüberschreitenden Datenfluss vorhandenen Konflikte berücksichtigen.

Derzeit hat China, obwohl es noch keine spezifischen Gesetze und Vorschriften zum Schutz der nationalen Datenhoheit gibt, mit dem im November 2016 verkündeten Cybersicherheitsgesetz ein beispielloses Konzept der Cyberspace-Souveränität vorgeschlagen. Es erweitert den Umfang der Souveränität Chinas und betrachtet die Cyberspace-Souveränität als natürliche Ausweitung und Präsentation der nationalen Souveränität Chinas im Cyberspace. Die Anhebung des Cyberspace-Konzepts auf die Ebene der nationalen Souveränität ist förderlicher, um die legitimen Rechte und Interessen unseres Landes vor der Verletzung durch andere Länder oder ausländische Organisationen zu schützen. Jegliche Handlungen, einschließlich des illegalen Eindringens, des Diebstahls und der Zerstörung von Computern und anderen Dienstausrüstungen oder der Bereitstellung verwandter Technik im Bereich des Cyberraums in China, werden als Verletzung unserer nationalen Souveränität angesehen. Obwohl im Cybersicherheitsgesetz der Volksrepublik China die nationale Datenhoheit nicht erwähnt wird, wird die Cyberspace-Souveränität klar gemacht. Im Cyberspace gibt es nur Daten. In diesem Sinne sind

Cyberspace-Souveränität und Daten-Souveränität konsistent. Durch die kontinuierliche Verbesserung des Cybersicherheitsgesetzes der Volksrepublik China kann die nationale Datenhoheit vor dem Aufbau des nationalen Systems der Datenhoheit rechtlich schneller und effektiver aufrechterhalten werden.

(4) Die Essenz der Datenrechte ist das Teilhaberecht

Die technischen Struktur- und Vernetzungsmerkmale der digitalen Gesellschaft bestimmen ihre internen Merkmale - Dezentralisierung und Grenzenlosigkeit, d. h. Offenheit, Gleichheit, Zusammenarbeit und Teilhabe. Solche Unterscheidungen bestimmen auch die ökologische Basis der Ära, das heißt „menschenorientiert," sowie die Kernmerkmale unserer Zeit - „Teilhabe." „Teilen" ist genau die fundamentale Unterscheidung zwischen Datenrechten und Sachenrechten.

1. Von „einer Eigentümerschaft für ein Objekt" zu „mehreren Eigentümerschaften für einen Datensatz"

Verfügungsmerkmal der Sachenrechte. Mit dem wissenschaftlichen und technischen Fortschritt tauchen immer vielfältigere Formen von Objekten auf, mit der allmählichen Zunahme der Kategorien der Sachenrechte weist die Differenzierung zwischen Rechten und Funktionen der Eigentumsrechte auf immer mehr Komplexität hin. In der Realität wird das traditionelle Prinzip „eine Eigentümerschaft für ein Objekt" durch „mehrere Eigentumsrechte für ein Objekt" und „eine Eigentümerschaft für mehrere Objekte" in Frage gestellt, die in gewissem Umfang auch indirekt oder undefiniert gesetzlich als Entscheidungspraktiken anerkannt wurden. Die ursprüngliche Bedeutung von „eine Eigentümerschaft für ein Objekt" wurde durchbrochen. Die einzigartigen Merkmale von Daten, wie Reproduzierbarkeit, Unerschöpflichkeit und besondere Publizität, ermöglichen „mehrere Eigentümer für einen Datensatz." Zuzulassen, dass ein Datensubjekt die absolute Kontrolle über diese Daten hat, verstößt gegen das Prinzip der Teilhabe. Mit der Entwicklung der Zeit und dem technischen Fortschritt wird das ausschließliche Eigentum an Immobilien hinfällig, wenn die Kosten der Res weiter sinken und sogar auf null fallen. Dies gilt umso mehr für umfangreiche Datenressourcen ohne Grenzkosten. Aufgrund seiner natürlichen Merkmale, wie z. B. Objektivität der Nicht-Sachenrechte und multiple Subjektivität, ist die gemeinsame Nutzung von Daten die wesentliche Voraussetzung für eine optimale Nutzung der Daten. Das Sharing mit „mehreren Eigentümern für einen Datensatz" wird zu einem unvermeidlichen Trend. Langfristig neigen knappe Ressourcen dazu, reicher zu werden. Infolgedessen wird die Ressourcenknappheit durch Trends des Umtauschs und Teilhabens ersetzt. „Aus der Sicht der Technik sind nur wenige Ressourcen wirklich knapp. Das richtige Problem liegt darin, wie diese Ressourcen zu verwenden sind" (Diamandis & Kotler 2014).

2. Grenzenloses Teilen

Während das Internet die Grenzen von Zeit und Raum überschreitet, verringern sich die Grenzen zwischen der virtuellen Welt und der Realität sowie zwischen der digitalen und der materiellen Welt. Der digitale Raum ist zu einem neuen Bereich und einer neuen Sphäre des menschlichen Lebens geworden. Im Vergleich zur realen Welt ist der digitale Raum elastischer, echtzeitiger, und in der Zeit umkehrbar, außerdem komprimierbarer, flüssiger und teilhabbar. Mit dem Aufkommen des digitalen Raums entstand eine zweidimensionale Raumstruktur, die sowohl das Reale als auch das Virtuelle in sich vereint. Der digitale Raum stützt sich auf die wesentliche Kraft der Offenheit und des Austauschs von Daten und treibt die Menschheit auf den Weg in eine grenzenlose Zukunft. In einer grenzenlosen Gesellschaft neigen die Dinge dazu, sich neu zu ordnen und die Grenzen zwischen ihnen verschmelzen zu lassen. Der private Charakter privater Eigentumsrechte schwächt sich ab und wird durch Teilen und Miteigentum ersetzt. Produktionselemente gehen schneller zur Neige und Innovationen werden häufiger präsentiert.

Eine elastischere organische Struktur ermöglicht es, dass sich die Beziehungen zwischen Menschen und Organisationen vom traditionellen Austausch zu einem Typ entwickelt, der durch das Teilen (Sharing) gekennzeichnet ist. Laut Jeremy Rikin, einem Ökonomen und Denker aus den USA, werden wir in der zukünftigen Gesellschaft nicht nur Werte austauschen, sondern Werte teilen. In der Vergangenheit wurde ohne Transaktionen und Umtausch kein Nennwert hinzugefügt. In Zukunft wird ein solcher Umtauschmodus jedoch durch das Teilen ersetzt.

3. Vertrauen und Altruismus bilden die Grundlage für die Teilhabe der Datenrechte

Offenheit ist die Voraussetzung für das Teilhaben und Vertrauen das Wesentliche. Der fundamentale Geist des Teilens ist Altruismus, der aus Empathie hervorgeht. Vertrauen ist die Anhäufung von Konzepten, Vorschriften, Gesetzen, Regierungsführung usw., die als Schmiermittel und Klebstoffe für die soziale Ordnung fungieren und die Kosten für soziale Zusammenarbeit und Transaktionen senken. Vertrauen ist eine unabdingbare Grundlage für die gemeinsame Nutzung von Datenrechten. Aufbauend auf universellen Werten und konsolidiertem Vertrauen wird die „Teilende Gesellschaft“ zu einer wichtigen sozialen Komponente der Zukunft. Der Altruismus wird zum Kern dieser Zukunft als spontanes und freiwilliges Handeln des Einzelnen zur Steigerung des Wohlergehens auch anderer. Der größte gemeinsame Nenner des Altruismus ist die Integration von Datenrechten, Datennutzung, Datenschutz und Datenwert. Altruismus trägt dazu bei, das Bewusstsein und die Bereitschaft der Menschen zu verbessern, Datenrechte zu teilen, und erleichtert so die positive Interaktion und Transformation des Teilhabeverhaltens von Menschen.

4. „Das Recht zu besitzen“ und „das Recht zu teilen“

Sachenrechte sind im wesentlichen Besitzrechte. Sachenrechte umfassen das Recht, Eigentum zu besitzen, zu nutzen, zu veräußern und Einnahmen daraus zu erzielen. Das Recht, Besitz zu haben, meint die tatsächliche Kontrolle über das Eigentum, die auch das grundlegendste Wesen des Eigentums ist. Ohne das Recht, Besitz zu haben, wären die Rechte, das Eigentum zu verwenden, darüber zu verfügen und Einnahmen aus dem

Eigentum zu sammeln, allesamt tangiert. Das Besitzrecht bildet die Basis für die anderen drei Eigentumsrechte und ihre Funktionen.

Bei einer Planwirtschaft sollen alle Dinge und Materialien unter Menschen geteilt werden, die nicht besitzen sollen, sondern nur das Recht haben, Eigentum zu nutzen. In einer Marktwirtschaft, in der Privatisierung und Privateigentum beliebt wurden, begann der Einzelne, das Recht zu haben, Dinge zu haben und sie letztendlich vollends zu besitzen. In einer „Teilenden Wirtschaft" geht es nicht mehr um Besitzrechte. Was wichtiger ist, ist, ob andere Menschen das Recht haben, Dinge zu benutzen. Der Kern einer Teilenden Wirtschaft besteht darin, durch Vernetzung das Recht zur Nutzung und zum Sammeln von Erträgen aus zuvor exklusivem Eigentum mit anderen Menschen zu teilen, um wirtschaftliche Vorteile zu erzielen (He 2017). Die Übertragung des Nutzungsrechts und das Teilen machen nicht genutzte Gegenstände wieder nutzbar. Die notwendige Voraussetzung ist, dass die Eigentümer von unbenutzten Sachen bereit sind, das Recht zur Nutzung ihres Besitzes zu übertragen. Im Wesentlichen ist es immer noch eine Frage, wer das „Recht zu besitzen" hat. Daher ist die Natur des Sachenrechts das Besitzrecht, und die zugrunde liegende Begründung ist die Exklusivität von Eigenschaften, die bestimmt, dass es nicht zwei Besitzer geben kann mit dem Recht auf ein Eigentum. Besitz ist daher die einzige Möglichkeit, Sachenrechte zu verwirklichen.

Die Natur der Datenrechte ist das Recht auf die geteilte Nutzung. Im Gegensatz zu Sachenrechten können mehrere Subjekte den Datenrechten unterliegen, da Daten uneingeschränkt reproduzierbar sind und keine Kosten und keinen Verbrauch verursachen. Das Eigentumsrecht beeinträchtigt daher nicht die Kontrolle und Nutzung der Daten. Auch wenn Menschen nicht das Recht haben, Daten zu besitzen, haben sie möglicherweise das Recht, Daten zu verwenden, darüber zu verfügen und Einnahmen daraus zu erheben. Im Zeitalter von Big Data liegt der wahre Wert von Daten in ihrer unendlichen Nutzung in einem zulässigen Rahmen. Die unendliche Nutzung von Daten ist auch die Grundlage für die Entwicklung der Big Data-Branche, der Big Data-Technik und ihrer Anwendung. Es stellt fest, dass das Teilen die Grundvoraussetzung für das Zeitalter von Big Data ist und das Recht auf anteilige Nutzung das wesentliche Datenrecht ist. Wenn die Ausübung von Datenrechten dem Sachenrecht unterliegt, ist die

Nutzung von Big Data mit weiteren Einschränkungen verbunden. In diesem Fall kommen eine Weiterentwicklung und eine breitere Anwendung von Big Data nicht in Frage. Auf diese Weise wird die ursprüngliche Absicht, Datenrechte zum Schutz und zur Entwicklung von Big Data zu verwenden, verletzt oder sogar zunichtegemacht.

Geteilt zu werden oder Besitz zu sein, ist die grundlegende Unterscheidung zwischen Daten- und Sachenrechten. Der Grund liegt darin, dass das Bestehen des Besitzrechts bei der Übertragung des Nutzungsrechts die Interessen des Rechtssubjekts der Res nicht beeinträchtigt und das Rechtssubjekt noch über das Kontrollrecht der Res verfügt. Aber es ist bei Datenrechten nicht so. Wenn das Nutzungsrecht der Daten übertragen wird, hat die Seite, die die Daten erhalten hat, vollständig die Daten und die Daten sind dann von der Kontrolle des ursprünglichen Rechtinhabers befreit und das Besitzrecht der Daten ist dann bedeutungslos. Um Werte aus Daten zu generieren und zu maximieren, müssen wir Daten mit anderen Menschen teilen. In diesem Prozess wird der Konflikt zwischen dem Recht zu teilen und dem Recht zu besitzen unvermeidlich sein. Daher ist die Betonung der Teilhaberechte der Datenrechte ebenso wichtig wie die Betonung der Besitzrechte der Sachenrechte. Es ist äußerst richtig, wie wir uns jetzt wandeln von der „maximalen Ausschöpfung der Nutzung der einzelnen Objekte" hin zur „bestmöglichen Nutzung aller Daten."

Abschnitt 3 Attribute von Datenrechten

Datenrechte, die sich von traditionellen Formen der Rechtszugehörigkeiten unterscheiden, sind eine neue Art der Rechtszugehörigkeit, die die Vielfalt der Rechtszugehörigkeit zum Ausdruck bringt. Hinter verschiedenen Arten von Daten stecken unterschiedliche Rechtszugehörigkeiten, ebenso auch hinter Daten in verschiedenen Stadien ihres Lebenszyklus. Datenrechte sind durch private Rechte, öffentliche Macht und hoheitliche Attribute gekennzeichnet. Insbesondere umfassen Datenrechte

Hoheitsrechte, die die Würde eines Staates verkörpern, öffentliche Macht, die das öffentliche Interesse vertritt, und Datenrechte, die das persönliche Wohlergehen betonen. Die rechtlichen Merkmale von Datenrechten sollten sowohl aus Sicht des Privatrechts wie der Rechte des Einzelnen als auch des öffentlichen Rechts wie der nationalen Sicherheit analysiert werden.

(1) Die privaten Rechtsattribute von Datenrechten

Die Eigenschaften eines Rechts werden durch den Grundinhalt des Rechts bestimmt. In China fehlt ein zentrales und systematisches Rechtssystem in Bezug auf private Rechte oder Rechte mit den Attributen privater Rechte. Stattdessen wurde eine dezentrale Richtlinie verabschiedet, in der unterschiedliche Arten von privaten Rechten in unterschiedlichen Rechtsnormen separat vorgeschrieben sind (Ma Rui und Li Jianhua 2014). Daten sind unkörperliche Dinge, und ihre privaten Rechtseigenschaften müssen als Voraussetzung zuerst spezifiziert werden. Im gesamten Privatrechtssystem des alten Roms schlug die Theorie der unkörperlichen Dinge im Eigentumsrechtssystem vor, dass sich unser Verständnis des Objekts nicht auf die Formen der Existenz von Dingen beschränken sollte. Das geistige Eigentum wird von modernen Gesetzen anerkannt, was darauf hindeutet, dass die Form der auf abstrakten Dingen beruhenden Eigentumsrechte auftaucht. Die privaten Rechtseigenschaften von Datenrechten, die auf der Grundlage von „Datenpersonen" abgeleitet werden, manifestieren sich hauptsächlich bei der Verteidigung ihrer Datenrechte durch die Datenrechtsinhaber. Datenrechte sind eine Synthese aus Persönlichkeitsrechten und Eigentumsrechten, und die Doppelinteressen-Attribute von Datenpersönlichkeitsrechten und Dateneigentumsrechten sind mit wirtschaftlichem Wert ausgestattet. Daher werden die privaten Rechteigenschaften von Datenrechten hauptsächlich zum Zwecke eines weiteren Nachweises spezifiziert, dass der Schutzmodus von Persönlichkeitsrechten oder Eigentumsrechten zum Schutz von Datenrechten übernommen werden sollte.

1. Datenrechte: ein neues Bürgerrecht

Datenrechte schätzen die unabhängige Persönlichkeit und die Freiheit des Verhaltens des Einzelnen, was im Einklang mit der Grundwertorientierung der privaten Rechte steht, dass individuelle Interessen geschützt und die Freiheit des Verhaltens vom Einzelnen genossen und verwirklicht werden sollte. Erstens beinhalten Datenrechte unabhängige Persönlichkeitsrechte. Persönlichkeitsrechte, als in den Allgemeinen Bestimmungen des Zivilrechts vorgeschriebene bürgerliche Rechte. Sie beziehen sich auf ein bürgerliches Recht, das den Zivilpersonen gemäß dem Gesetz zum Schutz ihrer persönlichen Würde gegen Verstöße zusteht. Persönliche Daten stammen von natürlichen Personen und sind mit bestimmten Persönlichkeitsinteressen ausgestattet. Jegliche Erhebung, Verwendung, Verarbeitung oder Übermittlung personenbezogener Daten durch andere Personen ohne Zustimmung der betroffenen Personen beeinträchtigt nicht nur das Verfügungs- und Entscheidungsrecht der betroffenen Personen, sondern auch deren persönliche Würde. Zweitens gibt es das Eigentumsinteresse an personenbezogenen Daten. Die Aggregation von massiven Datenströmen und Informationen kann durch Analysen und Recherchen erheblich wertvollere Informationen generieren. Wenn Unternehmen diese Informationen zu kommerziellen Zwecken verwenden und die Vorteile generiert werden, kann die Verteilung von Gewinn ein großes Problem sein. Die Interessen-Kette bricht ab, wenn die Informationspersonen in der Interessen-Kette nicht die fälligen Belohnungen erhalten. Für natürliche Personen, deren Informationen von kommerziellem Wert sind, haben die Rechteinhaber das ausschließliche Recht, über ihre persönlichen Informationen zu verfügen.

Die Feststellung der Attribute von Datenrechten dient dem vollständigen Schutz von Daten. Heutzutage ist „Daten sind von Werte“ zu einem Konsens geworden, während das häufige Durchsickern, der illegale Handel und die Verwendung von Daten in großem Umfang allmählich zu einer schwarzen Industriekette geworden sind, die den Schutz personenbezogener Daten zur obersten Priorität für die künftige Entwicklung macht. In Bezug auf die Gesetzgebung hat China die Rechte an personenbezogenen Daten noch nicht direkt festgelegt. Die Gesetze und Verordnungen zur Informationssicherheit scheinen eine gewisse Größenordnung erreicht zu haben, reichen jedoch noch nicht aus, um ein unabhängiges, vollständiges, systematisches und gut organisiertes System zu bilden. Der Schutz des Rechts auf persönliche Informationen ist in verschiedenen Rechtsnormen wie der Verfassung, dem Strafrecht, dem Strafprozessrecht, dem Zivilprozessrecht und dem Gesetz zum Schutz der Rechte und Interessen der Verbraucher vorgeschrieben. Anfang 2003 beauftragte das Informationsbüro des Staatsrates die Forschungsgruppe zum Schutz personenbezogener Daten aus dem Rechtsinstitut der Chinesischen Akademie der Sozialwissenschaften mit der Erarbeitung des Projekts zum Schutz personenbezogener Daten. Im Jahr 2005 wurde der empfohlene Rohentwurf abgeschlossen, aber es betrat noch nicht die materielle Bühne. Die Belästigungsfälle, die durch die Weitergabe personenbezogener Daten verursacht werden, stehen in einem angemessenen Verhältnis zur Entwicklung von Gesellschaft, Wirtschaft und Information. Die Weitergabe und rechtswidrige Verwendung personenbezogener Daten, die in großen Mengen in Umlauf gebracht werden, sollten privatrechtlich geregelt werden. Ohne die zivilrechtliche Regelung kann der ordnungsgemäße und sichere Umlauf der persönlichen Netzwerkinformationen nicht garantiert werden, und persönliche Daten werden keinen wirksamen Schutz erhalten. Folglich ist die Einbeziehung personenbezogener Daten in die Bürgerrechte von tatsächlicher Bedeutung, um die privaten Daten der Bürger zu schützen.

Der Kern des Schutzes der Privatrechte der Daten ist die Regelung der Erhebung, Verwendung, Verarbeitung und Übermittlung personenbezogener Daten durch für die Verarbeitung Verantwortliche und Verarbeiter personenbezogener Daten. Das am 1. Juni 2017 in Kraft getretene Cybersicherheitsgesetz der Volksrepublik China regelt mit vielen Inhalten das grundlegende Rechtssystem zum Schutz des Rechts auf personenbezogene Daten von Bürgern. Das Gesetz dient dem Zweck, die Sicherheit personenbezogener Daten der Bürger zu gewährleisten, die Weitergabe und illegale Verwendung personenbezogener Daten der Bürger zu verhindern und den ordnungsgemäßen und sicheren Schutz der personenbezogenen Netzwerkdaten der Bürger im Einklang mit dem Gesetz zu gewährleisten. Artikel 111 der Allgemeinen Bestimmungen des Zivilrechts der Volksrepublik China, der im selben Jahr erlassen und verkündet wurde, sieht vor, dass die persönlichen Daten einer Person gesetzlich geschützt werden. Am 25. Mai 2018 trat die EU-Datenschutzgrundverordnung in Kraft. Durch die Regulierung wird vor allem das Prinzip der „Vorherrschaft der Privatrechte der Daten" hervorgehoben und der Rechtsumfang und die Schutzmechanismen der Datensubjekte werden erheblich erweitert. Darüber hinaus hat die Verordnung die Verwendung personenbezogener Daten durch für die Verarbeitung Verantwortliche und Verarbeiter strikt eingeschränkt, die rechtliche Haftung der für die Verarbeitung Verantwortlichen und Verarbeiter für die Verwaltung personenbezogener Daten erhöht und die Sanktionen für Verstöße gegen die GDPR verschärft (Wang Chunhui 2018).

2. Der Schutz der Datenrechte aus zivilrechtlicher Sicht

Die Sensibilisierung der Bürger für Bürgerrechte und die ständige Diskussion über die Merkmale von Datenrechten tragen zur Verbesserung der Bedingungen für den Datenschutz bei. Während dieses Prozesses werden immer mehr Funktionen von Datenrechten erstellt und in das System der privaten Rechte integriert. Dasselbe Rechteobjekt kann mehrere Werte haben. Der Schutz der Datenrechte als private Rechte sollte zeitgemäß sein und die Merkmale der Offenheit tragen. Die „Rekonstruktion eines offenen und elastischen Systems für Privatrechte" ist zu einer neuen Forderung im Zeitalter von Big Data geworden.

Die einschlägigen Vorschriften und Richtlinien zum Schutz personenbezogener Daten, die von der US-Regierung erlassen wurden, können auf die Datenschutzgesetze der Vereinigten Staaten zurückgeführt werden. Das Gesetz schreibt die Erhebung, Verwendung, Offenlegung und Vertraulichkeit personenbezogener Daten durch die „Verwaltungsbehörden" im Detail vor, um die Bundesregierung bei der Verarbeitung personenbezogener Daten zu regulieren und den Konflikt zwischen persönlicher Privatsphäre und öffentlichem Interesse zu erleichtern. Im Jahr 2012 haben die Vereinigten Staaten den Consumer Privacy Act verabschiedet, wonach die Betreiber verpflichtet sind, die persönlichen Informationen der Verbraucher gemäß den Grundsätzen der Transparenz und Zweckmäßigkeit zu schützen. Außerdem haben die Vereinigten Staaten einschlägige Bundesgesetze zum Schutz personenbezogener Daten in den Bereichen Finanzen, Kommunikation, Bildung, Fahrzeugmanagement und medizinische Versorgung erlassen. Mit einem Wort sind die so genannten Inhalte der Rechte auf Privatsphäre in den amerikanischen Gesetzen relativ offen und werden ständig erweitert, und die so genannte Privatsphäre bezieht sich auf die Kontrolle des Einzelnen über seine persönlichen Daten.

Die Entwicklung des Rechts auf personenbezogene Information in der EU kann als ein Prozess betrachtet werden, bei dem die EU ihr Justizsystem ständig an die sich schnell ändernde Datenverarbeitungstechnik anpasst. Die EU als eine große Organisation, die über ein Ermessen hinsichtlich der Daten verfügt, betrachtet die Achtung des Privatlebens und der Privatsphäre als ein Grundrecht. Die Richtlinie zur Privatsphäre und zur elektronischen Kommunikation von 2002, die von der EU erlassen wurde, schreibt vor, dass die elektronische Kommunikation, insbesondere von Internet-Dienstanbietern, verpflichtet ist, die Informationen der Benutzer zu schützen. und Einzelpersonen haben das Recht, informiert zu werden und zuzustimmen, was bedeutet, dass die Dienstanbieter die Nutzer über ihre Absichten bei der Datenverarbeitung informieren und die Nutzer das Recht haben, die Zustimmung zu verweigern oder zu widerrufen. 2016 hat die EU eine neue Datenschutzverordnung verabschiedet, die Allgemeine Datenschutzverordnung. Die Verordnung hat strengere gesetzliche Bestimmungen formuliert und strengere Strafen für den Schutz und die Überwachung personenbezogener Daten verhängt und damit das Problem unklarer Strafen in der Datenschutzrichtlinie für elektronische Kommunikation 2002 gelöst. Die Verordnung trat im Mai 2018 in Kraft. Deutsche Wissenschaftler wiesen darauf hin, dass der Schutz personenbezogener Daten in der EU durch eine Intergeneration gekennzeichnet ist. Ein Gesetz der ersten Generation zum Schutz personenbezogener Daten wurde formuliert, um auf das Aufkommen der elektronischen Datenverarbeitung in der Regierung und in großen Unternehmen zu reagieren. das Gesetz der zweiten Generation zum Schutz der Privatsphäre der Bürger; Das Gesetz der dritten Generation konzentrierte sich auf das Selbstbestimmungsrechte der personenbezogener Daten und stellte sicher, dass die Bürger das Recht genießen. Das Gesetz der vierten Generation ist derzeit im Gange, um die schwache Verhandlungsposition von Einzelpersonen bei der Ausübung ihrer Rechte anzupassen (Zhang & Han 2016).

Obwohl es in China an einheitlichen Bestimmungen zum Recht auf personenbezogene Daten mangelt, finden sich entsprechende Bestimmungen über den Schutz der personenbezogenen Daten im Zivilrecht. Artikel 127 der Allgemeinen Bestimmungen des Zivilrechts der Volksrepublik China schreibt vor: „Soweit Gesetze den Schutz von Daten und virtuellem Eigentum des Netzwerks vorsehen, gelten diese Gesetze." Es erkennt Daten offiziell als rechtliches Recht an und bezieht zum ersten Mal Daten ausdrücklich in den Schutzbereich der Bürgerrechte ein. Die einschlägige Deklarationsklausel (Artikel 111) bietet eine verbindlichere Garantie für personenbezogene Daten und das Recht auf Privatsphäre und ist ein wichtiger Schritt in der Gesetzgebung zum Schutz personenbezogener Daten in China. Die allgemeinen Bestimmungen des Zivilrechts der Volksrepublik China schützen ausdrücklich das Recht auf personenbezogene Daten, das für den Schutz der Würde der Bürger, den Schutz der Bürger vor illegalen Eingriffen und die Aufrechterhaltung der regulären öffentlichen Ordnung von unmittelbarer Bedeutung ist. Netzbetreiber und andere kommerzielle Organisationen sollten sich strikt an das Gesetz halten. Das Recht auf personenbezogene Daten ist ein wichtiges Bürgerrecht, das den Bürgern im Internetzeitalter zusteht. Jede Organisation oder Einzelperson darf weder die persönlichen Informationen anderer illegal sammeln, verwenden, verarbeiten oder übertragen, noch die persönlichen Informationen anderer illegal kaufen, verkaufen, bereitstellen oder veröffentlichen.

Der Kern des Schutzmodus für personenbezogene Daten besteht darin, ein Gleichgewicht zwischen dem vollständigen Schutz der persönlichen Datenrechte und der Erleichterung der kommerziellen Nutzung herzustellen. Erstens sollten wir uns im Hinblick auf den statischen Schutz von Daten auf die Begründung von Rechten konzentrieren und feststellen, dass personenbezogene Daten und das Recht auf Privatsphäre grundlegende Persönlichkeitsrechte sind. Zweitens sollten wir im Zuge des Datenflusses auf der Grundlage der Gerechtigkeit die Rechte und Interessen bei der Erhebung, Nutzung und Weitergabe von Daten fair und vernünftig verteilen. Im Allgemeinen neigt das „EU-Modell" eher zum Schutz personenbezogener Daten, während das „amerikanische Modell" eher dem Erfordernis des freien Datenverkehrs entspricht. Die beiden Modelle haben ihre Vor- und Nachteile. In der Gesetzgebung zu Datenrechten sollte China die fortgeschrittenen Praktiken verschiedener Schutzmodi berücksichtigen, auf die Verbindung und Koordination mit anderen relevanten Gesetzen achten, vertikale Wiederholungen oder horizontale Überschneidungen vermeiden und gesetzliche Widersprüche und Konflikte beseitigen, um ein vernünftiges System-Design zu entwickeln.

(2) Das öffentliche Machtattribut von Datenrechten

1. Von privaten Rechten zu öffentlicher Macht

Rechte sind privater Natur. Grundrechte, öffentlich-rechtliche Rechte, privatrechtliche Rechte und sozialrechtliche Rechte dienen dazu, persönliche Interessen zu manifestieren und zu schützen, im Gegensatz zu öffentlicher Macht, die öffentliche Interessen verkörpert und schützt. Richtig sind inhärent die Interessen und Qualifikationen von Einzelpersonen. Das Individuum ist grundsätzlich privat, und daher sind die Rechte privat (Duan Fan, 2016).

Das Wesen der Macht ist öffentlich. Unabhängig davon, ob es sich um eine politische, wirtschaftliche oder soziale Macht handelt, sind ihre Subjekte öffentliche Institutionen und soziale Organisationen, und ihr Gegenstand sind die gesetzlich geschützten öffentlichen Interessen. Die Macht wird eher durch „öffentlich" als durch „privat" verändert, wie Staatspräsident Xi Jinping betonte: „Öffentliche Macht ist für das Volk und nichts davon darf für private Zwecke verwendet werden" (Duan Fan, 2016).

Aus der Perspektive der Gesellschaftsvertragstheorie glaubte Rousseau, dass staatliche Macht durch die Übertragung von „natürlichen Rechten" von Individuen erlangt wird. Er hielt in seinem berühmten Buch mit dem Titel „Der Gesellschaftsvertrag" fest, dass keine staatliche Macht auf der Übertragung der Befugnisse (Rechte) und der Anerkennung durch die Öffentlichkeit beruht (Xi 2008). Der französische Aufklärungsdenker

Locke sagte dazu: „Um die Mängel des natürlichen Zustands auszugleichen und die eigenen natürlichen Rechte zu verteidigen, haben die Menschen einen Vertrag unterzeichnet, in dem sie freiwillig einen Teil ihrer Macht aufgeben und ihn jemandem oder einigen Menschen übergeben, die dem zugestimmt haben." So entstand ein Staat. Er ist der Ursprung und der Grund für Gesetzgebungs- und Exekutivbefugnisse. „Die privaten Rechte und die öffentliche Macht, die das Leben der menschlichen Gesellschaft ausmachen, sind die Einheit der Gegensätze."

Die Mainstream-Theorie besagt, dass sich öffentliche Macht und private Rechte gegenseitig verstärken. Öffentliche Macht ist die Sicherungskraft und Garantie privater Rechte, während private Rechte die Grundlage und der Ursprung öffentlicher Macht sind (Wang Jianmin 2015). Bei der Ausübung öffentlicher Gewalt müssen die Grundsätze beachtet werden, um deren Missbrauch zu unterdrücken. Dazu gehört, dass die Verwaltung in Übereinstimmung mit dem Gesetz und unter der Aufsicht erfolgt, dass ein Regierungsbeamter nicht darüber hinaus handeln darf, seine Macht delegiert, und dass gesetzliche Verpflichtungen der Regierung durchgeführt werden müssen. Der idealistische Staat mit einem perfekten Rechtssystem ist ein Staat, in dem öffentliche Macht und private Rechte immer im Gleichgewicht sind. Die öffentliche Gewalt als Hauptsymbol des Staates ist die Grundvoraussetzung aller funktionalen Verwaltungstätigkeiten des Landes und weist folgende grundlegende Merkmale auf: Erstens ist das Thema der öffentlichen Gewalt die Öffentlichkeit und nicht der Einzelne. Mit anderen Worten ist die Gemeinsamkeit die Kernbedeutung von öffentlicher Macht, die eine Art von Öffentlichkeit, Teilen und Intercommunity verkörpert. Zweitens ist das Objekt der öffentlichen Macht öffentliche Angelegenheiten. Die Angelegenheiten im Zusammenhang mit den privaten Rechten sollten nicht durch die öffentliche Gewalt beeinträchtigt werden. andernfalls wird die Verletzung von Privatrechten begangen. Drittens sind die öffentlichen Interessen Quelle und Grundlage der öffentlichen Macht. Die öffentliche Gewalt wird an die Regierung delegiert, um öffentliche Verantwortung zu übernehmen und den öffentlichen Interessen zu dienen. Andernfalls wird die öffentliche Macht wahrscheinlich privatisiert oder reprivatisiert.

2. Datenrechte haben die Eigenschaft der öffentlichen Macht

Die öffentliche Macht ist geprägt von umfangreicher Gemeinsamkeit und Kollektivität. Es kann als eine Art kollektive Macht mit dem Staat und seiner Regierung als Subjekt und mit der Maximierung des öffentlichen Interesses als Wertorientierung definiert werden, um die Reihenfolge der Beteiligung an öffentlichen Angelegenheiten wirksam aufrechtzuerhalten (Tao 2015).

Die Datenrechte haben die Eigenschaft der öffentlichen Macht. Erstens hat die öffentliche Macht in Bezug auf die Ergebnisse der Datenrechte in der virtuellen Netzwerkwelt, die eine Spiegelwelt der realen Welt ist, einen neuen Trägerraum und kann in neuen Formen ausgeschnitten werden. Während die Öffentlichkeit die Bequemlichkeit des Netzwerks und der Technik genießt, ist sie nicht in der Lage, die Sorgen vor böswilligen Angriffen, die Fesseln der dunklen Macht und die Angst, keinen Ort in der Netzwerkwelt zu finden, loszuwerden. Das hohe Maß an Integration des virtuellen Cyberspace und der tatsächlichen physischen Gesellschaft hat sie unabhängig voneinander gemacht, aber nicht ohne gegenseitige Beeinflussung. Das Ergebnis der Ausübung von Datenrechten wird sich auf die gesetzlich geschützten öffentlichen Interessen auswirken, sodass Datenrechte die Eigenschaft der öffentlichen Macht haben. Zweitens braucht der Schutz der Datenrechte öffentliche Gewalt. Der Schutz der Datenrechte sollte durch die öffentliche Gewalt erfolgen und gleichzeitig durch verschiedene Rechtsgebiete wie das Verfassungsrecht, das Strafrecht, das Verwaltungsrecht und das Zivilrecht geschützt werden. Um die Datenrechte öffentlicher und privater Einrichtungen zu respektieren ist es daher erforderlich, die Verfahren der Strafverfolgung öffentlicher Machtpersonen zu präzisieren, um die Rechtmäßigkeit ihrer Datenanforderung sicherzustellen.

Die Idee der Datenrechte wurde vom britischen Premierminister David Cameron vorgeschlagen, der in einer Rede sagte: „Das neue Recht auf Daten ist das aufregendste. Es wird sicherstellen, dass die Menschen das Recht haben, für verschiedene Arten von Daten Ansprüche an die Regierung zu erheben, um soziale oder geschäftliche Innovationen zu erzielen. Ihr werdet über ausreichende Informationen verfügen, um zu verstehen, wie die Regierung arbeitet, wie das Geld ausgegeben wird und wie effektiv unsere Arbeit ist. Lassen Sie uns zusammenarbeiten und gemeinsam Anstrengungen unternehmen, um durch Nutzung und Entwicklung der Daten ein Modell der modernen Demokratie zu schaffen." Cameron ist der Ansicht, dass das Recht auf Daten ein Grundrecht ist, das jeder Bürger des Informationszeitalters haben sollte. In Wirklichkeit ist die Regierung als Vertreter der öffentlichen Gewalt der größte Datenkontroller. Die Einführung des Datenrechts steht im Einklang mit der Deontologie, d. h. die Praxis, dass Bürger Ansprüche auf Datenrechte an die Regierung richten, ist eine Erleichterung, Verhinderung und negative Forderung, vor allem, um Bürger vor Verletzungen ihrer privaten Rechte durch öffentliche Gewalt und die großer Datenkraken zu schützen. Daher sollten Datenrechte als eine Art öffentliche Macht in die Liste der gesetzlichen Rechte aufgenommen und als Grundrecht in der Verfassung verankert werden.

3. Selbsterweiterung von Daten als öffentliche Macht

Der Kern der Rechtsstaatlichkeit ist die Regulierung der öffentlichen Gewalt und der Schutz der Privatrechte. Die öffentliche Gewalt selbst ist von Natur aus verpflichtend und weitreichend und sollte daher eingeschränkt werden. Öffentliche Macht ist eine Führungsmacht über das Volk. Einmal außer Kontrolle geraten, wird sie aller Voraussicht nach die privaten Rechte der Menschen beeinträchtigen. In der Praxis kommt es häufig zu Konflikten zwischen öffentlicher Macht und privaten Rechten, wie zum Beispiel dem Missbrauch öffentlicher Macht, der unmittelbar die privaten Rechte verletzt, und den neuen Arten von öffentlichen Gütern, die von der Regierung bereitgestellt werden und die bestehenden Interessen der Öffentlichkeit beeinträchtigen. Die Regierung stellt neue öffentliche Produkte zur Verfügung, die dem bestehenden Interesse der Öffentlichkeit schaden; die „Angebotsorientierung" der staatlichen öffentlichen Dienste, die mit den Bedürfnissen der Öffentlichkeit in Konflikt steht; die Handlungsunterlassung der Regierung, was für öffentlichen Interessen nachteilig ist. Zu den Faktoren, die dazu beitragen, gehören das Festhalten an der traditionellen Idee einer starken öffentlichen Macht und schwacher privater Rechte, die Vernachlässigung der institutionellen Gestaltung und die mangelhafte Aufsicht und Rechenschaftspflicht.

Im Zeitalter von Big Data führen das Fehlen des Datenrechtssystems und die natürliche Selbstausweitung der öffentlichen Gewalt zu einem Missbrauch der öffentlichen Macht über Daten, der die privaten Rechte in unterschiedlichem Maße beeinträchtigt, und zwar hauptsächlich in den folgenden beiden Aspekten:

Erstens wird öffentliche Macht für private Zwecke genutzt. In Zeiten von Big Data sind Datenproduzenten, -empfänger und -nutzer an den branchen- und bereichsüberschreitenden Datenfluss im Cyberspace beteiligt. Beim Datenfluss handelt es sich um eine Reihe praktischer Standorte, z. B. den Ort, an dem die Daten gesendet, empfangen und übermittelt werden, das Ziel und den Ort, an dem die Serviceeinrichtung bereitgestellt wird. Die Grenzen der Rechte und Befugnisse mehrerer Führungsinstitutionen verschwimmen, sodass öffentliche Macht und private Rechte bis zu einem gewissen Grad wechselseitig eingreifen. Nur wenn die Bürger der Kontrolle der öffentlichen Datengewalt unterliegen, können sie die Freiheit genießen, datenschutzrechtliche Rechte auszuüben. In der Realität werden öffentliche Daten jedoch oft für private Zwecke verwendet, was sich auf die Sicherheit privater Datenrechte auswirkt. Öffentliche Datenmacht wird auf zweierlei Weise für private Zwecke genutzt: Zum einen durch den Missbrauch der öffentlichen Macht an Daten, durch Verstöße gegen die Verfahren und Regeln der regelmäßigen Datennutzung und durch Verstöße gegen die Freiheit der Bürger, ihre privaten Rechte wahrzunehmen. Zum anderen existiert der Schaden für die Privatsphäre der Bürger aufgrund des Wettbewerbs um niedrige Miete oder durch das Festsetzen von Mieten durch einige Plattformen.

Zweitens verlagert sich das Zentrum der öffentlichen Macht. In der physikalischen Welt ist die öffentliche Macht den privaten Rechten immer überlegen, sodass die konsequente Erweiterung der öffentlichen Macht dazu neigt, den Raum der privaten Rechte zu komprimieren. Solche Konflikte halten im Cyberspace an. Die Entwicklung der modernen Informationstechnik hat die Informationsasymmetrie zwischen Regierung und Bürgern verstärkt und ist stark auf die Partei ausgerichtet, die an der Macht ist. Beispielsweise hat die Technik der persönlichen Identifizierung oder Authentifizierung unter Verwendung der inhärenten physiologischen oder Verhaltensmerkmale des menschlichen Körpers in den letzten Jahren rasche Fortschritte gemacht, wodurch die Vertraulichkeit personenbezogener Daten ohne den Schutz des Rechtssystems immer anfälliger und schwieriger wird.

Die Selbsterweiterung öffentlicher Macht macht es einfacher, dass sie ihre Machtgrenzen kontinuierlich erweitert, sodass öffentliche Macht mit privaten Rechten im Cyberspace in Konflikt gerät, mit ihnen konkurriert und ein Gegengewicht bildet. Da die öffentliche Macht aus privaten Rechten resultiert und die Gesamtzahl der privaten Rechte festgelegt ist, ist das Verhältnis zwischen privaten Rechten und öffentlicher Macht ein Kompromiss, da beides miteinander verbunden ist und sich ergänzt (Ruan 2012). Bürgerrechte sind die Grundlage der Staatsmacht, während Staatsmacht die Garantie der Bürgerrechte ist. Rechte sind nicht der Segen des Staates, sondern die Rechtfertigung für die Existenz staatlicher Macht. Folglich sollte angenommen werden, dass Rechte die Quelle der Macht sind und Macht entsteht, um Rechte zu konsolidieren und zu verteidigen. Wenn private Datenrechte mit öffentlicher Datenmacht in Konflikt stehen, hat öffentliche Macht Vorrang vor privaten Rechten. Wenn beispielsweise die durch das Datenschutz- und Entsorgungsgesetz geschützten Rechte im Widerspruch zur nationalen Sicherheit, zur staatlichen Regulierung, zur öffentlichen Sicherheit, zu öffentlichen Interessen, zu Gerichtsverfahren und zur Unabhängigkeit der Justiz stehen, hat letzteres Vorrang. Private Datenrechte und öffentliche Datenrechte sollten strikt aufgeteilt werden. Nur durch die Regulierung der öffentlichen Macht und die Verhinderung ihres Missbrauchs können die privaten Rechte von Daten wirklich geschützt werden. Die Regulierung der öffentlichen Datenmacht bedeutet jedoch nicht, dass ihre Autorität geschwächt wird. Stattdessen bezieht es sich auf die Regulierung der Ausübung öffentlicher Gewalt durch relevante Regeln und Verfahren, die die Ausübung öffentlicher Gewalt verbessern, anstatt ihre Autorität zu schwächen.

(3) Die Souveränitäts-Eigenschaft der Datenrechte

1. Von der nationalen Souveränität zur Datenhoheit

Die Konnotation der nationalen Souveränität wächst mit dem sozialen Fortschritt. Nationale Souveränität bedeutet im Sinne der klassischen politikwissenschaftlichen Theorie, dass der Staat die oberste Gewalt innerhalb des Territoriums hat, dass er die Macht hat, selbstständig über seine Entwicklungsrichtung zu entscheiden und sich gleichermaßen an internationalen Aktivitäten zu beteiligen (Sun 2016). Souveränität ist das wichtigste und grundlegendste Recht des Staates. Es ist eher staatseigen als völkerrechtlich verankert und die einzige Macht, die durch das Prinzip der nationalen Souveränität anerkannt und geschützt wird. Die Souveränität als inhärente Macht des Staates manifestiert sich in drei Aspekten: der höchsten Macht innerhalb des Territoriums, der Macht der Unabhängigkeit und der Macht der Selbstverteidigung gegen Angriffe von außerhalb des Territoriums.

Der Cyberspace hat die Grenzen des Staates erweitert. Als „Staat" gilt die räumliche Einheit mit dem höchsten souveränen Eigentum, die in der Lage ist, auf ihrem Hoheitsgebiet die Zuständigkeit auszuüben (Sun & Zhang 2015). Mit der Entwicklung der Geschichte aktualisiert das Konzept der Souveränität auch seine Konnotation und Rahmenbedingungen in Echtzeit. In den 1990er Jahren setzte der Internetboom ein. Die Globalisierung der Netzwerke ermöglichte es, dass Informationen traditionelle territoriale Grenzen überschreiten und sich frei über solche verbreiten konnten. Information ist zu einer aufstrebenden Produktivkraft geworden. Seit Beginn des 21. Jahrhunderts ist die Ära der Big Data angebrochen, dank des exponentiellen Wachstumsmodells, das von Moores Gesetz angetrieben wird, der Digitalisierung von allem, was von kostengünstiger Technik angetrieben wird, und der umfassenden Konvergenz von Daten, die von Cloud-Computing angetrieben werden, und die umfassende „Mensch-Maschine-Objekt"-Verbindung, die durch das allgegenwärtige mobile Breitband-Internet angetrieben wird. Unabhängig davon, wie fortschrittlich die Big-Data-Technik ist und wie stark die Globalisierung von Netzwerkdaten ist, sollte der Cyberspace als „neues Territorium" nicht ohne gesetzliche Bestimmungen auskommen.

Die Idee, dass „nationale Souveränität auf den Cyberspace anwendbar ist," ist zu einem internationalen Konsens geworden. Die Vereinten Nationen haben Regierungsexpertengruppen für Entwicklungen im Bereich Information und Telekommunikation im Kontext der internationalen Sicherheit nacheinander in den Zeiträumen von 2004 bis 2005, 2009 bis 2010 und 2012 bis 2013 gegründet, um „bestehende Forschung weiter zu treiben und potenzielle Bedrohungen im Bereich der Informationssicherheit ausfindig und mögliche Kooperationsmaßnahmen gegen die Bedrohungen möglich zu machen," dabei erzielten sie einen wichtigen Konsens über die friedliche Nutzung des Cyberspace und der nationalen Souveränität des Cyberspace. 2015 veröffentlichte die Regierungsexpertengruppe erneut einen Forschungsbericht, der den Inhalt der nationalen Souveränität des Cyberspace bekräftigte und weiter bereicherte. Im Jahr 2012 führte die OECD eine systematische Studie zu den Cybersicherheitsstrategien von 10 Ländern durch, darunter die USA, das Vereinigte Königreich, Australien, Kanada, Japan, die Niederlande, Frankreich und Deutschland. Es wurde festgestellt, dass die Netzwerksicherheitspolitik der meisten Länder nach und nach eine sogenannte „Souveränitätsüberlegung" verkörperte. Das 2015 verabschiedete nationale Sicherheitsgesetz der Volksrepublik China sieht erstmals die Cyberspace-Souveränität vor. Am 7. November 2016 hat China das Cybersicherheitsgesetz der Volksrepublik China vor allem zum Zweck der Aufrechterhaltung der Cyberspace-Souveränität verkündet. In der Nationalen Cyberspace-Sicherheitsstrategie und der Internationalen Strategie zur Kooperation im Cyberspace (Zhu 2017) ist der „Respekt und das Aufrechterhalten der Cyberspace-Souveränität" das übergeordnete Prinzip der Cybersicherheit und liefert eine grundlegende Anleitung für China im Umgang mit nationalen und internationalen Netzwerk-Angelegenheiten.

Die Datenhoheit ist die Ausweitung und Erweiterung der Cyberspace-Souveränität. Als wichtiges Element des Cyberspace sind Daten zu einer nationalen strategischen Grundressource geworden, die ebenso wichtig ist wie natürliche, Informations- und intellektuelle Ressourcen. Die bestehende Informationssouveränität war nicht in der Lage, sich an die massive Verbreitung und Nutzung von Daten im Netzwerkraum unter nationaler Kontrolle und deren Auswirkungen anzupassen. Daher wird eine Datenhoheit geschaffen, die sich auf das Eigentumsrecht, das Kontrollrecht, die Gerichtsbarkeit und das Nutzungsrecht der inländischen Daten des Staates und der grenzüberschreitenden Daten der Staatsangehörigen im Zusammenhang mit Big Data und Cloud Computing bezieht. Datenhoheit besteht in der höchsten Kontrolle über Daten innerhalb des Territoriums und gleichen und unabhängigen Rechten zur Datenverarbeitung außerhalb des Territoriums (Sun 2016). Daten stehen in engem Zusammenhang mit der Sicherheit des Staates und sind integraler Bestandteil des Staates. Sie sind eine Voraussetzung für die Bildung des Staates. Die Ausübung der Souveränität des Staates über die ihm gehörenden Daten zeigt dessen Unabhängigkeit und Autonomie.

2. Charakter der Datenhoheit

Die Datenhoheit ist ein wichtiger Bestandteil der nationalen Souveränität. Das grundlegende Element des Cyberspace - der freie Datenverkehr - ermöglicht die globale gemeinsame Nutzung von Datenressourcen. Es erleichtert die menschliche Produktion und das Leben, kann aber in der Zwischenzeit auch für souveräne Staaten eine große Herausforderung darstellen, wenn es darum geht, die nationale Souveränität zu wahren. Durch die Einbeziehung der virtuellen Netzwerkwelt und der realen Welt wird die Kontrolle und Nutzung digitaler Ressourcen enorme Auswirkungen auf die Volkswirtschaft, Politik, Kultur usw. haben. Als notwendige Ergänzung zur nationalen Souveränität bereichert und entwickelt die Datenhoheit die Konnotation und Denotation der traditionellen nationalen Souveränität. Es ist eine unvermeidliche Entscheidung, die nationale Souveränität an die moderne virtuelle Weltraumregulierung anzupassen und die nationale Souveränität zu wahren.

Der Zweck der Datenhoheit besteht darin, Sicherheitsprobleme bei großen Datenmengen pragmatisch anzugehen. Daten als Grundelement zur Aufzeichnung der realen physikalischen Welt im Cyberspace enthalten eine große Menge wertvoller Informationen.

Netzwerkvorfälle sowie Cyberkriminalität, die die nationalen Interessen gefährden, werden tatsächlich sowohl im virtuellen Netzwerkraum als auch im realen physikalischen Raum organisiert und geplant. Die Internettechnik wird zum Zweck der Erhebung und Aneignung von Daten eingesetzt, um dem Staat schweren Schaden zuzufügen und ihn zu schwächen. Die Achtung von Eigentumsrechten und die Zuständigkeit der Daten sind eine unabdingbare Anforderung für die Lösung von Sicherheitsproblemen bei großen Datenmengen und von großer Bedeutung für die Bekämpfung von Datenterrorismus und grenzüberschreitenden Datenstraftaten.

Die Datenhoheit wird auf der Grundlage der Veränderung des menschlichen Aktivitätsraums praktiziert. Der virtuelle Netzwerkraum ist ein neues Feld des menschlichen Aktivitätsraums. Verglichen mit der Territoriumsgrenze der physikalischen Welt und der greifbaren Natur der materiellen Ressourcen sind der virtuelle Netzwerkraum und die Datenressourcen offen, frei und immateriell. Der Status Quo exzessiver Freiheit und mangelnder Ordnung im virtuellen Cyberspace erfordert eine Regulierung der Souveränität. Der Anspruch auf Datenhoheit entspricht grundsätzlich dem Anspruch auf nationale Souveränität in internationalen Wirtschaftsangelegenheiten. Das Subjekt der Datenaktivität im virtuellen Cyberspace und der Wert der Daten sind zwar objektiv vorhanden, der Wert der Daten kann aber nur durch Datennutzung, Transaktion usw. realisiert werden, die auch nachvollziehbar sind. Die Ergebnisse der Datennutzungen und -transaktionen usw. müssen die nationale Souveränität berühren oder beeinträchtigen, und jeder souveräne Staat hat eine praktische Grundlage und ein realistisches Bedürfnis nach Souveränität über diese mit Daten zusammenhängenden Subjekte und Interessen. Der Anspruch auf nationale Souveränität über den virtuellen Cyberspace beruht auf der Tatsache, dass der Cyberspace ein wesentlicher Bestandteil der heutigen menschlichen Gesellschaft und der nationalen Angelegenheiten ist. Die Cyberspace-Souveränität ist die Abbildung der Souveränität im Internet. Die Datenhoheit ist die Verkörperung der Verfügungsgewalt über Daten. Datenhoheit ist ein wichtiger Bestandteil der Cyberspace-Souveränität (Li 2018).

3. Der Schutz der Datenhoheit

Der Schutz der Datenhoheit sollte funktional auf die Wahrung der allgemeinen nationalen Sicherheit ausgerichtet sein. Die nahtlose globale Netzwerkverbindung stellt die Länder, zwischen denen früher klare und relativ geschlossene Grenzen und nationale Sicherheitszonen bestanden, vor beispiellose Herausforderungen. Aus globaler Sicht wird aufgrund des ungeordneten und anarchischen Zustands der Cyberspace-Governance, des Fehlens physikalischer Grenzen und des grenzüberschreitenden Charakters ein kleiner Durchbruch in Richtung Risiko und Bedrohung des Cyberspace zu einer raschen Verbreitung im gesamten Internet führen. Der Vorfall „Prism Gate" zeigt beispielsweise, dass die Vereinigten Staaten Cyber-Hegemonialmacht ausüben, um globale Daten illegal zu stehlen und zu überwachen, und Cyber-Angriffe gegen andere souveräne Länder durchführen, die die Souveränität anderer Länder ernsthaft schädigen. Da Datenressourcen immer wichtiger werden, verlagert sich der globale Wettbewerbsfokus von der Konkurrenz physischer Ressourcen zur Kontrolle von Datenressourcen. Verglichen mit der Sicherheit traditioneller Territorien und Küstengrenzen betrifft die Datenhoheit die aufkommenden Sicherheitstypen ohne Grenzen in einem komplexeren virtuellen Raum. Da Daten das Grundelement des virtuellen Raums sind, muss im Interesse der nationalen Souveränität ein institutionelles System der nationalen Datenhoheit entwickelt werden, um die nationale Gesamtsicherheit vor neuen Herausforderungen und Risiken zu schützen.

Der freie und ungeordnete Datenverkehr im Cyberspace brechen das traditionelle Konzept der absoluten Souveränität. Die Unteilbarkeit der Daten als Ganzes führt dazu, dass der grenzüberschreitende Datenverkehr im virtuellen Netzwerkraum ein breites Spektrum abdeckt, was zu einer Überschneidung mehrerer Gerichtsbarkeiten und sogar zu Einschränkungen der Datenhoheit führt. Da die Datenschutzbestimmungen zwischen den Ländern nicht identisch sind, können Netzdienstanbieter gleichzeitig versuchen, sich Verpflichtungen unter mehreren Gerichtsbarkeiten zu entziehen, was sich nachteilig auf die Datensicherheit in anderen Ländern auswirkt. Abweichend vom traditionellen Ansatz des Souveränitätsschutzes kann sich der Schutz der Datenhoheit in gewissem Maße auch vom absoluten Wettbewerb zur internationalen Zusammenarbeit bewegen.

Der Schutz der Datenhoheit sollte die Umwandlung der absoluten Selbstständigkeitstheorie der traditionellen Hoheit zur relativen Souveränität realisieren. Vor dem Hintergrund der rasanten Entwicklung der digitalen Technik ist der grenzüberschreitende Datenverkehr absolut üblich und praktikabler geworden. Sein latenter und multizentrischer Netzwerkraum hat nach und nach das Bewusstsein für soziale Rechte geweckt und die Kontrolle der Länder, die die Datenhoheit haben, über ihre eigenen Daten untergraben. Kleine Länder sind nicht in der Lage, die Sicherheit ihrer Daten selbst zu gewährleisten, ganz zu schweigen von der Schaffung einer absoluten Datenhoheit, während mächtige Länder mit Hilfe modernster Wissenschaft und Technik Datenhoheit effektiv ausüben und sogar die Sicherheit der Datenhoheit anderer Länder gefährden können (Sun & Zhang 2015). Um die multilateralen Kontrollkonflikte und das Problem der nationalen Datensicherheit aufgrund der absoluten Unabhängigkeit der Datenhoheit zu lösen, ist es derzeit vernünftiger, ein globales Cyberspace-Kontroll-System im Rahmen der Vereinten Nationen mit dem Prinzip „relativer Souveränität“ einzurichten. Nach der Theorie der relativen Souveränität spielt das rechtsstaatliche Denken eine wichtige Rolle bei der Verwirklichung der „relativen Souveränität.“ Im Inland verbietet die Rechtsstaatlichkeit der „absoluten Autorität“ der Souveränität, sich über die gesamte Nation hinwegzusetzen. International haben der Konsens von „legaler Kontrolle“ und die Praxis der internationalen Zusammenarbeit die Staaten gezwungen, einen Teil ihrer Souveränität durch bilaterale oder multilaterale Verträge aufzugeben. Rechtsstaatlichkeit wiederum kann als wirksames Kontroll-Modell eines Staates und der Welt „Souveränität“ aus der politischen Sphäre in die Rechtsregulierung einbringen (Xiao 2017).

Man sollte im gesetzlichen Rahmen die Datenhoheit ausüben und die Datensicherheit schützen. Es sollte intern ein Behördensystem für die Datenverwaltung eingerichtet werden, das das höchste Verwaltungsrecht für die ausgehende und eingehende Übermittlung sowie die Erhebung, Übermittlung, Speicherung, Verarbeitung, Nutzung und Weitergabe von Daten im Zuständigkeitsbereich des Staates hat. Auf der Grundlage des Netzsicherheitsgesetzes sollten einschlägige Rechtssysteme geschaffen werden, um die Verbotsregeln in Bezug auf die Daten, die die allgemeine nationale Sicherheit und die Sicherheit des Menschen gefährden - einschließlich der Daten zur nationalen Verteidigung und vertrauliche Informationen von politischen Parteien oder menschlicher Genetik - durchzusetzen. Die Kontrolle über die Aktionen, wie das Sammeln, Speichern, Verarbeiten und Verwenden von Daten, entspricht den einschlägigen nationalen technischen Standards oder anderen gesetzlichen Bestimmungen. International sollte ein behördliches Datenkontrollsystem eingerichtet werden. Das Recht auf Datenkontrolle bedeutet, dass der souveräne Staat das Recht hat, Schutzmaßnahmen für die nationalen Daten zu ergreifen, um zu verhindern, dass diese überwacht, manipuliert, gefälscht, beschädigt, gestohlen, ausspioniert usw. werden, und um die Sicherheit, Authentizität, Integrität und Unversehrtheit sowie Vertraulichkeit der Daten zu gewährleisten.

Literaturverzeichnis

Diamandis, Peter, and Stephen Kotler. 2014, *Abundance: The Future is Better Than You Think*. Hangzhou: Zhejiang People's Publishing House.

Duan, Fan. 2016. *Power and Rights: Co-location and Construction*. Beijing: People's Publishing House.

The General Provisions of the Civil Law of the People's Republic of China.

He, Zhe. 2017. „The Construction of Human Social Form and Order in the Era of Net- work Civilization." *Nanjing Journal of Social Sciences*, vol. 4.

Hu, Weiping. 2011. „Legislative Confirmation of a New Personality Right." *Law Forum*, vol. 26.

Li, Aijun. 2018. „Data Rights Attributes and Legal Characteristics." *Oriental Law*, vol. 3.

Li, Xiaohui. 2013. „Information Property Rights: Extension and Supplement of Intellectual Property." *Electronic Intellectual Property*, vol. 11.

Ma, Rui, Li, Jianhua. 2014. „Private Law Logic of the Concept of Private Rights." *Henan Social Sciences*, vol. 22.

Mei, Xiaying. 2016. „The Legal Nature and Civil Law Position of Data." *China Social Sciences*, vol. 9.

Miao, Wei. 2015. „Big Data: A Key Resource for Transforming the World." *People's Daily*, vol. 10–13.

Ruan, Chuansheng. 2012. „The boundary between Public Power and Private Rights." *Learning Times*, vol. 11–12.

Sun, Nanxiang, Zhang, Xiaojun. 2015. „On Data Sovereignty: Based on Virtual Space Game and Cooperation." *Pacific Journal.*

Sun, Wei. 2016. „Correctly Distinguishing between Network Sovereignty and Data Sovereignty." *Chinese Journal of Social Sciences*, 5, July 2016.

The Supreme People's Court. 2014. *Provisions of the Supreme People's Court on Several Issues concerning the Application of Law in the Trial of Cases involving Civil Disputes over Inringements upon Personal Rights and Interests through Information Networks [EB/OL].* (October 21), <http://www.court.gov.cn>.

Tao, Peng. 2015. „The Conlict and Adjustment of Public Power and Private Rights in Virtual Social Governance." *Gansu Theory Journal*, vol. 3.

Wang, Chunhui. 2018. „Comparison of GDPR Personal Data Rights and Personal Information Rights under the Cyber Security Law [EB/OL]." (August 11). <http:// www.cbdio.com>.

Wang, Jianmin. 2015. „Dialectical View of Public Power and Private Rights [EB/OL]." (April 7). <http://www.qstheory.cn>.

Wang, Liming. 2012. „On the Status of Personal Information Right in the Law of Personality Rights." *Journal of Soochow University (Philosophy and Social Sciences Edition).* 33.

Wang, Liming. 2013. „On the Commercialization of Personality Rights." *Legal Science (Journal of Northwest University of Political Science and Law)*, vol. 31.

Wang, Liming. 2015. „My Complex and Ponderation of Personality Rights[N]." *Guangming Daily*, vol. 12–14.

Wu, Tao. 2016/2018. „The Four Mainstream Views on 'Data Rights and Ownership' in the Legal Academia" [EB/OL]. October 24, 2016 and May 20, 2018, <http:// www.aliresearch.com>.

Xi, Xiaojuan. 2008. „On the Conflict and Coordination between Property Rights and Taxation Rights: From the Perspective of Legal Analysis of the Nature of Rights (Powers)," *Hebei Law*, vol. 12.

Xiao, Dongmei, and Wen Yuheng. 2017. „Defending the Sovereign Security of National Data in the Global Data Torrent." *Hong Qi Wen Gao*, vol. 9.

Yu, Zhigang. 2017. „The Rights Attribute of 'Personal Information' and the Idea of Criminal Law Protection." *Zhejiang Social Sciences*, vol. 10.

Zhang, Li'an, Han, Xuzhi. 2016, „Private Law Attribute of Personal Information Right under the Era of Big Data." *Law Forum*, vol. 31.

Zheng, Chengsi, Zhu, Xiequn. 2006, „Information and Intellectual Property," *Journal of Southwest University of Science and Technology (Philosophy and Social Sciences Edition).*
Zheng, Yubo. 1988. *General Principles of Civil Law*. Taipei: Sanmin Bookstore.
Zhu, Yanxin. 2017. „Network Sovereignty Issue under the International Law." *Journal of Xi'an Political College*, vol. 30.

KAPITEL 4

Das Datenrechtssystem

Die neue technische Revolution hat Veränderungen in der Wirtschafts- und Gesellschaftsordnung ausgelöst und auch das bestehende Rechtssystem vor neue Herausforderungen gestellt. Im Zeitalter der digitalen Zivilisation sind Daten die wichtigste Ressource. Es ist daher besonders wichtig, den Wert von Rechten vor dem Hintergrund des Datenschutzes durch die Festlegung von Datenrechten systemorientiert voll auszuschöpfen.

Das Datenrechtssystem bezieht sich auf die Anordnungen, die auf der Basis der Datenrechte gebaut werden und enthält hauptsächlich das kodifizierte Rechtssystem, das System des Dateneigentumsrechts, das Datennutzungssystem, das System der Daten, an denen öffentliches Interesse besteht, und das System der gemeinsamen Nutzung von Datenrechten.

Das kodifizierte Rechtssystem hebt unter anderem die Datenrechte auf die Ebene gesetzlich zugelassener Rechte. Das System der Dateneigentumsrechte bricht den systematischen Rahmen des traditionellen Eigentumsrechts und legt die Befugnisse und Funktionen des Dateneigentums fest. Das System der Datennutzungsrechte trennt die Befugnisse und Funktionen des Dateneigentums und erweitert den Nutzungswert der Daten. Das System der Datenrechte des öffentlichen Interesses umfasst die Übertragung von Datenrechtsnutzungsrechten durch die Erfassung, Verwaltung, Nutzung und Teilhabe von Daten von öffentlichem Interesse. Und das System der gemeinsamen Nutzung erhöht die Effizienz der Datennutzung.

Alle fünf Dimensionen des Datenrechtssystems präsentieren sich von ihrer eigenen Seite. Zusammen bilden sie ein Schutz- und Verwertungssystem für Datenrechte. Zweifellos wird die Einrichtung des Datenrechtssystems die Datenrechte zu einem Grundrecht der Bürger im Zeitalter der digitalen Zivilisation erheben.

Abschnitt 1 Kodifiziertes Datenrechtssystem

Mit zunehmendem Bewusstsein für Rechte kommt es zu einem großen Widerspruch zwischen tatsächlichen Bedürfnissen der Menschen nach Datenrechten und der Tatsache, dass Datenrechte nicht als gesetzliche Rechte anerkannt wurden. Es ist daher von größter Dringlichkeit, ein gesetzliches System für Datenrechte einzurichten, um den gesetzlichen Anforderungen der Menschen an Datenrechte zu entsprechen.

Voraussetzung hierfür ist, dass die Definition und Beschreibung von Datenrechten im Rechtssystem festgelegt sind und somit die Datenrechte von einem idealistischen Recht in ein gesetzliches Recht umgewandelt werden.

(1) Von idealistischen Datenrechten zu tatsächlichen Datenrechten

In der Geschichte der menschlichen Rechtstheorie war das Naturrecht immer eine dauerhafte Theorie der westlichen Rechtsphilosophie. Das Naturrecht ist im Allgemeinen die Sammlung aller Elementar- und Grundprinzipien des Rechts, die durch eine universelle Ordnung ausgestattet sind und als Grundlage für alle kodifizierten Gesetze dienen (Rong 2010).

Nach der Theorie des Naturrechts besteht die Welt aus zwei Teilen, der idealistischen Welt und der tatsächlichen Welt. Gesetze, die die idealistische und normative Welt regulieren, werden als normative Gesetze bezeichnet, und Gesetze, die die tatsächliche Welt regulieren, werden als tatsächliche Gesetze bezeichnet. Im Allgemeinen sind normative Gesetze ewig und absolut und können von der menschlichen Vernunft verstanden werden. Normative Gesetze gelten daher als faire und gerechte Ordnung, gegen die alle von Menschen gemachten Gesetze geprüft und kritisiert werden müssen. Daher regeln normative Gesetze die tatsächlichen Gesetze und gelten als Ursprung des tatsächlichen Rechts (Chen 2003). Die Frage über ‚Ideal' und ‚Wirklichkeit' war stets eine der Fragen der Naturrechtstheorie. Als Kern der Rechtsprechung sollen Rechte auch in idealistische Rechte und tatsächliche Rechte unterteilt werden. Eine solche Klassifikation ist die entsprechende Konsequenz und unmittelbare Verkörperung normativer Gesetze und tatsächlicher Gesetze im Bereich der Rechte (Fu et al. 2012). Idealistische Rechte sind die Forderung der Menschen nach Rechten, die aus dem sozialen Leben stammen und die die Menschen in einem vorhersehbaren Rahmen erhalten sollten. Idealistische Rechte, die primitivste Form von Rechten, sind daher die spontane Verknüpfung der Interessen und Bedürfnisse der Menschen sowie eine wertebasierte Beschreibung der Rechte, die die Menschen besitzen sollen. Tatsächliche Rechte, die ultimative Form von Rechten in der Realität hingegen sind eine Darstellung von Rechten, die tatsächlich von Menschen genossen oder erworben werden (Wen 1991).

Heutzutage haben sich Datenrechte vor dem Hintergrund, dass Daten als kritische Ressource bedeutenden politischem, wirtschaftlichen und kulturellen Wert haben, als Grundrecht herausgebildet, das sich sowohl aus Menschen- als auch aus Sachenrechten entwickelt und die Forderung der Menschen nach Überleben und Entwicklung in der Ära der digitalen Zivilisation verkörpert. Sie zeigen auch den „Soll"-Charakter der Rechte. Bislang wurden Datenrechte nicht zum gesetzlichen Recht erhoben, was den Erwartungen der Menschen nicht entspricht und was zu vielfältigen Konflikten und Widersprüchen zwischen idealistischen und tatsächlichen Datenrechten in sozialen Interaktionen führt. Die Umwandlung idealistischer Datenrechte in gesetzliche Datenrechte ist daher ein untrennbarer Schritt, um idealistische Datenrechte in realistische Datenrechte umzusetzen.

Kodifizierte Datenrechte, ein Recht an sich, beziehen sich auf die Identifizierung und Zuweisung idealistischer Datenrechte durch Vorschreibung, Bestätigung, Auswahl und Anordnung durch die Gesetzgebung. Idealistische Datenrechte werden als Rechte betrachtet, die den Menschen durch moralische Aussagen über Datenrechte zustehen sollten. Kodifizierte Datenrechte sind Datenrechte, die in Gesetzen ausdrücklich durch offizielle Gesetzgebungsverfahren vorgesehen sind. Verglichen mit idealistischen Datenrechten zeichnen sich gesetzliche Datenrechte durch Offenheit, Klarheit, Beständigkeit usw. aus und weisen im moralischen Sinne eine viel stärkere Publizität und Glaubwürdigkeit auf als idealistische Datenrechte. Diese Vorteile der gesetzlichen Datenrechte werden hauptsächlich dem Träger des Datenrechtsgesetzes zugerechnet. Unterdessen werden idealistische Datenrechte hauptsächlich durch den Glauben, die Moral und die soziale Würdigung der Menschen usw. geschützt. Gesetzliche Datenrechte werden durch die Zwangsmacht des Staates geschützt, dies ist ein Schutz der letzten Instanz (Liu 2005). Um es anders auszudrücken, werden alle Konflikte oder Streitigkeiten in Bezug auf gesetzliche Datenrechte von der Justizbehörde und der Strafverfolgungsbehörde entschieden. Daher müssen idealistische Datenrechte in gesetzliche Rechte umgewandelt werden, damit sie in vollem Umfang verwirklicht werden können, damit sie die Bedürfnisse der Menschen in der Tat befriedigen können.

Die gesetzlichen Datenrechte sind jedoch lediglich ein institutioneller Rahmen. Ein solcher Rahmen muss im täglichen Leben vollständig implementiert und eingehalten werden, damit gesetzliche Datenrechte in tatsächliche Datenrechte umgewandelt werden können. Der entscheidende Schritt dieses Aufschwungs liegt in der Erforschung der inhärenten Anforderungen von Subjekten des Datenschutzes und in der Verknüpfung dieser Anforderungen mit den Anforderungen der sozialen Entwicklung. Die Erhebung der gesetzlichen Datenrechte zu tatsächlichen Datenrechten, d. h. die Implementierung des Datenrechtssystems im sozialen Leben, ist daher der Schlüssel zur Verwirklichung der Datenrechte. Der Übergang der Datenrechte vom idealistischen zum gesetzlichen Datenrecht und dann zum eigentlichen Datenrecht ist eine Reflexion der sich ändernden Anforderungen der Menschen an datenbezogene Belange in verschiedenen Phasen. Dieser Übergang ist auch eine Verkörperung der dynamischen Beziehungen zwischen nicht erkannten und anerkannten Datenrechten und zwischen nicht realisierten und realisierten Datenrechten. Idealistische, gesetzliche und tatsächliche Datenrechte sind unter bestimmten Voraussetzungen untereinander umwandelbar. Die Formulierung des Datenrechtsgesetzes überträgt idealistische Datenrechte in gesetzliche Datenrechte. Die Umsetzung des Datenrechtsgesetzes überträgt gesetzliche Datenrechte in tatsächliche Datenrechte. Die Verwirklichung tatsächlicher Datenrechte wiederum führt dazu, dass die Menschen zusätzlichen Bedarf nach neuen Datenrechten haben. Auf diese Weise wird der Zyklus der

Formulierung, Änderung und Aufhebung von Datenrechtsgesetzen kontinuierlich vorangetrieben. Hinter diesem Kreislauf verbirgt sich die Bedeutung des gesetzlichen Systems der Datenrechte.

(2) Gesetzliche Grundsätze der Datenrechte

Der moralisch begründete Vorschlag und die Systemgestaltung der gesetzlichen Datenrechte müssen dem Grundsatz der Zumutbarkeit entsprechen. Datenrechte an sich sollten vernünftige und gerechtfertigte Interessensanforderungen sein, die unter bestimmten realistischen Bedingungen von der Öffentlichkeit erkannt und akzeptiert werden können und in der Lage sind, einen Ausgleich zwischen den komplizierten Interessen der verschiedenen Inhaber von Datenrechten zu finden. Nach Ansicht des westlichen Rationalismus spielt die Rationalität, die eine Voraussetzung für legitime Rechte ist, eine wichtige Rolle bei den gesetzlichen Rechten. Gleiches gilt auch für die Legalisierung der gesetzlichen Datenrechte. Um im Gesetzgebungsprozess die rationalen Voraussetzungen für die Verwirklichung von Datenrechten zu erfüllen, müssen Gesetzgeber auf der ganzen Welt rationale Vorschriften erlassen, um Datenrechte einzuschränken und zu schützen. In der Rechtspraxis müssen Strafverfolgungs- und Justizbeamte einen vernünftigen Schutz der Datenrechte gewährleisten. Ein solch vernünftiger Schutz dient in der Rechtspraxis als realistische Garantie für Datenrechte. Wenn es zu einer Verletzung von Datenrechten kommt, müssen die Menschen bei der Suche nach Rechtsbehelfen eine rationale Wahrnehmung der Datenrechte entwickeln. Dies ist auch für die Verwirklichung von Datenrechten von entscheidender Bedeutung. Das ordnungsgemäße Funktionieren des gesetzlichen Datenrechtssystems kann nur gewährleistet werden, wenn eine solch vernünftige Wahrnehmung in Gesetzgebungsverfahren, Rechtspraxis und Rechtsbehelfe für Datenrechte einfließt.

Ähnlich wie bei Sachenrechten handelt es sich bei Datenrechten im Wesentlichen um ein Verfahrensrecht, das gemäß den Verfahrensregeln ausgeübt und behoben werden muss. Der Kern der Datenrechte liegt in der Einrichtung eines Verfahrens, bei dem die Subjekte von Datenrechten ihre

Belange und Absichten in Bezug auf Datenrechte durch gleichberechtigte Beteiligung beurteilen können. Daher müssen die Datenrechte den Verfahrensregeln entsprechen, und die Legalisierung der Datenrechte erfordert Verfahrenspriorität. Bei der Legalisierung von Datenrechten sind folgende datenrechtlichen Merkmale zu beachten: zeitlich-räumliches Attribut, autonomes Funktionieren, Plausibilitätserfordernis, partizipatives Subjekt und spezifischer Gegenstand. Die Systemgestaltung der Datenrechte muss mindestens Folgendes umfassen: Gesetzgebungsverf ahren, Gerichtsverfahren, rechtliche Begründung, praktische Verhandlung, Rechtsbehelf usw., um das Datenrechtsregime mit Formulierung, Begründung, Praxis und Rechtsbehelf auszugestalten. Für die Datenrechte ist ihre verfahrensrechtliche Gerechtigkeit ebenso wichtig wie ihre materielle Gerechtigkeit. Gleiches Gewicht muss auf die materielle und prozessuale Gerechtigkeit der Datenrechte gelegt werden, die ein unabdingbares Ziel auf dem Weg des Menschen in die Ära der digitalen Zivilisation ist.

Bereits in der Renaissance und der Aufklärung hat die Subjektivitätstheorie eine philosophische Grundlage für die Moderne geschaffen. Die Subjektivitätstheorie ist damit zum Grundprinzip für die Etablierung des modernen Rechtssystems geworden. Sie anerkennt die Subjektidentität des Menschen als die ultimative Existenz aus den Perspektiven der Epistemologie, des Existentialismus und der Ontologie. Dabei hat auch der menschliche Wert Vorrang (P. Chen 2018). In der heutigen Ära der digitalen Zivilisation wird die „Datenperson" zur Reflexion von Menschen im Datenraum. Daher sollte der Mensch das Subjekt der gesetzlichen Datenrechte sein. Die Freiheit und Würde des Menschen können nur verwirklicht werden, indem seine Rechte und sein subjektiver Wert sichergestellt werden. Dies ist das Subjektivitätsprinzip des gesetzlichen Datenrechtes, das der Initiative und Kreativität von betroffenen Personen mit Rechten nachgeht und ihre Interessenansprüche durch die Ausweitung des Schutzumfangs und die Bereicherung der Rechtsmittel berücksichtigt. Es ist ein Prozess, bei dem der Wert des Datenrechtssubjektes ständig anerkannt und bestätigt wird und das Handeln des Datenrechtssubjekts die Verwirklichung seiner Interessen erleichtert. Alles in allem muss sich die Legalisierung der Datenrechte an den Anforderungen der Betroffenen orientieren, was als Grundprinzip gilt. Datenrechte werden, sobald sie vom

„Menschen," d. h. dem Datenrechtssubjekt, getrennt sind, zu einer bloßen Formalität oder einer leeren Worthülse.

(3) Inhalt der kodifizierten Datenrechte

Die kodifizierten Datenrechte verlangen, dass die Kategorie und der Inhalt der Datenrechte und ihre Wirkung nicht durch andere Dokumente, sondern durch Gesetze vorgeschrieben werden. Diese Anforderung ist für das gesetzliche System der Datenrechte bei der Abgrenzung von Datenrechten, der Bestätigung von Rechten und Pflichten und der Beilegung von Streitigkeiten usw. von großer Bedeutung. Die gesetzliche Regelung für Datenrechte umfasst im Wesentlichen drei Aspekte: Kategorie, Inhalt und Gültigkeit der Datenrechte.

Erstens besteht das System der Datenrechte aus verschiedenen Arten von Datenrechten. Daher umfasst die gesetzliche Regelung der Datenrechte auch die Kategorie der Datenrechte. Die gesetzliche Kategorie der Datenrechte bezieht sich auf die Arten von Datenrechten, die gesetzlich vorgeschrieben sind. Darüber hinaus ist es Personen untersagt, andere Arten von Datenrechten als die gesetzlichen Kategorien zu schaffen, oder die kodifizierten Arten von Datenrechten in Form von Vereinbarungen zu ändern. Die gesetzliche Kategorie von Datenrechten umfasst zur Feststellung, ob eine Art von Recht in Form von gesetzlichem Recht zu Datenrechten gehört, den Namen und den Ansatz für die Feststellung von Rechten sowie das System und andere für Datenrechte relevante Elemente, wie vom Gesetz vorgeschrieben. Obwohl Personen möglicherweise Datenrechte einrichten, müssen die von ihnen eingerichteten Datenrechte den gesetzlichen Kategorien entsprechen. Die gesetzliche Regelung für Datenrechte ist eine zwingende Bestimmung für alle Arten von Datenrechten, die nicht auf andere Weise geändert werden können. Menschen können Datenrechte somit nicht absichtlich einrichten oder erstellen. Die gesetzliche Kategorie für Datenrechte hat zwei Auswirkungen. Einerseits müssen Gesetze die spezifischen Arten von Datenrechten festlegen, und Menschen dürfen keine anderen Arten schaffen, die nicht gesetzlich anerkannt sind. Der Begriff „gesetzlich" bezieht sich hier auf normative Dokumente, die vom

Gesetzgeber im Gesetzgebungsverfahren formuliert werden. Darüber hinaus müssen die von der Justiz oder anderen Behörden durch normative Dokumente oder durch Einzelfälle, die nicht in die gesetzliche Kategorie fallen, festgelegten Datenrechte eingeschränkt werden. Nur auf diese Weise kann die gesetzliche Kategorie von Datenrechten universelle Gültigkeit haben, wenn es darum geht, das Verhalten von Personen in Richtung auf Einhaltung gesetzlicher Bestimmungen zu lenken und Juristen dazu zu bewegen, Streitigkeiten über Datenrechte ordnungsgemäß zu behandeln, und so die ordnungsgemäßen Funktionen der gesetzlichen Kategorien voll auszuschöpfen. Andererseits verbietet die kodifizierte Kategorie von Datenrechten den Menschen, nach Belieben Datenrechte festzulegen, die nicht in die kodifizierten Kategorien fallen, und erlaubt es den Menschen auch nicht, die Art der Datenrechte zu ändern, wie sie in den geltenden Gesetzen festgelegt sind, d. h. „die Freiheit ausschließen, Rechte zu schaffen." Die gesetzliche Kategorie impliziert, dass Versprechen und Vereinbarungen zwischen Parteien bei der Einrichtung einer neuen Kategorie ungültig sind und die beteiligten Parteien nicht von ihren selbst geschaffenen Interessen an Datenrechten Gebrauch machen können. Daher sind vereinbarte oder von Parteien eingegangene schriftliche Zusagen zur Schaffung neuer Datenrechte ungültig, und Personen dürfen keine anderen neuen Datenrechte als die gesetzlich anerkannten einrichten.

Zweitens umfassen die gesetzlichen Regelungen für Datenrechte den kodifizierten Inhalt von Datenrechten. Kodifizierter Inhalt bedeutet, dass der Inhalt der Datenrechte gesetzlich geregelt sein muss. Die Menschen dürfen keine anderen Datenrechte begründen, die mit dem gesetzlichen Inhalt unvereinbar sind, und sie dürfen keine Vereinbarungen treffen, die im Widerspruch zu den zwingenden gesetzlichen Bestimmungen stehen. Kodifizierter Inhalt und kodifizierte Kategorie sind untrennbar miteinander verbunden. Kodifizierte Inhalte sind wesentlicher und integraler Bestandteil des gesetzlichen Datenrechtssystems, denn wenn Gesetze die Kategorie der Datenrechte vorschreiben, muss dies auch für die Inhalte gelten. Wenn Menschen den Inhalt von Datenrechten willkürlich ändern können, wäre dies gleichbedeutend mit der Schaffung einer neuen Art von Datenrechten. Wenn dies trotz der unveränderten Kategorie geschieht, würde der wesentliche Teil des Datenrechts bereits geändert werden. Daher gilt der Inhalt der Datenrechte als verbindlich und kann nicht frei erstellt oder verändert werden. Dieser verbindliche Charakter der kodifizierten Inhalte dient der Gewährleistung der kodifizierten Kategorie. Die Datenrechtskategorie ist der grundlegende Ansatz, um Datenrechte zu verstehen. Verglichen mit Inhalten ist die Kategorie der Datenrechte makroskopischer und abstrakter und hilft den Menschen, Datenrechte besser zu beachten, zu beurteilen und zu erfassen. Aufgrund der sich gegenseitig ergänzenden Beziehungen von Kategorie und Inhalt hängt die Beurteilung der Datenrechtskategorie jedoch vom Aufbau des Inhalts ab. Im Allgemeinen kann die Kategorie verwendet werden, um die Datenrechte schnell zu lokalisieren. Nur wenn die Kategorie der Datenrechte umstritten ist, werden die Menschen den Inhalt analysieren. Zu diesem Zeitpunkt spielt der Inhalt der Datenrechte eine grundlegende Rolle, um die Menschen dabei zu unterstützen, die Kategorie der Datenrechte genau zu beurteilen. Kategorie und Inhalt der Datenrechte sind daher gesetzlich geregelt. Eine Kategorie von Datenrechten ohne kodifizierte Inhalte ist trügerisch und der Inhalt von Datenrechten ohne kodifizierte Kategorie ist blind. Die kodifizierten Datenrechte müssen die „Doppelprüfung" sowohl der kodifizierten Kategorie als auch des Inhalts bestehen. Kodifizierte Inhalte helfen, den Inhalt von Datenrechten zu klären, die Kosten für das Abrufen und Aushandeln von Daten zu senken, Rechte und Pflichten zu bekräftigen, Streitigkeiten beizulegen sowie die Effizienz und Fairness der Justiz zu verbessern. Der kodifizierte Inhalt ist obligatorisch, aber schließt die Willensautonomie nicht vollständig aus und lässt ein gewisses Maß an Diskretion zu. Dies liegt daran, dass das Datenrechtssystem noch nicht in der endgültigen Fassung vorliegt und dass es sich mit dem Fortschritt der menschlichen Gesellschaft und Zivilisation noch weiterentwickelt und geändert werden muss. Daher muss für den Inhalt der Datenrechte Raum bleiben, um sich in Zukunft weiterzuentwickeln.

Drittens umfasst die kodifizierte Regelung für Datenrechte auch die kodifizierte Gültigkeit von Datenrechten. Einerseits ist die Gültigkeit von Datenrechten ein Hinweis auf die Eigenart von Datenrechten. Ohne die gesetzlich vorgeschriebenen rechtlichen Auswirkungen werden die kodifizierte Kategorie und der Inhalt der Datenrechte bei der Regulierung und dem Schutz von Daten zweifellos lahmgelegt. Zum anderen weist die

Gültigkeit von Datenrechten zwei Merkmale auf, nämlich Exklusivität und Priorität. Sowohl Exklusivität als auch Priorität haben Auswirkungen auf Dritte und sind für die Datensicherheit relevant. Daher kann die Gültigkeit von Datenrechten nicht von dem Menschen beliebig bestimmt werden In Bezug auf die Exklusivität der Gültigkeit haben die Datenrechte Gültigkeit gegenüber dem Verhandlungspartner und gegenüber allen Dritten. Die einzige Ausnahme der Exklusivität der Datenrechte ist ein gutgläubiger Dritter. Die Priorität, im Wesentlichen eine Ausnahme bei Datenrechten, erfordert, dass die Gesetze klare Bestimmungen zur Priorität von Datenrechten enthalten, um jegliches Chaos in der Rechtspraxis zu vermeiden. Die Gültigkeit von Datenrechten kann nur durch Gesetze geregelt und nicht durch Zusage oder Vereinbarung geändert oder erweitert werden. Dies bedeutet erstens, dass Menschen zunächst die Gültigkeit von Datenrechten in Übereinstimmung mit den Gesetzen bestimmen müssen, und es bedeutet zweitens, dass Menschen die gesetzlichen Bestimmungen zur Gültigkeit von Datenrechten nicht ändern können.

(4) Gesetzliche Bedeutung der Datenrechte

Theoretisch sind gesetzliche Bestimmungen über Datenrechte die wirtschaftliche und soziale Auslegung von Datenrechten. Anders ausgedrückt: Interessen sind die äußerliche Erscheinungsform von Rechten und das Ergebnis der Sozialisierung von Rechten (Chen und Yin 2014). Deshalb regelt das kodifizierte Datenrechtssystem ausdrücklich die Belange der Datenrechte. Es verbindet idealistische Datenrechte mit tatsächlichen Datenrechten, indem es die Datenrechte von der Theorie in spezifische und zu erwartende gesetzliche Datenrechte umwandelt. Es bietet auch Schutz durch die Glaubwürdigkeit und Zwangskraft des Staates, um die Verwirklichung der Datenrechte zu gewährleisten. Die gesetzliche Regelung für Datenrechte regelt ausdrücklich das Eigentum an Datenrechten, um die willkürliche Formulierung neuer Datenrechte an Objektdaten durch relevante Parteien zu verhindern, wodurch die Betriebskosten gesenkt werden und die Gesetze präzise und stabil bleiben. Die gesetzlichen Bestimmungen zu Datenrechten spiegeln währenddessen die Bewertung des eigenen Wertes und die Entwicklung der Rechtskultur und des Rechtssystems durch die Menschen wider. Die kodifizierten Datenrechte an sich verkörpern Autorität und Wert und können als Verhaltenskodex für die gesamte Gesellschaft dienen, um das Verhalten der Menschen in die richtige Richtung zu lenken.

In der Realität ist die Legalisierung von Datenrechten ein Prozess, in dem Datenrechte festgelegt und verwirklicht werden. Dieser Prozess verfolgt die Funktionsweise des Gesetzes und dient als wichtige Garantie für die Verwirklichung von Datenrechten. Die gesetzliche Ordnung für Datenrechte umfasst eine Vielzahl von Elementen, zum Beispiel Kategorie und Inhalt, Realisierung und Kündigung, wesentliche Datenrechte und Verfahrensdatenrechte usw. Durch die Gesetzgebung der Datenrechte werden die Konnotation und die Bezeichnung der Datenrechte definiert. Es wird eine Ordnung für den Schutz und die Nutzung von Datenrechten gebildet und die Rechte und Pflichten der Parteien werden geklärt und angepasst. Schließlich können eventuelle Streitigkeiten über Datenrechte effizienter und sachgerechter beigelegt werden. Insbesondere wenn die öffentliche Gewalt mit individuellen Rechten in Konflikt steht, schützen kodifizierte Datenrechte die Rechte des Einzelnen, der sich in einer schwächeren Position befindet, und schränken die öffentliche Macht ein.

Institutionell übt die kodifizierte Ordnung für Datenrechte Einfluss auf das grundlegende Wirtschaftssystem einer Nation oder einer Region aus. Um die Eigentumsverhältnisse von Daten in einem Land oder einer Region zu Rechtsverhältnissen zu machen, die normale wirtschaftliche und soziale Beziehungen und Ordnungen festigen und aufrechterhalten, sollten Datenrechte, Eigentumsverhältnisse sowie die Arten und Inhalte von Datenrechten festgelegt werden, um das Eigentum des Datenrechtssystems anzupassen. In der Zwischenzeit muss die Funktionsfähigkeit von Datenrechten sichergestellt werden, um Datenrechte sowohl im Rechtssystem als auch im wirklichen Leben zu verwirklichen. Detaillierte Inhalte und explizite Schutzmöglichkeiten in gesetzlichen Datenrechtsbestimmungen können dazu beitragen, die ursprüngliche Bedeutung in relevanten Bestimmungen und Rechtsfällen zu interpretieren und zu beurteilen. Nur dann können kodifizierte Datenrechte den moralischen Vorstellungen normativer Datenrechte entsprechen.

(5) Gesetzliche Schwierigkeiten der Datenrechte

Als Grundrecht für das Überleben und die Entwicklung des Menschen müssen Datenrechte an sich eine berechtigte und angemessene Forderung sein, die den institutionellen Erfordernissen und der Wertorientierung im wirklichen Leben entspricht. Daher ist die Legalisierung von Datenrechten ein dynamischer Prozess, der durch wirtschaftliche, politische und kulturelle Faktoren beeinflusst wird. Dieser dynamische Legalisierungsprozess ist unweigerlich auch mit mehreren Schwierigkeiten konfrontiert.

Rechtlich gesehen haben die Bestandteile der Datenrechtsgesetze einen entscheidenden Einfluss auf die erfolgreiche Umsetzung der kodifizierten Datenrechte. Erstens wurden einige datenrechtsbezogene Konzepte, z. B. Rechte und Interessen von Datenressourcen und Dateneigentum, nur in bestimmten theoretischen Studien und in der Unternehmenspraxis erwähnt, jedoch niemals in Bestimmungen eines Gesetzes höherer Ebene. Zweitens gibt es aufgrund des Fehlens notwendiger und spezialisierter Rechtsvorschriften für Datenrechte erhebliche Einschränkungen bei der Regulierung von Datenrechten durch bestehende rechtliche Ansätze. Drittens fehlt es aufgrund mangelnder materieller Gesetzes- und Verfahrensnormen an explizitem Schutz und rechtlicher Garantie für Daten. Alle oben genannten Schwierigkeiten stellen institutionelle Hindernisse für die Legalisierung von Datenrechten dar und behindern somit die Einführung der Datenrechtsordnung.

In ideologischer und kultureller Hinsicht kann die derzeitige soziale Ideologie und Kultur die Verwirklichung gesetzlicher Datenrechte einschränken. Trotz des Anbruchs des Big Data-Zeitalters muss das öffentliche Bewusstsein für Daten, Datenrechte und Datenrechtsgesetze erst noch stärker geweckt werden. Folglich wird das Fehlen einer Datenkultur die Einrichtung normativer Datenrechte behindern. Unterdessen wird die „Pan-Politisierung" und die „offizielle Orientierung" der Mentalität auch die Verwirklichung kodifizierter Datenrechte, also die Umwandlung normativer Datenrechte in tatsächliche Datenrechte, behindern. Daher müssen die Bürger im Zeitalter der digitalen Zivilisation ihre Denkweise durch eine rationale Analyse der Beziehungen zwischen Menschen, sozialer

Ordnung, Staatsmacht und digitaler Zivilisation ändern. Infolgedessen kann das Bewusstsein für Datenrechte in allen Aspekten des sozialen Lebens Wurzeln schlagen und so die Entwicklung und den Fortschritt der menschlichen Zivilisation fördern.

In Bezug auf die soziale Entwicklung stellen kodifizierte Datenrechte das Niveau des Aufbaus der rechtlichen und sozialen Zivilisation dar. In der „Ära der Datenrechte" haben Datenrechte trotz des stetig wachsenden Datenwerts aufgrund sozialer und historischer Einschränkungen noch nicht genügend Aufmerksamkeit in allen sozialen Sektoren erregt. Die Legalisierung der kodifizierten Datenrechte bleibt daher hinter dem Trend der Zeit zurück. Kodifizierte Datenrechte, die außerhalb des sozialen Kontexts liegen oder sogar der sozialen Entwicklung voraus sind, haben jedoch keine realistische Bedeutung. Um Datenrechte richtig auslegen zu können, müssen wir sie daher direkt mit dem historischen Prozess der gegenwärtigen Welt konfrontieren, rational die Situation über den Aufbau der Datengesellschaft analysieren, den Hintergrund für die kodifizierte Regelung von Datenrechten richtig beherrschen und das Datenrechtsgesetz realistischer machen.

Abschnitt 2 Das System der Dateneigentumsrechte

Das Dateneigentumsrecht ist das umfassende Recht, Daten zu kontrollieren und bildet somit den Kern des Datenrechtssystems. Aus institutioneller Sicht ordnet das Dateneigentum bestimmten Eigentümern Daten zu, sodass Ersteres unter der Kontrolle Letzterer steht. Der Aufbau des Dateneigentumssystems trägt nicht nur zum Schutz der Interessen der Datenrechteinhaber bei, sondern fördert auch die gemeinsame Nutzung und Verwendung von Daten in der gesamten Gesellschaft.

(1) Die Minderung des Eigentumsrechts

Nach der ersten industriellen Revolution löste sich mit der Entstehung von nicht-physischem Eigentum allmählich das landzentrierte physische Eigentumssystem auf. Das Eigentum hing nicht länger von der Existenz physischer Objekte ab. Neben dem Landbesitz wurden Urheberrechte, Markenrechte, Patentrechte usw. als „geistiges Eigentum" anerkannt und in den Bereich des Eigentums aufgenommen. Im Übrigen wurden immaterielle Dinge (res incorporales) nach und nach die Objekte von Rechten. Immaterielle Dinge, also Dinge, die keine physische Form haben, können nur durch abstraktes Denken wahrgenommen werden. Rechte, die für immaterielle Dinge von Belang sind, werden im Allgemeinen wie folgt eingeteilt: a) Rechte, die direkt in Gesetzen festgelegt sind, zum Beispiel Forderung und Anteilsrechte, und b) immaterielle Eigentumsrechte, einschließlich Urheber-, Patent-, Markenrecht und andere Arten von Rechten an geistigem Eigentum sowie Rechte, die aus Informationen hervorgegangen sind, die einen wesentlichen Wert verkörpern. Aus der Perspektive der Objekte bilden die Rechte der immateriellen Dinge wie geistige Ergebnisse, Kreditinformationen, personenbezogene Daten, Geschäftsgeheimnisse, einen großen Schock für das traditionelle Eigentumsrechtsmodell, das auf physische Objekte ausgerichtete ist und sie können im systematischen Rahmen der traditionellen Eigentumsrechte keine Ansiedlung finden. Die Einbeziehung immaterieller Dinge in das Rechtssystem kann jedoch bereits auf die erste Stufe der Kodifizierung zurückgeführt werden. Zu der Zeit wurden periphere Versuche unternommen, um: a) bestimmte immaterielle Dinge als physische Dinge (res corporales) zu identifizieren. Diese Dinge sollten den Bestimmungen des Rechts der wirklichen Welt unterliegen. Und sie sollten b) unter Bezugnahme auf die Eigentumsrechtsordnung einige immaterielle Dinge als Objekte des Eigentumsrechts erweitert. Dann wird es realisiert, dass das Recht der immateriellen Dinge das traditionelle System des Eigentumsrechts durchbrochen hat.

Immaterielle Dinge ermöglichen die Transzendenz und den Durchbruch des Rechtsgrundsatzes, wonach „Eigentum ein greifbares Ding ist." Folglich muss die Minderung sowohl der geschlossenen als auch der exklusiven Eigentumsordnung und des Grundsatzes „eine Eigentümerschaft pro Objekt" entsprechend gemildert werden. In Bezug auf die Objektart der Rechte ist die geschlossene und exklusive Struktur des traditionellen Eigentumsrechts nicht in allen Aspekten für immaterielle Dinge geeignet. Das derzeitige Eigentumssystem betont die absolute und exklusive Kontrolle des Subjekts über die Dinge. Es schränkt den maßgeblichen Eigentumsumfang ein und beschränkt diese Kontrolle nur auf res corporales. Dies liegt daran, dass Rechte an körperlichen Dingen ohne den Willen oder die Zustimmung anderer und ohne die Erfüllung relevanter Pflichten ausgeübt werden können. Immaterielle Dinge haben jedoch keine solche Exklusivität. Der Grund dafür ist, dass das exklusive Attribut dazu führt, dass das Eigentum das Monopolprivileg genießt, wodurch die wirksame Zuweisung von Ressourcen, die Wettbewerbsfreiheit und die Verbesserung des Gemeinwohls behindert werden. Daher müssen der Begriff des Eigentums erweitert und ein Eigentümersystem eingeführt werden, das auf die Einbeziehung von Dingen anwendbar ist (X. Chen 2016, S. 111–113).

Es ist vorhersehbar, dass mit dem stetigen Wachstum der Produktionsfaktoren im Zeitalter der digitalen Zivilisation ständig neue Rechtsformen, ebenso wie Rechte mit großem Wert und ohne physische Form entstehen werden. Das Dateneigentumsrecht mit Daten als Objekt wird auftreten und trennt sich von dem traditionellen Eigentumsrecht mit materiellen Dingen als Objekte. Dateneigentum wird mit dem Ziel eingerichtet, die Teilhabe und die Nutzung von Daten zu fördern und den wirtschaftlichen, sozialen und souveränen Wert von Daten zu schützen. Indes werden neue Rechte mit Datenrechten als Hauptkategorie in Zukunft eine immer wichtigere Rolle im wirtschaftlichen und sozialen Leben spielen. Daher ist es durchaus notwendig, rechtliche Anleitung für Dateneigentumsrechte zur Verfügung zu stellen. In der Folge ist es auch eine dringende Aufgabe, das bestehende Rechtssystem zu reformieren und neue Gesetze und Bestimmungen auszuarbeiten, um die rechtmäßigen Belange der Subjekte der Dateneigentumsrechte zu regeln und zu schützen. Es ist auch eine große Herausforderung für das traditionelle Eigentumsrechtssystem. Das Eigentumsrechtssystem soll entlastet werden.

(2) Subjekte und Objekte des Dateneigentumsrechts

Die Subjekte des Dateneigentumsrechts sind Personen, die Interesse an Daten haben, d. h. natürliche und juristische Personen oder auch öffentliche Dienststellen und Staaten, die gemäß den Gesetzen über Datenrechte verfügen. Die Berechtigungen und Rechte von Subjekten sind in den nationalen Rechtsvorschriften geregelt. Die Berechtigung von Subjekten des Dateneigentumsrechts, d. h. der Rechtspersönlichkeiten, ist die rechtliche Grundlage dafür, dass Daten-Stakeholder als Subjekte des Dateneigentums anerkannt werden. Daher ist die Berechtigung des Subjekts des Dateneigentumsrechts die Voraussetzung für das Tragen der relevanten Datenrechte und -pflichten. In den Gesetzen ist nicht nur festgelegt, wer Inhaber von Datenrechten werden darf, sondern es werden auch relevante rechtliche Standards für verschiedene Datensubjekte festgelegt. Das Datenrechtsgesetz ist genau ein Satz von Rechtsbeziehungen, die sich aus der Anpassung der rechtlichen Interessen über Datenressourcen aller Subjekte ergibt. Und Datenrechte sind die Verwirklichung solcher Rechtsinteressen. Aufgrund der Nichtgreifbarkeit und Replizierbarkeit gibt es Daten in verschiedenen Formen der Interessen. Abweichend von der traditionellen Sichtweise von „eine Eigentümerschaft pro Objekt" wird angenommen, dass mehrere Subjekte des Dateneigentums in einem Datensatz vorhanden sein können und jedes Subjekt sein eigenes unabhängiges und vollständiges Dateneigentum hat, anstatt ein Eigentum zu teilen. Das Datenrechtsgesetz soll daher Organisationsregeln für Subjekte mit Dateneigentumsrechten formulieren, das Verhalten aller Subjekte der Dateneigentumsrechte regeln und Probleme wie Streitigkeiten über Dateninteressen und negative Externalisierung lösen.

Die Qualifikation des Subjekts der Dateneigentumsrechte kann rechtmäßig auf der Basis des Originalerwerbs gesetzlich oder durch die Nachfolge erlangt werden. Der Originalerwerb von Dateneigentumsrechten bedeutet, dass das Recht bei der ersten Herstellung des Dateneigentumsrechts erworben wurde. Zu den Subjekten, die im Besitz von Daten durch den Originalerwerb sind, gehören ursprüngliche Gläubiger wie Paritäten einer Vereinbarung, Produzenten, Eigentümer von Nießbrauch, Vor-Besitzer von Daten usw. Unter solchen Umständen muss Qualifikation des Subjekts der Dateneigentumsrechte mit rechtlicher Genehmigung legal erworben werden und auf der Grundlage von Produktion, Nießbrauch oder Beschäftigung erfolgen. Im Vergleich zu traditionellen Eigentumsrechten ist das originale Zugehörigkeitsmodell der Qualifikation des Subjekts der Dateneigentumsrechte völlig anders, denn die Rechtszugehörigkeit ist ziemlich sicher und klar umrissen, sofern ein Investor von Datenressourcen auch Daten produziert. Ist dies jedoch nicht der Fall, unabhängig davon, wem die Daten gehören, dem Investor oder Produzenten oder beiden, muss die Interessenzugehörigkeit der Dateneigentumsrechte ein Gleichgewicht zwischen öffentlichen und privaten Interessen, d. h. Investor und Produzent, herstellen. Dies ist die Kernfrage, die vom Datenrechtsgesetz sorgfältig behandelt werden muss. Im Wesentlichen ist die Nachfolge von Dateneigentümern die gemeinsame Nutzung von Dateneigentümern. Aufgrund des nicht absoluten Übermittlungsmerkmals von Daten kann ein Datensubjekt, das per Dateneigentum via Nachfolge das Eigentum an Daten erlangt, jedoch kein vollständiges Eigentumsrecht erwerben, was zu drei Szenarien führt: (1) Das Subjekt erwirbt die Vermögensrechte, jedoch nicht die Persönlichkeitsrechte der Daten; (2) mehrere Subjekte haben das Recht, denselben Datensatz zu kontrollieren, zu nutzen und davon zu profitieren; und (3) hat jedes Subjekt nur in einem bestimmten begrenzten und vorgeschriebenen Umfang Dateneigentum. Wenn nur der ursprüngliche Gläubiger Daten verwenden darf, kann der Wert der Daten nicht maximiert werden. Daher kann der Wert von Daten nur durch den Datenfluss und durch die Unterstützung anderer Personen ständig gestaltet und erweitert werden. In diesem Sinne ist die Nachfolge wichtiger als der Originalerwerb von Dateneigentumsrechten.

Die Objekte des Dateneigentums sind unabhängige, austauschbare und spezifische Datensätze mit einem bestimmten Nutzungswert und sie weisen die folgenden drei Merkmale auf: Immaterialität, Replizierbarkeit und nicht absolute Übermittlung. Da Datensätze nicht in physischer Form existieren, können Menschen die Existenz von Datensätzen nur auf abstrakte Weise erkennen. Daher ist Immaterialität das grundlegendste Merkmal von Objekten des Dateneigentums. Datensätze können zu geringen Kosten repliziert werden, wodurch mehrere Subjekte Daten gleichzeitig steuern und verwenden können. Dies erhöht den Wert der Daten. Die Replizierbarkeit des Subjekts der Dateneigentumsrechte ist daher die Grundlage des Rechtsobjekts. Aufgrund nicht absoluter Datenübermittlung kann die Kontrolle über Datensätze nicht vollständig übertragen werden. Objekte des Dateneigentumsrechts unterscheiden sich von Objekten des geistigen Eigentumsrechts in den folgenden Punkten: Kreativität, Bindung an bestimmte Medien, Anerkennung durch rechtliche Verfahren und Transparenz, und ob sie öffentlich bekannt sein müssen. Aus diesen Gründen kann das Dateneigentumsrecht nicht mit demselben Ansatz geregelt werden wie Rechte des geistigen Eigentums. Aus Sicht der Daten handelt es sich bei dem Objekt des geistigen Eigentumsrechts um Wissen, die des Menschen kreativste Werke verkörpern und die am besten optimierten Daten sind. Daher entsprechen die Daten nicht den gesetzlichen Bestimmungen im engsten Sinne für das Objekt der geistigen Eigentumsrechte.

(3) Funktionen des Dateneigentums

Funktionen des Dateneigentumsrechts beziehen sich auf die Rechte, die den Inhalt des Dateneigentumsrechts ausmachen und die den Subjekten des Dateneigentumsrechts zustehen. Als Kern der Datenrechte beziehen sich die Funktionen des Dateneigentumsrechts auf den immanenten Wert und die Wesentlichkeit des Dateneigentums sowie auf die Interessen an den Datenrechten. Während die Subjekte Dateneigentum genießen und ausüben, werden die Funktionen und die Rolle des Eigentums demonstriert. Die Funktionen des Dateneigentums umfassen das Recht, Daten zu kontrollieren, das Recht, Daten zu verwenden, das Recht, mit Daten Gewinne zu erzielen und das Recht, Daten zu teilen.

Das Recht, Daten zu kontrollieren, bedeutet, dass die Subjekte des Dateneigentumsrechts das Recht haben, über die Daten zu bestimmen. Das Recht zur Datenkontrolle ermöglicht es Subjekten mit Dateneigentumsrecht, ihre Rechte frei auszuüben, indem sie Daten unter rechtliche Kontrolle stellen. Menschen können das Recht erhalten, Daten zu kontrollieren, indem sie entweder Daten mit relevanten Ressourcen durch Arbeit oder durch Teilhabe der Datenrechte erstellen. Die Kontrolle ist eine der Möglichkeiten, mit denen Subjekte des Dateneigentumsrechts über die Daten bestimmen, wodurch ein Gleichgewicht zwischen den natürlichen Eigenschaften von Daten und dem Schutz von Datenrechten hergestellt wird. Die Kontrolle über Daten ist ein Sachenrecht (ein absolutes Recht, das in der Welt als Ganzes zur Verfügung steht). Zum einen ist aufgrund der Immaterialität der Objekte des Dateneigentumsrechts das bestehende Besitzsystem des Eigentums auf das Dateneigentum nicht anwendbar. Daher können Subjekte mit Dateneigentum Objekte nur durch tatsächliche Kontrolle beherrschen, was sowohl den Schutzeffekt als auch den Erhalt des Rechts auf Datenkontrolle verdeutlicht. Auf der anderen Seite sind aufgrund der Reproduzierbarkeit von Daten die Kosten für die Datenweitergabe so gering, dass die Interessen der Dateninhaber durch Rechtsverletzungen gefährdet sind. Darüber hinaus ist es nicht effektiv, das Recht zur Kontrolle von Daten vor Verstößen durch technologische Mittel allein zu schützen. Nur durch die Legalisierung des Eigentumsrechts können die Interessen der Daten wirklich geschützt werden.

Die Verwendung von Daten ist eines der grundlegenden Mittel zur Datennutzung und eine wichtige Methode, um den Wert von Daten zu ermitteln und das Interesse an den Daten zu verwirklichen. Das Recht zur Nutzung von Daten bezieht sich daher auf das Recht der Subjekte des Dateneigentumsrechts, den Nutzungswert von Daten zu verfolgen und ihre Interessen durch die Nutzung von Daten entsprechend zu verwirklichen. Aufgrund der Art der Daten kann das Recht zur Datennutzung in zwei Kategorien unterteilt werden: das Recht zur Verarbeitung und das Recht zur Vervielfältigung. Der Prozess als grundlegendes Mittel zur Verwendung von Daten hilft, den Wert von Daten zu entdecken und zu steigern sowie die Existenz und Bedeutung von Daten zu stärken. Das Recht zur Verarbeitung ist daher eine wichtige Zusammensetzung des Rechts zur Datennutzung. Zugegebenermaßen kann ein solches Recht geteilt werden, vorausgesetzt, die Nutzer verarbeiten die Daten auf vorgeschriebene Weise und vervielfältigen oder teilen die Daten nicht nach Belieben. Um jedoch den Wert der Daten zu erhöhen, muss das Datenvolumen erweitert werden, wodurch mehr Nutzer einbezogen werden. Aufgrund der extrem niedrigen Kosten wird die Vervielfältigung daher zu einer wichtigen Methode zur Steigerung des Datenvolumens.

Aus diesem Grund ist die Vervielfältigung eine wichtige Voraussetzung sowie ein Mittel zur Datennutzung. Durch die Vervielfältigung werden die ursprünglichen Dateninformationen vollständig wiederhergestellt, was für die Datenverteilung von grundlegender Bedeutung ist. Insgesamt nimmt das Vervielfältigungsrecht eine wichtige Position im Dateneigentum ein.

Das Recht, aus Daten Gewinne zu erzielen, ist das Recht der Nutzer, durch die Nutzung und Weitergabe von Daten Gewinne zu erzielen. Beispielsweise ist die Kapitalisierung von Daten ein Prozess, um Gewinne zu erzielen. Das Recht, aus Daten Gewinne zu erzielen, ist die wirtschaftliche Realisierung des Dateneigentums und der einzige Weg, den Wert von Daten greifbar zu machen. Es zeichnet sich durch Externalität, langen Zeitraum, Vielfalt usw. aus. Erstens wird die Externalität durch das Verhältnis der Einnahmen des Subjekts des Dateneigentumsrechts aus der Nutzung und Weitergabe von Daten zu den dabei anfallenden Kosten wiedergespiegelt. Sie bestimmt daher den nicht-absoluten Charakter von Daten. Daher müssen notwendige Einschränkungen und Ausnahmen für das Recht, Gewinn aus Daten zu erzielen, vorgeschrieben werden, um ein Gleichgewicht zwischen individuellen Rechten und öffentlichen Interessen herzustellen. Zweitens dauert es normalerweise lange, um aus Daten Gewinne zu erzielen. Dies liegt daran, dass der Wert von Daten durch einmalige Nutzung oder einmaligen Verbrauch nicht vollständig erfasst werden kann. Darüber hinaus können eingehende und neue Daten mit vorhandenen Daten interagieren, wodurch sich der Wert der Daten ändert und neue Einnahmen erzielt werden. Derweil können Daten wiederholt für langfristige Vorteile ohne Abnutzung oder Verschleiß verwendet werden. Der Datenwert wird über die Zeit anwachsen und sich erhöhen, ohne den maximalen Spitzenwert zu erreichen. Drittens bedeutet Diversität, dass mehrere Eigentümer gleichzeitig von denselben Daten profitieren können. Der Grund dafür ist, dass das Recht zur Datenkontrolle nicht vollständig übertragen und von einem Subjekt zu einem anderen weitergegeben werden kann.

Das Teilen stellt die ultimative Nutzung von Daten dar. Das Recht zum Teilen bezieht sich auf das Recht der Dateneigentumssubjekte, Daten zu konsumieren und zu teilen. Das ist die ultimative Verkörperung des Dateneigentums und zudem die Natur der Datenrechte.

Durch die gemeinsame Nutzung des Dateneigentums werden die Dateneigentumssubjekte nicht ihres Rechts beraubt, die Daten zu kontrollieren. Stattdessen wird unabhängiges Dateneigentum durch Vervielfältigung hergestellt, wodurch mehreren Dateneigentumssubjekten das Kontrollrecht und das Nutzungsrecht über dieselben Daten eingeräumt werden. Darüber hinaus untergräbt die gemeinsame Nutzung von Datenrechten nicht den Datenwert, sondern erhöht ihn. Bei materiellen Dingen gleicht das Recht zu teilen normalerweise dem Löschrecht, was zur absoluten oder relativen Beendigung des Eigentums führt. Das bedeutet, das Recht zur Entsorgung von materiellen Dingen bestimmt die Beendigung des Eigentums (Lu 2009, S. 373). In Bezug auf Daten gilt das bestehende System der Entledigung von Eigentum nicht mehr für den Schutz und die Nutzung von Daten, da die gemeinsame Nutzung den Datenwert in vollem Umfang nutzt. Der Zweck der Feststellung des Dateneigentumsrechts besteht nicht darin, Daten zu kontrollieren, sondern Daten effektiv zu nutzen und den Wert von Daten voll auszuschöpfen. Daher konzentriert sich das Recht zum Datenteilhabe eher auf die Datennutzung. Es steigert die Datennutzung, durch die Menschen den Datenwert verfolgen, zu einer ebenso wichtigen Position wie dem Eigentumsrecht an Daten.

(4) Das vereinbarte Nutzungssystem des Dateneigentumsrechts

Die natürlichen Eigenschaften von Objekten der Dateneigentumsrechte und modernen Datenproduktionsaktivitäten bestimmen, dass die direkte Nutzung von Daten durch Rechteinhaber allein den Wert von Daten nicht voll zur Geltung bringen kann. Die legitime Verwendung durch andere Personen kann den Wert der Daten erhöhen. Unter den zahlreichen Möglichkeiten der legitimen Nutzung ist die vereinbarte Nutzung die häufigste Art der Nutzung von Datenressourcen. Die vereinbarte Datennutzung berücksichtigt den Willen aller Parteien und schützt deren Interessen, wodurch ein angemessener und effektiver Umgang mit Daten gefördert wird. Das vereinbarte Nutzungssystem des Dateneigentumsrechts umfasst die lizenzierte Nutzung und die Übertragung des Eigentumsrechts der Daten usw.

Das lizenzierte Nutzungssystem des Dateneigentumsrechts ist das System, in dem das Subjekt des Dateneigentumsrechts anderen die Nutzung von Daten unter bestimmten Bedingungen ermöglicht. Bei lizenzierter Nutzung des Dateneigentumsrechts werden die Subjekte des Dateneigentumsrechts geändert. Außerdem werden bestimmte Beziehungen von Rechten und Pflichten zwischen den Subjekten des Dateneigentumsrechts etabliert. Grundsätzlich handelt es sich bei diesen Rechten und Pflichten um Vertragsverhältnisse. Die Gültigkeit vertraglicher Beziehungen beruht somit auf Vereinbarungen. Die lizenzierte Nutzung des Dateneigentumsrechts schafft tatsächlich einen unabhängigen Besitz, der es möglich macht, dass ein einzelner Datensatz mehrere Dateneigentümer hat. Diese unterschiedlichen Dateneigentümer können von unterschiedlichen Besitzern gleichzeitig genutzt werden. Für Datennutzer kann die lizenzierte Nutzung des Datenbesitzes in folgende Kategorien unterteilt werden: 1. exklusive Lizenzierung, 2. alleinige Lizenzierung, 3. nicht exklusive Lizenzierung. Exklusiv lizenzierte Nutzung bedeutet, dass der Lizenzgeber einem benannten Lizenznehmer unter bestimmten Bedingungen das Recht einräumt, Daten zu nutzen. Jede andere Person als der genannte Lizenznehmer (einschließlich des Lizenzgebers) ist von der Nutzung des entsprechenden Rechtes zur Nutzung der Daten ausgeschlossen. Der Unterschied zwischen der exklusiven Lizenzierung und der alleinigen Lizenzierung besteht darin, ob das Subjekt das Dateneigentumsrechts das Recht hat, Daten zu nutzen. Die Antwort lautet JA bei der alleinigen Lizenzierung, NEIN bei der exklusiven Lizenzierung. Darüber hinaus umfasst die nicht exklusive Lizenzierung, dass das Subjekt des Dateneigentumsrechts zwei oder mehr Subjekten, die sich nicht gegenseitig ausschließen, das Datennutzungsrecht gewährt. In diesem Sinne ist die nicht exklusive Lizenzierung die beste und beliebteste Möglichkeit, Dateneigentümerschaft auszuüben. Aufgrund der Replizierbarkeit von Daten kann der Datenwert nur durch die Replizierung von Daten und nicht exklusive Lizenzierung ständig erweitert werden, um letztendlich den Anforderungen der sozialen Produktion gerecht zu werden.

Die Übertragung von Eigentum ist ein System, bei dem das Subjekt des Dateneigentumsrechts das Dateneigentum über Mittel wie Datentransaktion, Spende, Nachfolge usw. auf andere überträgt, wodurch ein besonderes Verhältnis von Rechten und Pflichten zwischen dem Veräußerer und dem Übernehmer geschaffen wird. Die Übertragbarkeit ist die inhärente Regel des Dateneigentumsrechts. Im Gegensatz zur Lizenzierung überträgt der Veräußerer des Dateneigentumsrechts alle vier Rechte des Dateneigentums, also das Recht, Daten zu kontrollieren, zu nutzen, Einnahmen aus ihnen zu erzielen und zu teilen, durch Datenteilung. Nach der Übertragung des Dateneigentumsrechts genießt der Erwerber alle vier Rechte und wird somit neues Subjekt des Dateneigentumsrechts. Daher werden durch die Übertragung des Dateneigentumsrechts nicht mehrere Eigentümer für dieselben Daten erstellt. Stattdessen ersetzt ein neues Subjekt das vorherige Subjekt des Dateneigentumsrechts. Wenn dem Erwerber nur das Recht eingeräumt wird, Daten zu kontrollieren, zu verwenden und Einnahmen daraus zu erzielen, jedoch nicht das Recht, Daten weiterzugeben, kann dieser die Daten eben nicht nach eigenem Ermessen an andere Benutzer weitergeben. In diesem Szenario ist die Übertragung des Dateneigentumsrechts unvollständig und wird tatsächlich lizenziert. In Bezug auf die Ergebnisse ermöglicht die lizenzierte Nutzung des Dateneigentumsrechts dem Subjekt des Dateneigentumsrechts nur, einen Teil der Nutzungsrechte und des Rechts, Gewinne zu erzielen, an ein anderes Subjekt abzutreten. Sollten Daten missbraucht werden, würde das ursprüngliche Subjekt des Dateneigentumsrechts weiterhin die entsprechenden Verpflichtungen als juristische Person übernehmen. Bei Übertragung des Dateneigentumsrechts überträgt das ursprüngliche Subjekt jedoch das vollständige Dateneigentum zusammen mit den entsprechenden Pflichten als juristischer Person an den Erwerber. Infolgedessen hat das ursprüngliche Subjekt des Dateneigentumsrechts das Recht verloren, die übertragenen Daten zu kontrollieren.

(5) das gesetzliches Nutzungssystem des Dateneigentumsrechts

Die gesetzliche Nutzung des Dateneigentumsrechts ist eine spezielle Art zur Nutzung von Daten und ist eine eingeschränkte Nutzung des Dateneigentumsrechts. Die natürliche Eigenschaft der Immaterialität ermöglicht es, dass Daten mehr ein öffentliches Interesse mit sich bringen. Daher muss es die Beschränkung geben, um ein Gleichgewicht zwischen öffentlichen und persönlichen Interessen herzustellen. Das System der gesetzlichen Nutzung des Dateneigentumsrechts umfasst die faire Nutzung, die gesetzliche Lizenzierung und die Zwangslizenzierung des Dateneigentumsrechts. Alle diese drei Kategorien betreffen Einschränkungen des Dateneigentumssystems.

Die faire Nutzung ist die strengste Einschränkung des Dateneigentumsrechts. Das System der fairen Nutzung des Dateneigentumsrechts bedeutet, dass unter bestimmten gesetzlich vorgeschriebenen Umständen andere Personen die Daten des Dateneigentümers ohne dessen Erlaubnis verwenden können. Der Datennutzer muss für diese Datennutzung keine Gebühren entrichten. Ein fairer Umgang mit Dateneigentum zielt darauf ab, die öffentlichen Interessen zu wahren und der Öffentlichkeit Raum für einen fairen Umgang mit Daten zu geben, ohne die grundlegenden Interessen der Dateneigentümer zu verletzen. Datenrechte haben nicht nur private, sondern auch öffentliche Eigenschaften. Wenn sich öffentliche Rechte in Privatbesitz befinden, wird das Gemeinwohl ernsthaft geschädigt. Aus diesem Grund ist das System der fairen Nutzung des Dateneigentumsrechts durchaus notwendig, um zu gewährleisten, dass Menschen Daten für gemeinnützige Zwecke wie Bildung, Medizin, Philanthropie und Wissenschaftsforschung fair nutzen können. Dabei gleicht die faire Nutzung öffentliche und private Dateninteressen effektiv aus, indem bestimmte Dateninteressen in Richtung der Gesellschaft gelenkt werden. Eine faire Nutzung verhindert auch zwei Umstände: erstens eingeschränkte Datennutzung aufgrund eines Datenmonopols, und zweitens die erschwerte Datenproduktion aufgrund des Fehlens eines Datenmonopols.

Die gesetzliche Lizenzierung ist auch eine Einschränkung für das Dateneigentumsrecht, die verhältnismäßig schwächer als die faire Nutzung ist. Die gesetzliche Lizenzierung des Dateneigentumsrechts bedeutet, dass andere Personen unter bestimmten gesetzlich vorgeschriebenen Umständen die Daten des Dateneigentümers ohne dessen Erlaubnis verwenden können. Der Datennutzer muss Gebühren für eine solche Datennutzung entrichten und die anderen Rechte eines Dateneigentümers beachten. Die gesetzliche Lizenzierung verleiht Personen bestimmte Rechte zur Datennutzung, ermöglicht den Personen, die bestimmte gesetzliche Anforderungen erfüllen, die Datennutzung und entbindet diese qualifizierten Personen von Einschränkungen. Auf diese Weise gleicht die gesetzliche Lizenzierung öffentliche und private Interessen aus. Der Unterschied zwischen gesetzlicher Lizenzierung und fairer Nutzung besteht darin, dass erstere eine gesetzliche Berechtigung für Datennutzer darstellt, die hauptsächlich auf der Suche nach Profit sind. Letzteres ist eine selbstbestimmte Autorisierung, bei der die meisten Nutzer nicht auf der Suche nach Profit sind.

Zwangslizenzierung bedeutet, dass ein zuständiges Regierungsorgan unter bestimmten Umständen einer anderen Person zwangsweise gestattet, die Daten des Dateneigentümers ohne Zustimmung dieses Dateneigentümers zu verwenden. Der Datennutzer muss Gebühren für diese Datennutzung entrichten und die anderen Rechte des Dateneigentümers beachten. Die Zwangslizenzierung ist unfreiwillig und zielt auf die Wahrung nationaler und gesellschaftlicher Interessen ab. Die gesetzliche Lizenzierung ist im Vergleich zur Zwangslizenzierung ein spezielles Beschränkungssystem, über das ein gesetzlich zuständiges Regierungsorgan entscheiden muss. Generell werden Zwangslizenzen mit Ausnahme der nationalen und gesellschaftlichen Interessen nur selten umgesetzt, da eine unsachgemäße Umsetzung der Zwangslizenzregelung den Interessen des Dateneigentümers schwerwiegenden Schaden zufügt. Die Zwangslizenz richtet sich an öffentliche Daten und bestimmte Benutzer. Sie ist sehr flexibel und hat ein explizites Zeitlimit. Die gesetzliche Lizenzierung zielt darauf ab, die missbräuchliche Nutzung von Dateneigentum einzuschränken und zu gewährleisten, dass die Öffentlichkeit auf Daten zugreifen und diese nutzen kann, um so den sozialen Fortschritt und die Entwicklung zu fördern.

Abschnitt 3 Das System der Nießbrauchdatenrechte

Nießbrauchdatenrechte werden zu dem Zweck festgelegt, den Konflikt zwischen dem Besitz und der Nutzung von Daten zu lösen. Sie beziehen sich auf das Recht, Daten, die sich unter bestimmten Bedingungen im

Besitz einer anderen Person befinden, zu verwenden und daraus einen Gewinn zu erzielen. Nießbrauchdatenrechte entstehen als Ergebnis durch den Übergang von der Datenkontrolle zur Datennutzung. Als Möglichkeit zur Umsetzung des Dateneigentumsrechts trägt der Aufbau des Systems der Nießbrauchdatenrechte dazu bei, den wirtschaftlichen Wert von Datenrechten zu realisieren.

(1) Das beschränkte Eigentumsrecht

Der Begriff, das Nießbrauchdatenrecht, umschreibt das Recht eines Individuums, alle Daten einer anderen Person zu nutzen und daraus Profit zu erzielen. Nießbrauchdatenrechte sind die Rechte, die dem Einzelnen von den Subjekten des Eigentumsrechts zur Nutzung der Daten eingeräumt werden. Nießbrauchdatenrechte entstehen als Ergebnis aus der Abtrennung der Rechtsfähigkeiten des Dateneigentumsrechts. Mit anderen Worten werden bestimmte Rechtsfähigkeiten des Dateneigentumsrechts von den Subjekten des Eigentumsrechts getrennt und an andere Personen zum Genuss übertragen, wodurch Datenrechte für andere Personen festgelegt werden. Aus diesem Grund werden Nießbrauchdatenrechte auf der Grundlage des Dateneigentumsrechts geschaffen, und die Rechte an sich begrenzen das Dateneigentumsrecht. Die Nießbrauchdatenrechte als wirtschaftlicher Ansatz zur Umsetzung des Dateneigentumsrechts tragen jedoch dazu bei, den wirtschaftlichen Wert des Dateneigentumsrechts greifbar zu machen. Nießbrauchdatenrechte entstehen bei der Verlagerung der Hauptfunktion der Datenrechte von der Kontrolle zur Nutzung. Daher bestehen Nießbrauchdatenrechte neben dem Dateneigentumsrecht. Mit dem Anbrechen des Zeitalters der digitalen Zivilisation nimmt der Umfang der Datenressourcen weiter zu, wodurch Nießbrauchdatenrechte immer wichtiger werden. Im Allgemeinen basiert die Schaffung von Nießbrauchdatenrechten auf dem Willen der Dateneigentümer. Wenn Dateneigentümer Daten nicht tatsächlich nutzen oder den Datenwert nicht effektiv nutzen können, geben sie die Daten an andere weiter, damit diese sie nutzen und Erträge damit erzielen, um den wirtschaftlichen Wert der Daten voll auszuschöpfen. Trotz der engen Verbindung zwischen Dateneigentumsrechten und Nießbrauchdatenrechten gibt es bestimmte Unterschiede:

Die Charaktere der Rechte sind unterschiedlich. Nießbrauchdatenrechte sind Datenrechte, über die andere verfügen, während Dateneigentumsrechte Datenrechte sind, über die die Dateneigentümer verfügen. Datenrechte, die den Dateneigentümern zustehen, sind die vollständigsten und umfangreichsten Datenrechte. Datenrechte, die andere genießen, beziehen sich auf Rechte über Daten, die einer anderen Person gehören. Nießbrauchdatenrechte haben daher Eigenschaften der Rechte, über die andere verfügen, wie z. B. Fristen und eingeschränkte Funktionen.

Die Inhalte der Rechte sind unterschiedlich. Nießbrauchdatenrechte sind eingeschränkte Datenrechte, während das Dateneigentumsrecht vollständige Datenrechte umschreibt. Als Datenrechte mit Einschränkungen sind Datennutzungsrechte sowohl zeitlich als auch gesetzlich inhaltlich eingeschränkt und verfügen hauptsächlich über den Nutzungswert der Daten. Das Dateneigentumsrecht besteht hingegen aus Datenrechten, die zeitlich unbefristet und ohne Funktionsbeschränkungen sind. Inhaber von Nießbrauchdatenrechten genießen nur einen Teil der Rechte am Dateneigentum, der grundsätzlich die Funktion der Teilhabe nicht enthält. Das Dateneigentumsrecht ist das umfangreichste Verfügungsrecht und ist das vollständigste Recht.

Sie sind von unterschiedlichen Fristen beschränkt. Was Limitierungen betrifft, sind Nießbrauchdatenrechte zeitlich befristete Rechte, während das Dateneigentumsrecht unbefristet ist. Das Dateneigentumsrecht besteht, solange Daten vorhanden sind. Das heißt, solange Daten vorhanden sind, wird das Dateneigentumsrecht vorhanden sein. Im Gegensatz dazu sind Nießbrauchdatenrechte in der Regel zeitlich befristet und bestehen mit Ablauf der Frist nicht mehr.

Die Objekte der Rechte sind unterschiedlich. Die Objekte des Dateneigentumsrechts umfassen eine breite Palette von Datensätzen, die unabhängig von ihrem Nutzungswert allen relevanten Subjekten gehören können. Nießbrauchdatenrechte haben einen relativ engen Bereich an Objekten, da die Objekte - in der Regel bestimmte Datensätze - für Subjekte mit Nießbrauchdatenrechten einen Nutzwert haben müssen.

Sie haben unterschiedliche Erwerbsmöglichkeiten von Rechten. Das Dateneigentumsrecht kann auf verschiedene Arten erlangt werden, sofern die Mittel legitim sind, entweder durch Erstzugang bei der Erzeugung und Herstellung von Daten oder durch Nachfolge. Der Erwerb von Nießbrauchdatenrechten ist dagegen gesetzlich streng geregelt. Sie können nur durch vertragliche Vereinbarung oder gesetzliche Mandate bezogen werden.

(2) Merkmale der Nießbrauchdatenrechte

Da Nießbrauchdatenrechte die Datenrechte sind, die an den Daten anderer Personen festgelegt werden, was dem Recht am Eigentum einer anderen Person ähnlich ist, kann es als Recht an den Daten einer anderen Person beschrieben werden. Und man spricht auch von eingeschränkten Datenrechten, weil Datennutzungsrechte über die zugrunde liegenden Daten in einem vereinbarten Umfang bestimmt werden sollen. Das Subjekt der Nießbrauchdatenrechte kann mit Ausnahme des Dateneigentümers eine natürliche Person, eine juristische Person oder eine Organisation sein, die die Rechte an den Daten anderer besitzt. Dies liegt daran, dass Nießbrauchdatenrechte die Rechte sind, die für Daten, die einer anderen Person gehören, erschaffen wurden. Der Gegenstand der Nießbrauchdatenrechte, d. h. der entsprechende Datensatz, ist durch Immaterialität, Reproduzierbarkeit und nicht absolute Übertragbarkeit gekennzeichnet. Mit der Diversifizierung der Datennutzungsmethoden, insbesondere mit dem Fortschritt von Wissenschaft und Technik sowie der Innovation von Systemen und Mechanismen hat der Wert von Daten stetig zugenommen. Um mit dem Trend der Datennutzung, der sich ständig ändert, Schritt zu halten und die Benutzungseffizienz der Datenressourcen zu verbessern, müssen Nießbrauchdatenrechte festgelegt werden. Das ist für die Entwicklung des Datenrechtssystems eine unvermeidliche Tendenz.

Der Kern der Nießbrauchdatenrechte sind das Benutzungs- und Gewinnerzielungsrecht. Nießbrauchdatenrechte beziehen sich zum einen hauptsächlich auf die Nutzung und die Erzielung der

Gewinne. Bei der Ausübung von Datenrechten können die Subjekte der Nießbrauchdatenrechte je nach Unterschieden in Zwecken der Datensätze oder Zielsetzungen der Rechtsbestimmung unterschiedliche Nutzungsarten aufweisen. Einige Nießbrauchdatenrechte sind für die Datennutzung an sich bestimmt, während sich andere auf die Transaktion von Daten konzentrieren. Auf der anderen Seite beinhalten Nießbrauchdatenrechte im Allgemeinen nicht das Recht, an den zugrunde liegenden Daten teilzuhaben. Der Rechteinhaber hat jedoch das legitime Recht, an den Nießbrauchdatenrechten teilzuhaben. Das Teilen der Nießbrauchdatenrechte trägt dazu bei, die Benutzungseffizienz der Datenressourcen ausreichend zu verbessern. Neben der kontinuierlichen Innovation der Datennutzung und dem ständigen Fortschritt von Wissenschaft und Technik wird auch der Inhalt der Nießbrauchdatenrechte erweitert.

Nießbrauchdatenrechte sind in ihrer Beschaffenheit einzigartig und manifestieren sich hauptsächlich in folgenden Aspekten: a) Nießbrauchdatenrechte sind eingeschränkte Datenrechte mit einer gewissen zeitlichen und quantitativen Begrenzung und sie sind nicht so reich an Inhalt wie die Eigentumsrechte; b) Nießbrauchdatenrechte sind grundsätzlich Grundrechte. Nießbrauchdatenrechte, die unabhängig von Eigentumsrechten und anderen Datenrechten sind, bestehen weder für andere Datenrechte noch für die Übertragung oder Eliminierung mit Änderungen anderer Datenrechte; und c) Nießbrauchdatenrechte sind die kündbaren Datenrechte mit eindeutiger und definitiver Laufzeitbeschränkung im Allgemeinen. Als eine Art Einschränkung des Dateneigentumsrechts verbietet die Laufzeitbeschränkung im Wesentlichen das dauerhafte Bestehen von Nießbrauchdatenrechten, da dies zum Aushöhlen oder sogar zum bloßen namentlichen Bestehen des Dateneigentumsrechts führen kann.

(3) Inhalt der Nießbrauchdatenrechte

Nießbrauchdatenrechte sind Rechte zur Kontrolle des Datennutzungswerts Dritter. Das Wort „Dritter“ bezieht sich hier grundsätzlich auf das Subjekt des Dateneigentumsrechts. Nießbrauchdatenrechte umfassen die Herrschaft über den Nutzungswert von Daten zum Zwecke der Datennutzung. Aus rechtlicher Sicht ist das Recht auf gemeinsame Nutzung das wichtigste Datenrecht, das das Datenrecht vom Sachenrecht unterscheidet. In Bezug auf Nießbrauchdatenrechte sind jedoch die Rechte zur Weitergabe der zugrunde liegenden Daten ausgeschlossen, da Nießbrauchdatenrechte hauptsächlich das Recht zur Nutzung und zur Erzielung von Erträgen aus Daten umfassen. Um Daten effektiv zu nutzen, hat der Rechteinhaber zweifellos das Recht, die Nießbrauchdatenrechte per se gemäß den Gesetzen zu teilen, unter der Voraussetzung, dass das endgültige Eigentum an den Daten nicht behindert wird. Eine solche Teilhabe meint die Teilhabe von Rechten, nicht die Teilhabe von Daten. Solches Recht soll dem Rechtseigentümer gehören. Die Nießbrauchdatenrechte umfassen ausdrücklich das Recht, Daten zu kontrollieren, zu nutzen und Gewinne daraus zu erzielen.

Die einzige Möglichkeit, Daten zu verwenden und Gewinne zu erzielen, besteht darin, dass das Subjekt der Nießbrauchdatenrechte die Daten kontrolliert. Kontrolle bezieht sich auf die tatsächliche Kontrolle des Gläubigers über die zugrunde liegenden Daten. Ein Subjekt der Nießbrauchdatenrechte muss die tatsächliche Kontrolle erlangen, bevor es Daten tatsächlich verwendet und Einnahmen erzielt, um den Nutzungswert der Daten zu ermitteln. Also muss das Subjekt der Nießbrauchdatenrechte die Kontrolle über die zugrunde liegenden Daten übernehmen. Denn nur durch die tatsächliche Kontrolle über die zugrunde liegenden Daten kann der Nutzungswert solcher Daten verwendet werden. Die Beherrschung der Daten ohne tatsächliche Kontrolle führt nicht zur tatsächlichen Verwendung von Daten. Sollten darüber hinaus Streitigkeiten über Nießbrauchdatenrechte auftreten, handelt es sich bei einem großen Teil um Streitigkeiten über das Recht, Daten zu kontrollieren. Dies liegt daran, dass ein Subjekt mit Nießbrauchdatenrechten nur Daten verwenden und Einnahmen erzielen kann, um einen Nutzungswert der Daten zu generieren. Dem zugrunde liegt die Voraussetzung, dass das Subjekt die tatsächliche Kontrolle über die Daten hat, die einer anderen Person gehören.

Die Nießbrauchdatenrechte zielen darauf ab, Daten zu verwenden und Erträge aus Daten zu erzielen. Das Recht zur Datennutzung bezieht sich auf eben das Datennutzungsrecht, das auf der Art und dem Zweck der Daten beruht, in Übereinstimmung mit Gesetzen oder relevanten Vereinbarungen. Die Nießbrauchdatenrechte wurden eingerichtet, um Daten zu verwenden und nach dem Nutzungswert von Daten zu streben. Der Erlös setzt sich sowohl aus natürlichen als auch aus gesetzlichen Erlösen der Datennutzung zusammen. Das Nutzungsrecht und das Recht, Gewinne zu erzielen, kommen immer zusammen, denn nur durch die tatsächliche Datennutzung können Daten Erlöse generieren. Daher enthalten Nießbrauchdatenrechte das Benutzungsrecht und das Recht, Gewinne zu erzielen. Auf der einen Seite bezieht sich der Begriff der Nießbrauchdatenrechte in der Rechtsprechung direkt auf das Recht zur Datennutzung. Daher konzentriert sich diese Art von Datenrecht auf die Nutzung von Daten, die anderen Personen gehören. Auf der anderen Seite konzentrieren sich Nießbrauchdatenrechte darauf, den Nutzungswert von Daten zu benutzen und verschiedene Interessen von Subjekten durch eine solche Nutzung zu befriedigen. In diesem Sinne umfassen die Nießbrauchdatenrechte auch das Recht, Einnahmen zu erzielen.

Die Subjekte des Dateneigentumsrechts sollen hierbei das Ausüben der Rechte durch Subjekte der Nießbrauchdatenrechte nicht beeinträchtigen. Einmal eingerichtet werden die Nießbrauchdatenrechte zu unabhängigen Rechten, wodurch Beschränkungen des Dateneigentumsrechts entstehen. Als eigenständige Art von Datenrecht ermöglichen die Nießbrauchdatenrechte dem Subjekt, durch die Nutzung der Daten anderer wirtschaftliche Vorteile zu erzielen oder andere Zwecke zu verfolgen. Es gibt absolute Interessensunterschiede, die von Subjekten der Nießbrauchdatenrechte und Subjekten der Dateneigentumsrechte verfolgt werden. Diese Unterschiede müssen jedoch durch Gesetze geschützt und von Subjekten, die Dateneigentümer sind, respektiert werden. Zu diesem Zweck haben die Subjekte, die Dateneigentümer sind, die Verpflichtung, nicht in die legitimen Verhaltensweisen wie die Ausübung von Rechten und die Verfolgung von Dateninteressen der Subjekte der Nießbrauchdatenrechte einzugreifen. Darüber hinaus werden die Nießbrauchdatenrechte basierend auf dem Dateneigentumsrecht festgelegt. Die Nießbrauchdatenrechte werden, obwohl sie unabhängig sind, durch den Willen des Subjekts des Dateneigentumsrechts bestimmt.

Ohne Gesetze oder vertragliche Vereinbarungen kann ein Subjekt des Dateneigentumsrechts bei der Ausübung von Rechten willkürlich das Subjekt der Nießbrauchdatenrechte beeinträchtigen. In diesem Fall können die Rechte des Subjekts der Nießbrauchdatenrechte nicht garantiert werden. In der Tat dürfen Subjekte der Nießbrauchdatenrechte bei der Ausübung ihrer Rechte die Interessen von Subjekten des Dateneigentumsrechts nicht untergraben. Da Nießbrauchdatenrechte aus Verträgen stammen, teilen Dateneigentumsrechts-Subjekte nur die Rechtsfähigkeiten zur Kontrolle, Nutzung und Gewinnerzielung aus Daten. Das Subjekt der Nießbrauchdatenrechte muss daher ihre Rechte im vereinbarten Umfang ausüben, d. h. Daten verwenden und Gewinne erzielen. Das Untergraben der Interessen von Dateneigentumsrechts-Subjekten durch Nießbrauchdatenrechte-Subjekte führt nicht nur zum Verlust und zur Verschwendung sozialer Ressourcen, sondern auch zu einem Verstoß gegen die Vereinbarung zur Einrichtung der Nießbrauchdatenrechte.

(4) Die Bedeutung der Nießbrauchdatenrechte

Nießbrauchdatenrechte sind eine wesentliche Art von Datenrechten sowie eine wichtige Art von Rechten an Daten anderer Personen. Mit der Entwicklung der wirtschaftlichen und sozialen Produktion werden die Arten der Nießbrauchdatenrechte weiter zunehmen. Folglich wird der Status der Nießbrauchdatenrechte an Bedeutung gewinnen und eine immer wichtigere Rolle für die Weiterentwicklung von Wirtschaft und Gesellschaft spielen.

Das System der Nießbrauchdatenrechte bietet den besten Ansatz für eine effektive Integration von öffentlichem Eigentum in die Marktwirtschaft. Eine solch effektive Integration ist in der Menschheitsgeschichte eine beispiellose Vorgehensweise von großer Bedeutung. Das System der Nießbrauchdatenrechte ist eine der Möglichkeiten, diese wichtige Integration zu realisieren. Die Regierung verfügt über eine große Menge an Datenressourcen. Wenn diese Datenressourcen nicht auf den Markt gelangen, kann das Ziel des

Aufbaus der Marktwirtschaft nicht vollständig erreicht werden. Ohne Änderung der Zugehörigkeit der Datenressourcen trägt das System der Nießbrauchdatenrechte dazu bei, die Datenfreiheit auf dem Markt zu gewährleisten, sodass andere Zivilpersonen als der Staat und die Kollektive die Datenressourcen umfassend nutzen können. Aus diesem Grund ist das System der Nießbrauchdatenrechte für China von besonderer Bedeutung und von besonderem Wert.

Das System der Nießbrauchdatenrechte lassen die digitale Wirtschaft in der wirtschaftlichen und sozialen Produktion voll zur Geltung kommen und führen zu einer effizienten Verteilung von Datenressourcen. Die Abtrennung der Rechtsfähigkeiten am Dateneigentumsrecht bildet sowohl die Grundlage für die Schaffung der Nießbrauchdatenrechte als auch einen Weg zur effizienten Verteilung und Nutzung von Datenressourcen durch die moderne Wirtschaft. Im Rahmen des Marktmechanismus ermöglichen Nießbrauchdatenrechte den freien Fluss von Datenressourcen unter den Parteien mit dem größten Bedarf und der größten Fähigkeit zur Datennutzung, sodass Parteien mit optimalen Bedingungen und der größten Fähigkeit die Datenressourcen in vollem Umfang nutzen können. Dadurch kann eine optimale Verteilung und Nutzung der Datenressourcen erreicht werden, wodurch der Wert der Datenressourcen voll ausgeschöpft werden kann. Darüber hinaus sind Daten als wichtigster Produktionsfaktor im Zeitalter der digitalen Zivilisation überwiegend im Besitz der Regierung. Nur durch die Implementierung der Nießbrauchdatenrechte können diese Datenressourcen auf den Markt gelangen, wo die Datenressourcen im Rahmen des Marktmechanismus mit maximaler Effizienz genutzt werden. Es ist abzusehen, dass im Zeitalter der digitalen Zivilisation Nießbrauchdatenrechte eine große Rolle spielen und ihre Funktionen ständig erweitert werden.

Das System der Nießbrauchdatenrechte spielt eine wichtige Rolle für den Schutz und die ordnungsgemäße Nutzung von Datenressourcen. Im Zeitalter der digitalen Zivilisation steigt der Bedarf an Datenressourcen ebenso wie der wachsende Datenumfang. Je mehr Subjekte mit Nießbrauchdatenrechte an einem einzigen Datensatz beteiligt sind, desto uneingeschränkter wird dieser Datensatz genutzt und desto mehr Datenwerte können generiert werden. Man kann mit Recht sagen, dass die

Nießbrauchdatenrechte die Rechte sind, die Datenressourcen direkt nutzen und den Datenwert voll ausschöpfen. Nießbrauchdatenrechte helfen dabei, die vernünftige Nutzung und den wirksamen Schutz von Datenressourcen zu realisieren. Die Nießbrauchdatenrechte können private und öffentliche Interessen sowie kurzfristige und langfristige Interessen in Einklang bringen und so die Probleme lösen, die sich aus der Nutzung von Datenressourcen unter verschiedenen Datenrechtssubjekten ergeben, und die Interessen an Datenrechten schützen.

Das System der Nießbrauchdatenrechte spiegelt einen wichtigen Trend in der Entwicklung der Datenrechte wider. Im Zeitalter der digitalen Zivilisation muss die effiziente Nutzung von Daten in eine Position gebracht werden, die genauso wichtig ist wie die Datenzugehörigkeit. Die Bürger werden schrittweise die zivilrechtliche Praxis aufgeben, die Verfügung und die Zugehörigkeit zu betonen, während der Datennutzung mehr Gewicht beigemessen wird und die Szenarien der Datennutzung stärker in den Mittelpunkt gerückt werden. Während des Übergangsprozesses wird der Rang des Dateneigentumsrechts allmählich sinken und die vorherige Priorität, die zuvor dem „Eigentum" eingeräumt wurde, wird sich in Richtung „Nutzung" verschieben. Nießbrauchdatenrechte sind ein Ausdruck dieser Verschiebung in Richtung „Nutzung," und der Rang der Nießbrauchdatenrechte wird aus dem Grund allmählich steigen, da moderne Produktionstätigkeiten erfordern, dass die Datenressourcen den Parteien in optimalem Zustand und mit den größtmöglichen Fähigkeiten zur Verfügung stehen, um die optimale Zuweisung von Datenressourcen zu erreichen und den Datenwert voll auszuschöpfen. Es ist abzusehen, dass im Zuge des Fortschritts von Wirtschaft und Gesellschaft die Nießbrauchdatenrechte im Datenrechtssystem eine immer wichtigere Rolle spielen werden. Darüber hinaus weisen Nießbrauchdatenrechte starke regionale und nationale Merkmale auf, da das System der Nießbrauchdatenrechte einer Nation auf dem wirtschaftlichen Grundsystem der Nation aufbauen muss. Daher wird jede Nation ein einzigartiges System von Nießbrauchdatenrechten haben, in dem die Arten und Funktionen der Nießbrauchdatenrechte aufgrund der unterschiedlichen Geschichte, Traditionen, nationalen Besonderheiten und geologischen Bedingungen einer Nation variieren.

Abschnitt 4 Das Datenrechtssystem der öffentlichen Interessen

Als übertragene Nießbrauchdatenrechte ist das Konzept der Datenrechte der öffentlichen Interessen in bestehenden Rechtssystemen im In- und Ausland noch nicht eindeutig verankert. Hinsichtlich der Nutzung und des Schutzes der Daten ist jedoch ein Begriff der Datenrechte der öffentlichen Interessen offensichtlich erforderlich. Datenrechte der öffentlichen Interessen ist ein Überbegriff, der sich auf eine Vielzahl von öffentlichen Rechtsansprüchen bezieht, die von Verwaltungsbehörden, öffentlichen Institutionen, Wohlfahrtsorganisationen usw. festgelegt werden, um das Gemeinwohl zu gewährleisten und zu verbessern.

(1) Eingrenzung von Daten der öffentlichen Interessen

Rechtlich gesehen sind Nießbrauchdatenrechte die Rechte, die Datenressourcen bestätigen, nutzen und schützen, und die auf privaten Rechten beruhen. In Zeiten von Big Data sind die Datensubjekte komplex und vielfältig. In Bezug auf die Subjekte können die Daten in drei Hauptkategorien unterteilt werden, und zwar in Regierungsdaten, Daten juristischer Personen und persönliche Daten. Öffentliche Daten bilden mit Regierungsdaten als Subjekte die Daten der öffentlichen Interessen in der Rechtsprechung. Wie effektiv Daten der öffentlichen Interessen entwickelt und genutzt werden, entscheidet maßgeblich darüber, ob die Datenressourcen maximal genutzt werden können. Aus diesem Grund sollten die Rechte der Daten der öffentlichen Interessen wissenschaftlich und angemessen bestätigt und die Weitergabe von gemeinfreien Daten im Besitz der Regierung und anderer öffentlicher Institutionen gefördert werden. Das sind das kritische Rückgrat und auch die Gewähr zum Aufbau des Datenrechtssystems.

Daten der öffentlichen Interessen werden in der Rechtsprechung auch als gemeinfreie Daten bezeichnet. Der Begriff der gemeinfreien Daten wurde jedoch in der jetzigen Gesellschaft noch nicht einheitlich definiert und es wurden nur einige konzeptionelle Untersuchungen im In- und Ausland durchgeführt. Gemäß des *Entwurfs der Politik-Richtlinien der UNESCO für die Entwicklung und Förderung von gemeinfreien Informationen* beziehen sich gemeinfreie Informationen auf „Quellen und Datenarten und Informationen, deren Verwendung nicht durch geistiges Eigentum (Intellectual Property, IP) und andere gesetzlichen Regelungen eingeschränkt ist und die dementsprechend verfügbar für die Öffentlichkeit zur Verwendung ohne Genehmigung oder Einschränkung sind" (Xia 2005). Laut des Tennesseer Offenlegungs-Gesetzes „steht der Begriff ‚öffentliche Information' für Informationen, die gemäß einem Gesetz oder einer Verordnung oder im Zusammenhang mit der Abwicklung offizieller Geschäfte geschrieben, produziert, gesammelt, angeordnet oder aufbewahrt werden" (Yang und Zhao 2007). In China wurde das Konzept der gemeinfreien Daten noch nicht in offiziellen Dokumenten definiert. Einige chinesische Wissenschaftler haben theoretische Analysen in der wissenschaftlichen Literatur durchgeführt. Beispielsweise argumentiert Xia Yikun, dass gemeinfreie Daten „eine spezielle Art praktischer Informationen sind, die sich auf alle Informationen mit Merkmalen gemeinfreier Produkte beziehen, die im gemeinfreien Bereich der Gesellschaft erstellt und angewendet werden und von der Verwaltung öffentlicher Angelegenheiten gemäß der Gesetze verwaltet werden, die von allen Bürgern der Gesellschaft geteilt und genutzt werden" (2005). Huo Guoqing ist der Ansicht, dass „zusätzlich zu den Daten, die der Regierung gehören, gemeinfreie Daten auch Informationen umfassen, die von Einzelpersonen, Organisationen, Verbänden und Gemeinden erstellt, gesammelt, verarbeitet, verbreitet oder entsorgt werden, soweit diese laut Regierung notwendig sind, um Verwaltungsaufgaben auszuüben, die auf dem Teilen von öffentlichen Informationsressourcen basieren" (2000). Yang Yulin und andere Personen schlagen vor, dass gemeinfreie Daten „die Sammlung verschiedener Informationsressourcen sind, die von sozialen Organisationen bei öffentlichen Aktivitäten generiert werden, wobei die im offiziellen Geschäft generierten Informationen den Hauptteil ausmachen" (Yang und Zhao 2007).

Aus juristischer Sicht können alle Datenressourcen, die den Datenbedürfnissen der Menschen entsprechen und tatsächlich mit öffentlichen Interessen zusammenhängen, als Daten der öffentlichen Interessen kategorisiert werden. Somit stammen gemeinnützige Daten aus drei Quellen: (a) Regierungsdaten, die im offiziellen Geschäftsverkehr von Regierungsbehörden erstellt wurden, (b) Daten, die von Unternehmen und Institutionen für die Öffentlichkeit freigegeben wurden, und (c) einzelne Daten, die von den Einzelnen an die Gesellschaft bekannt gemacht werden. Die Regierung ist die wichtigste Kontrollinstanz für die Gesellschaft und besitzt 80 Prozent aller Datenressourcen in der Gesellschaft, diese Daten sind der wichtigste Bestandteil von Daten der öffentlichen Interessen. Die Daten der öffentlichen Interessen haben zwei Merkmale: Sie sind öffentlich und allgemein. Die Daten der öffentlichen Interessen sind öffentlich, weil die Verwaltungsbehörden mit dem Ziel, die öffentlichen Interessen der Gesellschaft zu wahren und Fairness, Gerechtigkeit und Freiheit in der Gesellschaft zu fördern, der Bevölkerung kostenlose oder preisgünstige Datenservices bereitstellen. Der offene Zugang zu Daten der öffentlichen Interessen wird der Gesellschaft reichlich Produktionsmittel zur Verfügung stellen. Aufgrund der Reproduzierbarkeit von Daten sind die gesellschaftlichen Kosten für den Konsum von Daten der öffentlichen Interessen sehr gering. Darüber hinaus wird der ursprüngliche Dateninhalt nicht beschädigt und die Gewinne anderer werden nicht beeinträchtigt. Die Daten der öffentlichen Interessen sind in Inhalt und Quelle universell: Jeder Einzelne, jedes Unternehmen, jede öffentliche Einrichtung und jede staatliche Behörde sind direkt oder indirekt mit Daten von öffentlichem Interesse verbunden und werden so zu Subjekten von Daten von öffentlichem Interesse. Das Merkmal und der Bewegungszustand jeder Sache können Daten der öffentlichen Interessen darstellen. Diese Daten schützen die öffentlichen Interessen.

Daten sind aus wirtschaftlicher Sicht ein Privatrecht. In Bezug auf Ergebnisse und Einflüsse, die durch die Ausübung von Rechten verursacht werden, weisen Daten jedoch auch Merkmale öffentlicher Rechte auf, da Daten auch das öffentliche Interesse beeinflussen können. Private Datenrechte sollten daher eingeschränkt werden. Weder dürfen Daten von Einzelpersonen „monopolisiert," noch dürfen öffentliche Interessen zum Schutz individueller Datenrechte aufgegeben werden. Ohne die Abwägung der öffentlichen Interessen werden die privaten Interessen das vorherrschende Streben der Gesellschaft sein und das Datenrechtssystem wird letztendlich die soziale Entwicklung behindern. In bestehenden Rechtssystemen sind sowohl öffentliche als auch private Rechte gesetzlich geregelt und geschützt. Eines der Ziele ist der Schutz individueller Datenrechte, aber was wichtiger ist, ist die Wahrung öffentlicher Interessen, um Daten effizient zu nutzen und den Wert von Daten zu steigern. Dies wird durch das öffentlich-rechtliche Merkmal der gemeinnützigen Daten bestimmt. Der Schutz individueller Daten beinhaltet immer die Berücksichtigung der Rechte der Öffentlichkeit in Bezug auf die nationale Sicherheit, die öffentliche Sicherheit und die Datensicherheit. Die Rechtmäßigkeit des Schutzes ist auch im öffentlichen Recht verankert. Das Gleichgewicht zwischen privaten Rechten und öffentlichen Rechten, das die Grundlage für das Datenrechtssystem bildet, kann erreicht werden, indem Rechte und Pflichten von Daten wissenschaftlich durch Gesetze geregelt werden, wodurch die Beziehungen zwischen individuellen Rechten und öffentlicher Entwicklung koordiniert und alle Arten von Anforderungen für die Datenrechte in Einklang gebracht werden.

(2) Die Konnotation der Datenrechte der öffentlichen Interessen

Die Datenrechte der öffentlichen Interessen sind ein übertragenes Nießbrauchdatenrecht. Das Hauptaugenmerk des Nießbrauchdatenrechts liegt auf der Nutzung von Daten und der Gewinnerzielung aus der Perspektive privater Rechte. Auf der Grundlage des Schutzes und der Nutzung von gemeinnützigen Daten wird das Konzept von Datenrechten für das öffentliche Interesse vorgeschlagen. Es gibt bislang keine Definition für Datenrechte der öffentlichen Interessen in der chinesischen und ausländischen Rechtsliteratur, aber es ist von großer Bedeutung, die Datenrechte der öffentlichen Interessen bei der Nutzung und dem Schutz von Datenressourcen zu definieren. Einerseits kann eine rationale Bestätigung der gemeinnützigen Datenrechte die maximale Datennutzung für das Gemeinwohl fördern. Auf der anderen Seite sind gemeinnützige Daten von Natur aus öffentlich und allgemeingültig, aber letztendlich stammen sie von Einzelpersonen.

Durch die Inanspruchnahme von Rechten an gemeinnützigen Daten können Persönlichkeitsrechte und Eigentumsrechte einzelner Daten geschützt werden. Die Datenrechte der öffentlichen Interessen sind die genetische Bezeichnung von öffentlichen Rechten, die von Verwaltungsbehörden, öffentlichen Institutionen und gemeinnützigen Organisationen über Daten der öffentlichen Interessen begründet wurden, um das Allgemeinwohl zu schützen und zu steigern.

Die Datenrechte der öffentlichen Interessen sind ein wichtiger Bestandteil des Datenrechtssystems. Als eine Art von Datenrechten im Gegensatz zu den Nießbrauchdatenrechten beziehen sich die Datenrechte der öffentlichen Interessen hauptsächlich auf Rechte, die Verwaltungsbehörden mit den Regierungen als Vertreter, öffentliche Institutionen und gemeinnützige Organisationen haben, um Daten für das Gemeinwohl im Interesse der Öffentlichkeit zu beschaffen, zu verwalten, zu nutzen und zu teilen. Rechtlich betrachtet sind Datenrechte der öffentlichen Interessen übertragene Nießbrauchdatenrechte und Grundrechte der Bürger. Dies ist ein neues gemeinnütziges Vorhaben bezüglich Datenrechten in öffentlichen Unternehmen, im Öffentlichen Dienst und in der Verwaltung. Rechtlich gesehen befinden sich Datenrechte der öffentlichen Interessen im kollektiven Besitz aller Menschen. Verwaltungsbehörden mit den Regierungen als Vertreter, öffentliche Einrichtungen und gemeinnützige Organisationen sind für die öffentlichen Interessen lediglich Vertreter hinsichtlich der Anwendung der Datenrechte der öffentlichen Interessen. Der Schutz der öffentlichen Interessen bildet die Grundlage für Datenrechte der öffentlichen Interessen und dient als wirksame Einschränkung privater Rechte. Die Datenrechte der öffentlichen Interessen bieten Schutz für alle Bürger und der Inhalt wird sich mit den geänderten Anforderungen der Bürger an Daten der öffentlichen Interessen ändern und diese weisen daher eine gewisse Unsicherheit und Dehnbarkeit auf. Unabhängig davon, inwieweit sich Big Data weiterentwickelt, besteht der endgültige Zweck der Einrichtung eines Systems von Datenrechten der öffentlichen Interessen darin, Grundrechte der Bürger wie Gleichheit und Freiheit zu schützen.

Die Datenrechte der öffentlichen Interessen dienen als Gleichgewicht zwischen öffentlichen und privaten Rechten. Grundsätzlich sind Daten des Gemeinwohls im Besitz aller Bürger und sollten daher zurück zu Bürgern gehen und von allen Bürgern unter der Voraussetzung geteilt werden, dass die öffentlichen Interessen angemessen geschützt werden. Die von der Gesellschaft erzeugten Daten enthalten sowohl private als auch öffentliche Inhalte und können daher nicht einfach als Daten für das Gemeinwohl eingestuft werden. Die Datenrechte der öffentlichen Interessen sollten, um Datenmonopolen vorzubeugen, das individuelle Eigentum an Daten schwächen, ohne individuelle Interessen zu verletzen. Daher müssen Länder relevante Gesetze formulieren, die die privaten Rechte an Daten einschränken, aber auch die Kreativität der Datenproduzenten schützen und so ein Gleichgewicht herstellen. Die Datenrechte der öffentlichen Interessen sind genau das Ergebnis eines solchen Gleichgewichts. Daten für das Gemeinwohl sind sowohl öffentlich als auch universell, sodass die tatsächlichen Verwalter von Daten für das Gemeinwohl, wie z. B. Verwaltungsbehörden mit den Regierungen als Vertreter, öffentliche Institutionen und gemeinnützige Organisationen den öffentlichen Interessen Vorrang einräumen und gleichzeitig die Rechte und Interessen des Einzelnen schützen. In Anbetracht der Aufopferung des Einzelnen für öffentliche Interessen muss das System der Datenrechte der öffentlichen Interessen unter Abwägung öffentlicher und privater Merkmale einen „fairen," angemessenen und rechtlichen Ausgleich für die individuellen Interessen an Datenrechten schaffen.

(3) Die Eigenschaften der Datenrechte der öffentlichen Interessen

Die Datenrechte der öffentlichen Interessen sind Rechte im Bereich des öffentlichen Rechts. Dies ist das grundlegende Merkmal, das die Datenrechte der öffentlichen Interessen von Nießbrauchdatenrechten unterscheiden. Die Datenrechte der öffentlichen Interessen sind Rechte im Bereich des öffentlichen Rechts, die sich hauptsächlich in folgenden Aspekten manifestieren: a) zu den Subjekten der Datenrechte der öffentlichen Interessen zählen Verwaltungssubjekte einschließlich der Regierungen, öffentliche Einrichtungen und gemeinnützige

Organisationen und die Objekte sind die mit öffentlichen Interessen zusammenhängenden Daten für das Gemeinwohl; b) Die Datenrechte der öffentlichen Interessen dienen dem Schutz öffentlicher Interessen und der Zufriedenstellung öffentlicher Forderungen nach Dateninteressen für das Gemeinwohl; und c) ein solches Merkmal über öffentliches Recht ist auch verankert in der Verwaltungslizenz und den verwaltungsrechtlichen Sanktionen bei der Erlangung und dem obligatorischen Schutz von gemeinnützigen Daten sowie bei der Ausübung von Datenrechten des öffentlichen Interesses.

Datenrechte der öffentlichen Interessen tragen zum Gemeinwohl bei. Die Objekte der Datenrechte der öffentlichen Interessen sind Daten für das Gemeinwohl, die nach der Rechtsprechung zu den öffentlich zugänglichen Daten gehören und daher von Verwaltungsbehörden, öffentlichen Institutionen und gemeinnützigen Organisationen verwaltet werden. Da der Zweck der Schaffung und Ausübung von Datenrechten des öffentlichen Interesses die Wahrung öffentlicher Interessen und die Verbesserung des Gemeinwohls ist, müssen die Subjekte von Datenrechten der öffentlichen Interessen diesen Zweck bei der Ausübung von Datenrechten beachten. Wie der Begriff ‚öffentliches Interesse' andeutet, setzen sich die Nutznießer von Datenrechten des öffentlichen Interesses aus Einzelpersonen, der Öffentlichkeit, der Gesellschaft und dem Staat zusammen. Da ein Individuum Teil der Öffentlichkeit, der Gesellschaft und der Nation ist, besteht eine Wechselbeziehung zwischen verschiedenen Arten von Nutznießern. Man kann mit Recht sagen, dass die Datenrechte der öffentlichen Interessen ein kollektives Recht für das Gemeinwohl sind.

Die Datenrechte der öffentlichen Interessen sind Rechte mit beschränkter Herrschaft. Insbesondere stellen Datenrechte eine absolute Herrschaft über Daten dar, wohingegen Datenrechte der öffentlichen Interessen nur eine begrenzte Herrschaft über Daten für das Gemeinwohl haben, da Datenrechte der öffentlichen Interessen Rechte im Bereich des öffentlichen Rechts für das Gemeinwohl sind. Zum Beispiel ist der freie Fluss von Daten für das Gemeinwohl während der Dauer der öffentlichen Nutzung grundsätzlich verboten. Darüber hinaus dürfen Eigentümer persönlicher Daten die öffentliche Nutzung von Daten für das Gemeinwohl nicht behindern, auch wenn der Eigentümer auf das Eigentum der persönlichen Daten verzichtet.

Die Datenrechte der öffentlichen Interessen haben Nicht-Exklusivität. Obwohl sie von Verwaltungsbehörden wie der Regierung kontrolliert werden, sind Daten für das Gemeinwohl, die Objekte der Datenrechte der öffentlichen Interessen sind, tatsächlich im Besitz der Öffentlichkeit. Daten für das Gemeinwohl weisen daher untrennbare Effekte, eine nicht wettbewerbsfähige Nutzung und Nicht-Exklusivität der Vorteile auf. In Übereinstimmung mit den relevanten Gesetzen und Verordnungen können die Bürger die öffentlichen Daten zum Allgemeinwohl verwenden, die jedoch von Verwaltungsbehörden, öffentlichen Einrichtungen und gemeinnützigen Organisationen verwaltet werden. Mit anderen Worten ist es gesetzlich vorgeschrieben, dass jeder Person die Datenrechte der öffentlichen Interessen nutzen kann, indem sie Daten zum Allgemeinwohl verwendet und unter bestimmten Bedingungen daraus Profite erzielt.

Datenrechte der öffentlichen Interessen genießen besondere Rechtsbehelfe. Der Begriff „Rechtsbehelfe“ bezieht sich hier auf die Rechtsbehelfe einschließlich Zivil-, Straf- und Verwaltungsbehelfe, die bei der Ausübung des Datenrechts für öffentliche Interessen durch die Bürger angeboten werden. Unter anderem werden im Rahmen von Zivilbehelfen eine einstweilige Verfügung und eine finanzielle Entschädigung in Form von Schadensersatz für die Verletzung von Datenrechten des öffentlichen Interesses gewährt. Unter strafrechtlichem Behelf ist vor allem die strafrechtliche Verfolgung der Zuwiderhandlung zu verstehen, die eine Straftat darstellt, die der Gesellschaft schweren Schaden zufügt. Verwaltungsabhilfe ist der wirksamste Behelf gegen die Verletzung von Datenrechten öffentlichen Interesses, und schließt Verwaltungsüberprüfung, Verwaltungsentscheidung, Verwaltungsstreitigkeiten und Verwaltungsentschädigung ein. Durch das Korrigieren und Bestrafen der Verletzung von Datenrechten des öffentlichen Interesses trägt der Verwaltungsbehelf zur Aufrechterhaltung der öffentlichen Ordnung bei (Lu 2009, S. 435–443).

(4) Subjekte von Datenrechten der öffentlichen Interessen

Um die Datensicherheit und die öffentlichen Interessen zu gewährleisten, bezieht und verwaltet die Regierung als Vertreter der öffentlichen Gewalt Daten für das Gemeinwohl aus den verschiedenen Bereichen Politik, Wirtschaft, Kultur, Gesellschaft, Ökologie usw. und kontrolliert 80 Prozent aller Datenressourcen in der Gesellschaft. Die Regierung wendet Datenrechte der öffentlichen Interessen im Namen des Staates an und fungiert damit als Subjekt der Datenrechte der öffentlichen Interessen. Der Staat kann aus makroskopischer Sicht als Plattform betrachtet werden und die Regierung, der Manager der Plattform, ist für die Verwaltung der Kundendaten verantwortlich. Aufgrund der Allgegenwart und des branchen- und gebietsübergreifenden Charakters von Big Data müssen Datenrechte der öffentlichen Interessen eine starke Einschränkung der Rechte auf personenbezogene Daten bewirken. Dies bedeutet, dass Einzelpersonen die Freiheit haben, ihre Rechte auf persönlichen Daten unter der Voraussetzung anzuwenden, dass sie die Anforderung von Datenrechten des öffentlichen Interesses erfüllen. In Wirklichkeit werden Datenrechte der öffentlichen Interessen jedoch häufig für persönliche Interessen missbraucht und stellen somit ein Sicherheitsrisiko für die Rechte persönlicher Daten dar.

Im In- und Ausland wurden noch keine Recherchen zu Subjekten der Datenrechte der öffentlichen Interessen durchgeführt. Die einfache Klassifizierung von Datensubjekten des öffentlichen Interesses in Verwaltungsbehörden, der öffentlichen Institutionen und der gemeinnützigen Organisationen, die von Regierungen vertreten werden, unterliegt gewissen Einschränkungen. Erstens: Während Daten des öffentlichen Interesses von Verwaltungsbehörden, öffentlichen Institutionen und gemeinnützigen Organisationen verwaltet und verwendet werden, die von Regierungen vertreten werden, haben die Daten für Gemeinwohl bestimmt, dass die Öffentlichkeit das Recht hat, Daten von öffentlichem Interesse zu verwenden. Insbesondere genießen die Menschen die sachkundige Einwilligung der Daten- und Nutzungsrechte der Daten. Zweitens handelt es sich bei den Subjekten der Datenrechten des öffentlichen Interesses um Verwaltungsbehörden, öffentliche Einrichtungen und gemeinnützige Organisationen, die öffentliche Interessen vertreten. Das Recht, Daten für das Gemeinwohl zu nutzen, steht jeder Person und Organisation zu, sofern die Nutzung im öffentlichen Interesse liegt. Das Recht, Daten für das Gemeinwohl zu verwalten, wird von Verwaltungsbehörden, öffentlichen Institutionen und gemeinnützigen Organisationen in Anspruch genommen. Aus diesem Grund sollten die Subjekte der Datenrechte der öffentlichen Interessen Verwaltungsbehörden, öffentliche Einrichtungen, gemeinnützige Organisationen und die Öffentlichkeit mit einbeziehen. Mit anderen Worten sind die Subjekte der Datenrechte der öffentlichen Interessen eine Mischung und komplex. Verwaltungsbehörden, öffentliche Einrichtungen und gemeinnützige Organisationen sind die Hauptsubjekte der Rechtsprechung, und die Öffentlichkeit ist das eigentliche Subjekt der Datenrechte der öffentlichen Interessen.

(5) Die Rechtsfähigkeiten der Datenrechte der öffentlichen Interessen

Unter Wahrung des öffentlichen Interesses als grundlegendem Ziel sollten die Rechtsfähigkeiten der Datenrechte der öffentlichen Interessen Folgendes umfassen: das Recht auf Datenzugriff, das Recht auf Datenverwaltung, das Recht auf Datennutzung und das Recht auf Datenteilhabe. Trotz der Tatsache, dass die Öffentlichkeit Daten der öffentlichen Interessen verwenden kann, um entsprechende wirtschaftliche Vorteile zu erzielen, schließen die Datenrechte der öffentlichen Interessen an sich nicht das Recht ein, Einnahmen aus Daten zu erzielen. Der Grund dafür ist, dass eine solche Nutzung von Daten der öffentlichen Interessen im Wesentlichen die nutznießerischen Datenrechte von Daten der öffentlichen Interessen ausübt, anstatt Datenrechte der öffentlichen Interessen. Die einzigen Subjekte, die qualifiziert sind, Datenrechte der öffentlichen Interessen anzuwenden, sind Vertreter der Öffentlichkeit, wie z. B. Verwaltungsbehörden, öffentliche Einrichtungen und gemeinnützige Organisationen. Bei der Ausübung dieses Rechts dürfen diese Vertreter der Öffentlichkeit keine Daten von öffentlichem Interesse verwenden, um Einnahmen zu erzielen.

Daher ist das Recht, Einnahmen zu erzielen, von den Rechtsfähigkeiten der Datenrechte der öffentlichen Interessen ausgeschlossen.

Das Recht, auf Daten der öffentlichen Interessen zuzugreifen, bezieht sich auf das Recht von Verwaltungsbehörden, öffentlichen Institutionen und gemeinnützigen Organisationen, die von der Regierung vertreten werden, alle Arten von Daten der öffentlichen Interessen durch bestimmte Ansätze und Mittel in Übereinstimmung mit den einschlägigen Gesetzen und Verordnungen und auf rechtzeitige, genaue und vollständige Weise zu erhalten. Das Subjekt des Rechts auf Zugang zu Daten der öffentlichen Interessen wird hier als Verwaltungsbehörde, öffentliche Institutionen und gemeinnützigen Organisationen, die von der Regierung vertreten werden, definiert, da diese Subjekte Datenrechte der öffentlichen Interessen im Namen der Öffentlichkeit ausüben und Daten der öffentlichen Interessen, die sie benötigen, von anderen Verwaltungsbehörden, öffentlichen Institutionen, sozialen Organisationen und Einzelpersonen gemäß ihren gesetzlichen Befugnissen und Verhaltensweisen einholen müssen. Gesetzliche Befugnisse und Methoden verlangen, dass die Verwaltungsbehörden bei der Erhebung von Daten der öffentlichen Interessen drei Grundsätze beachten: Rechtmäßigkeit, Zumutbarkeit und Effizienz. Die Rechtmäßigkeit oder der rechtmäßige Zugang erfordert, dass Verwaltungsbehörden, öffentliche Institutionen und gemeinnützigen Organisationen, die von der Regierung vertreten werden, Befugnisse aus einschlägigen Gesetzen einholen und in Übereinstimmung mit den einschlägigen gesetzlichen Bestimmungen handeln müssen, wenn sie von ihrem Recht Gebrauch machen, Daten der öffentlichen Interessen zu nutzen. Zudem müssen ihre Befugnisse, Methoden und Verfahren legitim sein. Vernunft oder Angemessenheit des Zugangs erfordern einerseits, dass Verwaltungsbehörden, öffentliche Institutionen und gemeinnützige Organisationen, die von der Regierung vertreten werden, Daten der öffentlichen Interessen für geeignete Zwecke einholen. Andererseits muss die Verletzung der Rechte und Interessen persönlicher Daten so gering wie möglich gehalten werden, um ein Gleichgewicht zwischen privaten und öffentlichen Interessen zu erreichen. Effizienz oder effiziente Nutzung setzen voraus, dass Verwaltungsbehörden, öffentliche Institutionen und gemeinnützige Organisationen, die von der Regierung vertreten werden, kosteneffizient handeln und den Bürgern, Ländern und der Gesellschaft bei der Ausübung des Rechts auf Zugriff auf Daten der öffentlichen Interessen das größtmögliche Interesse entgegenbringen. Natürlich muss das Recht auf Zugang zu Daten der öffentlichen Interessen eingeschränkt werden, da es sonst zu einer uneingeschränkten Ausweitung des öffentlichen Rechts auf Daten kommt und die Rechte und Interessen der Menschen, der Gesellschaft und des Landes erheblich beeinträchtigt werden. Verwaltungsbehörden, öffentliche Institutionen und gemeinnützige Organisationen, die von der Regierung vertreten werden, müssen die Datensicherheit im Prozess der Ausübung ihres Rechts auf Zugang zu Daten der öffentlichen Interessen schützen. Wenn die nationale Sicherheit, Betriebsgeheimnisse und die Privatsphäre aufgrund der Ausübung dieses Rechts untergraben werden, müssen die zuständigen Verwaltungsbehörden haftbar gemacht werden und die entsprechende rechtliche und administrative Verantwortung tragen (Wang und Fang 2006).

Hier wird über das Recht, Daten der öffentlichen Interessen zu verwalten, gesprochen. Die Verwaltung von Daten öffentlichen Interesses bezeichnet den Zweck der öffentlichen Nutzung von Daten öffentlichen Interesses durch Verwaltungsbehörden, öffentliche Institutionen und gemeinnützige Organisationen, die von der Regierung vertreten werden. Das Recht, Daten der öffentlichen Interessen zu verwalten, bezieht sich auf die Verwaltungsbefugnis von Verwaltungsbehörden, öffentlichen Institutionen und gemeinnützigen Organisationen, die von der Regierung vertreten werden, Daten der öffentlichen Interessen als Objekte zu verwalten. Das Ziel ist die Verwirklichung der öffentlichen Nutzung von Daten der öffentlichen Interessen. Das Recht, Daten der öffentlichen Interessen zu verwalten, weist folgende Merkmale auf: Ziele sind das Erreichen der öffentlichen Nutzung von Daten der öffentlichen Interessen sowie der Schutz und die Förderung öffentlicher Interessen; die Ausübung des Rechts kann sowohl positiv als auch negativ sein. Die positive Ausübung des Rechts bedeutet, das Potenzial von Daten der öffentlichen Interessen für öffentliche Zwecke freizusetzen, während die negative Ausübung des Rechts Verhaltensweisen verhindert, die die Verwirklichung der öffentlichen Nutzung von Daten der öffentlichen Interessen behindern. Das Recht zur Verwaltung von Daten der öffentlichen Interessen ist im

Wesentlichen eine Verwaltungsbefugnis, bei der es sich um die Befugnis von Verwaltungsbehörden, öffentlichen Institutionen und gemeinnützigen Organisationen, die von der Regierung vertreten werden, handelt, und zwar zur Umsetzung nationaler Gesetze und zur Verwaltung öffentlicher Interessen. Rechtlich gesehen ist das Recht, Daten der öffentlichen Interessen zu verwalten, auch eine rechtliche Verpflichtung, da es sich um eine Verwaltungsbefugnis handelt. Diese wird von Verwaltungsbehörden, öffentlichen Institutionen und gemeinnützigen Organisationen, die von der Regierung vertreten werden zum Zweck der Sicherung und Verbesserung der öffentlichen Interessen und der Erfüllung von Verwaltungspflichten ausgeübt. Die Verwaltung von Daten der öffentlichen Interessen ist die rechtliche Verpflichtung - von Verwaltungsbehörden, öffentlichen Institutionen und gemeinnützigen Organisationen, die von der Regierung vertreten werden - die Datenrechte der öffentlichen Interessen zu schützen. Datenrechte der öffentlichen Interessen sind daher eine öffentlich-rechtlich bindende Verwaltungsbefugnis. Das Recht, Daten der öffentlichen Interessen zu verwalten, schützt das Recht der Öffentlichkeit, Daten der öffentlichen Interessen zu verwenden, und schränkt das willkürliche Verhalten von Verwaltungsbehörden ein.

Jetzt kommt das Recht, Daten der öffentlichen Interessen zu nutzen. Der Begriff „Nutzung" bezieht sich hier auf die Nutzung von Daten der öffentlichen Interessen durch Verwaltungsbehörden, öffentliche Institutionen und gemeinnützige Organisationen, die von der Regierung vertreten werden, gemäß den einschlägigen Gesetzen und Verordnungen mit dem Ziel der Wahrnehmung von Verwaltungsverpflichtungen und -ämtern. Das Nutzungsrecht über Daten der öffentlichen Interessen bildet den Kern der Datenrechte der öffentlichen Interessen, und hat zum Ziel, öffentliche Interessen durch die öffentliche Nutzung von Daten der öffentlichen Interessen zu wahren und zu fördern. Das Nutzungsrecht über Daten der öffentlichen Interessen bezieht sich daher auf das Recht der Verwaltungsbehörden, der öffentlichen Institutionen und der gemeinnützigen Organisationen, die von der Regierung vertreten werden, Daten der öffentlichen Interessen zu nutzen. Bei der Ausübung des Rechts zur Nutzung von Daten der öffentlichen Interessen müssen bestimmte Grundsätze beachtet werden. Andernfalls kann der Nutzungswert von

Daten der öffentlichen Interessen und öffentliche Interessen durch den Missbrauch des Rechts auf Datennutzung beeinträchtigt werden. Erstens muss das Recht zur Nutzung von Daten der öffentlichen Interessen im Einklang mit der Konfiguration von Daten der öffentlichen Interessen und Zwecken der öffentlichen Nutzung und im Rahmen der Nachfrage von öffentlichem Interesse ausgeübt werden. Zweitens muss das Recht zur Nutzung von Daten der öffentlichen Interessen in Übereinstimmung mit den einschlägigen Gesetzen und Vorschriften und gemäß den objektiven Grundsätzen der Datennutzung ausgeübt werden. Da der Zweck des Rechts darin besteht, die Interessen der Öffentlichkeit zu wahren und zu fördern, darf die Verwaltung von Daten der öffentlichen Interessen die Verwendung von Daten der öffentlichen Interessen durch andere Personen oder Organisationen mit guter Absicht nicht beeinträchtigen. Zum Schutz der öffentlichen Interessen und der nationalen Sicherheit können Verwaltungsbehörden, öffentliche Institutionen und gemeinnützigen Organisationen, die von der Regierung vertreten werden, den Zweck der öffentlichen Nutzung von Daten der öffentlichen Interessen aufheben oder ändern.

Das letzte Recht ist das Recht, Daten der öffentlichen Interessen gemeinsam zu haben. Hier wird auf das Recht der Verwaltungsbehörden Bezug genommen, Daten der öffentlichen Interessen an andere Personen weiterzugeben. Der Begriff „andere Personen" umfasst hier auch andere Verwaltungsorgane, öffentliche Einrichtungen, Unternehmen und Einzelpersonen usw. Das Recht, Daten der öffentlichen Interessen zu teilen, kann daher auf zwei Arten klassifiziert werden. Im engeren Sinne ist das Recht, Daten der öffentlichen Interessen innerhalb der Verwaltungsbehörden zu teilen, gemeint. Bei den geteilten Daten handelt es sich weiterhin um Daten der öffentlichen Interessen. Die an der Datenteilhabe beteiligten Verwaltungsstellen können bestimmte Rechtsfähigkeiten der Datenrechte der öffentlichen Interessen ausüben, sprich das Recht zur Datennutzung und das Recht zur Datenverwaltung. In einem anderen Sinne sind die Rechte zur Offenlegung von Daten gemeint. Anders ausgedrückt ist das Recht gemeint, Daten der öffentlichen Interessen gegenüber Unternehmen, der Öffentlichkeit und Einzelpersonen durch die Verwaltungsbehörden offenzulegen. Unternehmen, die Öffentlichkeit und Einzelpersonen erlangen dabei das Recht zur Kontrolle von Daten der öffentlichen Interessen. Datenrechte der öffentlichen Interessen verwandeln sich in Nießbrauchdatenrechte. So können Unternehmen, die breite Öffentlichkeit und Einzelpersonen Daten der öffentlichen Interessen nutzen und daraus Einnahmen erzielen.

Abschnitt 5 Das System der Teilhabe

Datenrechte als Grundrechte für das Überleben und die Entwicklung des Menschen sind im wesentlichen Teilungsrechte. Datenrechte spiegeln die Einbindung der Übernahme sozialer Verantwortung bei gleichzeitiger Inanspruchnahme von Datenrechten wider. Allerdings können Datenteilungsrechte nicht ohne die Unterstützung relevanter Systeme zur Beilegung von Streitigkeiten, die im Rahmen des Datenteilungssystems entstehen können, verwirklicht werden, um den maximalen Wert von Datenrechten freizusetzen.

(1) Von Open Access zur Sharing Economy

Mit dem Fortschritt von Wissenschaft und Technik hat sich die menschliche Gesellschaft von der Agrarzivilisation zur industriellen Zivilisation und dann zur digitalen Zivilisation weiterentwickelt, was sich allmählich in gemeinsamen Ausprägungen unserer Produktionsaktivitäten und unseres Lebensstils manifestiert. Der Aufstieg der Open Access-Bewegung und der Sharing Economy hat den „gemeinsamen Nutzen," eine neue Entwicklungsphilosophie, aus dem Feld der Wissenschaft und Technik in das Feld der Wirtschaft, Gesellschaft, Ideologie und Kultur gestreut. Die Bedeutung der gemeinsamen Nutzung für das Alltagsleben und die Entwicklung der Menschheit hat sich noch nie so deutlich gezeigt wie heute. Da gemeinsame Nutzung zu einem realistischen Streben geworden ist, das die Menschen in die Zukunft führt, wird die Entwicklung der gemeinsamen Nutzung zweifellos die zentrale Forderung im Zeitalter der digitalen Zivilisation sein.

Open Access ist ein Modell der Wissensteilhabe, das bis in die späten 1990er- und frühen 2000er-Jahre zurückreicht, und eine wissenschaftliche Bewegung, die darauf abzielt, die gemeinsame Nutzung von Forschungsergebnissen zu fördern. Die Entwicklungsphilosophie der gemeinsamen Nutzung wird in den folgenden Stellungnahmen verdeutlicht: der *Budapester Open Access-Initiative* von 2001, der *Bethesda-Erklärung zur Open-Access-Veröffentlichung* von 2003 und der *Berliner Erklärung über offenen Zugang zu wissenschaftlichem Wissen* von 2003. Die *Budapester Open-Access-Initiative* sieht vor, dass mit „‚offenem Zugang' zu dieser Literatur die kostenlose Verfügbarkeit im öffentlichen Internet gemeint ist, die es jedem Benutzer ermöglicht, die Volltexte zu lesen, herunterzuladen, zu kopieren, zu verbreiten, zu drucken, zu suchen oder zum Volltext dieser Artikel zu verlinken, diese für Katalogisierung zu durchforsten, sie als Daten an Software zu übermitteln, oder sie für andere Zwecke im Rahmen der Gesetze zu nutzen, ohne dass finanzielle, rechtliche oder technische Hindernisse für den Zugang zum Internet selbst bestehen" (Hu 2013). Einerseits durchbricht die Open Access-Bewegung finanzielle Wissensbarrieren, indem wissenschaftliche Daten der Öffentlichkeit kostenlos zur Verfügung gestellt werden. Andererseits erhöht die Bewegung die Verfügbarkeit von Forschungsergebnissen und beseitigt die Benutzererlaubnis für akademische Ressourcen. Da die Open Access-Bewegung nun mit wachsendem Einfluss auf der ganzen Welt floriert, hat die Entwicklungsphilosophie der gemeinsamen Nutzung in der breiten Öffentlichkeit an Beliebtheit gewonnen.

Die Sharing Economy ist der Vertreter der aktuellen neuen Form der gemeinsamen Nutzung. Das Konzept wurde zuerst von zwei Soziologieprofessoren vorgestellt: Marcos Fairson von der Universität von Texas und Joel Spaeth von der Universität von Illinois. Uber in den USA und Didi, Mobike und Ofo in China verkörpern Firmen, die aus der Sharing Economy hervorgegangen sind und eine subversive Revolution im Transportbereich eingeleitet haben, indem sie sich die Sharing Economy zunutze machten und die Wettbewerbssituation der weltweiten Automobil- und Fahrradverleihindustrie veränderten. Das grundlegendste Merkmal der

Sharing Economy ist die bezahlte Übertragung des Rechts zur Nutzung von Ressourcen von Institutionen oder Einzelpersonen, die anderen diese Ressourcen zugestehen. Der Auftraggeber erhält die Zahlung und der Erwerber verwendet die Ressourcen, die anderen gehören, um Wert zu generieren. Im engeren Sinne bezieht sich die Sharing Economy auf ein Geschäftsmodell, bei dem der Eigentümer von Ressourcen das Recht zur Nutzung bestehender Güter zeitweise an Fremde mit dem Ziel überträgt, eine gewisse Belohnung zu erhalten und einen zusätzlichen Wert zu schaffen (D. Lu 2017, S. 135 –136).

Open Access und Sharing Economy trennen beide sowohl Eigentum als auch Nutzungsrecht in dem Sinne voneinander, dass ein Eigentümer einen Teil des Nutzungsrechts an den Nutzer abgibt, während sein Eigentum erhalten bleibt. In der traditionellen Wirtschaftsgesellschaft sind Eigentum und Nutzungsrecht nicht zu trennen. Das heißt, dass nur der Eigentümer das Nutzungsrecht hat. Open Access und Sharing Economy haben dieses Muster durch die Schaffung eines Systems aufgehoben, in dem der Eigentümer das Nutzungsrecht auf andere übertragen kann, während er sein Eigentum behält. Dieser Mechanismus des Teilens hat zu einer gemäßigten Trennung von Eigentum und Nutzungsrecht geführt. Infolgedessen hat dies nicht nur die Kreativität der gesamten Gesellschaft angeregt, sondern auch den Austausch von Entwicklungsleistungen und den Fortschritt der menschlichen Zivilisation kontinuierlich gefördert. Open Access und Sharing Economy stellen einen neuen und komplexen Mechanismus dar, gekennzeichnet durch eine Verknüpfung bestimmter sozialer Institutionen und Mechanismen wie auch wirtschaftlicher Ziele, dem industriellen System, Eigentumsrechten, Einkommensverteilungssystemen sowie Sozialversicherungssystemen und wirtschaftlichen Bewertungssystemen. In der Sharing Economy basiert alles vom Systemdesign bis zur sozialen Produktion auf „gemeinsamer Nutzung." Open Access und Sharing Economy sind im Wesentlichen System- und Entwicklungsmechanismen, die soziale Innovationen fördern, die wirtschaftliche Kreativität anregen und allen Menschen Vorteile bringen. Zusammen mit entsprechenden Werten, dem Sozialkredit-System, dem Gesellschafts-Governance-System und Rechtsschutz bilden sie wichtige Grundlagen für das Sharing-System (D. Lu 2017, S. 138–139).

(2) Die Betonung der Teilhabe der Datenrechte

Das traditionelle Rechtssystem des Sachenrechts basiert auf dem Konzept des Privateigentums an Besitz mit dem Ziel, das ausschließliche Eigentum an Besitz aufrechtzuerhalten. Das private oder ausschließliche Eigentum an Besitz bildet einen wirksamen Anreizmechanismus, fördert die Kreativität der Menschen und die wirksame Nutzung von Eigentum. Eines der Ziele der Gesetzgebung des Eigentumsrechts, nämlich „alles bestmöglich zu nutzen," wurde bisher jedoch nicht vollständig verwirklicht. Nachdem Open Access und Sharing Economy die Art und Weise der Eigentumsnutzung geändert haben, hat der neue Trend die Menschen dazu veranlasst, sich über die bestehenden rechtlichen Rahmenbedingungen hinwegzusetzen. In der traditionellen Rechtsordnung des Sachenrechts hat die Teilhabe aufgrund des ausschließlichen Charakters des Sachenrechts und des Prinzips „ein Eigentümer für ein Objekt" nicht genügend Aufmerksamkeit erregt. Aus der sorgfältigen Betrachtung des historischen Ursprungs und der aktuellen Entwicklung des Systems des Sachenrechts geht jedoch hervor, dass das Konzept der gemeinsamen Nutzung bereits in die Eigentumsnutzung eingedrungen und bereits zu einem grundlegenden und beständigen Ansatz für die Eigentumsnutzung durch Menschen geworden ist.

Wie wird das Modell der Teilhabe des Datenrechts auf der systematischen Ebene ausgedrückt? Wie präsentiert sich das Konzept der Teilhabe der Datenrecht Datenrechte in gesetzlichen Normen? Wie wird sich das Datenrechtsgesetz in Zukunft an die Entwicklungsphilosophie der gemeinsamen Nutzung anpassen? Diese und weitere Fragen erwarten uns. Mit der Entwicklung der menschlichen Gesellschaft entwickeln sich die Produktionsmittel in zwei Richtungen - einige werden häufiger, andere knapper. Einerseits ist es dringend erforderlich, die knappen Produktionsmittel zu teilen, um die Nutzungseffizienz zu erhöhen. Auf diese Weise könnten die begrenzten Produktionsmittel mehr Menschen nützen und die ständig wachsende Nachfrage nach den knappen Produktionsmitteln stillen. Andererseits macht ein kontinuierlicher Rückgang der Produktionskosten oder sogar Nullkosten in Bezug auf die reichlich vorhandenen Produktionsmittel die alleinige Verwendung unnütz und das Teilen notwendig. Daten, ein reichlich vorhandenes Produktionsmittel, können ohne Abnutzung unendlich-fach wertschöpfend reproduziert werden. Darüber hinaus sind die Kosten für die Datenreproduktion so gering, dass sie verworfen werden können. Aus diesem Grund liegt das Hauptproblem darin, wie Daten optimal genutzt werden und das Teilen bietet sich als beste Lösung an.

Darüber hinaus hat die neue Generation von Information und Technik - die das Internet, Big Data, Künstliche Intelligenz, Blockchain usw. einschließt - in der Entwicklung der technischen Situation, die einst von Maschinen und Chemie dominiert wurde, verändert. Folglich muss der bestehende Interessensausgleich umgestürzt werden, was zu Herausforderungen an das traditionelle Rechtssystem führt. Zum einen sind die Menschen aufgrund der Unzulänglichkeit des bestehenden Rechtssystems bei der Bewältigung neu auftretender datensicherheits-relevanter Probleme seit Langem von Verletzungen der Datenrechte betroffen. Zum anderen beschränkt das bestehende Rechtssystem die Standarddatenverbreitung, den Datenzugang und das Recht auf freie Meinungsäußerung, was zu einer niedrigen Datennutzungseffizienz und einer unzureichenden Nutzung des Datenwerts führt. Trotz der Tatsache, dass einige technische Probleme bereits gelöst wurden, bezweifeln die Menschen nach wie vor die Anwendbarkeit und Rationalität des bestehenden Rechtssystems. Dies liegt daran, dass die Technik bei Datenrechten nur externe Faktoren darstellt und das sich widersprechende Rechtssystem der interne Faktor ist. Im Besonderen ist das traditionelle eigentumsorientierte Rechtssystem nicht mehr mit den aktuellen Entwicklungsbedürfnissen der digitalen Zivilisation vereinbar. Daher muss ein Datenrechtssystem, das die gemeinsame Nutzung in den Mittelpunkt stellt, also ein System für die gemeinsame Nutzung von Datenrechten eingeführt werden, um die freie, sichere und faire Verbreitung von Daten zu gewährleisten.

Im Zeitalter der digitalen Zivilisation sind die gemeinsame Nutzung und die Konnektivität die wichtigste Technik. Der Kern dieser Technik ist die Digitalisierung von allem. Zusammen mit der Anhäufung von Daten und Berechnungen kam Big Data. Es sei darauf hingewiesen, dass der Begriff „Big" hier nicht wörtlich gemeint ist. „Big" steht in diesem Zusammenhang für den Umfang und die Relevanz von Daten. Mit anderen Worten können nur umfassende und relevante Daten in künstliche Intelligenz umgewandelt werden. Daher ist dies eine technische Revolution, die von der Nachfrage und dem Verbrauch ausgeht. Nachfrage generiert Konsum und erzeugt dann Daten - das wichtigste Produktionsmittel für die Zukunft. Wenn Daten als ein Produktionsmittel die Reformierung der traditionellen Struktur der Produktionsverhältnisse fördern und die sozialen Beziehungen neu gestalten, erfordert die Arbeitsteilung nichts mehr als die Teilhabe an knappen Ressourcen und Arbeitsbeiträgen in den Transaktionen auf dem Markt, was das System für private Rechte bedeutungslos macht. Der Mensch wird eine neue Gesellschaftsordnung einleiten, die auf dem System der gemeinsamen Nutzung von Datenrechten aufbaut. Das System zur gemeinsamen Nutzung von Datenrechten ermöglicht die Trennung von Dateneigentumsrechten und Datennutzungsrechten, was zu einer neuen Entwicklungsstufe der gemeinsamen Nutzung führt: „Nicht nach dem Eigentum, sondern nach dem Nutzungsrecht fragen." Angesichts der Tatsache, dass es für einen Datensatz mehrere Eigentümer geben kann, bestimmen die natürliche Immaterialität der Objekte und die Vielzahl der Subjekte, dass Daten nur unter der Prämisse der „gemeinsamen Nutzung von Datenrechten" effektiv genutzt werden können. Daher handelt es sich bei dem System zur gemeinsamen Nutzung von Datenrechten um eine Voraussetzung für das Zeitalter der digitalen Zivilisation.

(3) Die Konnotation der Teilhabe der Datenrechte

Geteilte Datenrechte werfen ein Licht auf das Konzept der Datenrechte, das ein Gleichgewicht zwischen öffentlichem Interesse und privaten Interessen für den Aufbau einer zivilisierten Gesellschaft herstellt. Dieses Konzept trägt auch dazu bei, die Kreativität der Öffentlichkeit anzuregen, sich am Aufbau der digitalen zivilisierten Gesellschaft zu beteiligen. Der Kern der gemeinsamen Datenrechte ist die ausgewogene Verteilung datenrechtsrelevanter Belange. Jede unausgewogene Verteilung, bei der die öffentlichen Interessen an Datenrechten private Interessen übertreffen, oder anders herum, verstößt gegen den grundlegenden Rechtsgeist der Ära der digitalen Zivilisation. Dieser grundlegende

Rechtsgeist - Freiheit, Gleichheit, Sicherheit und Fairness - verkörpert den primitiven Instinkt der menschlichen Natur. Die unausgewogene Verteilung datenrechtsrelevanter Interessen wird die Begeisterung und Initiative der Menschen, mehr digitalen Wohlstand zu schaffen, grundlegend entmutigen. Das System der gemeinsamen Nutzung von Datenrechten ist im Zeitalter der digitalen Zivilisation unter folgenden Aspekten von hoher Relevanz: Das System der gemeinsamen Nutzung von Datenrechten hat die traditionelle Sichtweise der Menschen auf Rechte und die Perspektive auf Daten, d. h. „das Abwägen privater Interessen über das Gemeinwohl" umstürzen, befürwortet eine Sichtweise auf Datenrechte, die das Gleichgewicht zwischen Gemeinwohl und privaten Interessen herstellt und regt die Begeisterung, Initiative und Kreativität der Öffentlichkeit an, sich am Aufbau der digitalen Zivilisation zu beteiligen. Wenn es um die Datennutzung geht, können wir die gemeinsame Nutzung von Datenrechten, die Voraussetzung für die Datennutzung ist, nicht ignorieren. Die gemeinsame Nutzung von Datenrechten ist das wesentliche Thema und die Grundvoraussetzung der digitalen Zivilisation sowie der Kern des Aufbaus einer neuen digitalen Zivilisationsordnung.

Das System der gemeinsamen Nutzung von Datenrechten ist ein wichtiger Bestandteil des Sozialsystems im Zeitalter der digitalen Zivilisation. Im System der gemeinsamen Nutzung von Datenrechten wird Altruismus als Leitprinzip für den Aufbau der digitalen Zivilisation herangezogen, wodurch eine solide strukturelle Grundlage für eine Gesellschaft der gemeinsamen Nutzung geschaffen wird. Unter dem Gesichtspunkt der sozialen Gerechtigkeit ist die Verteilung der öffentlichen und der privaten Interessen der Datenrechte der Kern der digitalen Zivilisation sowie die grundlegende Frage der institutionellen Ordnung. Die unausgewogene Verteilung der öffentlichen und privaten Interessen an Datenrechten führt zu einem Mangel an Fairness in der digitalen Zivilgesellschaft und bringt letztendlich enorme Herausforderungen und Hindernisse für den Aufbau der digitalen Zivilisation mit sich. Das System der gemeinsamen Nutzung von Datenrechten muss das Gleichgewicht zwischen den öffentlichen und privaten Interessen gewährleisten und die Fairness bei institutionellen Vereinbarungen berücksichtigen. Auf diese

Weise wird das Verhältnis zwischen den öffentlichen und privaten Interessen des Subjekts der Datenrechte in institutionellen Regelungen klargestellt. Diese ausgewogene Verteilung bildet somit eine solide Grundlage und bietet eine grundlegende Wertorientierung für das Sozialsystem im Zeitalter der digitalen Zivilisation. Die Verteilung von öffentlichen und privaten Interessen an Datenrechten muss absolut, objektiv und universell sein und darf nicht durch willkürliche Eingriffe des Menschen erfolgen. Jede subjektive, relative und exzessive Interpretation der Verteilung von den öffentlichen und privaten Interessen an Datenrechten ist gleichbedeutend mit dem Widerspruch und der Fairness dieses Systems. Das System der gemeinsamen Nutzung von Datenrechten ist von großem historischem Wert und von praktischer Bedeutung für den Aufbau der neuen Ordnung der digitalen Zivilisation.

Das System der gemeinsamen Nutzung von Datenrechten trägt dazu bei, die Konflikte zwischen verschiedenen Subjekten der Datenrechte in Einklang zu bringen, und bietet eine wissenschaftliche Grundlage für die Lösung der Interessenskrise der Datenrechte. Das System der gemeinsamen Nutzung von Datenrechten hält sich an das Gleichgewicht zwischen öffentlichen und privaten Interessen der Datenrechte, das eine grundlegende wertorientierte Grundlage für den Aufbau der digitalen Zivilisation darstellt und die Fairness zum Grundwert des Sozialsystems im Zeitalter der digitalen Zivilisation macht. Nach dem Grundsatz der ausgewogenen Verteilung zwischen den öffentlichen und privaten Interessen sollte das System der gemeinsamen Nutzung von Datenrechten Gesetze und Verordnungen festlegen, die Konflikte zwischen verschiedenen Subjekten von Datenrechten regeln, und den Koordinierungsmechanismus für datenrechtsrelevante Interessen zwischen verschiedenen Subjekten von Datenrechten optimieren. Das System der gemeinsamen Nutzung von Datenrechten sollte auch sicherstellen, dass Subjekte mit Datenrechten Zugang zu freier Interessensäußerung haben, um verschiedene soziale Krisen zu lösen, die sich aus datenrechtsrelevanten Interessenkonflikten ergeben. Letztendlich können die Subjekte der Datenrechte „jeden Beitrag leisten und ihre richtige Rolle spielen." Das System der gemeinsamen Nutzung von Datenrechten trägt währenddessen dazu bei, dass man sich mit den Herausforderungen der sozialen Fairness und Gerechtigkeit,

z. B. einer unausgewogenen Verteilung von Ressourcen und Chancen sowie sozialer Ungleichheit aufgrund des Monopols der Datenressourcen befasst. Indem man sich mit diesen Herausforderungen befasst, kann man die Allokation von Datenressourcen optimieren und Grenzkosten gegen Null erzielen. Infolgedessen werden wir den digitalen Wohlstand steigern und das Erwerbsempfinden der Menschen verbessern, wodurch die koordinierte sozioökonomische Entwicklung der digitalen Zivilisationsära erleichtert wird.

(4) Der Aufbau des Teilhabesystems der Datenrechte

Ausgehend vom Grundsatz der Gerechtigkeit liegt der Schlüssel zum Aufbau eines Systems zur gemeinsamen Nutzung von Datenrechten darin, ein Gefühl von Fairness, Gleichheit und Teilhabe sowie einer humanistischen Geisteshaltung zu kreieren. Mit dem Gefühl für Fairness ist gemeint, fair und unparteiisch zu handeln, um die Interessen der Datenrechtssubjekte anzupassen und öffentliche und private Interessen in Einklang zu bringen. Ziel ist die Fairness und Unparteilichkeit im Austausch von Datenrechtsinteressen zwischen den Subjekten. Daher sollten wir bei wichtigen Fragen, die für die Interessen der Datenrechtssubjekte relevant sind, die öffentliche Meinung respektieren und subjektive Eingriffe vermeiden. Der Gleichberechtigungssinn bedeutet, eine ausgewogene Verteilung der Rechte und Pflichten der gemeinsamen Datenrechte zu erreichen. Anders gesagt sollten wir die Gleichwertigkeit zwischen Rechten und Pflichten sicherstellen, die für die Datenrechte relevant sind. Insbesondere können Personen ihre Datenrechte nur dann nutzen, wenn sie bestimmte Verpflichtungen eingehen, und nur durch die Übernahme bestimmter Verpflichtungen können Menschen bestimmte Rechte genießen. Dies gilt auch für öffentliche Einrichtungen, gemeinnützige Organisationen und Verwaltungsbehörden, einschließlich Regierungen. Der Sinn für die gemeinsame Nutzung erfordert von allen Menschen Einfühlungsvermögen und Selbstlosigkeit sowie beim grundsätzlichen Aufbau des Datenrechtskonzepts, dem Teilen Vorrang einzuräumen. Für Eliten und privilegierte Gruppen hängt ihr Erfolg in hohem Maße von der übermäßigen Nutzung und Kontrolle der Datenressourcen ab, die der Öffentlichkeit gehören. In diesem Sinne ergänzen sich Öffentlichkeit und Elitegruppe. Aus diesem Grund müssen die sozialen Eliten und die privilegierten Gruppen einen Sinn für das Teilen haben, einen Teil ihrer Interessen an die Gesellschaft zurückgeben und den schutzbedürftigen Gruppen Hilfe leisten. Der Geist des Humanismus erfordert, dass die Gestaltung des Systems zur gemeinsamen Nutzung von Datenrechten der Philosophie der „Orientierung am Menschen" sowie humanistischen Ideen wie Freiheit, Gleichheit und Brüderlichkeit entspricht. Nur wenn wir den Wert des Menschen hervorheben, die Würde und die Rechte des Menschen schützen und die umfassende Entwicklung des Menschen fördern, können wir die philosophische Natur der gemeinsamen Datenrechte wirklich verstehen. Dann können wir die Früchte der digitalen Zivilisation teilen und die Leidenschaft und Energie der Datenrechtssubjekte anregen, um am Aufbau der digitalen Zivilisation teilzunehmen und weiteren digitalen Wohlstand zu schaffen.

Der Mechanismus zur Interessenbekundung wird bei der Teilhabe der Datenrechte eingerichtet. Das System zur gemeinsamen Nutzung von Datenrechten zielt darauf ab, dass Einzelpersonen ihre berechtigten Interessen an Datenrechten wahrnehmen können. Unter bestimmten Umständen können jedoch im Spiel zwischen den Eigenschaften des öffentlichen und des privaten Rechts bei den Datenrechten bestimmte Verstöße gegen die Rechte des privaten Datenschutzes auftreten. Aus diesem Grund müssen wir den Mechanismus zur Interessenbekundung etablieren und die tatsächlichen Bedürfnisse und Anforderungen der Datenrechtssubjekte beim Teilen von Datenrechten verstehen, um so die richtige Richtung für den Aufbau der digitalen Zivilisation zu gewährleisten. Die Forderungen der Menschen nach gemeinsamer Nutzung von Datenrechten können in wesentliche und nicht wesentliche Forderungen unterteilt werden. Wesentliche Forderungen für die gemeinsame Nutzung von Datenrechten beziehen sich auf die Forderungen der Menschen, Datenrechte zu teilen, die für das Überleben und die Entwicklung des Menschen notwendig, wesentlich und grundlegend sind. Wesentliche Forderungen gelten für alle Datenrechtssubjekte. Nicht wesentliche Forderungen beziehen sich auf übergeordnete Forderungen für das Überleben und die Entwicklung des

Menschen. Datenrechte, die nicht wesentlichen Forderungen genügen und von diesen geteilt werden, müssen zu einem gewissen Anteil ausgewogen sein, da die Datenrechte von Person zu Person unterschiedlich sind. Die Einteilung der Forderungen nach Datenrechten in wesentliche und nicht wesentliche Forderungen ist für die Etablierung der digitalen Zivilisation von großer Bedeutung. Wesentliche Forderungen bilden die Grundlage für die soziale Entwicklung und nicht wesentliche Forderungen fördern die schrittweise Entwicklung der Gesellschaft. Wesentliche Forderungen sind daher wichtiger als nicht wesentliche Anforderungen und sollten bevorzugt geschützt werden. Daher muss beim Aufbau des Systems zur gemeinsamen Nutzung von Datenrechten der Mechanismus der Interessenbekundung für gemeinsame Datenrechte festgelegt und perfektioniert werden, um die wesentlichen Forderungen der Menschen nach gemeinsamen Datenrechten zu gewährleisten.

Die Innovation und Perfektion des primären Schutzsystems für die gemeinsame Nutzung von Datenrechten und Unterstützung und Entschädigung der angreifbaren Gruppen von Datenrechten sollen durchgeführt werden Bei der Teilhabe von Datenrechten geht es im Wesentlichen um Fairness. Das oberste Ziel ist es, jedem Subjekt die Rechte und Interessen zu geben, die es verdient. Der Schlüssel ist das Gleichgewicht zwischen Gemeinwohl und privaten Interessen. Es bildet eine strukturelle Grundlage und eine logische Voraussetzung und liefert den notwendigen Impuls und die notwendige Energie für die Begeisterung und Kreativität der Menschen, am Aufbau der digitalen Zivilisation teilzunehmen. Derzeit haben Verwaltungsbehörden auf der ganzen Welt und Unternehmen aller Branchen aufgrund fehlender Regeln während des Verwaltungs- oder Geschäftsbetriebs eine enorme Menge an Daten gesammelt. In gewisser Weise gibt es überall auf der Welt Datenmonopole. Daten-Einhörner, die über die Datenressourcendominanz verfügen, können leicht in die Datenrechte der Menschen eingreifen. Daher sind die Menschen in Bezug auf Macht in einer verwundbaren Position. Nichtsdestotrotz sind Menschen die ultimativen Subjekte der Datenrechte und sollten die ultimativen Nutznießer und die wesentlichen Objekte des Datenrechtsschutzes sein. Die berechtigten Interessen der Menschen, die für Datenrechte relevant sind, sind heilig und unantastbar. Daher können die Verwaltungsbehörden und Unternehmen nur durch die Einrichtung eines grundlegenden Schutzsystems für die gemeinsame Nutzung von Datenrechten einen Teil der Datenrechtsinteressen für die Menschen übertragen. Die fundamentalen Datenrechte der Menschen können insbesondere durch die Unterstützung und Entschädigung der angreifbaren Gruppen geschützt werden, um ihre legitimen Datenrechte zu gewährleisten. Um mit halbem Aufwand das doppelte Ergebnis zu erzielen, müssen wir die Priorität und den Durchbruch für das Schutzsystem für die gemeinsame Nutzung von Datenrechten wählen und eine solide Grundlage für das Datenrechtssystem schaffen.

(5) Das Dilemma bei der Teilhabe der Datenrechte

Der Aufbau des Systems zur gemeinsamen Nutzung von Datenrechten steht vor zwei Hindernissen im Denken: Hindernisse im Denken infolge von Relativismus sowie bei den Gruppen, die Interessen erzielt haben. Hindernisse im Denken infolge von Relativismus über die Teilhabe der Datenrechte beziehen sich darauf, dass bestimmte Personen das Wesen gemeinsamer Datenrechte willkürlich falsch interpretieren, um ihre eigenen Interessen zu vertreten. Sie stören das Gleichgewicht zwischen Gemeinwohl und privaten Interessen, indem sie die Absolutheit von Rechten an gemeinsamen Daten leugnen, während sie den Relativismus von Rechten an gemeinsamen Daten überhöhen. Darüber hinaus lehnen sie sich gegen das System der gemeinsamen Nutzung von Datenrechten auf, indem sie das Systemdesign und die Anforderungen verzerren, um das System an die eigenen Interessenanforderungen anzupassen. Das andere Hindernis kommt aus den Gruppen, die Interessen aus Datenrechten erzielt haben. Die bestehenden datenrechtlichen Interessen, die auf privaten Rechten beruhen, haben zu einem bestimmten Datenmonopol geführt und einen erheblichen Teil an Datenoligarchen geschaffen und sie sind Gruppen, die Interessen aus Datenrechten erzielt haben. Die Teilhabe der Datenrechte betont jedoch das Gleichgewicht zwischen öffentlichen und privaten Interessen und schränkt die traditionellen privaten Rechte bis zu einem gewissen Grad ein, was folglich teilweise ihre Interessen verletzt. Um ihre eignen Interessen zu schützen, übertragen sie ihre Verpflichtungen zur Datenteilhabe auf andere, sodass sie ihre Interessen an Datenrechten zur gemeinsamen Nutzung ohne ständige Verpflichtung wahrnehmen können, dann können sie langfristig ihre Datenrechte haben. In diesen zwei Situationen werden die Philosophie und der Geist des Datenrechts zur gemeinsamen Nutzung ernsthaft verletzt und ein großes Hindernis für die Einrichtung des Systems der Datenrechte zur gemeinsamen Nutzung entsteht. Daher müssen sie in diesen zwei Situationen abgewehrt werden.

Es ist schwierig, das System zur gemeinsamen Nutzung von Datenrechten in ein bestehendes System einzubetten. Um das Konzept der gemeinsamen Nutzung von Datenrechten umzusetzen, ist es unerlässlich, die gemeinsame Nutzung von Datenrechten zu institutionalisieren und in das bestehende System einzubetten. Da der bestehende Rechtsrahmen auf Sachenrecht aufbaut, ist und die gemeinsame Nutzung von Datenrechten und die Ausschließlichkeit von Sachenrechten grundsätzlich widersprüchlich sind, kann sich das Einbetten des Systems als unvereinbar erweisen oder in Konflikt mit dem bestehenden Rechtssystem stehen. Es wird lange dauern, bis die gemeinsame Nutzung von Datenrechten in das Rechtssystem eingebettet und an dieses angepasst ist. Dieser Prozess ist ein mühsames, kompliziertes und zeitaufwendiges systematisches Projekt. Er wird ein neues Gleichgewicht der Interessenverteilung zwischen öffentlichen und privaten Interessen herstellen und Innovation und Anordnung für das bestehende Rechtssystem durchführen. Zugegebenermaßen kann dieses Projekt die Interessen einiger Menschen stören und sogar Interessenkonflikte unter den Subjekten hervorrufen, was möglicherweise zu Chaos und sogar zur Zerstörung des aufkeimenden Systems der gemeinsamen Nutzung von Datenrechten führen kann. Zusammenfassend müssen wir bei der institutionellen Einbettung der gemeinsamen Nutzung von Datenrechten sehr proaktiv und umsichtig sein und uns auf einen nur schwer zu gewinnenden Krieg vorbereiten. Die Konflikte zwischen dem System der gemeinsamen Nutzung von Datenrechten und dem bestehenden Rechtssystem müssen mit Vorsicht angegangen werden, um die Kompatibilität des bestehenden Systems mit dem Konzept der gemeinsamen Nutzung von Datenrechten sicherzustellen.

Das bestehende System des Rechtsschutzes schränkt die gemeinsame Nutzung von Datenrechten ein. Das Funktionieren jedes Systems benötigt die entsprechende Systemgarantie. Das bestehende System des Rechtsschutzes beruht auf privaten Rechten und betont den Besitz der Rechte. Infolgedessen schützt dieses inhaberzentrierte System die Interessen der Eigentümer und funktioniert für die Eigentümer. Im bestehenden System hat jeder, der die Res besitzt, ein Mitspracherecht. Mit anderen Worten dominieren die Objekte die Subjekte der Rechte. Die menschliche Gesellschaft entwickelt sich jedoch in Richtung Selbstlosigkeit. Die gemeinsame Nutzung, bei der der Datenwert voll zum Tragen kommt, macht das Wesen der Datenrechte aus. Mit der gemeinsamen Nutzung als Kerngedanke konzentriert sich das System zur gemeinsamen Nutzung von Datenrechten auf die Bekräftigung und den Schutz der Datenrechte von Datennutzern. Infolgedessen werden die Institutionalisierung, der Mechanismus und die Politik der Datenrechte für die gemeinsame Nutzung durch die bestehenden Systeme zum Schutz der Rechte eingeschränkt. Daher ist eine Reform des bestehenden Rechtssystems erforderlich, da ansonsten die gemeinsame Nutzung von Datenrechten ein Konzept bleibt und wir den Wert der gemeinsamen Nutzung von Datenrechten nicht voll ausschöpfen können. In der Zwischenzeit sollten wir auch das Schutzsystem für Datenrechte und -pflichten, das mit dem Konzept der gemeinsamen Nutzung von Datenrechten vereinbar ist, erneuern und verbessern. Auf diese Weise wird die gemeinsame Nutzung von Datenrechten institutionell abgesichert und rechtlich unterstützt. Datennutzer werden zum Hauptsubjekt gemeinsamer Datenrechte. Das System zur gemeinsamen Nutzung von Datenrechten sorgt sich mehr um den menschlichen Willen, indem es die Daten dem Menschen dienen lässt. Und letztendlich unterstreicht das System die Philosophie „die Menschen in den Vordergrund zu stellen."

Literaturverzeichnis

Chen, Hongyan, Yin, Kuijie. 2014. „On the Legalization of Right." *Journal of Northeast Normal University (Philosophy and Social Sciences).*

Chen, Linlin. 2003. „From natural law to natual rights: western human rights in historical perspective." *Journal of Zhejiang Universität (humanities and social sciences).*

Chen, Pu. 2018. „On the Principle of Subjectivity in the Construction of Cyber Rights." *China Law.*

Chen, Xiaomin. 2016. *In Historical Changes of Ownership Patterns in Civil Law System.* Beijing: China Social Sciences Press.

Fu, Keqian, et al. 2012. „The Nature and Reality of Rights." *Hebei Academic Journal.*

Hu, Bo. 2013. „Sharing Model and the Future Development of Intellectual Property: Comment on the Theory of Intellectual Property." *Law and Social Development.*

Huo, Guoqing. 2000. „A Pattern Analysis of allocation of information resources in China." *Library and Information Service.*

Liu, Xuebin. 2005. „An Ethical Analysis of Legal Rights." *Legal and Social Development.*

Lu, Dezhi. 2017. *On capital and sharing – on the major theme of the coordinated development of human civilization.* Beijing: Eastern Publishing.

Lu, Xiaohua. 2009. *Information Property Right: Protecting the Information Wealth in the Civil Law Model.* Beijing: Law Press.

Rong, Yun. 2010. „The Evolution of Western Natural Law." *Legal System and Society.*

Wang, Quansheng, Fang, Liping. 2006. „On the government's right to information acquisition." *Journal of Intelligence.*

Wen, Zhengbang. 1991. „On the Rights from the Perspective of Legal Philosophy." *Chinese Legal Science.*

Xia, Yikun. 2005. „Multielemental Participation of Public Information Resources Management." *Knowledge of Library and Information Science.*

Yang, Yulin, Zhao, Bing. 2007. „The Research of Deinition, Characteristic of Public Information Resources and Government Information Resources." *Library Development.*

Yao, Xuange. 2007. „Co-construction and Sharing in the Perspective of Rights" *China Development Watch.* Issue 5.

Zuckerman, Ethan. 2013. *Rewire: Digital Cosmopolitans in the Age of Connection.* New York: W. W. Norton & Company.

KAPITEL 5

Das Datenrechtsgesetz und die neue Ordnung der digitalen Zivilisation

Die Abstammung, Bildung und Entwicklung von Gesetzen sind eng mit der Zivilisation verbunden, und unterschiedliche Gesetze entsprechen unterschiedlichen Formen von Zivilisationen in bestimmten Zeiten und Räumen. Joseph Kohler, ein neo-hegelianischer Jurist in Deutschland, sagte einmal, dass das Gesetz in der Vergangenheit ein Produkt gewesen sei. Für die Gegenwart ist das Gesetz ein Werkzeug, um die Zivilisation zu erhalten und zu pflegen. Für die Zukunft wäre das Gesetz ein Mittel zur Förderung der Zivilisation. Von der bäuerlichen zur industriellen bis hin zur digitalen Zivilisation wird das Gesetz den Sprung und die Umwandlung von der „Gesetzgebung des Menschen" zur „Gesetzgebung der Dinge" und dann zur „Gesetzgebung der Daten" umsetzen. Die digitale Zivilisation ist das kulturelle Fundament und der Innovationsmotor für den Aufbau des Datenrechtsgesetzes, das auch die Existenzgrundlage für die Systempflege und Ordnungsförderung der digitalen Zivilisation bildet. Daher könnte die weitreichende Konsequenz des Datenrechtsgesetzes durch ein Ordnungsparadigma in Bezug auf die digitale Zivilisation in einem konkreteren und prägnanteren Sinne gesehen werden und zur normativen Grundlage für die Aufrechterhaltung und Förderung dieser Zivilisationsordnung werden. Das Datenrechtsgesetz ist das Produkt des Zivilisationswechsels und wird bei der Transformation von der industriellen zur digitalen Zivilisation auch die neue Ordnung der Menschheit sein. Dieser Zivilisationssprung wird das ganze Bild der alten Ökologie und Ordnung revolutionieren und die Existenz und Entwicklung der Gesellschaft auf den Kopf stellen.

Abschnitt 1 Wert des Datenrechtsgesetzes

Nach dem Collingridge-Dilemma können die sozialen Konsequenzen einer Technik nicht früh im Leben der Technik vorhergesagt werden. Zu dem Zeitpunkt, an dem unerwünschte Konsequenzen entdeckt werden, ist die Technik jedoch bereits so sehr Teil des gesamten wirtschaftlichen und sozialen Gefüges (1980, S. 11). Big Data gibt uns einen Einblick in die Zukunft, aber die Besonderheit der Netzwerkumgebung stellt den Schutz persönlicher Daten sowie den Schutz und die Wahrung von Datenrechten vor neue Herausforderungen. Zweifellos verkörpern das Datenrechtsgesetz und andere Gesetze die gleichen Wertziele wie die Gleichheit, Freiheit und Rechtsordnung. Gleichzeitig hat das Datenrechtsgesetz als besonderes Rechtssystem zur Regulierung des Dateneigentumsrechts, zum Schutz und zur Nutzung von Datenressourcen auch seinen besonderen Wert. Durch die Untermauerung und den Schutz der Datenrechte regelt das Datenrechtsgesetz die Ordnung und Stabilität der digitalen Gesellschaft, die die konkrete Verkörperung der Zivilisation der Rechtsstaatlichkeit in einem Land darstellt.

(1) Neue Regelkoordinaten

Die menschliche Gesellschaft kann nicht ohne Regeln auskommen. Regeln sind die Normen, Kriterien und Gesetze, die von jedem einzelnen Mitglied der Gesellschaft befolgt werden sollten. Sie können nicht nur das Verhalten von Menschen ordnungsgemäß lenken, einschränken und regulieren, sondern auch den sozialen Wert beurteilen und messen, den soziale Mitglieder als Individuen für die Gesellschaft schaffen. Mit anderen Worten verkörpern soziale Regeln eine Art „rationales" Denken, Wählen und Handeln, und durch diesen Prozess könnte eine Einheit von Selbstdisziplin und Fremdbestimmung erreicht werden (Zhen 2014). Regeln gibt es in allen Teilen der Gesellschaft. Gesetze zählen zu den wichtigsten sozialen Regeln. Seitdem die Menschheit in die Zivilisationsgesellschaft eintritt, werden Gesetze allmählich zu einem wichtigen Mittel zur Aufrechterhaltung der sozialen Ordnung. Das Datenrechtsgesetz selbst zielt auf die Beilegung von Streitigkeiten ab. Es wird erwartet, dass auf Grundlage einer solchen Funktion eine Ordnung aufrechterhalten wird. Unter der Standardisierung und Anleitung dieser Ordnung kann die Gesellschaft sich harmonischer und kontinuierlicher entwickeln.

Das Datenrechtsgesetz hält die Entwicklungsordnung der digitalen Wirtschaft aufrecht. Engels sagte einmal, dass zu Beginn unserer gesellschaftlichen Entwicklung eine Nachfrage entstanden sei: Eine allgemeine Vorschrift regele unsere täglich wiederholte Produktion, Verteilung und den Austausch von Produkten, der die Individuen unterliegen und die sie als gemeinsame Bedingung für Produktion und Austausch akzeptieren müssen, und auf diese Weise kamen wir zu unseren Bräuchen und Konventionen und dann Gesetzen (Zhang 2011). Das Gesetz hat die Funktion, die Ordnung aufrechtzuerhalten, und das Datenrechtsgesetz ist ein wirksames Mittel zur Beilegung von Streitigkeiten in Bezug auf Dateneigentum. Der Hauptwert des Datenrechtsgesetzes liegt in der Zusicherung des Eigentums an Datenressourcen[1] und dem

1 Im Gegensatz zu traditionellen Datenressourcen weisen die Datenressourcen im Hintergrund der Big-Data-Technologie und der digitalen Wirtschaft eine Reihe neuer wirtschaftlicher Merkmale auf, darunter die Vielseitigkeit des Datenträgers, die Nichtexklusivität der Datennutzung und die hohe Rentabilität der Datennutzung, die Unterschiede der Datenwerte, die Vielfalt der Datennutzungsarten, die Unvorhersehbarkeit der spezifischen Datennutzung, der Externalitätseffekt der Datennutzung. 2017 waren mehrere Klagen im Zusammenhang mit Datenstreitigkeiten von besonderem Interesse. Zum Beispiel klagten HiQ gegen LinkedIn in den USA, Sina gegen Pulse in China und Hantao gegen Baidu, bei denen es darum ging, ob die von den Betreibern im Laufe des Betriebs gesammelten Daten von anderen Betreibern erfasst werden können oder ob und auf welche Weise die Daten von anderen Betreibern genutzt werden können. Neben Rechtsstreitigkeiten betrafen 2017 auch eine Reihe anderer Kontroversen im Zusammenhang mit Datenstreitigkeiten das Kartellrecht. So haben beispielsweise Cainiao und S. F. Express, die beiden riesigen Speditionen, sich gegenseitig den Zugang zu ihren Datenschnittstellen verweigert und nahmen erst nach dem Eingreifen der staatlichen Post die Öffnung ihrer Datenschnittstellen wieder auf. An diesen Fällen zeigen sich nicht nur die Bedeutung und der Wettbewerb um Datenressourcen im Zeitalter der digitalen Wirtschaft, sie weisen außerdem auch

Schutz der Nutzung dieser Datenressourcen, und seine Funktion zeigt sich direkt in der Beilegung von Streitigkeiten und der Maximierung der Ausnutzung der Datenressourcen. Daten werden als Ressource erkannt und Streitigkeiten können nur beigelegt werden, wenn ihr Eigentumsrecht zugesichert ist. Umgekehrt können Streitigkeiten entstehen, wenn das Eigentumsrecht an Daten unbekannt ist und die Grenzen der Rechte unklar oder verschwommen sind. Beim Aufbau des Datenrechtsgesetzes ist es erforderlich, das Eigentum an Daten in umfassender, klarer und präziser Weise zu definieren, die Eigentumsgrenze abzustecken. Außerdem müssen die Rechte der Datensubjekte hinsichtlich der Kontrolle, Nutzung, Profitgewinnung und Teilhabe der entsprechenden Daten geklärt werden, um das Auftreten von Streitigkeiten zu verhindern und zu verringern. Ein wirksamer Datenwettbewerb soll mit vernünftigen Systemen und Regeln gefördert werden, und genaue Koordinaten zwischen Recht und Wirtschaft sollen ermittelt werden, um eine vernünftige Verteilung der Datenressourcen zu erreichen.

Das Datenrechtsgesetz erhält die Stabilität und Einheit der digitalen Gesellschaft aufrecht. Die menschliche Gesellschaft ist die höchste Form der materiellen Bewegung und ein komplexes organisches System. Das ordnungsgemäße Funktionieren der menschlichen Gesellschaft erfordert unterstützende Mechanismen, die auf optimierte Weise funktionieren. Um die Stabilität, Ordnung und Nachhaltigkeit der sozialen Entwicklung zu verwirklichen, müssen Gesellschaftsmitglieder als teilnehmende Subjekte wünschenswerte Erwartungen an ihr eigenes Verhalten haben. Die Voraussetzung dafür ist, dass sie über solides Eigentum verfügen. Vor der Einführung der Gesetze in der Vergangenheit neigten die Menschen dazu, Eigentumsnutzung nur durch Besitz zu erwerben, aber solch reiner Besitz war aufgrund des Mangels an Schutzmechanismen nicht sicher und aufrechtzuerhalten. Heutzutage werden Datenressourcen immer umfangreicher und das Gesetz ist ein wichtiges Instrument zum Schutz der Datenrechte und zur Sicherung der Interessen der teilnehmenden Datensubjekte. Die Zusicherung von Datenrechten

---

auf die gemeinsamen Rechtsstreitigkeiten, Interessenskonflikte und rechtlichen Bedenken im Datenwettbewerb hin.

ist der Weg, die Beilegung von Streitigkeiten ist das Ziel, durch die Zusicherung der Datenrechte können die Streitigkeiten beigelegt werden und das wird als grundlegende Methode zur Lösung des Problems angesehen. Der amerikanische Jurist und Wirtschaftswissenschaftler Posner hat uns gewarnt, dass es für die Menschen umso schwieriger sei, Streitigkeiten durch Verhandlungen beizulegen, je unsicherer das Gesetz sei (Feng 2010). Um eine Streitigkeit beizulegen, sollten daher zunächst die Rechtszugehörigkeit und die Verteilung der Pflichten festgestellt werden. Das Datenrechtsgesetz trägt zur Klärung der Zugehörigkeit der Datenrechte bei, schützt die Rechte und Interessen des Dateneigentums und bietet eine Garantie für soziale Stabilität und nachhaltiges Wachstum.

Das Datenrechtsgesetz ist die Voraussetzung für die Gewährleistung eines normalen, gesunden und geordneten Datenverkehrs innerhalb des gesetzlichen Rahmens. Erstens legt das Datenrechtsgesetz das Eigentum an Datenrechten fest, um die wirtschaftliche Ordnung aufrechtzuerhalten und die problemlose Entwicklung von Datentransaktionen sicherzustellen. Mencius hat einmal gesagt: „Wer über dauerhaftes Eigentum verfügt, hat Ausdauer, und wer über kein dauerhaftes Eigentum verfügt, hat keine Ausdauer." Aus der Perspektive des Entwicklungstrends der digitalen Wirtschaft betrachtet kann der Entwicklungsraum der digitalen Wirtschaft nur weiterentwickelt werden, indem das Dateneigentum durch das Datenrechtsgesetz festgelegt wird und die Datenrechte in größtmöglichem Ausmaß geschützt werden. Durch die Festlegung der Zugehörigkeit der Daten und der Grenzen der Dateneigentumsrechte fördert das Datenrechtsgesetz dazu auf, dass das Datensubjekt besser sein Dateneigentum nutzt und den Wert der Datenressourcen maximal ausgeschöpft. Das Datenrechtsgesetz behält nicht nur die Ordnung des Dateneigentums bei, sondern fördert auch die optimale Verteilung der Datenressourcen. Mit einer solch stabilen und geregelten Eigentumsordnung gibt das Datenrechtsgesetz dem größtmöglichen Datennutzwert vollen Spielraum und trägt dazu bei, die soziale Produktion effizienter zu gestalten und das Wachstum des sozialen Wohlstands zu fördern.

(2) Ein neues Paradigma der Governance

Mit seiner ursprünglichen Bedeutung des Führens, Manipulierens und Kontrollierens leitet sich der Begriff Governance aus dem altgriechischen oder klassisch-lateinischen Wort ab, das entsprechend des Wortes „steuern" verstanden werden kann und sich speziell auf die Ausübung von Autorität in einem bestimmten Bereich der Gerichtsbarkeit bezieht. Die soziale Governance soll die Bedürfnisse der Menschen kontrollieren und lenken, Appelle und Petitionen für legitime Interessen anregen, Vorstellungen von Rechten, Freiheit und Gerechtigkeit verfechten und der subjektiven Initiative der Subjekte der sozialen Governance (Regierungen, Märkte, soziale Organisationen und Bürger) vollen Spielraum geben. Auf Grundlage derartig vielfältiger Themen sollten das Wechselspiel, die Konsultation und die Zusammenarbeit zwischen ihnen gefördert, die Dynamik der sozialen Entwicklung gesteigert und die Bürger ermutigt werden, sich aktiv an sozialen Angelegenheiten zu beteiligen. Vielfältigere Formen sozialer Organisationen, der florierende und geordnete Markt, die effiziente und ehrliche Regierung, die schrittweise Verbesserung der Lebensgrundlage der Menschen, die Schaffung reibungsloser Kanäle zur Beilegung von Streitigkeiten, soziale Fairness und Gerechtigkeit werden verwirklicht, damit sich die Gesellschaft auf harmonische und ordnungsgemäße Weise entwickelt (Tian 2015). Die Entwicklung der sozialen Governance hat die Geschichte der menschlichen Zivilisation widergespiegelt, oder mit anderen Worten zeichnet die soziale Governance die Geschichte der menschlichen Zivilisation auf. In einer Industriegesellschaft könnte jede bedeutende Errungenschaft der Gesellschaft auf eine entsprechende Art der sozialen Governance zurückgeführt werden. Seit der Neuzeit hängen die Mittel der sozialen Governance hauptsächlich vom Gesetz ab. Die heutigen Erfolge wären also ohne die Beteiligung des Rechts in der sozialen Governance nicht möglich gewesen.

Das Datenrechtsgesetz fördert die Innovation von Governance-Mitteln. Im Prozess der menschlichen Entwicklung sind institutionelle und soziale Entwicklung eng miteinander verbunden. Unterschiedliche Institutionen haben unterschiedliche Auswirkungen auf die soziale

Entwicklung und die institutionelle Innovation ist eine wichtige Triebkraft für die Innovation von Governance-Paradigmen. Das Gesetz wird als Stabilisator der sozialen Governance sowie als Grundlage und Garantie für Innovationen in Aspekten des sozialen Governance-Modus angesehen. Aus diesem Grund muss die Innovation des Modus der sozialen Governance auf rechtlicher Grundlage erfolgen und sich im gesetzlichen Rahmen entwickeln, um neue, standardisierte und effiziente Modi der sozialen Governance zu erreichen. Der Mensch hat die Industriegesellschaft hinter sich gelassen und die postindustrielle Gesellschaft betreten, in der die aufkommenden neuen Probleme und neuen Dilemmata der Gesellschaft das Gesetz vor große Herausforderungen gestellt haben. Die durch das Internet vorhergesehene virtuelle Welt kann nicht durch das ursprüngliche materielle Gesetz geregelt werden, sondern es soll ein neuer gesetzlicher Weg beschritten werden. Wir befinden uns also mitten in einer Transformation der sozialen Governance und ein neuer Governance-Modus muss aktiv aufgebaut werden (Zhang 2014). In der heutigen Welt verändert sich die Informationsrevolution im täglichen Tempo und die Auswirkungen der neuen Generation von Informationstechnik wie Cloud Computing, Big Data, künstliche Intelligenz usw. machen die soziale Governance immer abhängiger von Wissenschaft und Technik. Die soziale Governance, die auf Big Data basiert, ist ein neuer Governance-Modus und die Benutzung von Big Data in der sozialen Governance braucht das Datenrechtsgesetz zur Regulierung. Im Rahmen der datenrechtsgesetzlichen Regulierung sollte in Kombination mit der neuen Generationen der Informationstechnik wie Cloud-Computing, dem Internet der Dinge, Blockketten usw. der soziale Governance-Modus so konstruiert werden, dass das Niveau und der Grad in einer Weise angehoben werden, dass wissenschaftlichere, effektivere und intelligentere Ziele erreicht werden können.

Das Datenrechtsgesetz stärkt die Autorität der institutionellen Governance. Als Gesetz ist es eng mit dem Entwicklungsprozess der menschlichen Gesellschaft verbunden, der darauf ausgelegt ist, die Bedürfnisse der sozialen Entwicklung zu befriedigen, er kann sogar als alternativlos im Prozess der sozialen Entwicklung bezeichnet werden. Die an der sozialen Governance beteiligten Subjekte, einschließlich Staatsmacht, lokale Macht und Massenöffentlichkeit, weisen Merkmale der

Diversifizierung auf, die sich innerhalb des Systems gegenseitig beeinflussen können. Dieses komplexe Zusammenspiel muss reguliert und angepasst werden und das Datenrechtsgesetz ist eines der wirksamsten Mittel zur Regulierung und Anpassung. Auf der einen Seite fallen in der digitalen Gesellschaft alle Governance-Maßnahmen in den rechtlichen Rahmen des Datenrechtsgesetzes und alle diesbezüglichen Maßnahmen müssen unter der Voraussetzung erfolgen, dass verschiedene Bestimmungen und Regeln des Datenrechtsgesetzes eingehalten werden. Auf der anderen Seite wird die Umsetzung des Datenrechtsgesetzes durch die Zwangsgewalt des Staates gewährleistet, d. h. in der Governance-Praxis wären das Rechts- und das Regelbewusstsein der Subjekte, Rechte auszuüben, Pflichten zu erfüllen und Pflichten zu übernehmen, durch die Autorität des Datenrechtsgesetzes unter den Umständen der digitalen Wirtschaft verstärkt. Auf diese Weise ist die Implementierung von sozialer Governance effizient, und die Gesellschafts-Mitglieder würden den entsprechenden sozialen Dienstleistungen zugänglich, und würden so ihre legitimen Interessen wahren.

Das Datenrechtsgesetz soll die Ordnungsmäßigkeit und Berechenbarkeit der Governance sicherstellen. Um eine gesunde Gesellschaftsordnung zu erreichen, müssen nicht nur die Religionen, Bräuche, Ethik und Politik geregelt, sondern auch das Gesetz geschützt werden. Gesetze werden durch die Zwangskraft des Staates umgesetzt, um verschiedene verwickelte soziale Interessen in Einklang zu bringen und Normen für die Aufrechterhaltung der sozialen Stabilität und die Kontrolle von Unordnung und Chaos bereitzustellen. Das Datenrechtsgesetz ist eine Rechtsordnung, die das Eigentum an Daten regelt, Datenressourcen schützt und nutzt.[2] Die Vereinheitlichung der Regeln und der Ordnung der digitalen Gesellschaft trägt zu einer besseren Datennutzung in der sozialen Governance bei, fördert die Vereinheitlichung und Ordnung der digitalen Gesellschaft, verringert Störungen und Chaos und beugt Turbulenzen und Erschütterungen vor. Durch die Festlegung von Verhaltensnormen für jedes Datensubjekt und die Angabe der Verantwortlichkeiten und Pflichten

2 See Key Laboratory of Big Data Strategies. Block Data 3.0: Order Internet and Sovereign Blockchain. Beijing: CITIC Press Group, 2017: 227–228.
Vgl. *Key Laboratory of Big Data Strategies. Block Data 3.0: Order Internet and Sovereign Blockchain*. Beijing : CITIC Press Group, 2017: 227–228.

für jedes Datensubjekt soll eine ordnungsgemäße Interaktion zwischen verschiedenen Datensubjekten hergestellt werden, um die Vorhersehbarkeit und Sicherheit der verschiedenen Datensubjekte zu verbessern. Unter den gegebenen Umständen von Big Data wird das neue Governance-Modell die Gesellschaft geordneter und effizienter gestalten.

(3) Neue Rechtsansprüche

Rechte stellen einen gesetzlichen Anspruch der Subjekte zur Erlangung ihrer Interessen dar und gewährleisten den gesetzlichen Umfang dieser Interessen der Subjekte oder gewährleisten die Qualifikation der Subjekte, bestimmte Interessen durch eine bestimmte Art von Verhalten zu erlangen. Das Bestehen eines Rechts bedeutet das Bestehen eines Konzepts und einer Institution, das es anderen ermöglicht, eine entsprechende Verpflichtung zu übernehmen und zu erfüllen (Xia 1999). Heutzutage wächst bei den Menschen das Bewusstsein, ihr persönliches Eigentum zu schützen, und mit dem explosionsartigen Anwachsen von Datenressourcen wird das Recht der Datensubjekte auf Datenressourcen zu einer neuen Rechtskategorie erhoben und zu einem unvermeidlichen Trend, der dem Schutz der Landesgesetze ausgesetzt ist.[3] Das Datenrecht ist eine neue Rechtsart, die bei der

3 Im Vergleich zu gewöhnlichen physischen Ressourcen weisen Datenressourcen viele wirtschaftliche Merkmale auf, z. B. Aufenthalt verteilt auf mehrere Netzbetreiber, nicht-exklusive Nutzung, niedrige Kosten und hohe Rendite, unterschiedliche Werte und Nutzungsweisen, Schwierigkeiten bei der Vorhersage der künftigen Nutzung, Vorhandensein externer Auswirkungen usw. Das bestehende Rechtssystem kann keine förderliche Rolle bei der Gestaltung von Dateneigentumsrechten, der grundlegenden Ordnung des Datenverhaltens und der Wettbewerbsregeln des Datenverhaltens spielen. Bisher hat die vom Menschen geschaffene Rechtsordnung das Problem der Aufteilung der Rechte an verschiedenen physischen Ressourcen nach ihren unterschiedlichen natürlichen und wirtschaftlichen Merkmalen gelöst, zum Beispiel die Regelung materieller Eigentumsrechte durch die Eigentumsrechte des Rechtssystems, das auf dem Gewohnheitsrecht basiert, und das Gesetz der Sachenrechte des Zivilrechtssystems sowie die Regelung der Rechte am geistigen Eigentum durch Gesetze verschiedener

Entwicklung der Informations- und Netzwerktechnik entsteht. Die Wurzeln liegen in der allmählichen Virtualisierung und Digitalisierung von Staat, Unternehmen und Privatpersonen unter dem Einfluss der neuen Generation der Informationstechnik. Gegenwärtig ist die neue Generation von Informationstechnik wie Big Data, Cloud Computing und das Internet der Dinge auf einer tiefergehenden Ebene stärker in verschiedene soziale und wirtschaftliche Spektren eingebunden. Daten selbst weisen stärkere Mobilitäts- und Vermögensattribute auf und Datenressourcen werden nach und nach als wichtiges Kettenglied des sozialen Fortschritts und des Wirtschaftswachstums integriert. Die Datenmobilität ist die Voraussetzung für die Entfaltung des Werts von Big Data und die Festlegung der Zugehörigkeit der Datenrechte ist der Schlüssel zur Frage, wie die geordnete, normale und standardisierte Datenmobilität innerhalb des Rechtsrahmens verwirklicht werden kann. Unter solchen Umständen wird die gesunde Entwicklung der digitalen Wirtschaft gefährdet, wenn die Zugehörigkeit der Datenrechte und der Datenmobilitätsmechanismus nicht eindeutig definiert werden können. Die wesentliche Aufgabe des Datenrechtsgesetzes ist es daher, das Datenrecht für die maximale Datennutzung zu garantieren und ihre sozialen und wirtschaftlichen Vorteile voll auszuschöpfen. Durch die Einrichtung einer Datenrechtsverknüpfung würden begrenzte Ressourcen voll ausgeschöpft und die Gewinne maximiert werden.

Der legislative Zweck des Datenrechtsgesetzes ist der Schutz der Datenrechte. Im Buch *Gesetz und Religion* weist Berman darauf hin, dass das Gesetz nicht nur ein Regelwerk ist, sondern es vielmehr eine Reihe von Aktivitäten gibt, bei denen Menschen Gesetze erlassen, Entscheidungen treffen, etwas durchsetzen und Verhandlungen führen. Dies ist ein lebendiger Prozess der Zuweisung von Rechten und Pflichten, der Beilegung von Streitigkeiten und der Schaffung kooperativer Beziehungen (2003, S. 11). Daten sind in der heutigen Welt eine neue Ressource, für entsprechende Subjekte die Vorteile bringen und Wert schaffen können. Daten werden

---

Länder. Das Problem, mit dem wir konfrontiert sind, besteht darin, dass Daten, die sich von jeder anderen Art physischer Ressourcen unterscheiden, spezifische physische und wirtschaftliche Merkmale aufweisen und eine besondere Regelung im Rechtssystem erfordern.

schrittweise kommerzialisiert. Gleichzeitig haben Mobilität und Nützlichkeit von Daten bei den Sozialaufsichtsbehörden weitverbreitete Bedenken hervorgerufen und die Bestimmung der Zugehörigkeit der Datenrechte und der Schutz der Dateninteressen sind zu einem öffentlichen Anliegen geworden. Unter ihnen ist der Schutz der Datenrechte zu einem der Grundthemen des Datenrechtsgesetzes geworden. Durch die Einrichtung eines Nießbrauchdatenrechts kann das Datenrechtsgesetz die persönlichen Daten an „andere Parteien" weitergeben, die am besten den Wert der Daten ausnutzen können. Durch den Wert und den Benutzungswert wird die Teilhabe der Daten verwirklicht, was das Merkmal der Daten kennzeichnet: „Multipler Besitz an einem Datensatz." Obwohl das Datenrechtsgesetz keinen direkten Wohlstand schaffen kann, kann das Datensubjekt die Datenressourcen besser nutzen, wenn die Zugehörigkeit der Datenrechte eindeutig definiert und gesetzlich praktisch geschützt ist.

Das Datenrechtsgesetz verwirklicht durch die Gewährleistung der Datenrechte, dass die Daten ausgenutzt werden. Im Zeitalter von Big Data ist der Datenumfang riesig, aber der Auslastungsgrad entspricht im Allgemeinen nicht unseren Erwartungen. Um dieses Problem zu lösen, müssen wir den Datenwert voll ausschöpfen und die Nutzungsrate der Daten verbessern. Die Datenmenge ist gewaltig und die menschlichen Bedürfnisse sind unendlich, was uns zu der Frage veranlasst, wie wir die Daten in vollem Umfang nutzen können, um die unendlichen Bedürfnisse der Menschheit zu befriedigen und gleichzeitig die Maximierung des sozialen Wohls zu erreichen. Dies wirft eine völlig neue Frage zwischen Daten und Menschen auf, nämlich, wie können wir Daten effizienter und bequemer nutzen, um Wert zu generieren? Gemäß dem Coase-Theorem II können in einer Welt, in der die Transaktionskosten höher als null sind, unterschiedliche Rechtsabgrenzungen zu unterschiedlichen Niveaus der Zuweisung von Ressourcen in Bezug auf die Effizienz führen. Dies bedeutet, dass sowohl bei der Übermittlung von Waren als auch bei der Datenübermittlung gewisse Transaktionskosten anfallen. Die Transaktionskosten variieren ebenso wie die Effizienz der Ressourcenallokation hinsichtlich der Institutionen des Eigentumsrechts. Um die Ressourcenallokation zu optimieren und die Gewinne zu maximieren, ist es daher erforderlich, eine angemessene Institution für Eigentumsrechte zu wählen. Das Datenrechtsgesetz ist das

Gesetz, das das Eigentumsrecht an Daten bestimmt. Durch die Regulierung der Rechte und Pflichten der Dateneigentümer kann das Datensubjekt die Nutzung des Datenwerts in einem Gebot zur bestmöglichen Datennutzung und zur effektiven Zuweisung von Datenressourcen voll ausschöpfen.

Das Datenrechtsgesetz kann einen fairen Schutz für unterschiedliche Datenrechte verwirklichen. Soziale Gerechtigkeit ist seit jeher das Ideal, das die Menschheit anstrebt, wie zum Beispiel das „Millenniumskönigreich" des westlichen Christentums, Kants „Weltbürgergesellschaft," Marx' „Kommunismus" und die von der chinesischen Konfuzius-Schule vertretene „Große Harmoniegesellschaft," die Gesellschaft der „kleinen Regierung mit wenig Ausbeutung" des Taoismus und so weiter. Diese Version einer schönen und gerechten Gesellschaft ist überall in anderen nationalen Kulturen zu finden. Ein berühmtes Sprichwort des britischen Gelehrten John Locke lautet: „Wo es kein persönliches Eigentum gibt, gibt es keine Gerechtigkeit." Dies gilt auch für das Datenrechtsgesetz. Wo es keine Datenrechte gibt, gibt es keine Gerechtigkeit. Durch die gesetzlich vorgeschriebenen Verfahren und Methoden garantiert das Datenrechtsgesetz den Datensubjekten das Recht, ihre relevanten Daten im gesetzlich vorgeschriebenen und zulässigen Umfang zu kontrollieren, zu nutzen, von ihnen zu profitieren und sie teilzuhaben. Durch das Datenrechtsgesetz wird festgelegt, dass bei der Datennutzung der Aufbau, die Änderung und der Widerruf von Beziehungen im Zusammenhang mit Datenrechten dem Grundsatz der Fairness folgen sollten, um die Datenressourcen bestmöglich zu nutzen, die größten wirtschaftlichen und sozialen Vorteile zu erzielen und der Menschheit das größte Datenwohl zu bringen.

Abschnitt 2 Datenrechtsgesetz und andere soziale Steuerkräfte

Die Entwicklung der menschlichen Gesellschaft beschleunigt den Aufbruch und den Fortschritt der Zivilisation und die Entwicklung der letzteren erfordert soziale Kontrolle. Das Wesen der sozialen Kontrolle

besteht darin, die soziale Ordnung aufrechtzuerhalten und die Menschen durch eine gewisse soziale Kraft dazu zu bringen, die sozialen Normen einzuhalten, um die soziale Ordnung aufrechtzuerhalten (Ji 2017). Es gibt viele Arten sozialer Kontrolle und das Gesetz ist eine davon. Andere sind Machtordnung, Ethik, soziale Bräuche, öffentliche Meinungen und so weiter. Mit der Entwicklung und der Reife politischer und sozialer Organisationen, insbesondere mit der Entwicklung der fortgeschrittenen Wirtschafts- und Sozialgesellschaft, ist jedoch das Gesetz, das die Stärke und den Willen des Staates darstellt, die primäre und wichtigste Kraft für die soziale Kontrolle geworden. In *Law and Moral* machte Roscoe Pound deutlich, dass die Rechtsordnung heute zu einer der wichtigsten und wirksamsten Formen der sozialen Kontrolle geworden ist und dass alle anderen Formen der sozialen Kontrolle dem Gesetz unterstellt sind und unter dessen Überprüfung stehen (Yang 2011). Obwohl das Gesetz zur Hauptkraft der sozialen Kontrolle geworden ist, können wir die Rolle anderer Kräfte der sozialen Kontrolle nicht leugnen. Das Datenrechtsgesetz arbeitet als Gesetz mit anderen Kräften der sozialen Kontrolle, wie Machtordnung, Ethik, sozialen Bräuchen und öffentlichen Meinungen zusammen, und spielt eine abgestimmte Rolle in der Gesellschaft (siehe Abbildung 5-1).

(1) Datenrechtsgesetz und Machtordnung

Macht ist eine wichtige zwischenmenschliche Beziehung und sogar eine soziale Kraft, die durch zwischenmenschliche Koordination in der sozialen Produktion und Zusammenarbeit von Menschen auf der Grundlage des spezifischen sozialen Umfelds, der Produktionsbedingungen und des Lebensinhalts einer bestimmten Gesellschaft gebildet wird und existieren kann. Eine spezifische Gesellschaft könnte als eine spezifische Gemeinschaft kooperativer Produktion und zwischenmenschlicher Kommunikation verstanden werden. Gleichzeitig werden in einer bestimmten Gesellschaft sicherlich eine Vielzahl unterschiedlicher Befugnisse sowie entsprechende Machtverhältnisse gebildet und existieren darin. Der Kern liegt in bestimmten Bedürfnissen des Volkes. Das soziale

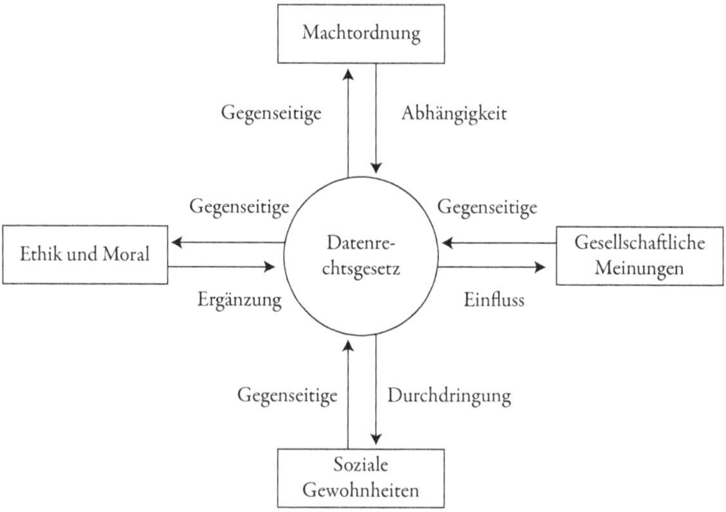

Abbildung 5-1. Das Datenrechtsgesetz und andere Kräfte der sozialen Kontrolle

Leben in einer menschlichen Gesellschaft erfordert eine bestimmte Art von Anreizordnung, die geschaffen wurde, um objektive Bedürfnisse in einer objektiven Welt aufrechtzuerhalten, und dementsprechend muss auch eine bestimmte Art von Machtordnung eingerichtet und aufrechterhalten werden. Für eine bestimmte Gesellschaft weist die Bildung oder Etablierung ihrer Machtordnung oftmals darauf hin, dass es in der spezifischen Gemeinschaft der kooperierenden Produktion und der zwischenmenschlichen Kommunikation einige unterschiedliche Kräfte gibt, und dass ein relativ genaues und stabiles Verhältnis zwischen gegenseitiger Integration und Koordination erreicht wurde (Jia 2005).

Macht ist die Grundlage für das Entstehen des Gesetzes und letzteres ist die wichtige Garantie für die Existenz von Macht. Im Laufe der Machtentwicklung in der Menschheit können die Menschen in ihren Bestrebungen, Krankheiten zu bekämpfen, die Natur und das Universum zu erobern, nicht auf die Existenz von Macht verzichten. Als Phänomen unserer menschlichen Gesellschaft ist Macht ein Thema, das immer existiert. Macht an sich ist keine schlechte Sache, aber die Kombination von Macht und menschlichem Verlangen kann den unerwünschten Machtwahn hervorrufen. Daher kommt die Wichtigkeit der menschlichen Moral und der menschlichen anderen Ordnungen und als ein Teil dieser ist das Gesetz eine wichtige Garantie für die Existenz von Macht und die Existenz des Gesetzes zielt darauf ab den Wahn einzudämmen. Unter der Vorherrschaft des Gesetzes muss Macht auf dem Gesetz beruhen, das als einzige Quelle der Macht anerkannt und das zur Wahrheit einer Ära der Rechtsstaatlichkeit geworden ist (Huang 2005). In diesem Sinne kann im Zeitalter von Big Data die Macht nicht vom Datenrechtsgesetz getrennt werden und ohne dieses Datenrechtsgesetz wird die Kontrolle des Machtwahns größtenteils auf oberflächlicher Ebene durchgeführt und der gewünschte Effekt kann kaum erreicht werden.

Das Datenrechtsgesetz und die Macht sind voneinander abhängig und untrennbar. Mit der Entwicklung der menschlichen Zivilisation ändert sich ihre Beziehung ständig. Es ist uns unmöglich, ein genaues Urteil darüber abzugeben, wie sich das Verhältnis zwischen dem Datenrechtsgesetz und der Macht in Zukunft entwickeln wird, aber zumindest können wir zum gegenwärtigen Zeitpunkt sicher sein, dass das Datenrechtsgesetz und die Macht kompliziert miteinander verflochten sind. Das bedeutet, dass sie nicht ohne den anderen bestehen können und der Verlust oder Gewinn beider in synchronem Tempo abläuft. Bis heute ist die Macht in einigen Ländern dem Gesetz unterlegen, wenn dies nicht sogar ein kategorisches Phänomen ist. In anderen Ländern steht sie immer noch über dem Gesetz. Dies ist in gleichen Zeiträumen, aber unterschiedlichen Regionen der Unterschied in der Beziehung zwischen der Macht und dem Gesetz. In ähnlicher Weise kann dieselbe Art von Beziehung in verschiedenen Stadien der sozialen Entwicklung auch innerhalb derselben Rechtsprechung eine Unterschiedstendenz aufweisen. In diesem Sinne werden die Entwicklung der Macht und die Wechselwirkung zwischen der Macht und dem Datenschutzgesetz unvermeidlich zur Dezentralisierung und zum Machtgleichgewicht führen, unabhängig davon, ob die Macht über dem Gesetz steht oder umgekehrt.

Das Datenschutzgesetz ist ein Werkzeug für das Funktionieren der Macht. Es besteht kein Zweifel daran, dass die Anwendung der Macht durch Rechtsvermittler im Grunde zu einem Konsens in modernen Ländern geworden ist. Natürlich gibt es neben dem gesetzlich gebauten

Weg der Macht auch Ethik, Moral, soziale Gepflogenheiten und öffentliche Meinungen usw. Aufgrund der Komplexität der Macht in einer digitalen Gesellschaft wird die Rolle des Datenrechtsgesetzes im Prozess des Machtbetriebs immer wichtiger und spielt eine unersetzliche Rolle. Gegenwärtig ist das Datenrechtsgesetz ein Instrument zur Aufrechterhaltung der digitalen Zivilisation. Im Hinblick auf die Zukunft wird das Datenrechtsgesetz ein Instrument zur Förderung der digitalen Zivilisation. Die digitale Zivilisation zeigt in maximalem Maße die soziale Entwicklung der Macht. Das Datenrechtsgesetz ist daher grundsätzlich ein Instrument zur Anwendung von Macht. Wenn das Datenrechtsgesetz zum Werkzeug des Machtbetriebs wird, wird der Konflikt zwischen dem Datenrechtsgesetz und der Macht unvermeidlich sein, und das ist das unvermeidliche Ergebnis des Machtkonflikts selbst.

Das Datenrechtsgesetz ist in der sozialen Produktion verwurzelt und spiegelt die datenrechtlichen Verhältnisse in einer Gesellschaft wider. Das Datenrechtsgesetz hat sowohl Merkmale der sozialen Glaubwürdigkeit als auch der staatlichen Zwangsgewalt, d.h., es wird eher von verschiedenen Gesellschaftsschichten formuliert und anerkannt als von einer zwangsweisen sozialen Akzeptanz von Macht. Darüber hinaus beinhaltet das Datenrechtsgesetz nicht nur Zwangsstraf-, sondern auch Zwangsdurchführungs-Maßnahmen sowie die Vorhersehbarkeit und Leitfunktionen, die für die Aufrechterhaltung der Stabilität, die Beilegung von Streitigkeiten und die Absteckung von Grenzen von großer Bedeutung sind. Gerade wegen der fatalen Schwäche der Macht selbst braucht die Gesellschaft ein Datenrechtsgesetz, das Werturteil besitzt, das die soziale Produktion auf objektive Weise widerspiegelt, das mit konkreten, zwingenden und stabilen Regelungen in Machtbeschränkungen integriert ist, um der Macht Grenzen zu setzen, die angemessene Ausübung von Macht zu lenken und den unsachgemäßen Gebrauch von Macht in der Gesellschaft durch die Festlegung von Straf- und Ermittlungs-Mechanismen zu kompensieren (Liu 2009).

Das Datenrechtsgesetz ist die greifbare Existenz von Normen und die Wahl der gesamten Gesellschaft. Um die Macht durch ein solches Gesetz zu überwachen und einzuschränken und um sicherzustellen, dass die Macht in Übereinstimmung mit den festgelegten Normen funktioniert, kann die gesamte Gesellschaft den ordnungsgemäßen Machtbetrieb spüren, der in Übereinstimmung mit den Regeln wirklich überwacht und geprüft wird, sodass die ganze Gesellschaft eine Trägheit bezüglich der Machtüberwachung und -einschränkung ausbilden wird. Die internen und externen Merkmale des Datenrechtsgesetzes empfehlen sich für die Regulierung der Datenrechte. Durch die Legalisierung einer solchen Macht kann ihr normales Funktionieren sichergestellt werden, um ihre Stärke voll auszuschöpfen und die Nachteile zu überwinden, damit sie der gesamten Gesellschaft Nutzen bringen kann. Aus diesem Blickwinkel sind eben jene Merkmale des Datenrechtsgesetzes von großem Wert und von großer Bedeutung für die Einschränkung der Macht und die Überwindung ihrer Schwächen.

Das Datenrechtsgesetz kann die Macht regeln. Wie wir alle wissen, gibt es sowohl das Aufkommen als auch die Entwicklung neuer Dinge aus einem bestimmten Grund und sie haben ihre eigenen sozialen Wurzeln. Wie das Entstehen und die Entwicklung von Dingen ist auch das Entstehen oder die Entwicklung des Datenrechtsgesetzes, es wird durch die Gesellschaft zu einer Kernmacht zur Einschränkung der Rechte gemacht. Das Entstehen und die Entwicklung des Datenrechtsgesetzes hat nicht nur eine tiefe soziale Grundlage, sondern auch eine besondere äußere Form, die die notwendigen Attribute für eine Einschränkung der Macht liefert. Das Datenrechtsgesetz wird im Wesentlichen von der sozialen Materialproduktion bestimmt, die die Grundlage für das Bestehen und die Entwicklung der menschlichen Gesellschaft bildet. Als eine Art Überbau kann das Datenrechtsgesetz die soziale Produktion, in der es existiert, widerspiegeln, was darauf hindeutet, dass das Datenrechtsgesetz nicht von den Tatsachen abweicht und sich auch in Folge des sozialen Wandels und der sozialen Entwicklung ändert und ständig aus der Praxis und Erfahrung lernt, um sich selbst zu perfektionieren.

Der wesentliche Grund, warum das Datenrechtsgesetz den Machtbetrieb lenken und einschränken kann, ist, dass es ein fortgeschrittenes soziales Bewusstsein ist und die fortgeschrittene soziale Produktivkraft widerspiegeln kann. Als externe Rechtsform spiegelt das Datenrechtsgesetz selbst den Inhalt des Gesetzes wider und auch seine Form wird vom Inhalt des Gesetzes bestimmt. Der Rechtsinhalt ist eine Art datenrechtliches Verhältnis, das vom Wirtschaftsleben der menschlichen Gesellschaft bestimmt wird und den Interessensanreiz der Menschen widerspiegelt, der nicht nur die Wertebeurteilung verkörpert, sondern auch auf die Willensstufe des Staates gehoben werden könnte. Das Datenrechtsgesetz ist weit mehr als ein Regelwerk. Vielmehr werden Datenrechtsbeziehungen, die für verschiedene Interessen hinter solchen Normen relevant sind, widergespiegelt. Das Datenrechtsgesetz bevorzugt keine Interessenten. Es handelt sich vielmehr um eine faire, gerechte und leicht zugängliche Interessensverteilung, die letztendlich das Ergebnis von Verhandlungen unter den Interessengruppen ist. Dies ist auch der wesentliche Grund, warum das Datenrechtsgesetz das ganzheitliche Interesse verkörpern kann, aber kein bloßes Werkzeug ist, von dem interessierte Parteien bei der Verfolgung gewünschter Ziele Gebrauch machen. Somit kann das Datenrechtsgesetz die willkürliche Ausübung von Macht einschränken.

Das Datenrechtsgesetz ist ein besonderer Verhaltenskodex, dessen Umsetzung durch die Gewalt eines Staates garantiert wird. Abweichend von den allgemeinen Normen muss das Datenrechtsgesetz eine Zwangskraft haben, um ein Instrument zur Machteinschränkung zu werden. Der Effekt der Beschränkung kann nur durch Zwangskraft zur Machtbeschränkung erreicht werden. Dies ist der grundlegende Punkt: Das Datenrechtsgesetz kann die Macht einschränken. Das Datenrechtsgesetz soll als Verhaltensnorm nicht nur allgemeingültig, stabil und standardisiert, sondern auch Interessen-leitend und vorhersehbar sein. Diese Eigenschaften sind nicht nur die unumgängliche Anforderung des Datenrechtsgesetzes, die Macht einzuschränken, sondern auch eine gute Wahl, um die Aggressivität und Willkür der Macht zu unterdrücken. Unter ihnen bieten die Merkmale der Universalität die Garantie für die Regulierung der Macht, die Merkmale der Stabilität gewährleisten die Kohärenz und Beständigkeit des Machtbetriebs, die Merkmale der Normativität definieren die Grenze für den Machtbetrieb, und die Merkmale der Interessensführung erfordern, dass der Machtbetrieb auf den Interessen der Gesellschaft basiert und die Merkmale der Vorhersagbarkeit erfordern, dass der Machtbetrieb explizite Ziele haben sollte.

(2) Datenrechtsgesetz und die Ethik

Die Ethik ist eine Form der Anpassung im System der sozialen Anpassungen und eine Summe von Ansichten über Meinungen, Normen und Prinzipien sowie über Schönheit und Hässlichkeit, Gut und Böse, Gerechtigkeit und Befangenheit, Ruhm und Schande durch die Menschheit. In Bezug auf die Bedürfnisse der menschlichen Ordnung besteht kein Zweifel daran, dass die Ethik von großem Wert ist. Dieser Wert steht am Beginn der menschlichen Gesellschaft und spielt eine sehr wichtige Rolle bei der Aufrechterhaltung der sozialen Ordnung. Als wichtige Kraft der sozialen Kontrolle verbessert die Ethik die ethische Erkenntnis und das moralische Bewusstsein des Menschen mit ihrer stets beeindruckenden Überzeugungskraft, um den Menschen dazu zu bringen, sich bewusst an ethische und moralische Normen zu halten und eine gute soziale Atmosphäre zu schaffen, in der Erhabenheit angestrebt wird und es die Motivation zu fortschrittlicher und verbesserter Entwicklung gibt.

Bei der Aufrechterhaltung der Stabilität eines Staates ist die Rolle des Gesetzes zweifellos wichtig. Wenn ein Land oder eine Gesellschaft kein Gesetz hat, kann es sein, dass das Wirtschaftswachstum und die soziale Stabilität nicht aufrechterhalten werden können. Ebenso kann die soziale Stabilität nicht ohne klare Konzepte von Gut und Böse, Schönheit und Hässlichkeit, Recht und Unrecht sowie Ehre und Schande aufrechterhalten werden. Das Gesetz und die Ethik sind Teil desselben Überbaus und die Beziehung zwischen ihnen ist eher ein ganzheitliches als ein partielles Thema der Rechtsphilosophie. Wertenormen können dort eine angemessene Rolle spielen, wo das Gesetz selbst nicht greift, sodass die Rechtsstaatlichkeit die Wertenormen nicht grundlegend ersetzen kann (Wang 2009). Insofern wird das Datenrechtsgesetz zu einer Sammlung moralischer und ethischer Regeln.

Es ist unvermeidlich, dass das Datenrechtsgesetz auf ethische Grundsätze abgestimmt wird. In Bezug auf die Beziehung zwischen dem Datenrechtsgesetz und der Ethik gehören beide zu sehr wichtigen Bestandteilen desselben Überbauphänomens. Dieses kann die gemeinsame Eigenschaft von Gesellschaft und Klassen sowie die Einheit von subjektiver Initiative und Materialbegrenzung widerspiegeln. Das Datenrechtsgesetz und die Ethik weisen dieselben Merkmale auf und sind zudem in grundsätzlicher Hinsicht einheitlich. Ihre Gemeinsamkeiten finden sich in der Leitideologie, während ihre Kohärenz sich hauptsächlich in den Aufgaben, Inhalten, Grundsätzen, der sozialen Natur und dem inneren Geist des Datenrechtsgesetzes und der Ethik widerspiegelt. In diesem Sinne ist die Einbindung des Datenrechtsgesetzes und der Ethik nicht nur sehr wahrscheinlich, sondern in gewissem Maße auch ein unvermeidlicher Trend.

Aus der Perspektive des historischen Materialismus ändert sich die soziale Entwicklung nicht mit dem Willen der Menschheit. Die Menschheit kann jedoch einen nachhaltigen und weitreichenden Einfluss auf den Verlauf der sozialen Entwicklung ausüben, da die soziale Entwicklung selbst die menschliche Entwicklung ist. Für die Governance der sozialen Ordnung sind das Datenrechtsgesetz und die Ethik grundlegende Elemente, um die normale Umsetzung sozialer Normen zu gewährleisten, die als unabdingbar angesehen werden könnten. Die Ethik ist nicht nur die Grundlage des Datenrechtsgesetzes, sondern auch die Grundlage und Voraussetzung für die Existenz und Entwicklung der sozialen Ordnung, die sich mit der Entwicklung der Menschheit ändert. Die Ethik ist nicht allmächtig, weil sie ein breites Spektrum von Bereichen umfasst und das soziale Verhalten schwächer einschränkt. Manchmal kann die soziale Ordnung nur durch die zwingende Einschränkung des Datenrechtsgesetzes aufrechterhalten werden.

Aus Sicht der regulativen Rollen sind das Datenrechtsgesetz und die Ethik die wichtigsten Instrumente zur Anpassung des menschlichen Verhaltens und der sozialen Beziehungen. Insbesondere schränkt das Datenrechtsgesetz das menschliche Verhalten durch externen Zwang ein, während Ethik das menschliche Verhalten durch inneres Gewissen einschränkt. Beide spielen eine Rolle bei der Regulierung des menschlichen Verhaltens. Unter dem Gesichtspunkt der Herkunft existiert Ethik, da es eine menschliche Gesellschaft gibt, und hat ihren Anfang vor dem Aufkommen des Datenrechtsgesetzes. Verhaltensweisen, die von den allgemeinen Regeln des Datenrechtsgesetzes gefordert und unterstützt werden, sind im Grunde die Verhaltensweisen, die hinsichtlich der Ethik respektiert und empfohlen werden. Die nach den allgemeinen Regeln des Datenrechtsgesetzes verbotenen und sanktionierten Handlungen sind grundsätzlich solche, die nach ethischen Grundsätzen verboten und verurteilt sind. Obwohl die Anpassungsbereiche des Datenrechtsgesetzes und der Ethik nicht genau gleich sind, ist die Kombination des Datenrechtsgesetzes und der Ethik die notwendige Aufforderung der Entwicklung der menschlichen Gesellschaft. Das Datenrechtsgesetz ist die Mindestethik und darf nur die grundlegenden Anforderungen der Ethik widerspiegeln. Die höhere Ethik ist ein übergeordnetes und tiefergehendes Wertekonzept, das die menschliche Gesellschaft wertschätzt. Diese erfordert die spontane Umsetzung sozialer Themen und kann nicht durch das Datenrechtsgesetz erzwungen werden.

Das Datenrechtsgesetz orientiert sich geistig an der Ethik. Während des gesamten Prozesses des normalen Funktionierens des Datenrechtsgesetzes ist die Gesetzgebung der erste Schritt und bietet hauptsächlich Lösungen mit dem Problem, dass erst noch ein Gesetz geschaffen werden muss. Strafverfolgung und Rechtspflege sind die Folgemaßnahmen auf Grundlage der Gesetzgebung, nämlich die Umsetzung und genaue Anwendung des geltenden Datenrechtsgesetzes. Nur wenn das Datenrechtsgesetz perfekt in die Ethik integriert ist, kann ein gutes Gesetz eingehalten, angewendet und umgesetzt werden. Das Bestehen eines guten Gesetzes ist die Grundlage für das Funktionieren des Datenrechtsgesetzes und auch eine Voraussetzung für das Einhalten des Folgerechts, der Strafverfolgung und der Rechtspflege. Aus dynamischer Sicht ist der Aufbau der Rechtsstaatlichkeit der laufende Prozess eines guten Rechtssystems. In diesem Prozess hat die Schaffung eines guten Gesetzes die Bedeutung eines logischen Anfangs. Um sicherzustellen, dass das geschaffene Datenrechtsgesetz ein gutes Gesetz ist, müssen wir die Schaffung des Datenrechtsgesetzes mit dem ethischen Wertesystem anführen und uns bemühen, die Moral des Datenrechtsgesetzes von der oberflächlichen Form bis zum substanziellen Inhalt zu verfolgen (Liu 2007).

Das Datenrechtsgesetz orientiert sich geistig an der Ethik, was anhand der folgenden drei Aspekte zu sehen ist: Erstens enthält das Datenrechtsgesetz in Bezug auf die Bestandteile grundlegende und wichtige ethische Normen. Bei dem Ausblick über die Entwicklung des Rechtssystems in der menschlichen Gesellschaft entdecken wir eine solche Regel: Wenn die herrschende Klasse ein Gesetzgebungsverfahren beginnt, werden oft die grundlegendste und wichtigste soziale Ethik und die moralischen Normen in der Gesellschaft vorrangig ausgewählt und nach einem bestimmten Prozess in das Gesetz erhoben. Zweitens betrachten die Normen des Datenrechtsgesetzes die fortgeschrittenen ethischen und moralischen Normen als Hauptziel. Mit anderen Worten sind fortgeschrittene ethische und moralische Werte die ideologische Richtlinie für den gesetzlichen Ersatz in verschiedenen sozialen Formen. Drittens wird die Bewertung der Normen des Datenrechtsgesetzes hauptsächlich anhand guter ethischer Standards gemessen. Ein gutes Datenrechtsgesetz soll Werte und Gewissen der Menschheit verkörpern und vorantreiben. Im Allgemeinen sollten die Menschen danach streben, Moral in einer wünschenswerten Form zu erreichen, aber die Ethik, die die Menschen einhalten müssen, ist die Moral der Verpflichtung, die untrennbar mit dem Datenrechtsgesetz verbunden ist.

Das Entstehen des Datenrechtsgesetzes und der Ethik ist auf die besonderen sozialen materiellen Bedingungen zurückzuführen. Bei der Komplementarität, Trennung und Überkreuzung sozialer Schichten hängen das Entstehen und die Entwicklung von dem Datenrechtsgesetz und der Ethik eng mit der menschlichen Vielfalt und der Menschlichkeit zusammen. In der menschlichen Natur, die auch eine Mischung aus Gut und Böse ist, koexistieren irrationale und rationale Tendenzen. Ethische und moralische Normen spielen eine unverzichtbare Rolle im Prozess der sozialen Anpassung, können jedoch die Anforderungen der Entwicklung, Konsolidierung und Bestätigung von Interessensmustern bei der sozialen Anpassung nicht vollständig erfüllen, während das Datenrechtsgesetz diese Anforderung nur erfüllen kann, weil es die Anpassungsmittel und sozialen Normen mit staatlicher Zwangskraft durchsetzen kann.

Das Datenrechtsgesetz erfordert die Unterstützung der Ethik. Das Gesetz ist die wichtigste soziale Norm, aber es ist nicht möglich oder nicht geeignet, alle Probleme in bestimmten Bereichen der Gesellschaft mit dem Gesetz zu lösen. Auf ähnliche Weise hat das Datenrechtsgesetz, auch wenn es eine wichtige Rolle spielt und große Auswirkungen hat, bestimmte Mängel. Einerseits kann das Datenrechtsgesetz durch seine Autorität Angst unter den Menschen hervorrufen, aber da das Datenrechtsgesetz die innere Welt der Menschen nicht wirklich erfassen kann, kann es nicht sicherstellen, dass jeder ein Schamgefühl hat. Ethik ist sehr eindringlich und das spielt eine hemmende und anpassende Rolle in der sozialen Produktion, im menschlichen Leben und in der inneren geistigen Welt der Menschen. Daher könnte die Ethik die bestehenden Mängel des Datenrechtsgesetzes gutmachen.

Andererseits sind die Normen des Datenrechtsgesetzes angesichts der Komplexität der sozialen Angelegenheiten und der Vielfalt des menschlichen Verhaltens unweigerlich mehrdeutig. In einer normalen Gesellschaft verhält sich das Bewusstsein, sich an das Datenrechtsgesetz zu halten, direkt proportional zum Grad der Ethik, dessen fundamentale Begründung in der Tatsache besteht, dass sowohl das Datenrechtsgesetz als auch die Ethik Instrumente zur Sicherung der sozialen Existenz und Manifestationen des sozialen Wertes sind. Menschliche Identifizierung mit dem und der Glaube an das Datenrechtsgesetz sind die Grundlage für die Existenz des Datenrechtsgesetzes. Gerade wie ein Jurist einst gesagt, dass das Gesetz nur formal existiert, wenn niemand daran glaubt. Externe Normen des Datenrechtsgesetzes müssen der inneren Stimme des menschlichen Herzens folgen, damit es besser erfüllt werden kann.

Das Datenrechtsgesetz spielt eine positive Rolle beim Vorantreiben ethischer Normen. Boden Heimer wies einmal darauf hin, dass die Grundsätze der Moral und der Gerechtigkeit, die für die soziale Interaktion als grundlegend und notwendig angesehen werden, aufgrund ihrer starken Macht in allen Gesellschaften einen stark verpflichtenden Charakter haben. Die Stärkung der Verbindlichkeit dieser moralischen Grundsätze wird durch die Umsetzung in gesetzliche Regeln verwirklicht (Liao 2015). Einerseits hat das Datenrechtsgesetz institutionelle Vorteile. Die individuelle Ethik leitet sich grundsätzlich aus dem sozialen System ab. Das Datenrechtsgesetz kann die Entwicklung und Vervollkommnung ethischer und moralischer Normen weiter fördern und das Auftreten unethischer und unmoralischer Verhaltensweisen einschränken und verhindern. Zum anderen ist das Datenrechtsgesetz obligatorisch. Wenn die Ethik mit Menschen ohne moralisches Bewusstsein kollidiert, wird sie oft unwirksam. Zu diesem Zeitpunkt könnte die Zwangskraft des Datenrechtsgesetzes daherkommen und eine positive Rolle spielen. Das Datenschutzgesetz fördert nämlich die ethischen und moralischen Normen durch die Legalisierung von Ethik und Moral, was dazu beiträgt, die Anforderungen von Ethik und

Moral mit der Autorität des Gesetzes in Einklang zu bringen und die Umsetzung von ethischen und moralischen Regeln zu verwirklichen. Das Datenrechtsgesetz ist also der Förderung von Ethik und Moral sowie der universellen Einhaltung von Gesetzen dienlich. Im Wesentlichen verbreitet, absorbiert und schützt das Datenschutzgesetz die Grundethik durch einen Zwangsansatz und garantiert deren Entwicklung (Chen 2013).

(3) Das Datenrechtsgesetz und soziale Gepflogenheiten

Soziale Gepflogenheiten sind die Normen der menschlichen Gesellschaft in ihrem frühen Stadium oder eine Art Regel und Ordnung, die objektiv in allen Stadien der menschlichen Gesellschaft existieren. Unter den sogenannten sozialen Gepflogenheiten versteht man allgemein die Verhaltensregeln, Verhaltenstendenzen oder Verhaltensmuster, die sich allmählich durch die Interaktion zwischen Menschen in einer langen Zeit des sozialen Lebens unter den bestehenden Einschränkungen der Gesellschaft bilden, in der sie leben (Wang 2012). Soziale Gepflogenheiten sind weder angeboren noch vorübergehend. Sie sind im gesamten Prozess des sozialen Lebens verwurzelt und werden schließlich durch langfristiges Leben, Arbeit und Kommunikation aufgebaut. Im sozialen Leben der Menschen haben die sozialen Gepflogenheiten auch das menschliche Verhalten wirksam angepasst, reguliert und kontrolliert, wobei sie eine sehr ähnliche Rolle wie das Gesetz spielten und gelegentlich sogar die Wirksamkeit des Gesetzes übertrafen.

Bevor das Gesetz in Kraft tritt, tragen soziale Gepflogenheiten dazu bei, die Ordnung der Gesellschaft aufrechtzuerhalten. Das Entstehen sozialer Gepflogenheiten weist auf die Bildung eines Systems sozialer Normen hin. Mit der Weiterentwicklung der menschlichen Wirtschaft und der Gesellschaft wird das Verhältnis zwischen Menschen immer komplizierter und die Aufrechterhaltung der Ordnung erfordert mehr als soziale Gepflogenheiten. Daher können soziale Gepflogenheiten in einem sehr frühen Stadium den Erfordernissen einer zunehmenden Entwicklung der menschlichen Gesellschaft nicht gerecht werden und es wird erwartet, dass eine neue Art von Regeln die Anpassung zunehmend komplexer sozialer Beziehungen vervollständigt, womit das Gesetz zustande kommt, das von den sozialen Gepflogenheiten herrührt. Von diesem Punkt an haben sich soziale Gepflogenheiten und Gesetze zusammengeschlossen und die wichtige Aufgabe übernommen, die Lebensordnung der Menschen zu regeln (Guo 2012).

Das Datenrechtsgesetz und soziale Gepflogenheiten beeinflussen und durchdringen sich gegenseitig und schränken sich gegenseitig ein. Soziale Gepflogenheiten dringen oft auf indirekte Weise in den Bereich des Datenrechtsgesetzes ein, indem sie dazu beitragen, das Datenrechtsgesetz einfallsreicher, detaillierter und spezifischer zu gestalten und dabei sowohl den Aufbau wie auch die Gestaltung des Gesetzes zu beeinflussen und gleichzeitig als Hintergrundbeschränkung für die Wirksamkeit des Datenrechtsgesetzes zu agieren. In einer bestimmten sozialen Situation kann das Datenrechtsgesetz die geltenden sozialen Gepflogenheiten in vielerlei Hinsicht und Weise aufnehmen, akzeptieren und hinnehmen, in einigen Fällen jedoch Kompromisse in Bezug auf Inhalte eingehen, die es als schädlich erachtet. Das Funktionieren und die Wirksamkeit des Datenrechtsgesetzes werden durch die Normen der sozialen Gepflogenheiten eingeschränkt. Wenn die Werte und die Verhaltensideologie des Datenrechtsgesetzes deutlich im Widerspruch zu den geltenden sozialen Gepflogenheiten und kulturellen Konzepten stehen, wäre die Umsetzung eines solchen Gesetzes eine äußerst schwierige und wenig wirksame Aufgabe. Darüber hinaus können soziale Gepflogenheiten durch das Datenrechtsgesetz unter Druck geraten und sich ändern. Das Datenrechtsgesetz übernimmt nicht nur die Einstellungen zur Akzeptanz und Absorption sozialer Gepflogenheiten, sondern ändert auch einige der traditionellen Gepflogenheiten, um sie in einer Weise zu gestalten, die den Bedürfnissen der heutigen Gesellschaft angemessener und der Handhabung von Gepflogenheiten förderlicher ist.

Das Datenrechtsgesetz und soziale Gepflogenheiten interagieren miteinander und ergänzen sich, wodurch auch Streitigkeiten durch das Mitwirken der beiden beigelegt werden können. In diesem Prozess interagieren das Datenrechtsgesetz und die sozialen Gepflogenheiten vollständig miteinander. Die sozialen Gepflogenheiten stützen sich auf die Zwangskraft des Datenrechtsgesetzes, um ihre Umsetzung zu gewährleisten, während das Datenrechtsgesetz sich bei der Beilegung von Streitigkeiten auf einen flexiblen Weg der sozialen Gepflogenheiten stützt, um sicherzustellen, dass diese nicht von der Öffentlichkeit umgangen werden, oder dass die Öffentlichkeit spontan an das Gesetz, das mit ihren sozialen Gepflogenheiten vereinbar ist oder diesen ähnelt, glaubt und sich daran hält. Auf Mikroebene neigen bei der Anwendung des Datenrechtsgesetzes die Regeln des Datenrechtsgesetzes dazu, sich mit den sozialen Gepflogenheiten zu vermischen, um eine gemischte Struktur von Regeln zu bilden, d. h. das Datenrechtsgesetz und die sozialen Gepflogenheiten übernehmen jeweils Teile von „Annahme, Verarbeitung, Folge" einer Regel. Mit anderen Worten bestehen die drei Elemente der gemischten Regel „Annahme, Verarbeitung, Folge" nicht aus einer Art von Regeln des Datenrechtsgesetzes oder der sozialen Gepflogenheiten. Dies beweist umso deutlicher, dass weder soziale Gepflogenheiten noch Datenrechtsgesetz in sich geschlossene Gesetze sein können. Sie interagieren miteinander und ergänzen sich gegenseitig.

Es bestehen gegenseitige Aufteilung und gegenseitiger Wettbewerb zwischen dem Datenrechtsgesetz und der sozialen Gewohnheit. Als zwei wichtige soziale Normen existieren das Datenrechtsgesetz und soziale Gepflogenheiten in derselben menschlichen Gesellschaft und ihre Interaktion beschränkt sich nicht auf den Bereich des gegenseitigen Respekts oder der einfachen Ausgrenzung der sozialen Gepflogenheiten durch das Datenrechtsgesetz, sondern eher auf eine intrinsische Relevanz. In Bezug auf den grundlegenden Inhalt und die Funktion unterstützen und ergänzen die sozialen Gepflogenheiten das Datenrechtsgesetz, während die sozialen Gepflogenheiten gleichzeitig eine eigenständige normative Rolle mit einer sehr soliden und starken lokalen Grundlage spielen. Soziale Gepflogenheiten werden unter anderem aufgrund ihrer sozialen Identität zur angenehmsten Norm, während das Datenrechtsgesetz das letzte Mittel zum Aufbau der Ordnung der digitalen Gesellschaft und zur Wahrung ihrer Stabilität ist. In den sozialen Gepflogenheiten sind Konventionen und Gefühle enthalten, die eine wirksame Anpassung der zwischenmenschlichen Kommunikation gemäß den Regeln der Natur bewirken können. Sie werden in der Regel von Menschen erkannt und tragen in gewissem Sinne zum Aufbau der Ordnung und zur Verwirklichung der Gerechtigkeit bei. Einige der Regeln, die in den sozialen Gepflogenheiten enthalten sind, stimmen jedoch möglicherweise nicht mit der Richtung der Entwicklung der menschlichen Gesellschaft insgesamt überein und soziale Gepflogenheiten weisen aufgrund ihrer Spontanität möglicherweise Unzulänglichkeiten an Selbstkonsistenz und Mängel an Universalität in der logischen Struktur auf. Auf Grundlage der sozialen Realität und durch die Übernahme des Inhalts sozialer Gepflogenheiten wurde das Datenrechtsgesetz auf rationaler Basis festgelegt, um die sozialen Entwicklungsziele zu erreichen. Aus dieser Sicht ist das Datenrechtsgesetz den sozialen Gepflogenheiten grundsätzlich überlegen.

Im wirklichen Leben führt die Ungewissheit der Menschen über das Konzept des Datenrechtsgesetzes dazu, dass soziale Gepflogenheiten aufgrund der Zweckmäßigkeit und Priorität bei der Wahl der Normen eher bevorzugt werden, da sie innerhalb der Gesellschaft entstehen, die Gewohnheiten menschlichen Verhaltens widerspiegeln und für die Menschen vertrauter und verlässlicher sind. Nur wenn die Anpassung der sozialen Gepflogenheiten keine wirksame Anleitung und Abhilfe schafft, wird das Datenrechtsgesetz aufgrund seiner Autorität als letztes Rechtsmittel angesehen. Das Verhältnis zwischen Datenrechtsgesetz und sozialen Gepflogenheiten ist ein Verhältnis von Arbeitsteilung und Wettbewerb. Diese Art der Arbeitsteilung und des Wettbewerbs wird durch den nationalen Geist und die Merkmale des Denkmusters der realistischen Gesellschaft bestimmt. In gewissem Maße verändert die Schaffung des Datenrechtsgesetzes die institutionellen Merkmale der menschlichen Gesellschaft, aber diese Veränderung bedeutet nicht, dass die traditionellen Verhaltensnormen vollständig aufgegeben werden. Sie spiegeln eine neue Art sozialer Gepflogenheiten wider, die der traditionellen Ethik nicht völlig treu und auch nicht vollkommen konform mit dem Datenrechtsgesetz sind. Solch eine neue soziale Gepflogenheit spielt bis zu einem gewissen Grad eine normative Rolle und in bestimmten Fällen wird das Datenrechtsgesetz in die endgültige Entscheidung einbezogen. Betrachten wir die Realität objektiv, können wir den durch soziale Gepflogenheiten zum Datenrechtsgesetz gebildeten Wettbewerb nicht ausschließen.

(4) Das Datenrechtsgesetz und öffentliche Meinung

Wittgenstein hat einmal gesagt, dass die menschlichen Augen die Anmut haben, Dingen einen Wert zu geben. Wenn wir uns dem Rechtsphänomen zuwenden, kommt es sicher aus bestimmten Perspektiven zu einer entsprechenden Bewertung zu den Feedback-Informationen. Es wird eine Vielzahl von Bewertungen geben, unter denen soziale öffentliche Meinungen allgemeinen Bestand haben, um solche Aufmerksamkeit zum Ausdruck zu bringen (Zhao 2012). Die sogenannte öffentliche Meinung basiert auf dem tief im Herzen der Menschen verankerten Wertesystem und sind die von dem sozialen Publikum öffentlich ausgedrückte Diskussion und Bewertung zu einigen sozialen Phänomenen, um die Mittel zur Regulierung und Kontrolle des Verhaltens der Menschen zu verwirklichen. Als eine der treibenden Kräfte der gesellschaftlichen Entwicklung spiegelt die öffentliche Meinung die Gesellschaft und das kollektive öffentliche Bewusstsein nicht nur in eher passiver Weise wider, sondern beeinflusst auch die Gesellschaft passiv und die Tendenz des öffentlichen kollektiven Bewusstseins, aber sie beeinflusst auch die Gesellschaft die ganze Zeit und reagiert auf die Denkaktivitäten und Verhaltensweisen der Menschen.

Die öffentliche Meinung ist eine der Möglichkeiten der sozialen Bewertung auf sozialer Ebene. Professor Ouyang Kang, ein berühmter Soziologe, wies einmal darauf hin, dass die soziale Bewertung eine starke Relativität aufweist. Erstens ist das Subjekt der Bewertung mit den Wert-Fakten selbst verbunden. Zweitens kann der soziale Bewertungsstandard selbst große individuelle Unterschiede und Mehrdeutigkeiten enthalten. Drittens gibt es einen Unterschied in der Nachvollziehbarkeit der sozialen Bewertung (Zhao 2002). Im Allgemeinen sind die Konflikte der sozialen Widersprüche, die Reibungen aus den Interessenkonflikten und die Konfrontation verschiedener Denkschulen der Boden und der Hintergrund für die Entstehung der öffentlichen Meinung. Der Zweck der öffentlichen Meinung ist es daher, Druck auf die betroffenen Parteien oder Personen auszuüben, um deren Entscheidungsfindung zu beeinflussen, ihr Verhalten einzuschränken und letztendlich praktische Ergebnisse zu erzielen, die den Tendenzen und Anforderungen der öffentlichen Meinung entsprechen. Dies bedeutet, dass die öffentliche Meinung die praktische Absicht und den Impuls hat, Maßnahmen zu ergreifen (Zhang 1999). Wenn es sich bei einem Rechtsphänomen um eine öffentliche Meinung handelt, erhält die Frage, ob die Anwendung des Gesetzes gerecht ist oder nicht, öffentliche Aufmerksamkeit, die innerhalb des isolierten Kreises von Gerichtsverfahren für bestimmte staatlich zugelassene Organe nicht mehr zu einer schier heißen Angelegenheit von sozialer Bedeutung wird. Sie ist jedoch gezwungen, auf passive Weise mit einem sozialen Urteil zusammenzustoßen, das sich von der Gesetzesbewertung unterscheidet.

Mit der Popularität der modernen Wissenschaft und Technik wächst mit der Erneuerung verschiedener Träger auch die Macht der öffentlichen Meinung. Den Forschungsergebnissen zufolge zeigt in der modernen Gesellschaft das Entwicklungsmuster der gesellschaftlichen öffentlichen Meinung in Bezug auf rechtliche Phänomene die Tendenz zur Diversifizierung. Aus der Sicht der historischen Entwicklung ist das alte Gesetz ein unärer Befehl, während in der Neuzeit ein vielschichtiges Dialogmuster aufkommender Trend ist. Dies könnte nicht nur als Ergebnis der Entwicklung der sozialen Zivilisation angesehen werden, sondern auch als Symbol für die Evolution der menschlichen Gesellschaft. In Zeiten von Big Data hilft die Sorge der öffentlichen Meinung, um über die rechtlichen Phänomene und die Qualität des Datenrechtsgesetzes nachzudenken und die Lücke der Gesetzgebung auszugleichen (Zhao 2002).

Als zwei Eckpfeiler, die die soziale Ordnung unterstützen, spielen das Datenrechtsgesetz und die öffentliche Meinung gemeinsam eine unersetzliche Rolle. Die Anwendbarkeit des Datenrechtsgesetzes wird durch die öffentliche Meinung beeinflusst. Ein solcher Einfluss beruht zum einen auf dem Unterschied der sozialen Eigenschaften zwischen den beiden Bewertungsarten, zum anderen auf der Nichtanpassungsfähigkeit des Menschen an das Datenrechtsgesetz selbst. Dies ist eine Ära des Zusammenlebens von Herausforderungen und Chancen. Die moderne Technik mit dem Vertreter von Informationstechnik verändert unseren Lebensstil auf beispiellose Weise und alle Arten von sozialen Ordnungen stehen im Internet-Zeitalter unter einem neuen Schock und das Überleben in einem Zeitalter des Netzwerks ist zu einer der wichtigsten Arten der Rekonstruktion der politischen Struktur und Landschaften geworden. Wenn das Datenrechtsgesetz von der Gesellschaft nicht anerkannt wird, kann es weder allgemein eingehalten noch seine Autorität festgelegt werden, die möglicherweise das Schicksal ereilt beseitigt zu werden. Die Stimme der öffentlichen Meinung fordert von einer Seite den Gesetzgebungsprozess des Datenrechtsgesetzes nachdrücklich auf, kein „Gesetz hinter verschlossenen Türen" zu schaffen, sondern die Massenöffentlichkeit, das Volksleben und die chinesische traditionelle Rechtskultur zu beachten.

Zwischen dem Datenrechtsgesetz und öffentlicher Meinung besteht sowohl der gegenseitige Einfluss als auch die Wechselwirkung. Das Datenrechtsgesetz und die öffentliche Meinung sind nicht nur der Kanal zur Beilegung sozialer Streitigkeiten, sondern auch ein Fenster für die digitale Zivilisation und Demokratie. Das Datenrechtsgesetz wurde ins Leben gerufen, um soziale Fairness und Gerechtigkeit zu erreichen, während die öffentliche Meinung die Moral einer Gesellschaft darstellt, die auch soziale Fairness und Gerechtigkeit anstrebt, und beide spielen eine Rolle bei der Förderung der Gerechtigkeit und der Beseitigung unerwünschter Einflüsse. Aus dieser Perspektive können wir erkennen, dass die Überwachung durch die öffentliche Meinung nicht zwingend dem Datenrechtsgesetz zuwiderläuft. Vielmehr besteht eine notwendige Spannung zwischen ihnen. Das Spannungsverhältnis ist der Zustand des gegenseitigen Einflusses und der Wechselwirkung zwischen zwei Subjekten unter der Voraussetzung, dass eine gewisse Distanz eingehalten wird (Guo 2010). Das Datenrechtsgesetz sollte eine genaue und echte Überwachung durch die öffentliche Meinung aktiv übernehmen und vor der Beeinflussung radikaler und falscher Meinungen gefeit sein. Die Überwachung durch die öffentliche Meinung und das Datenrechtsgesetz sollen dabei einerseits ihre jeweiligen Positionen beibehalten und andererseits miteinander interagieren. Sie schließen sich nicht gegenseitig aus und daher sollte der positive Wert der Überwachung durch die öffentliche Meinung voll ausgeschöpft werden, um die öffentliche Meinung zu drängen, die Aktivitäten des Datenrechtsgesetzes öffentlich und angemessen zu überwachen.

Das Datenrechtsgesetz und die öffentliche Meinung ergänzen sich in ihrer Funktion als Ventile der sozialen Sicherheit. In einer stabilen Gesellschaft würden die Menschen einen gewissen Konsens über die Verteilung knapper Ressourcen erzielen. Wenn der Konsensgrad sinkt und die Sozialmitglieder die Legitimität des derzeitigen Zuweisungsmechanismus in Frage stellen, kann soziale Feindschaft entstehen. Wenn die Feindschaft in der Gesellschaft auf die von der Gesellschaft anerkannte und zulässige Weise zum Ausdruck gebracht werden kann, wird sie als Sicherheitsventil akzeptiert. So gab es in vorindustriellen Gesellschaften zum Beispiel Duelle oder Hexerei. Ebenso sind das Datenrechtsgesetz und die öffentliche Meinung auch Teil des Ventilsystems für soziale Sicherheit, wobei letzteres als primäres Sicherheitsventil und das Datenrechtsgesetz als fortgeschrittenes Sicherheitsventil fungieren (Liu 2012).

Der Grad der sozialen Nachfrage nach Sicherheitsventilen verhält sich proportional zur Festigkeit der sozialen Struktur, d. h. je höher die von einer Gesellschaft festgelegte Schwelle für die Äußerung verschiedener gegensätzlicher Anforderungen ist, desto größer ist der Bedarf an Sicherheitsventilen zur Gewährleistung des normalen Betriebs der Gesellschaft. Das Datenrechtsgesetz kann als fortgeschrittenes Ventil für soziale Sicherheit die unrealistischen Konflikte nicht direkt lindern. Einzelpersonen oder eine Gruppe von Anspruchsberechtigten, die vom Datenrechtsgesetz Gebrauch machen, haben in der Regel konkrete Interessenansprüche und fordern ausdrücklich bestimmte Ergebnisse, anstatt nur Anfeindung auszudrücken. Die öffentliche Meinung kann aufgrund ihrer niedrigeren Schwelle und ihrer vielfältigen Kanäle verschiedene Arten von sozialen Konflikten, einschließlich realistischer und unrealistischer Konflikte, widerspiegeln. Erwähnenswert ist jedoch, dass das Datenrechtsgesetz im Zeitalter der digitalen Zivilisation das letzte Sicherheitsventil darstellt, um sozialrealistische Konflikte zu lösen (Liu 2012).

Abschnitt 3 Das Datenrechtsgesetz: Neue Ordnung, neue Zivilisation

Der britische Schriftsteller Charles Dickens schrieb in seinem Buch „Eine Geschichte aus zwei Städten“: „Es war die beste Zeit, es war die schlimmste Zeit.“ Dieser Satz kann auch verwendet werden, um die Landschaft des Big Data-Zeitalters zu beschreiben. Auf der einen Seite hat Big Data zweifellos eine „beste Ära“ ausgelöst, die durch mehr Verknüpfung, Offenheit und gemeinsame Nutzung gekennzeichnet ist. Auf der anderen Seite hat es auch eine Top-Down-Störung verursacht und wir sehen uns möglicherweise einer „schlimmsten Ära“ mit konstanten Datensicherheitsrisiken gegenüber. Traditionelle Regeln können kaum eine neue Ordnung herbeiführen, daher haben wir das Datenrechtsgesetz, das das Produkt der sozialen Entwicklung in einem bestimmten Stadium ist und die gesamte Menschheit in eine neue Ära der Zivilisation führen wird. Man kann sich vorstellen, dass die Kombination von wissenschaftlicher und technischer Weisheit gepaart mit rechtlicher Rationalität ein neues Kapitel in der Entwicklung der menschlichen Gesellschaft eröffnen und die Menschheit in die glanzvollste neue Zivilisationsära in der Entwicklungsgeschichte führen wird.

(1) Gesellschaft der digitalen Intelligenz

Bislang wurde im Zuge der sozialen Entwicklung der zeitliche Abstand zwischen wesentlichen Veränderungen schrittweise verkürzt und die Veränderung sozialer Situationen beschleunigt. Der großartige Informationstheoretiker von Neumann weist darauf hin, dass „der immer schneller werdende Technikprozess den Anschein erweckt, als nähere er sich einer wesentlichen Singularität. Die menschliche Gesellschaft, so wie wir sie jetzt kennen, wird sehr viel anders sein, sobald diese Singularität überwunden ist“ (Kurzweil 2015). In der menschlichen Gesellschaft wird das Entstehen von Singularitäten von neuer Technik angetrieben, die zu radikalen Veränderungen in der menschlichen

Gesellschaft führen. Carlotta Peres, eine der führenden Persönlichkeiten der Evolutionsökonomie, hat die Ansicht geäußert, dass bedeutender technologischer Wandel nicht nur das außerordentlich schnelle Wachstum einer Reihe neuer Industrien, sondern langfristig auch die Wiedergeburt vieler „alter" Industrien bedeutete (Wang 2015). Aufgrund der rasanten Entwicklung von Big Data, Cloud Computing, künstlicher Intelligenz und anderer Technik läutet die menschliche Gesellschaft ein intelligentes Zeitalter ein und die Menschen begrüßen eine neue Gesellschaft - die Gesellschaft der digitalen Intelligenz. In dieser neuen Gesellschaft werden die Grenzen zwischen Virtualität und Realität, Mensch und Maschine zunehmend verwischt und das Verhältnis zwischen Mensch und Mensch sowie zwischen Mensch und Gesellschaft wird erneut konstruiert.

Die Gesellschaft der digitalen Intelligenz ist eine Gesellschaft, die von der Datenkraft und den Datenbeziehungen getrieben wird. Produktivitäts- und Produktionsbeziehungen gehören zu den wichtigsten Beziehungen in der menschlichen Gesellschaft. Laut Theorie der politischen Ökonomie sind Produktivkräfte und Produktionsverhältnisse eine Einheit der Gegensätze und die Entstehung irgendwelcher Produktionsverhältnisse in der Geschichte wird durch die Entwicklung der Produktivkräfte bestimmt. Jede Veränderung in einer Gesellschaft ist durch eine Veränderung der Produktionsweise gekennzeichnet. Im Zeitalter von Big Data gibt es zweifellos auch Probleme zwischen der Datenkraft und der Datenbeziehung. Die Datenkraft ist die Fähigkeit des Menschen, Daten zu verwenden, um die Natur im Kontext des Zeitalters der Big Data zu verstehen und zu transformieren. Dies ist nicht nur eine kognitive, sondern auch eine sich entwickelnde Fähigkeit und ihre Essenz ist eine Art Datenproduktivität. Aufgrund des Einflusses dieser Art von Kraft wird die gesamte soziale Produktionsbeziehung mit Datenbeziehungen gekennzeichnet.[4] Die Datenkraft wird die wichtigste Produktivität der Menschheit sein, die beispiellos weiter verbessert wird durch Datenkraft. Der Widerspruch zwischen Produktivkräften und Produktionsverhältnissen ist der grundlegende Antrieb, um die Entwicklung der menschlichen

4 Vgl. *Key Laboratory of Big Data Strategies. Block Data 2.0: Paradigm Revolution in the Era of Big Data*. Beijing : CITIC Press Group, 2016: 193–195.

Gesellschaft voranzubringen. In ähnlicher Weise werden die Datenkraft und Datenbeziehungen auch die beschleunigte Entwicklung der Gesellschaft der digitalen Intelligenz fördern.

Die Gesellschaft der digitalen Intelligenz zeichnet sich durch universelle Intelligenz aus. Nach dem Eintritt in die Industriegesellschaft helfen die Koordination und die Arbeitsverteilung sowie die Herstellung in großem Maßstab, einen substanziellen Sprung in Bezug auf die Herstellung und den Einsatz von Werkzeugen zu machen. Gegenwärtig schreitet leise eine neue Runde der intelligenten industriellen Revolution voran. Die Menschen begrüßen eine neue Art der wirtschaftlichen und sozialen Form, indem sie Technik wie Information und Telekommunikation in maximalem Maße nutzen und die virtuelle Welt in die reale integrieren, nachdem sie die Jagd-, die Landwirtschafts-, die Industrie- und die Informationsgesellschaft in der Vergangenheit erlebt haben. Die ganzheitliche Integration von elektronischen Chips, dem Internet der Dinge und der künstlichen Intelligenz gewährt allen die Intelligenz und führt die Menschheit in die nächste Entwicklungsstufe. Die Gesellschaft der digitalen Intelligenz ist ein neues Konzept und eine soziale Form auf höherer Ebene. Politik, Wirtschaft, Kultur sowie das Denken und die Werte der Menschen in dieser sozialen Entwicklungsstufe werden ebenso tief greifende und umfassende Veränderungen erfahren wie der Wandel der menschlichen Gesellschaft von der Agrar- zur Industriegesellschaft.

Das Merkmal der gemeinsamen Nutzung: In der traditionellen Industriegesellschaft können die materiellen Produkte kaum geteilt werden und sind in Bezug auf die Menge relativ begrenzt, was bedeutet, dass der soziale Kampf aufgrund der Tatsache der ungerechten und ungleichen Verteilung der Ressourcen unvermeidlich ist. In einer Gesellschaft der digitalen Intelligenz sind Daten jedoch das wichtigste Produktionsmittel. Im Gegensatz zu herkömmlichen Materialien können Daten unbegrenzt verbreitet und von der gesamten Menschheit geteilt werden. Gleichzeitig erreichen soziale materielle Produkte durch die Entstehung verschiedener neuer Technik einen hohen Grad an Bereicherung, bei der der Kampf um Ressourcen und Güter zu einem Zustand des Teilens, der Kooperation und des gemeinsamen Gewinns für den Aufbau einer Schicksalsgemeinschaft der Menschheit und einer harmonischen Welt geworden ist (Chu 2015).

Das Merkmal der Konnektivität: Grundsätzlich besitzt die menschliche Gesellschaft das Attribut der Interaktion und Verbindung, das sowohl in der Phase der Agrargesellschaft als auch in der Phase der Arbeitsteilung in der Industriegesellschaft besteht (Liang 2014). In der Gesellschaft der digitalen Intelligenz wird neue Technik, die auf dem Internet der Dinge und Cloud Computing basiert, ein stark verbundenes soziales System hervorbringen und sobald neue Verbindungen entstehen, wird ein komplexes soziales System mit einer Koexistenz von Realität und Virtualität auftauchen, das die menschliche Gesellschaft in eine neue Ära der Mensch-Computer-Interaktion drängen wird.

Das Merkmal der Intelligenz: Der Geist kann weder durch Wahrnehmung erfasst werden noch ein Symbol zur quantitativen Beurteilung sein (Wang 2015). Die Intelligenz versucht jedoch gerade, die unbeschreibliche geistige Welt zu erobern. Der größte Unterschied zwischen der Gesellschaft der digitalen Intelligenz und den Gesellschaften in der Vergangenheit besteht darin, dass die erstere alle Dinge mit „Intelligenz" ausstattet und die „Intelligenz"-Fähigkeit der Menschen erheblich erweitert. Gegenwärtig beeinflusst uns die Flut der Intelligenz in weitreichender Weise. Die Intelligenz aller Dinge ist der Trend der sozialen Entwicklung und intelligente Technik wird alle Aspekte des menschlichen Lebens mit dem sukzessiven Aufkommen intelligenter Transportmittel, smarter Medizin und intelligenter Technik, smarte Landwirtschaft, Smart Cities und so weiter transformieren.

Die Rechtsordnung in einer Gesellschaft der digitalen Intelligenz: Zu jeder Zeit und an jedem Ort verändern sich alle Dinge von einem geordneten Zustand zu einem ungeordneten Zustand oder in umgekehrter Richtung. Technischer Fortschritt treibt die Entwicklung der Gesellschaft an und die niemals befriedigte Nachfrage der Menschen nach materiellen Bedingungen kann den kontinuierlichen technischen Fortschritt antreiben, wobei jeder große technische Wandel die Menschheit in eine neue Entwicklungsstufe treibt. Die menschliche Gesellschaft wird ein Zeitalter der Intelligenz begrüßen, das nicht nur die tief greifende Transformation der Industrie, sondern auch die gesamte Gesellschaft und das Leben aller Menschen beeinflussen wird. Die neue Generation der Informationstechnik, die sich durch Digitalisierung, Vernetzung und

Intelligenz auszeichnen, wurde umfassend und tief greifend eingesetzt, was nicht nur die Effizienz und Qualität erheblich verbessert, sondern auch unvermeidlich neue Probleme, Änderungen und Herausforderungen in Bezug auf Produktionsbeziehungen, Organisationsform und soziale Struktur, die auch von der Technik bestimmt werden, mit sich bringt. Die Intelligenz von Robotern und anderen neuen intelligenten Geräten und Terminals verbessert sich fortlaufend und der Fortschritt von „Personifizierung" zu „Humanoid" wird immer schneller. Dies wirft neue Fragen darüber auf, wie man seine menschliche Identität absteckt, wie man menschliche Subjekte beurteilt und wie man Menschen vor Invasion und dem Austausch durch Maschinen schützt. Die physische Welt, der Informationsraum und die Abgrenzung der menschlichen Gesellschaft verschwimmen mit häufigem Erscheinen rechtlicher toter Winkel und der Bildung einer Reihe komplexer Sicherheitslücken zunehmend. Insgesamt befindet sich die menschliche Welt in einem technologischen Tsunami und im Wiederaufbau der Ordnung.

(2) Die Zukunft des Gesetzes

1. Institutionelle Zusammensetzung der zukünftigen Gesellschaft

Es ist ein langsamer Prozess bis zur Einführung der neuen Regeln, aber letztendlich werden sie die alten Regeln ersetzen. Für eine Gesellschaft besteht die sicherere Haltung gegenüber der neuen Erscheinung darin, sie anhand bestehender Institutionen und Regeln zu interpretieren und mit diesen zu vergleichen, bis sie sich zu einer völlig anderen Art entwickelt und die Management-Parameter der alten Regeln überschreitet (Hu 2013). Sozialer Fortschritt ist ein Prozess ständiger Veränderungen. Das Gesetz ist ein soziales Produkt und die Wahl des Wegs und die Gestaltung der Regeln in jedem Prozess spiegeln die soziale Struktur und die soziale Ordnung zu einem bestimmten Zeitpunkt und einer bestimmten Gesellschaft wider. Im Verlauf der menschlichen Entwicklung wird die Entstehung jeder neuen Technik einen gewissen Einfluss auf das Gesetz haben. Auf der einen Seite werden die Errungenschaften, die durch die Entwicklung von Wissenschaft und Technik erzielt werden, zwangsläufig den Bereich menschlicher Aktivitäten erweitern und neue soziale Beziehungen und Rechtebeziehungen hervorbringen. Auf der anderen Seite wird der Fortschritt von Wissenschaft und Technik sicherlich neue Bereiche für die gesetzliche Regulierung schaffen. Was den Aufbau des Rechtssystems anbelangt, so wären Gesetze, die lediglich auf Technik selbst beruhen und die technikzentrierten sozialen Normen abbilden, nicht vollständig und hätten eine gewisse Verzögerung. „Die Hilflosigkeit, die wir erleben, ist kein Zeichen für ein persönliches Versagen, sondern ein Zeichen für die Hilflosigkeit unserer Institutionen. Wir müssen diese Institutionen, die wir einst hatten, rekonstruieren oder neue schaffen" (Giddens 2000). Während des gesamten Prozesses der menschlichen Entwicklung und der Entwicklung des Gesetzes ist die Konstruktion sozialer Formen seit der industriellen Revolution eng mit dem gleichzeitigen institutionellen Aufbau oder der früheren Aufklärung verbunden (He 2017). Die neue Stufe der Zivilisation erfordert eine synchrone soziale Institution, auf deren Grundlage wir die institutionelle Zusammensetzung der zukünftigen Gesellschaft vorhersagen können, die aus mehreren Wertezielen mit den Kernpunkten von Sicherheit und Harmonie, dem Regulierungssystem sozialer Normen, die sich an Moral und Ethik orientieren, sowie dem Mechanismus für Risikokontrolle, der sich an Technik und Gesetz orientiert, besteht.

Mehrere Werteziele mit den Kernpunkten von Sicherheit und Harmonie: Der Mensch hat unterschiedliche Lebensbedürfnisse, was die Diversifizierung der menschlichen Wertziele bestimmt. Die Werteziele des Gesetzes haben viele Dimensionen, unter denen Sicherheit und Harmonie die Grundwerte des Gesetzes sind. Der Rechtsphilosoph Luis Recasens Siches weist darauf hin, dass es sich bei der Rechtsordnung, sofern sie keine sichere Ordnung darstellt, nicht um ein Gesetz handelt (Bodenheimer 1999). Der Wert des Gesetzes schließt nicht nur den Gegensatz zwischen Ideal und Wirklichkeit ein, sondern auch die Einheit von Sein und Soll. Das Gesetz ist eine besondere Existenz, die sowohl allgemeine als auch besondere Wertbestandteile enthält, um seinen besonderen rechtlichen Wert zu verwirklichen. Der ideale Wert des Gesetzes ist immer höher als sein tatsächlicher Wert, was der Entwicklung des Gesetzes Auftrieb gibt. Der Wert des Gesetzes soll künftig nicht nur die Idealwerte des Menschen berücksichtigen, sondern auch die Legalisierung des Wertes in der Kategorie der Philosophie aufzeigen. Aus diesem Grund sollte das Gesetz unter Anleitung von mehreren Wertezielen schrittweise besondere Wertinhalte enthalten, nämlich Sicherheit, Harmonie und Innovation.

Das Regulierungssystem sozialer Normen, die sich an Moral und Ethik orientieren: Laut Systemintegritätstheorie sind die im System enthaltenen Elemente untrennbar miteinander verbunden. Ein einzelnes Element im System kann nicht alleine existieren, sondern muss mit anderen Elementen verknüpft sein. Um einen reibungslosen Betrieb des gesamten Systems zu erreichen, muss ein einzelnes Element dem Ganzen untergeordnet sein und mit anderen Elementen verknüpft werden. Im System der Regulierung sozialer Normen sind Gesetz, Moral und Ethik wichtige Mittel zur Regulierung und sie können aus unterschiedlichen Blickwinkeln, unter Verwendung verschiedener Mechanismen und durch unterschiedliche Methoden Einfluss auf verschiedene Bereiche einer Gesellschaft ausüben. Philosophisch betrachtet verwirklichen die Moralisierung oder Ethisierung des Gesetzes den insgesamt optimalen Zustand und das optimale Zusammenwirken der verschiedenen Bestandteile des Regulierungssystems sozialer Normen. Daher sollten wir uns beim Aufbau des Regulierungssystems sozialer Normen nicht nur auf die Entwicklung und Vervollkommnung des Rechtssystems konzentrieren, sondern auch auf die Verknüpfung und Integration von Recht, Moral und Ethik.

Der Mechanismus für Risikokontrolle, der sich an Technik und Gesetz orientiert (Wu 2017). Risikokontrolle bezieht sich auf den Einsatz einer Vielzahl von Mitteln, die die Wahrscheinlichkeit des Eintretens von Risiken und Schaden, der durch Risiken verursacht wird, verringern. Der Mechanismus für Risikokontrolle bezeichnet die Einheit von sozialer und wissenschaftlicher Rationalität. Es geht nicht nur um die Stärkung und Umgestaltung des traditionellen Rechtssystems, sondern auch um das politische Systems mit einer sozialen Aufsicht als Hauptbestandteil einschließlich der rechtlichen Regulierung durch technische Mittel. Gegenwärtig beschleunigt sich die neue technische Revolution, der industrielle Wandel und die wirtschaftliche Entwicklung integrieren sich weiter und verschmelzen miteinander. Die Entwicklung neuer Technik hat das traditionelle Rechtssystem vor Herausforderungen gestellt und die bestehenden Rechtssysteme und Konzepte passen sich nicht an die grundlegenden Anforderungen für die Entwicklung technischer Innovationen an. Wie geht man mit der sich abzeichnenden neuen Situation in der Gesellschaft um? Technische Regulierung und die Verbesserung des Rechtssystems sind die Grundvoraussetzungen, die nicht nur der Trend der Zeit sind, sondern auch die interne treibende Kraft für internationale und lokale Innovationen. Unter diesen Umständen ist das Streben nach einem umfassenden Governance-Mechanismus, der sich aus technischen und rechtlichen Vorschriften zusammensetzt, die wünschenswerteste Wahl.

2. Der Algorithmus ist das Gesetz

Das Gesetz ist traditionell die Grundlage sozialer Regeln und seine Hauptfunktion besteht darin, das menschliche Verhalten zu regulieren. Im Allgemeinen ist die Evolution des Gesetzes auch der Prozess seiner schrittweisen und tief greifenden Integration in die menschliche Produktion und das menschliche Leben. Gesetze wurden vom Kodex Hammurapi zum römischen Recht, von den religiösen Regeln zum napoleonischen Kodex, vom Gesetz des Shang Yang zum Strafgesetzbuch der Qing-Dynastie, vom Fallrecht zum Gesetzesrecht, vom nationalen Recht, Seerecht zum Völkerrecht immer allgegenwärtiger. Da das Gesetz eine gewisse Hysterese aufweist, können wir die zukünftige Situation und das rechtliche Phänomen auf der Grundlage des geltenden Rechts kaum vorhersehen. Die rasche Entwicklung der Gesellschaft wird die Entwicklung des Gesetzes fördern und die Grenzen des Gesetzes werden sich weiter ausdehnen. Daher wird in der rasanten Entwicklung dieser Gesellschaft das Rechtssystem einem umfassenden Umbau unterzogen.

Mit dem Aufkommen einer neuen Ära der „Algorithmusökonomie" werden systematische Methoden eingesetzt, um verschiedene Probleme zu lösen. Heutzutage haben Algorithmen in vielerlei Hinsicht große Auswirkungen auf die menschliche Produktion und das menschliche Leben, einschließlich der industriellen Entwicklung, der Unternehmensinnovation und so weiter. Die Algorithmen gibt es in verschiedenen Formen, von herkömmlichen Desktops und Laptops bis hin zu neuen Smartphones und tragbaren Geräten. Der Algorithmus kann Tausende von Seiten von Dokumenten in kürzester Zeit analysieren und Ergebnisse liefern. Außerdem kann er Menschen dabei helfen, die Beziehung zwischen Menschen, Menschen und Dingen, Dingen und Dingen und sogar die Motivation und den Gefühlszustand von Menschen besser zu verstehen. In der Gegenwart und in der Zukunft entsteht und wird ein neues Geschäftsmodell entstehen, wenn Big Data und Algorithmen zu Vermögenswerten von Gesellschaften, Unternehmen und Einzelpersonen werden, die kaum übersehen werden können, (Dormehl 2016). Zweifellos wird der Algorithmus zu einem neuen Motor der New Economy und er hat eine umstürzende Auswirkung auf die Gesellschaft. Mit dem kontinuierlichen Fortschritt der Computer- und Algorithmustechnik werden immer mehr Objekte und Geräte intelligent, was bedeutet, dass die menschliche Gesellschaft durch die Verbindung von Big Data und Cloud Computing in eine neue Ära der „Algorithmus-Ökonomie" eintritt.

In den Algorithmen der künstlichen Intelligenz könnten in Zukunft eine Vielzahl sozialer Regeln festgeschrieben werden und das Gesetz wird zu einem Haufen von Algorithmen. Yuval Noah Harari hat einmal darauf hingewiesen, dass in Zukunft die künstliche Intelligenz an Bedeutung gewinnen wird. Unser Gesetz wird eine Art digitale Regel werden, die das gesamte menschliche Verhalten mit Ausnahme der Gesetze der Physik regelt (2017, S. 280–283). Im Zeitalter von Big Data sind Daten und Algorithmen zu einer neuen Netzwerkarchitektur geworden. Während die Massendaten scheinbar objektiv analysiert werden, wird diese deskriptive ergodische Tatsache auch jedem als normative Regel auferlegt (Hu 2016). Der „Algorithmus" wird einen subversiven Einfluss auf unsere traditionelle Denkweise haben und zu unendlichen Träumereien in der menschlichen Gesellschaft führen und diese Vorhersage wird nach und nach verwirklicht. Die Welt wird durch Algorithmen quantifiziert, der Mensch wird sein Verständnis für die Gesellschaft und sich selbst durch Algorithmen weiter verbessern und die künstliche Intelligenz wird den Menschen teilweise durch Algorithmen und eine massive Datenanalyse ersetzen, wobei das Gesetz letztendlich durch Algorithmen ersetzt wird.

3. Das Sachenrechtsgesetz und das Datenrechtsgesetz sind zwei Rechtsgrundlagen der Ära der digitalen Zivilisation

Eine der Kernfunktionen des Gesetzes ist die Wahrung der sozialen Harmonie und Stabilität. Egal, ob Regeln, Institutionen oder Gesetze, sie sind Vorbereitung und Vorkehrungen für die Interaktion der Menschen. Das Gesetz ist eine wichtige Garantie für das normale Funktionieren einer Gesellschaft und das harmonische Leben der Menschen. Die Leute sagen oft, dass „ohne Normen oder Standards nichts erreicht werden kann." Das ist ein Problem, das von hohen Positionen wie der nationalen Governance und bis auf die Ebene des Alltagslebens der Menschen angegangen werden muss. Ob es sich um eine Gesellschaft, ein Land oder eine Familie handelt – ohne Gesetze, Vorschriften und Verhaltenskodizes können Kommunikation und Aktivitäten zwischen Menschen keine gute Ordnung aufrechterhalten und die persönliche Sicherheit und das Glück der Menschen können nicht garantiert werden. Daher ist das Gesetz keine entbehrliche Dekoration im Leben der Menschen, sondern eine grundlegende Garantie für die normale Arbeit und das normale Leben der Menschen. Der soziale Fortschritt ist ein Prozess des ständigen Wandels von der Agrargesellschaft zur industriellen und dann zur digitalen Zivilisation, von der „Ära der Menschenrechte," der „Ära der Sachenrechte" bis zur „Ära der Datenrechte," und das Gesetz wird auch den Sprung vom „Gesetz des Menschen „zum „Gesetz der Dinge" und dann zum „Gesetz der Daten" machen.

Die digitale Zivilisation ist eine überlegenere Zivilisationsform nach der industriellen Zivilisation. Verglichen mit der Industriezivilisation, in der Rationalität und Regeln einen hohen Stellenwert einnehmen und deren Charakteristik es ist, maximale Gewinne zu erzielen, ist die digitale Zivilisation wie ein Sturm, der die Menschen dazu veranlasst, über ihre früheren Regeln nachzudenken. Als wichtiger Teil der Produktionsfaktoren unterscheiden sich die Datenressourcen von den traditionellen Produktionsfaktoren, die die Regel der Generierung, Erfassung und Verwendung von Daten zum Kern des neuen Systems machen. Unter der Voraussetzung des Schutzes der Würde und der

Freiheit des Einzelnen müssen unbedingt wissenschaftliche und angemessene Regeln aufgestellt werden, um die effektive Verbreitung und Nutzung von Daten zu verwirklichen. Mit der Entwicklung der digitalen Zivilisation ist es ein alternativloser Trend, die ursprünglichen Schutzbestimmungen zu ändern und die meisten gesetzlichen Normen werden sich grundlegend ändern. Das Datenrechtsgesetz ist das Produkt des Zivilisationssprungs und wird auch eine neue Ordnung in einer Transformation von der industriellen Zivilisation zur digitalen Zivilisation bedeuten.

Es ist der Glaube des Marxismus, dass das Gesetz zum Überbau gehört, der von seiner wirtschaftlichen Grundlage wesentlich bestimmt wird und der wirtschaftlichen Grundlage dient. Sowohl die Produktion und das Leben der menschlichen Gesellschaft als auch der Fortschritt der menschlichen Zivilisation sind untrennbar mit dem Eigentum verbunden. Alle Arten von sozialen Beziehungen zwischen Menschen sind im Wesentlichen die Beziehungen zum Eigentum und der Wirtschaft. Das Sachenrecht bestimmt den Eigentümer der Res aus der Perspektive des Zivilrechts und bestimmt ferner, welche Rechte der Eigentümer der Res hat, wobei der Schutz der Sachenrechte hervorgehoben wird, was nicht nur zur Klärung des Besitzes des Eigentums beiträgt, sondern auch der Wirksamkeit des Eigentums vollen Spielraum geben kann. Das Datenrechtsgesetz grenzt die Rechtszugehörigkeit der Daten ein, macht die Regeln der Datenbenutzung klar und ist der wesentliche Rohstoff für den Aufbau einer harmonischen Rechtsgesellschaft. In einer gesetzlich geregelten Gesellschaft gibt es keine Ordnung, wenn es kein Gesetz gibt. Das bestehende Sachenrecht schützt das Eigentumsrecht des Gläubigers und legt den Besitz der Res fest, während das Datenrechtsgesetz die Datenrechte des Gläubigers schützt und das Eigentum an den Datenressourcen festlegt. Die Kombination der beiden beschreibt eine lebendige, geordnete und faire gemeinsame Zukunftswelt für uns alle. Das Datenrechts- und das Sachenrechtsgesetz bilden die rechtlichen Grundlagen für die zukünftige Ära und werden zum Grundstoff für den Aufbau eines auf Regeln basierenden Rechtsimperiums.

(3) Perspektiven von Zivilisationen

1. Natürliche Personen, Roboter und genetische Personen

Bisher hat die menschliche Gesellschaft die erste industrielle Revolution erlebt, die von Dampfmaschinen geprägt war, die zweite industrielle Revolution, die von Elektrifizierung geprägt war, und die dritte industrielle Revolution, die von Computertechnik geprägt war. Die menschliche Gesellschaft steht vor dem Anbruch der vierten industriellen Revolution, die sich durch vielfältige Technik, ein breiteres Spektrum und unterschiedliche Bereiche auszeichnet. Rückblickend auf die letzten drei industriellen Revolutionen und die vierte industrielle Revolution, die wir erleben, können wir feststellen, dass Maschinen allmählich die menschliche Arbeit ersetzen. Thomas Hobbes, Begründer der modernen Politikphilosophie, weist in seinem Buch „De Cive" darauf hin, dass, wie bei einer Armbanduhr oder einem relativ komplexen Gerät man nicht die Funktion jedes Teils und des Zahnrades wissen kann, es sei denn man trennt alles und das Material, die Figur und die Bewegung der Zubehöre wird separat analysiert. Wenn man die Rechte von Staaten und die Pflichten von Bürgern untersucht, ist es notwendig (ich sage, sie nicht auseinanderzunehmen, aber dennoch) sie so zu betrachten, als ob sie aufgelöst wären (d. h.), dass wir zu Recht verstehen, was die Qualität der menschlichen Natur ist, worauf es ankommt, worauf es nicht ankommt, um eine Zivilregierung zu bilden, und wie die Menschen untereinander Vereinbarungen treffen müssen, mit dem Ziel, dass ein fundierter Staat erwächst (2003, S. 9). Hier kann die menschliche Gesellschaft als die raffinierteste Maschine der Zeit verstanden werden, und die Beziehung zwischen Mensch und Maschine wird immer enger werden.

Der Roboter ist das unausweichliche Produkt der technischen Entwicklung bis zu einem bestimmten Stadium. Bereits im Jahr 1611 tauchte das Wort „Automaten" erstmals auf, das sich auf die Verwendung von Uhrwerken und anderer Technik zur Herstellung von automatischen Roboterpuppen bezog. Diese Art von Automaten war damals das Produkt der sozialen Vorstellung, obwohl sie keine Intelligenz im eigentlichen Sinne besaßen, aber sie lieferten den Menschen die Idee der künstlichen Intelligenz und ließen die Menschen erkennen, dass Maschinen menschliche Gehirne und Körper simulieren konnten. Ein Roboter, wie er vom Robot Institute of America definiert wurde, ist ein programmierbarer, multifunktionaler Manipulator, der dazu dient, Material, Teile, Werkzeuge oder spezielle Geräte durch verschiedene programmierte Bewegungen zu bewegen, um eine Vielzahl von Aufgaben zu erfüllen. 2013 identifizierte das McKinsey Global Institute in seinem Bericht *Disruptive Technik: Fortschritte, die das Leben, das Geschäft und die Weltwirtschaft transformieren werden*, zwölf disruptive Techniken, die bis 2025 den Wandel im Leben, im Geschäft und in der Weltwirtschaft vorantreiben werden, wobei die fortgeschrittene Robotik auf dem 5. Platz stand. Der Kern der gesellschaftlichen Entwicklung und des Fortschritts ist die Befreiung der Arbeitskraft. Wenn die Arbeitskraft teilweise durch Maschinen ersetzt wird, tritt die Menschheit in das Industriezeitalter ein. Wenn die Arbeitskraft vollständig von den Robotern befreit sein wird, wird die Menschheit das Zeitalter der Intelligenz erreichen. Derzeit macht die Robotertechnik rasche Fortschritte, die in alle Facetten des menschlichen Lebens vordringen, und die Popularität von Robotern wird in naher Zukunft ein vorhersehbarer Trend sein.

Der „Gen-Mensch" wird eine neue Rolle in der zukünftigen Gesellschaft spielen. Jede Revolution wird neue Dinge schaffen und jede neue Erfindung wird eine bestimmte Funktion des Menschen ersetzen. Die Menschheit hat jetzt die vierte industrielle Revolution, in der Roboter entstehen werden, die leistungsfähiger sind als der Mensch und die in der Lage sind, selbstständig zu denken, und so entsteht der „Gen-Mensch," der die Technik der Gensequenzierung, -bearbeitung und -aktivierung nutzt. Es ist wahrscheinlich, dass es in der zukünftigen menschlichen Gesellschaft nicht nur „natürliche Personen" gibt, sondern auch andere Spezies wie „Roboter" und „Gen-Mensch." Vielleicht haben Roboter und der genetische Mensch sowohl die Persönlichkeitsmerkmale als auch den psychischen Zustand einer natürlichen Person. Zu diesem Zeitpunkt werden die natürlichen Personen, die Roboter und der genetische Mensch im Wettbewerb um das Überleben im Spiel stehen.

Die Geschichte lehrt uns, dass sich die menschlichen Funktionen mit jedem Schritt des technischen Fortschritts langsam verschlechtern, von der physischen Kraft zur Gehirnleistung, vom Aktiv- zum Passiv-Sein, von der Außenwelt zur Innenwelt. Menschen degradieren sich durch das, was sie an intelligente Maschinen abliefern. Im Laufe dieses Spiels hat sich die Möglichkeit, dass intelligente Maschinen ihren menschlichen Herren überlegen werden, stark erhöht (Lin 2017). Im Wesentlichen ist die Entwicklung von Robotern und „Gen-Menschen" aus den Bedürfnissen der Menschen entstanden. Wenn Roboter in naher Zukunft die Fähigkeit des Selbstlernens, der Selbstverbesserung und der Selbstinnovation erwerben und mit Fähigkeiten ausgestattet werden, die dem Menschen fehlen, und wenn die Gentechnik die Schaffung eines „Gen-Menschen" mit den gleichen Fähigkeiten wie denen eines Menschen ermöglicht, müssen wir den Begriff „Mensch" neu definieren, und der menschliche Zentralismus wird neu geschrieben werden. Der Mensch wird mit einer Reihe von Problemen konfrontiert werden. Wie kann die Beziehung zwischen natürlicher Person, Roboter und „Gen-Mensch" neu definiert werden? Wie kann man die Eigenschaften der drei unterscheiden? Welche Veränderungen wird es in der menschlichen Gesellschaft geben? Werden Roboter und „Gen-Mensch" den Menschen überholen oder gar kontrollieren? All diese Fragen warten auf Antworten, und unsere Weltanschauung, unsere Lebenseinstellung und unser Wertgefühl stehen unter einem großen Schock.

2. Die Integration der Zivilisationen

In der Antike bewegten sich die frühen Zivilisationen nur langsam in einem relativ engen Rahmen. Mit dem Aufkommen von Warenproduktion und -austausch begannen die Zivilisationen zu verschmelzen. Nachdem das Schiff der Geschichte in das weite Meer der Weltgeschichte segelt, wird die Integration der Zivilisationen zu einem normalen, unvermeidlichen und notwendigen Zustand (Shang 2014). Die sogenannte Integration der Zivilisationen bezieht sich auf den Prozess, in dem verschiedene Zivilisationen miteinander in Kontakt treten, miteinander kommunizieren, ständig Innovationen vornehmen und ihre kulturelle Identität entwickeln. Integration verkörpert die Tendenz, einen Ausgleich aus Gegenseitigkeit und Komplementarität zwischen den Zivilisationen zu suchen, und ist ein unverzichtbares Bindeglied in der Entwicklung der Zivilisationen (Guang 2009). In der gesamten Geschichte der Weltzivilisation werden die Zivilisationen der Welt durch Integration reichhaltiger. Ob in der Vergangenheit oder in der Gegenwart, jede Art von Zivilisation hat sich unabhängig von den sozialen Bedingungen der Region, des Landes und der Nation, in der Integration in die anderen Zivilisationen entwickelt und ist die heutige Form geworden (Lu 2017).

Der Zweck der Integration von Zivilisationen ist es, frühere Zivilisationen zu erneuern und auf kritische Weise zu beerben, anstatt sie in eine einfache Zivilisation zu integrieren. Nach den inhaltlichen Normen kann die Zivilisation in drei Ebenen kategorisiert werden, nämlich die materielle Zivilisation, die geistige Zivilisation und die institutionelle Zivilisation. Der Prozess der Integration von Zivilisationen ist der Prozess der Aneignung unterschiedlicher Zivilisationen voneinander, und das Ergebnis ist, dass sich die schwächere Zivilisation allmählich der stärkeren nähert (Guang 2009). Mit dem Aufkommen einer neuen Runde der wissenschaftlichen und technischen Revolution wird beispielsweise die neue Generation von Informationstechnik wie Big Data, künstliche Intelligenz und andere Informationstechnik weit verbreitet und genutzt, wodurch Menschen mit unterschiedlichem Zivilisationshintergrund in Bezug auf ihre Produktionsmittel und Lebensweisen näher zusammenrücken.

Das Datenrecht trägt dazu bei, die menschliche Gesellschaft zu einer digital-integrierten Gesellschaft zu befördern, die durch die Integration der Zivilisationen gekennzeichnet ist. Das Teilhaben ist ein unwiderstehlicher Trend im Prozess der Integration und Entwicklung der menschlichen Zivilisationen, der in jeden Winkel unseres Lebens online oder offline eindringt. Das sogenannte Teilhaben stammt aus der Antike und ist eingebettet in die Idee der Großen Harmonie-Gesellschaft von Konfuzius, Platons „Utopie," Sun Yat-sens Ideal der „Welt als eine Gemeinschaft" und die Propaganda von Mao Zedong des „Dienen für das Volk" (Lu 2017). In der Ära der großen Daten ist das Teilhaben eine bedeutende Errungenschaft in der Konvergenz und Entwicklung der digitalen Zivilisation. In dieser Ära sind Daten unendlich reproduzierbar, und die Datenbesitzer können echte, direkte Kontrolle über die replizierten Daten haben. Deshalb müssen die Menschen dringend die soziale Form ändern und die gemeinsame Nutzung von Daten fördern. Das Datenrechtsgesetz befürwortet die gemeinsame Nutzung von Daten, die eine Art ethisches Bewusstsein der digitalen Gesellschaft ist, das durch rechtliche Mittel bestimmt wird, und dessen letztendliches Ziel es ist, möglich zu machen, dass jedes Mitglied der digitalen Gesellschaft das wunderbare Leben, das die neue Generation der digitalen Technik mit sich bringt, voll genießen kann. Gegenwärtig wandelt sich die Gesellschaftsform vor dem Hintergrund der Technik von Big Data von der Gesellschaft der privaten Rechte zur organischen Gesellschaft des Teilhabens (Wu 2016). Gleichzeitig befördert das Datenrechtsgesetz die menschliche Gesellschaft zu einer höheren Form, die durch digitales und intelligentes Teilen und die Integration der Zivilisationen gekennzeichnet ist.

Das Datenrechtsgesetz ist ein Produkt der integrierten Entwicklung der Zivilisation im Zeitalter von Big Data. Mit der kontinuierlichen Entwicklung der wirtschaftlichen Integration wird die Integration der Zivilisationen zu einem weltweiten Trend, in dem wir die Integration östlicher und westlicher Rechtstheorien und Rechtsprechungen mit einer sich abzeichnenden Flut der Integration des Zivilrechtssystems und des Gewohnheitsrechtssystems sehen. Die sogenannte Zivilrechtsordnung und das Common Law System sind zwei parallele Rechtstraditionen, die heute die weitreichendsten Auswirkungen auf die Welt haben. Obwohl diese beiden Rechtstraditionen unterschiedliche Charakteristika in Bezug auf die Rechtssysteme, die Rechtspflege, die Rechtskonzepte und die Rechtspraxis aufweisen, entwickeln sich diese beiden Rechtssysteme in einer sich ständig integrierenden Weise. Mit dem Beginn des Zeitalters der großen Datenmengen beschleunigt sich der Prozess der Integration zwischen den verschiedenen Zivilisationen auf der ganzen Welt. Der Trend der Integration von Rechtstheorien und Rechtswissenschaften, wie sie das Zivilrechtssystem und das Common Law System in vielen Aspekten darstellen, wird immer deutlicher. Die Entwicklung der neuen Generation der Informationstechnik, wie z. B. von Big Data, macht das Datenrecht zu einem Konvergenzpunkt zwischen den Rechtstheorien und -praktiken von Ost und West in dieser Zeit. Das Datenrechtsgesetz wird zu einem integrierten Punkt der Vorteile von Zivilrechtssystem und Common Law System in größtmöglichem Umfang. In gewisser Weise markiert es die Entwicklungstendenz der Integration östlicher und westlicher Rechtstheorien und Rechtsprechung.

(3) Zukünftige Zivilisationen

Die Entwicklung und der Fortschritt der menschlichen Gesellschaft ist ein langer historischer Prozess. Zu Beginn seiner Entstehung bezog der Mensch direkt Nahrung und baute sich Schutzräume aus seiner natürlichen Umgebung. Allmählich wurden die Menschen mit ihrer ursprünglichen Pflege der Natur unzufrieden und begannen, die Organismen und Pflanzen in der Natur zu studieren und zu erforschen, um den eigenen Bedürfnissen besser gerecht zu werden, und sie nutzten die begrenzte Technik, um die erworbenen Ressourcen umzuwandeln. Die Welt hat sich von der industriellen Zivilisation und der Informationszivilisation bis zum intelligenten Zeitalter unserer Tage drastisch verändert. Der Mensch hat begonnen, die innere Logik von Natur und Gesellschaft zu erforschen und fortschrittliche Intelligenzsysteme aufzubauen. Die Menschheit steht vor noch nie da gewesenen Revolutionen, alle unsere alten Geschichten zerbröckeln, und bisher ist keine neue Geschichte entstanden, die sie ersetzen könnte. Natürlich könnten die Menschen nie die Zukunft genau vorhersagen. Aber heute ist das schwieriger als je zuvor, denn sobald die Technik es uns ermöglicht, Körper, Hirn und Verstand zu entwickeln, können wir uns über nichts mehr sicher sein - auch nicht über Dinge, die uns früher fest und ewig erschienen. (Harari 2017)

Wie wird die Zukunft der menschlichen Gesellschaft aussehen? Zugegeben können wir unsere wildeste Phantasie nutzen, um ein Bild der Zukunft in unserem Kopf zu zeichnen. Mit dem Aufkommen von künstlicher Intelligenz, dem Internet der Dinge und anderer Technik wird die Zukunft der menschlichen Gesellschaft nicht nur der natürlichen Person gehören, sondern auch dem Roboter, dem Gen-Menschen, vielleicht sogar der Singularität und dem biochemischen Menschen, was die menschliche Gesellschaft komplexer und interessanter machen wird. Für den Menschen enthält die Natur reichliche Ressourcen, darunter nicht nur den biologischen Genpool, sondern auch den kulturellen Genpool, und diese Ressourcen werden dem Menschen ständig neue Inspiration bringen. Der Mensch nutzt die in der Natur erworbenen Ressourcen mit Hilfe von Spitzentechnik und kehrt inzwischen ständig zur Natur zurück, um ein natürliches und vom Menschen geschaffenes Reich der Einheit zu schaffen. Die Grenze zwischen Lebewesen und Maschinen wird allmählich undurchsichtig werden. Biologische Geschöpfe werden mechanisiert und bleiben nicht mehr Lebewesen im traditionellen Sinn, sondern transformierte Lebewesen durch nichtbiologische Logik. Maschinen werden dialogisiert und sind nicht mehr die ursprünglichen Maschinen, sondern von Menschen erfundene Geschöpfe mit biologischer Logik, die über autonome und anpassungsfähige Fähigkeiten verfügen, sodass die ursprüngliche Ordnung letztlich transformiert wird.

Wie Stephen Kotler sagte: „Das Leben ist ein kniffliger Sport - und das ist der emotionale Kern dieser Geschichte, der wahre Grund, warum wir Pandora nicht wieder in die Kiste stecken können. Wenn man alles andere wegnimmt, ist die Technik nichts anderes als das Versprechen eines leichteren Morgens. Es ist das Versprechen der Hoffnung. Und wie kann man die Hoffnung aufhalten?"(Kotler 2016) Mit dem Aufkommen verschiedener biologischer Formen und der Entwicklung verschiedener biologischer Funktionen wird die Geburt von Robotern, Genmenschen, Singularitätsmenschen[5] und biochemischen Menschen in der Zukunft viele Probleme im Hinblick auf rechtliche Vorschriften und ethische Grundsätze mit sich bringen. Dies kann einen enormen Einfluss auf das gesamte Rechtssystem der menschlichen Gesellschaft ausüben. Das Aufkommen des Datenrechtsgesetzes wird ein besseres soziales Umfeld für die harmonische Koexistenz von Menschen, Robotern und Gen-Menschen schaffen, um die perfekte Koexistenz von Mensch und Natur zu verwirklichen und die menschliche Gesellschaft in eine neue Zivilisationsära zu führen

5 Nach den neuen Theorien des amerikanischen Zukunftsforschers Raymond Kurzweil wird der Mensch bis 2045 eine technologische Singularität einleiten, die eine neue Spezies von „Singularitätsmenschen" hervorbringen soll, die den Menschen überholen und übertreffen kann. „Singularität" bezieht sich auf die Verschmelzung menschlicher und anderer Arten (Objekte). Der „Singularitätsmensch" ist eine neue Spezies, die durch die Verschmelzung von Computerintelligenz und menschlicher Gehirnintelligenz entsteht.

- die Ära der digitalen Zivilisation. Jeder Fortschritt in der Zivilisation hat die Wissensreserven der Menschen bereichert, die Verbesserung der Produktivität gefördert und das Fortschrittstempo der Menschheit vorangetrieben. Die Ära der digitalen Zivilisation, die durch Digitalisierung, Technisierung und Intelligenz gefördert wird, klopft an die Tür. Es ist eine brandneue Zivilisation, die der Zivilisation der Steinzeit, der Zivilisation des Agrarzeitalters und der Zivilisation des Industriezeitalters folgt, und von der erwartet wird, dass sie ein neues Kapitel der Entwicklung der menschlichen Gesellschaft aufschlägt und den menschlichen Eintritt in die hellste neue Ära der Zivilisation im Laufe der Geschichte der menschlichen Entwicklung vorantreibt!

Literaturverzeichnis

Berman, Harold J. 2003. *The Interaction of Law and Religion*. Beijing: China University of Political Science and Law Press.

Bodenheimer, Edgar. 1999. *Jurisprudence: The Philosophy and the Method of Law*. Beijing: China University of Political Science and Law Press.

Ji, Changsheng. 2017. „Law, the Reins of Social Control." People's Court Report. 007 issue.

Chen, Xiaolei. 2013. „Research on the Moral Basis of Operation of Law." Diss. Harbin: Harbin Engineering University.

Chu, Junhao, Zhou, Ji. 2015. *Welcoming the Intelligence Age: The Great Wave of Integrating Intelligence into the World*. Shanghai: Shanghai Jiaotong University Press.

Collingridge, D. 1980. *The Social Control of Technology*. UK: Open University Press.

Dormehl, Luke. 2016. The Formula. Trans. Hu Xiaorui et al. Beijing: CITIC Press Group.

Feng, Yujun. 2010. „Lawyers are expected to Resolve Disputes." (August 16). <http://rmfyb.chinacourt.org>.

Giddens, Anthony. 2000. *Runaway World: How Globalization is Reshaping Our Lives*. Nanchang: Jiangxi People's Publishing House.

Guo, Tianqi. 2012. „Conlict between Law and Custom in Contemporary China." *Legal System and Society*.

Guo, Weihua, ed. 2010. *Network Public Opinion and Court Trial.* Beijing: Law Press.

Harari, Yuval Noah. 2018. *A brief history of today.* Trans. Lin Junhong. Beijing: CITIC Press Group.

He, Zhe. 2017. „The Human Social Form and Construction of Order in the Era of Network Civilization." *Nanjing Social Sciences.*

Hobbes, Homas. 2003. *On the Citizen.* Trans. Ying Xing et al. Guiyang: Guizhou People's Publishing House.

Hu, Ling. 2016. *Political and Economic Origin of Internet Law.* Shanghai: Shanghai University of Finance and Economics Press.

Huang, Keming. 2005. „Research on the Relationship between Law and Power." Diss. Suzhou: Suzhou University.

Jia, Jingwei. 2005. *Philosophy of State and Rule of Law (III): Social Power Order and Power Mechanism [EB/OL].* <http://article.chinalawinfo.com>.

Key Laboratory of Big Data Strategies. 2017. *Block Data 3.0: Order Internet and Sovereign Blockchain.* Beijing: CITIC Press Group.

Kotler, Stephen. 2016. *Tomorrowland: Our Journey from Science Fiction to Science Fact.* Beijing: China Machine Press.

Kurzweil, Ray. 2015. *The Singularity Is Near: When Humans Transcend Biology.* Trans. Beijing: China Machine Press.

Liang, Haihong. 2014. *Times of Connectivity.* Beijing: Tsinghua University Press.

Liao, Lianzhong. 2015. „On the Boundary of Institutionalization of Administrative Ethics in Contemporary China." *Philosophical Researches.*

Lin, Mingbin. 2017. „Philosophical Relections on Intelligent Machines." Diss. Changchun: Jilin University.

Liu, Liangyu. 2009. „On Legal Regulation of Power." Diss. Jinan: Shandong University.

Liu, Liming. 2012. „Analysis of the Judicial Implication of Public Opinion." Diss. Changchun: Jilin University.

Liu, Yunlin. 2007. „Revolution of Legal Ethics in A New Era: Providing Moral Guarantee for the Construction of Rule of Law." *Morality and Civilization.*

Lu, Dezhi. 2017. *On Capital and Sharing – Also on the Major Theme of Coordinated Development of Human Civilization.* Beijing: Oriental Press.

Pound, Roscoe. 2003. Interpretation of Legal History. Trans. Deng Zhenglai. China Legal Publishing House

Shang, Zhixiao. 2014. „Development and Progress of Human Civilization in the Course of Mutual Learning and Exchange." *People's Daily*, October 16.

Tian, Meng. 2015. *Good Law in Social Governance.* Diss. Shijiazhuang: Hebei Normal University.

Wang, Hanhua, Liu Xingliang, Zhang, Xiaoping. 2015. *Intelligence Explosion: Opening a New Era of Homo Sapiens.* Beijing: China Machine Press.

Wang, Rui. 2012. „Interaction between Custom and Law." *Legal Expo.*
Wang, Xinjing. 2009. „On the Relationship between Law and Morality." *Legal System and Society.*
Wu, Handong. 2017. „Institutional Arrangement and Legal Regulation in the Age of Artificial Intelligence." *Journal of Northwest University of Political Science and Law.*
Wu, Weiguang. 2016. „Critique of Private Rights Protection of Personal Data Information under Big Data Technology." *Politics and Law.*
Xia, Yong, ed. 1999. *Towards an Era of Rights – Research on the Development of Chinese Civil Rights.* Beijing: China University of Political Science and Law Press.
Yang, Chunfu. 2011. „On the Order of Rule of Law." *Law Review.*
Yu, Guangsheng. 2009. „Integration of Civilizations and World Order." Diss. Jinan: Shandong University.
Zhang, Kangzhi. 2014. „On Law and Morality in Social Governance." *Research of Administration Science.*
Zhang, Lihai. 1999. *Social Evaluation Theory.* Wuhan: Wuhan University Press.
Zhang, Wenxian. 2011. *Jurisprudence (Fourth Edition).* Beijing: Higher Education Press, Peking University Press.
Zhao, Jiangshui, Jia, Yinshi. 2002. „Public Opinion and the Application of Law." *Journal of Ningxia University (Humanities and Social Sciences).*
Zhen, Zhen. 2014. „On the Human Nature Basis of Social Rules Construction." Diss. Chongqing: Southwest University.

Postskriptum

Am 26. März 2017 schlug Professor Lian Yuming, Direktor des Schlüssellabors für Big Data Strategie, auf der Sitzung in zweiter Lesung in Guiyang zunächst das „Datenrechtsgesetz" vor, in dem die systematischen Erklärungen für die Begriffe „Datenrechte," „Datenrechtssystem" und „Datenrechtsgesetz" offiziell veröffentlicht wurden. Am 22. Mai tauschte Genosse Chen Gang, damals Mitglied des Ständigen Ausschusses des Parteikomitees der Provinz Guizhou und Sekretär des Kommunalparteikomitees von Guiyang, mit Professor Lian Yuming seine Meinung aus und legte eine Reihe wichtiger Ansichten vor. Er bat das Schlüssellabor für Big Data Strategie, die Zusammenarbeit mit der China University of Political Science and Law zu beschleunigen. Am 6. Juni unterzeichnete die Volksregierung der Stadt Guiyang eine Vereinbarung mit der China University of Political Science and Law zur Einrichtung des strategischen Forschungslabors für Big Data an der China University of Political Science and Law. Am 6. Juli genehmigte die China University of Political Science and Law die Einrichtung des ersten Forschungszentrums für das Datenrechtsgesetz in China.

In der Folge veröffentlichte das Schlüssellabor für Big Data Strategie sukzessive eine Reihe wichtiger theoretischer Errungenschaften. Das „Datenrechtsgesetz" wurde zu einem wichtigen Thema. Darunter stellte *Block Data 3.0*: *Order Internet and Sovereign Blockchain* die These auf, dass die Entwicklung von Daten zu Datenrechten das unvermeidliche Ergebnis für die menschliche Gesellschaft auf dem Weg in eine digitale Zivilisation sei. Wie Menschenrechte und Sachenrechte haben wir auch das Datenrecht. Wenn das Internet, die großen Daten, die Blockchain und das Recht verheiratet sind, ist die Welt wirklich anders. Im Buch *Redefining Big Data*: *Ten Driving Forces that Will Change the Future* gibt der Autor eine große Einschätzung des Datenrechtsgesetzes, das von der landwirtschaftlichen Zivilisation über die industrielle Zivilisation bis hin zur heutigen digitalen Zivilisation reicht. Die Menschen steuern von den „Menschenrechten“ und den „Sachenrechten“ auf das Zeitalter der „Datenrechte“ zu, und das Gesetz vollzieht eine große Transformation vom „menschlichen Recht“ und dem „physischen Recht“ zum „digitalen Recht.“ Das *Blaubuch Big Data: Der Jahresbericht über die Entwicklung von Big Data in China, Bd. 1* erläutert die Legitimität und die Möglichkeiten des Datenrechts aus der Sicht der Rechtsprechung und weist darauf hin, dass sich Big Data im bestehenden chinesischen Rechtssystem in der „Grauzone“ von Recht und Aufsicht befindet. Dies liegt an der Schwäche der rechtlichen Grundlagen der Datenrechte, insbesondere an der mangelnden dynamischen Interpretation gegenüber dem Hintergrund der Datenrechte, der fehlenden systematischen Konstruktion gegenüber dem System der Datenrechtstheorie und der fehlenden Gesetzgebung zur Wertordnung der Datenrechte. *Blaubuch Big Data*: *Der Jahresbericht über die Entwicklung von Big Data in China, Bd. 11* untersucht die theoretischen Grundlagen des Datenrechts, stellt zunächst das Grundkonzept des Datenrechtssystems vor, entwickelt die Vision und Perspektive des gesetzlichen Rahmens des Datenrechts weiter und legt dar, dass die Mitteilungsrechte ein neues Leben der Neuvermischungs-Ära entfalten und das Datenrechtsgesetz eine neue Ordnung der digitalen Zivilisation konstruiert. *Block Data 4.0*: *Activating Data Science in the Age of Artificial Intelligence* kombiniert die Theorie der Aktivierungs-Datenwissenschaft, um die Bedeutung des Datenrechts für die Ära der Cloud-Hirne zu diskutieren. Das Datenrechtsgesetz ist die rechtliche Grundlage für den Aufbau der menschlichen Schicksalsgemeinschaft im Cyberspace geworden. Auf der Grundlage der kontinuierlichen systematischen Erforschung des Datenrechtsgesetzes hat das Nationale chinesische Komitee für Begriffe in Wissenschaft und Technik erstmals auf der ‚China International Big Data Industry Expo 2017‘ die „Top Ten neuen Begriffe von Big Data“ gesucht und das „Datenrechtsgesetz“ ausgewählt. Seitdem ist der Begriff „Datenrechtsgesetz“ offiziell anerkannt, in das offizielle Vokabular aufgenommen und schnell populär geworden.

Datenrechtsgesetz 1.0: Die theoretische Basis enthält eine umfassende Diskussion der Datenrechte, konzentriert sich auf die theoretische Logik, Wertlogik und rechtliche Logik des Datenrechts, die auch die

Rechtsphilosophie des Datenrechts ist. Dieses Buch knüpft an den roten Faden der Datenrechte, des Datenrechtssystems und des Datenrechtsgesetzes an, diskutiert im Rahmen der „Neuvermischungs-Theorie" die theoretische Grundlage der Datenrechte mit Bezug auf die „Menschenrechtstheorie" und die „Sachenrechtstheorie," zeigt durch den Vergleich mit den Menschen- und Sachenrechten die rechtsphilosophische Legitimationsbasis des Datenrechtsgesetzes auf, verweist also auf die Möglichkeit, Notwendigkeit und Unvermeidbarkeit der Schaffung eines Datenrechtssystems. Dieses Buch geht davon aus, dass das Datenrecht das Recht ist, dass jeder Daten teilen darf, um den Wert zu maximieren, und dass sein Wesen das Teilungsrecht ist. Von den rechtlichen Merkmalen her sind die Datenrechte eine Kombination aus Persönlichkeits- und Eigentumsrechten. Das Subjekt der Datenrechte ist der Inhaber der spezifischen Rechte, und das Objekt ist ein spezifischer Datensatz. Die Datenrechte durchbrechen die Grenzen von „einem Eigentum für ein Objekt" und „Eigenschaften sind greifbar," die sich oft als „mehrere Eigentumsverhältnisse für eine Dateneinheit" manifestieren. Die Datenrechte haben private Rechtsattribute, öffentliche Rechtsattribute und souveräne Attribute. Das System der Datenrechte umfasst hauptsächlich das gesetzliche System der Datenrechte, das System des Dateneigentumsrechts, das System des Nießbrauchdatenrechts, das System der Datenrechte für öffentliche Interessen und das System der gemeinsamen Nutzung. Das Datenrechtsgesetz ist ein Rechtssystem, das das Eigentum, das Recht, die Nutzung und den Schutz von Daten regelt. Die Verbindung von Daten und Recht eröffnet eine neue Ordnung im Zeitalter der digitalen Zivilisation. Die digitale Zivilisation stellt den Ursprung von Wert und die treibende Kraft der Innovation für die Schaffung des Datenrechtsgesetzes dar. Das Datenrechtsgesetz bietet auch eine bestehende Grundlage für die Systempflege und Ordnungsförderung der digitalen Zivilisation. Das Datenrechtsgesetz ist das Produkt des Zivilisationswechsels und wird auch die neue Ordnung der menschlichen Reform von der industriellen Zivilisation zur digitalen Zivilisation sein. Zusammen mit dem Sachenrecht bildet es die beiden rechtlichen Grundlagen der Ära der digitalen Zivilisation.

Dieses Buch ist ein weiteres wichtiges Innovationsergebnis, das auf der Grundlage der Blockdaten-Theorie-Studie gestartet wurde. Das

Schlüssellabor der Big Data-Strategie brachte Experten und Wissenschaftler auf dem Gebiet von Big Data und Forscher der Datenrechtstheorie zusammen, um Diskussionen, vertiefte Forschung und zentralisiertes Aufschreiben durchzuführen. Im Studien- und Schreibprozess dieses Buches hat Lian Yuming die Gesamtidee und den Kerngedanken dargelegt und das Gesamtdesign des Rahmensystems ausgeführt. Wu Jianzhong, Song Xixian, Long Rongyuan, Hu Jing haben reine Umriss- und Themengedanken beigesteuert, Haupt-Autor war Lian Yuming, für das Schreiben verantwortlich waren auch Zhu Yinghui, Wu Jianzhong, Zhang Tao, Song Qing, Hu Hairong, Song Xixian, Long Rongyuan, Zhang Junli, Hu Jing, Zhang Longxiang, Zou Tao, Chen Xi, Luo Liping, Zhai Bin, Yang Guanhua, Wang Qianru, Tian Run, Luo Rong, Zheng Ting, Chen Wei. Chen Gang hat für dieses Buch viele wichtige zukunftsweisende und richtungsweisende Punkte vorgebracht. Er glaubt, dass die Datenrechte ein neues Objekt der Rechte, eine neue Art von Rechten, ein neues Rechtsattribut und eine neue Macht und Funktion der Rechte sind. Diese vier „Neuheiten" legen eine theoretische Grundlage für das Buch und bereichern die Ideologie und das theoretische System des Buches weiter. Yan Aoshuang, stellvertretender Direktor des Ständigen Ausschusses des Städtischen Volkskongresses von Peking, Li Zaiyong, Mitglied des Ständigen Ausschusses des Provinzparteikomitees von Guizhou, stellvertretender Exekutivgouverneur von Guizhou, Zhao Deming, Mitglied des Provinzparteikomitees von Guizhou, Stellvertretender Sekretär des Gemeindeparteikomitees von Guiyang, Chen Yan, stellvertretender Sekretär des Gemeindekomitees von Guiyang, Bürgermeister von Guiyang, Li Zhong vom Ständigen Ausschuss des Städtischen Volkskongresses von Guiyang, Nie Xuesong, Mitglied des Ständigen Ausschusses des Gemeindekomitees von Guiyang, Sekretär des Gemeindeparteikomitees, Minister der Abteilung für die Arbeit der Vereinigten Front des Gemeindeparteikomitees, Xu Hao, Mitglied des Ständigen Ausschusses des Gemeindeausschusses von Guiyang, Exekutiv-Vizebürgermeister der Städtischen Volksregierung, Professor Li Zheng, Direktor der Forschungsabteilung der China University of Political Science and Law, Professor Ben Shenglin, Dekan der Academy of Internet Finance (AIF) der Zhejiang Universität, Professor Wang Jijun und Professor Sun Shuyun von der Shanxi University Law School haben viele zukunftsweisende

Gedanken und Meinungen zu diesem Buch beigetragen. Insbesondere Dr. Liu Shengguo, Partner und Anwalt der Kanzlei Tianchi Juntai Law Firm, hat das Buch sorgfältig geprüft und viele professionelle Vorschläge und Meinungen eingebracht.

Am 30. Juni 2018 fand das erste Seminar des „Digital China Think Tank Forum on Data Rights Law" an der China University of Political Science and Law statt, veranstaltet von der China University of Political Science and Law, dem Global City Development Corporation Council, Beijing sowie dem Guiyang Innovation-Driven Development Strategy Research Institute, gesponsert vom Key Laboratory of Big Data Strategy Research Base an der China University of Political Science and Law. Professor Li Zheng, Direktor der Forschungsabteilung der China University of Political Science and Law, leitete das Treffen. Jin Chengbo, Professor der Parteischule des Zentralkomitees der Kommunistischen Partei Chinas, Xie Haiding, Forscher des Instituts für Rechtswissenschaften der Chinesischen Akademie der Sozialwissenschaften, Cheng Xiao, stellvertretender Sekretär des Parteikomitees der Rechtsschule der Tsinghua Universität, Zhang Jianwei, Professor an der Law School der Tsinghua Universität, Chen Yongsheng, Professor der Law School der Peking Universität, Professor Yin Fei, Dekan der Rechtsfakultät der Zentralen Universität für Finanzen und Wirtschaft, Professor Long Weiqiu, Dekan der Rechtsfakultät der Beijing Universität für Luft- und Raumfahrt, Wu Changhai, Vizedekan und Professor des Capital Economic Research Institute of China University of Political Science and Law, Chen Huabin, Professor an der Rechtsfakultät der Zentralen Universität für Finanzen und Wirtschaft, Professor Chen Jingshan, stellvertretender Herausgeber des Journal of China University of Political Science and Law, Xue Kepeng, Professor der Fakultät für Zivil- und Handelsrecht der China University of Political Science and Law, Professor Zhao Hongmei, Direktor des Instituts für Sozialrecht der China University of Political Science and Law, Associate Professor Zhu Wei, Direktor des Zentrums für Kommunikationsrecht der China University of Political Science and Law und Li Min, Associate Professor der Law School of China University of Political Science and Law, nahmen an der Sitzung teil und unterbreiteten viele konstruktive Meinungen mit Weitblick. Die Experten sind einhellig der Meinung, dass dieses Buch auf kreative Weise das Konzept des „Datenrechtsgesetzes“ vorgestellt hat, das in China und sogar weltweit das erste Buch mit dem Datenrecht als Forschungsobjekt ist - das als erstes Datenrechtsgesetz bezeichnet wird - und dessen Bedeutung außergewöhnlich ist und epochale Bedeutung hat.

Am 19. Juli 2018 fand das zweite Seminar des „Digital China Think Tank Forum on Data Rights Law an der Zhejiang Universität statt, gefördert von der Academy of Internet Finance (AIF) der Zhejiang Universität, vom Global City Development Corporation Council Peking und dem Guiyang Innovation-Driven Development Strategy Research Institute, veranstaltet vom Key Laboratory of Big Data Strategy Research Base an der Zhejiang Universität und dem Research Center for Prospect of Big Data Financial Risk Prevention of Zhejiang. Professor Li Youxing, stellvertretender Dekan der Academy of Internet Finance (AIF) und der Guanghua Law School der Zhejiang Universität, leitete das Treffen. Professor Zhong Ruiqing von der Guanghua Law School der Zhejiang Universität, Huang Zhongdong, außerordentlicher Professor der Hochschule für Informatik und Technik der Zhejiang Universität, stellvertretender Direktor des Joint Research Center of Frontier Technology der Alibaba-Zhejiang Universität, Zhang Jin, stellvertretender Direktor des Legislative Affairs Office der Volksregierung der Provinz Zhejiang, Wang Yuwei, Senior Partner der Beijing GuanTao und Shanghai ZhongMao Law Firm, Zhang Yongliang, Associate Professor an der School of Law der Zhejiang Agriculture and Forestry University, Qi Xinyu, Datenexperte des Ant Financial Research Institute, Dong Wang, Associate Professor an der School of Management der Zhejiang Universität, Liang Cai, Direktorin der Windsteuerung des Shanghai Data Exchange Center, Zhu Yue, Doktorand der Guanghua Law School der Zhejiang Universität und Zhou Lingrong, General Manager der ZhuJi Bushenglian Health Industry Group, nahmen an der Sitzung teil und hielten Referate. Die Experten sind sich einig, dass das Konzept des „Datenrechtes“ sicherlich eine Innovation und ein Durchbruch im Bereich des Rechts werden wird. Man kann sagen, dass dieses Buch ein Pionier auf dem Gebiet des Datenrechts ist. Die Datenrechte, ob anerkannt oder abgelehnt, sind in unser Leben integriert worden. Datenrechte, das Datenrechtssystem und das Datenrechtsgesetz sind für uns noch neu, es gibt viele Probleme, die diskutiert und gelöst werden müssen, aber die Zukunftsaussichten sind gut.

Am 31. Juli 2018 fand - gefördert durch das Chinesische Nationalkomitee für Terminologie in Wissenschaft und Technik, den Global City Development Corporation Council sowie das Beijing und Guiyang Innovationstreiber Strategischen Entwicklungs-Forschungszentrum, und veranstaltet von dem Forschungsbasis Schlüssellabor für Big Data-Strategie des Chinesische Nationalkomitee für Terminologie in Wissenschaft und Technik in Beijing - das dritte Seminar des Digital China Think Tank Forum zum Datenrechtsgesetz statt. Liu Qing, der ehemalige hauptamtliche stellvertretende Direktor des Chinesischen Nationalkomitees für Terminologie in Wissenschaft und Technik, leitete die Sitzung. Wen Kui, ehemaliger Rektor und Professor der Capital University of Economics and Business, Zhang Qingxi, stellvertretender Direktor vom Beijing Philosophy and Social Science Planning Office, Duan Xia, Direktor und Professor des Beijing Key Laboratory of Urban Group System Evolution and Sustainable Development Decision-making Simulation der Capital University of Economics and Business, Liu Rui, Direktor und Redakteur des Intellectual Property Publishing des Social Knowledge Certification Platform Operation Center, Deng Pan, stellvertretender Dekan der Beijing Institute of Big Data Research und Chang Baobao, außerordentlicher Professor der School of Information Science and Technology, Peking Universität, nahmen an dem Treffen teil und hielten Referate. Die Experten legten den umfassenden Vorschlag für ein Gesetz über die Datenrechte vor und bewerteten ihn hoch. Es wurde einstimmig beschlossen, dass sich die Studie des Datenrechtsgesetzes mehr auf die Realität und auf die Zukunft konzentriert; mehr Aufmerksamkeit auf den physischen Raum und mehr auf den virtuellen Raum richtet, der von großer Bedeutung für die Ära der Neuvermischung ist, die jetzt oder in Kürze beginnt. Insbesondere brachten die Experten viele konstruktive Meinungen zu den wichtigsten Fragen wie der Hypothese der „Datenperson," dem Schutz der Datenrechte und den in diesem Buch vorgeschlagenen Mitteilungsrechten vor.

Die Zukunft ist bereits gekommen, und doch stehen wir vor den Gesetzen des 20. Jahrhunderts und der Realität des 21. Jahrhunderts. Die rechtliche Antwort im digitalen Zeitalter wird zwangsläufig zu einem Rechtssatz, der mit der Zeit und der großen Narrativik Schritt hält. Die Untersuchung des Datenrechtsgesetzes ist ein bahnbrechendes und epochales

Werk. Es ist ein wichtiges gesellschaftliches oder akademisches Thema, an dem zukünftige Generationen in keiner Weise vorbeikommen. Selbst wenn wir es jetzt nicht anfassen, müssen zukünftige Generationen es studieren. Wir sind nur einen Schritt voraus und bereit, die erste Person zu sein, die „Krebse isst." Hier geht ein besonderer Dank an die Führer und Redakteure des Sozialwissenschaften Akademieverlags, Präsident Xie Shouguang war sehr angetan und bot Unterstützung bei der Veröffentlichung dieses Buches mit der zukunftsorientierten, einzigartige Vision und dem großen Mut an. Direktor Deng Yonghong organisierte persönlich die sorgfältige Planung mit einer Reihe von Redakteuren, um das Buch zu bearbeiten und zu gestalten, daher erreicht das Buch die Leser wie geplant. Natürlich ist dies nur der erste Schritt in unserer Studie. Wir werden weiterhin das Datenrechtsgesetz 2.0 einführen: Systemgestaltung von Datenrechten, Datenrechtsgesetz 3.0: Rechtliche Voraussicht, Datenrechtsgesetz 4.0: Recht auf Teilhabe und Recht auf Privatsphäre, Datenrechtsgesetz 5.0: Datenrechtstheorie und Neue Ethik, um das theoretische System des Datenrechts weiter zu vervollkommnen. Die Arbeit, die wir jetzt machen, ist nur eine theoretische Untersuchung, die den Wissenschaftlern nur einen möglichen Rechtsvorschlag macht und einige Forschungsressourcen zur Verfügung stellt. Ein kleines Buch von 300 Seiten kann nicht alle Fragen beantworten, aber es ist wichtiger, die Leute nachdenken zu lassen, als eine Antwort zu geben. Im Prozess der Bearbeitung versuchen wir unser Bestes, die neueste Literatur zu sammeln und die neuesten Ideen aufzunehmen, um den Inhalt dieses Buches zu bereichern. Trotzdem gibt es aufgrund der begrenzten Kapazität und akademischen Fähigkeiten unvermeidliche Auslassungen im Buch. Insbesondere wenn es bedauerliche Auslassungen bei der zitierten Literatur und den Quellen gibt, hoffen wir, dass Sie diese kritisieren und korrigieren können.

Schlüssellabor für Big Data-Strategie
Guiyang, im August 2018

Index

www.ingramcontent.com/pod-product-compliance
Ingram Content Group UK Ltd.
Pitfield, Milton Keynes, MK11 3LW, UK
UKHW041829290926
8980IPUK00002B/156